«Ces gens-là se trémoussent bien …»

BIBLIO 17

Volume 171 · 2007

Suppléments aux *Papers on French Seventeenth Century Literature*

Collection fondée par Wolfgang Leiner
Directeur: Rainer Zaiser

Marie-Claude Canova-Green

« Ces gens-là se trémoussent bien … »

Ébats et débats dans la comédie-ballet
de Molière

 Gunter Narr Verlag Tübingen

Information bibliographique de Die Deutsche Bibliothek

Die Deutsche Bibliothek a répertorié cette publication dans la Deutsche National-
bibliografie; les données bibliographiques détaillées peuvent être consultées sur
Internet à l'adresse <http://dnb.d-nb.de>

Image de couverture: Frontispice, ‹Le Ballet de Flore› (1689). Propriété de l'auteur.

© 2007 · Narr Francke Attempto Verlag GmbH + Co. KG
P. O. Box 2567 · D-72015 Tübingen

Supported by  Arts & Humanities
Research Council

Internet: http://www.narr.de · E-Mail: info@narr.de

Satz: Informationsdesign D. Fratzke, Kirchentellinsfurt
Gesamtherstellung: Gruner Druck, Erlangen
Printed in Germany

ISSN 1434-6397
ISBN 978-3-8233-6276-0

Table des matières

Introduction

> Plantez au milieu d'une place un piquet couronné de fleurs, rassemblez-y le peuple, et vous aurez une fête. Faites mieux encore: donnez les Spectateurs en Spectacle; rendez-les acteurs eux-mêmes; faites que chacun se voye et s'aime dans les autres, afin que tous en soient mieux unis.[1]

Par un paradoxe de l'histoire, ce furent en un sens les divertissements versaillais d'un monarque absolu qui semblent s'être le plus approchés – esthétiquement parlant – de l'idéal de la fête publique rêvé par Rousseau. Fêtes de plein air, du plaisir et de la joie, ces moments rassemblèrent dans une participation commune une foule nombreuse de privilégiés certes, mais où tous étaient à la fois acteurs et spectateurs, interprètes et destinataires d'un spectacle consacré à leur réjouissance et leur renvoyant l'image de leur propre divertissement. L'espace de quelques heures, s'y rassemblaient autour du monarque non seulement nobles courtisans et représentants des autres ordres, mais aussi toute une pléiade de professionnels des arts, dans une communauté festive qui donnait « aux personnes » de la cour « une honnête familiarité » avec le monarque[2], et où se recomposaient les hiérarchies traditionnelles. Pour le rédacteur du *Mercure galant*, en effet, « dans des Festes de cette nature, toutes les Personnes […] sont sans aucun ordre de rang »[3]. Quant au peuple, cantonné sur les marges et en apparence exclu, le spectacle offert par le château et le parc en fête ne lui permettait-il pas de participer lui aussi par son admiration aux plaisirs de son roi?

Mélange de chant et de danse, de musique et de comédie, la comédie-ballet au cœur de cette fête aux plaisirs multiples et successifs paraît tournée vers le divertissant, l'agréable, mais aussi l'éphémère. Spectacle d'un jour destiné au divertissement du monarque et de sa cour, ne fut-elle pas tout entière dans l'instant de sa performance, dans l'appel ludique au plaisir immédiat de la surprise et de la satisfaction des sens? Agrémentée d'intermèdes dont

---

[1] Rousseau, lettre « A.M. d'Alembert », [in] *Ecrits sur la musique, la langue et le théâtre*, vol. V (1995) des *Œuvres complètes*, éd. Bernard Gagnebin et Jean Rousset, Paris, Gallimard, 1959–1995, p. 119.

[2] Louis XIV, *Mémoires pour l'instruction du Dauphin*, éd. Pierre Goubert, Paris, Imprimerie Nationale, 1992, p. 135.

[3] *Mercure galant*, juillet 1679, p. 348.

le nombre et l'ampleur allèrent croissant au fil des années, elle ne pouvait faire l'objet que d'une vision, de surcroît unique. Toute reprise à la cour ou ailleurs, comme sur une scène publique où elle se serait retrouvée isolée, coupée de l'ensemble signifiant de la fête-cadre, était comme une trahison. Toute lecture aussi, car en passant par le texte imprimé, la comédie-ballet perdait ce qui en faisait la spécificité, le caractère propre. De plus, au dire des contemporains, le texte comique lui-même était bien peu de chose et ne servait souvent qu'à amener les intermèdes. Aussi la comédie-ballet ne fut-elle pas toujours rejouée, du moins dans tout l'éclat de son appareil spectaculaire, ni même publiée du vivant de Molière.

Œuvres éphémères, mais aussi genre éphémère, car sa production s'échelonna sur une dizaine d'années à peine et il ne survécut ni à la disparition de Molière, ni à celle des grandes fêtes louis-quatorziennes. Les quelques imitations tardives de Thomas Corneille dans les années 1670, qu'il s'agisse de *L'Inconnu* (1675) ou du *Triomphe des dames* (1676), ne furent pas des divertissements de cour[4]. A vrai dire les restrictions imposées aux comédiens par les termes du privilège de l'opéra octroyé à Lully en 1672, qui avaient déjà contraint Molière lui-même dans les derniers mois de sa vie à remplacer les airs du Florentin dans certaines de ses comédies-ballets par des compositions de Charpentier, limitèrent de plus en plus à la ville les possibilités d'un théâtre avec musique[5]. C'est cette situation que déplora en novembre 1675 la muse Thalie dans le prologue de *L'Inconnu* :

> Je promettrois encor des Divertissemens
>   Dont on aimeroit le spéctacle,
>   Si pour faire crier miracle
> J'en pouvois à mon choix régler les ornemens.
> [...]
> Mais l'Amour aura beau le [l'Amant] rendre ingénieux,
>   Que fera-t-il de magnifique,
>   S'il n'a pour l'oreille & les yeux
> Ny pompes de Balets, ny charmes de Musique ?[6]

D'autre part, à la cour, le goût du souverain se portait alors davantage sur les opéras et autres divertissements mêlés de musique que lui offrait chaque année la troupe de l'Académie Royale de Musique et qui bénéficièrent égale-

---

4 Toutes deux furent données au théâtre Guénégaud de même que ces autres productions spectaculaires que furent les pièces à machines de *Circé* (1675) et de *La Devineresse* (1676).

5 Voir *infra*, première partie, chapitre 3.

6 « Prologue », *L'Inconnu. Comedie meslée d'ornemens & de Musique*, Paris, Jean Ribou, 1676, p. 2.

ment du soutien du Dauphin, aussi amateur de spectacles lyriques que son père[7].

Ainsi s'explique peut-être le silence des théoriciens du spectacle[8] sur ce genre qui n'avait pas eu le temps de se fixer et dont la naissance fut, au dire de Molière lui-même, fortuite[9]. Bien sûr l'idée d'introduire des intermèdes entre les actes d'un opéra ou d'une pièce de théâtre n'était pas nouvelle. En Italie, dès le XVIe siècle, des danses avaient déjà été intégrées à Florence, à Rome et même à Milan, dans nombre de «comédies en musique». Plus récemment les représentations de *La Finta pazza* et d'*Orfeo* à Paris dans les années 1640 s'étaient accompagnées d'entrées de ballet entrelacées avec la comédie. Ce modèle italien semble même avoir très tôt ouvert la voie en France à différentes formes de théâtre à insertions musicales, et en particulier au développement de la pastorale à intermèdes, initié par l'*Arimène* de Montreux en 1596, ainsi qu'aux tragi-comédies et comédies à divertissements jouées à l'Hôtel de Bourgogne dans les années 1630[10]. La pratique était aussi courante chez les Jésuites, notamment à l'occasion des représentations théâtrales organisées pour la distribution des prix, d'ajouter un ballet allégorique à la tragédie jouée par les élèves. La véritable innovation revendiquée par Molière consistait peut-être en ce qu'il s'était efforcé «de ne faire qu'une seule chose du ballet et de la comédie»[11], encore que là aussi les organisateurs parisiens des *Noces de Pelée et de Thétis* eussent montré la voie en 1654 en entremêlant la comédie italienne de Caproli et de Buti «d'vn Ballet sur le mesme sujet»[12].

---

[7] Ce n'est que bien avant dans le XVIIIe siècle qu'on assista à un renouveau, d'ailleurs limité, de la comédie-ballet avec les efforts conscients de Voltaire et de Rameau pour imiter les créations molléresques.

[8] Nulle section ne lui est ainsi consacrée dans les traités *Des représentations en musique anciennes et modernes* (Paris, René Guignard, 1681) et *Des ballets anciens et modernes selon les règles du théâtre* (Paris, René Guignard, 1682) du père Claude-François Ménestrier, à l'exception de quelques remarques sur les ballets dits «d'attache».

[9] «Le dessein était de donner un ballet aussi; et, comme il n'y avait qu'un petit nombre choisi de danseurs excellents, on fut contraint de séparer les entrées de ce ballet, et l'avis fut de les jeter dans les entractes de la comédie, afin que ces intervalles donnassent temps aux mêmes baladins de revenir sous d'autres habits» (Avis, *Les Fâcheux*, [in] *Œuvres complètes*, éd. Georges Couton, Paris, Gallimard, 1971, I, p. 483).

[10] Sur cet aspect du théâtre français, voir Bénédicte Louvat-Molozay, *Théâtre et musique. Dramaturgie de l'insertion musicale dans le théâtre français (1550–1680)*, Paris, Champion, 1982.

[11] Avis, *Les Fâcheux*, p. 484.

[12] Page de titre du livret des *Noces de Pelée et de Thétis*, imprimé par Robert Ballard en 1654.

Le caractère mixte de la comédie-ballet contribuait encore à la fluidité du genre. Ballet sans être ballet, comédie sans être comédie, mais rencontre, conjonction des deux, elle semblait échapper à toute tentative de définition ou de classification. D'ailleurs cet indice de la reconnaissance d'une spécificité générique, l'appellation même de comédie-ballet (ou de tragédie-ballet), fut rarement utilisé du vivant de Molière. Il ne figura que deux fois en page de titre des livrets ou des éditions séparées des pièces, l'une pour *Le Bourgeois gentilhomme*, l'autre pour *Psyché*, œuvres où les intermèdes chantés et dansés paraissaient effectivement ne faire qu'un avec le texte dramatique. Ce n'est qu'avec l'édition des œuvres complètes du dramaturge par les soins de Marc-Antoine Jolly en 1734 que le qualificatif de *comédie-ballet* serait définitivement adopté[13].

Œuvre de circonstance enfin, la comédie-ballet fut presque toujours écrite sur l'ordre du roi, à la hâte, et vint s'inscrire dans le cycle et le dispositif des réjouissances monarchiques, selon un calendrier festif non plus imposé par l'Eglise ni même fixé par la coutume, mais déterminé par son seul bon plaisir. Scandant les plaisirs de la chasse à Chambord, ou célébrant les victoires militaires du règne, nombre de comédies-ballets furent représentées en dehors des temps traditionnels de célébration et dans des lieux où s'accomplissait, par et dans la fête, un rêve de maîtrise de l'espace. Versailles, Saint-Germain-en-Laye et aussi Fontainebleau offrirent un cadre champêtre à des réjouissances fastueuses qui, après le carrousel de 1662, n'eurent plus lieu à Paris, où, si les fêtes ne disparurent toutefois pas, elles ne furent plus le fait du prince ou bien alors se donnèrent sans lui. Commanditaire de ces réjouissances, le monarque en fut aussi l'inventeur, l'ordonnateur, et c'est à lui que revint parfois même le dessein ou, à défaut, certain détail des compositions moliéresques qu'elles intégraient et qui, dans une multiplication des niveaux et des perspectives, tendaient à faire des intermèdes une mise en abyme de la fête royale et à intégrer dans leur décor le cadre naturel de verdure où elles prirent place, redoublant ainsi la symbolique au cœur de la fête tout en en constituant en images les significations.

Expression transposée des fantasmes de l'imagination royale, la comédie-ballet fut-elle une œuvre qui s'épuisa dans cette représentation univoque et sans épaisseur critique du roi et de son pouvoir, dans la réalisation de ses désirs et de sa volonté ? une œuvre fugitive, sans lendemain, appelée à disparaître sitôt représentée ? une œuvre mineure, enfin, en dehors de la poétique de son temps et sans rapport avec le reste de la production dramatique de Molière ?

***

---

[13] *Œuvres de Molière*, Paris, impr. par P. Prault pour la Compagnie des Libraires, 1734.

Il le semblerait, car la comédie-ballet fut longtemps exclue du corpus des grandes œuvres moliéresques. Ce mélange «nouveau pour nos théâtres» de ballet et de comédie, dont le dramaturge avait revendiqué bien haut l'invention dans l'avis au lecteur des *Fâcheux*, dérouta les critiques, plus préoccupés d'une recherche illusoire de pureté formelle et de catégorisation générique que soucieux de rendre à ce type de pièce son dû. Bien qu'il eût été l'un des premiers à affirmer l'importance des intermèdes chorégraphiques et musicaux, Henry Prunières contribua à entretenir l'idée d'un genre imparfait: «La comédie-ballet, il faut bien le dire, était un genre hybride, formé de deux genres étrangers l'un à l'autre. Leur fusion ne pouvait être que passagère. Il fallait tout le génie de Molière et de Lully pour les lier ensemble»[14]. Jugée inférieure aux grandes comédies, la comédie-ballet fut méprisée, négligée. Aussi vit-on se développer, au fil des siècles, un usage exclusif de lecture du texte au détriment d'une vision de la pièce. Certaines des comédies-ballets, qui, de toute évidence, ne se prêtaient pas bien à une lecture seulement textuelle, furent alors écartées, tandis que celles qui s'y prêtaient, furent réduites à leur seul texte comique. Avec tout ce que cette réduction pouvait entraîner à la fois comme appauvrissement du sens des œuvres particulières et comme minorisation du genre en général.

C'est aussi ce à quoi aboutirent paradoxalement les tentatives des musicologues, à la suite d'Henry Prunières, pour envisager la comédie-ballet comme un tout, un moment d'équilibre instable entre ses éléments lyrique, chorégraphique et dramatique. Mais, dès lors, la spécificité un temps reconnue de la comédie-ballet en tant que genre en faisait inévitablement une étape préparatoire du développement à la fois de la tragédie en musique lullyste dans les années qui suivirent la mort de Molière, et de l'opéra-comique un siècle plus tard. Toujours selon Henry Prunières, «ce genre éphémère, si riche en possibilités [...] portait en germe tout le théâtre lyrique français sous ses deux aspects caractéristiques: l'opéra et l'opéra-comique»[15]. Dans un renversement caractéristique de la perspective critique, Molière n'était plus que le collaborateur du compositeur. Et Henry Prunières ne se fit pas faute de rappeler que, pour les contemporains, le rôle du dramaturge consistait surtout à offrir à Lully l'occasion de déployer ses talents musicaux en ménageant plus ou moins habilement l'introduction des ballets, des airs et des chœurs dans le spectacle.

---

[14] Henry Prunières, «Les Comédies-ballets de Molière et Lully», *La Revue de France*, sept.–oct. 1931, p. 319.
[15] *Ibid.*

Pourtant, dès le XIXe siècle, des critiques comme Sainte-Beuve[16] et Théo-
phile Gautier[17] avaient attiré l'attention sur les comédies-ballets, soulignant
leur place dans l'œuvre de Molière et demandant à ce qu'on les rejouât,
accompagnées de leurs intermèdes. Jacques Copeau, de même, sut percevoir
l'authenticité de la synthèse du texte comique et des autres composantes
artistiques réalisée par le dramaturge, par intuition de praticien du théâtre
que confirma la première étude d'ensemble consacrée au genre par Maurice
Pellisson en 1914[18]. Mais ce n'est toutefois que beaucoup plus récemment,
avec les travaux de Louis E. Auld[19], complétés par ceux de Claude Abraham[20],
de Robert McBride[21], de Charles Mazouer[22], de Stephen Fleck[23] et de John
S. Powell[24], que se fit véritablement jour l'idée d'une perspective globale,
unitaire de la comédie-ballet, où étaient envisagés le problème esthétique
non seulement de la coprésence mais aussi de l'interaction des trois arts de la
comédie, de la musique et de la danse, ainsi que les effets de sens produits par
cette interaction. La comédie était donnée pour première dans la hiérarchie
des arts et à Molière revenait de nouveau la place de «celui qui veut et pense
l'unité du spectacle»[25].

Mais ces démarches, pour valables et nécessaires qu'elles soient par leur
mise en évidence de l'unité des œuvres, mesurent encore incomplètement ce
qui fit la spécificité véritable de la comédie-ballet moliéresque. Réunion en

[16] On connaît sa remarque dans *Les Portraits littéraires*: «Les comédies-ballets dont
nous parlons n'étaient pas du tout (qu'on se garde de le croire) des concessions
au gros public, des provocations directes au rire du bourgeois, bien que ce rire y
trouvât son compte; elles furent imaginées plutôt à l'occasion des fêtes de la Cour.
Mais Molière s'y complut bien vite et s'y exalta comme éperdument» ([in] *Œuvres*,
éd. Maxime Leroy, Paris, Gallimard, 1960, II, p. 34).

[17] Le poète affirme dans le *Moniteur universel* du 25 août 1862: «Il y a dans Molière,
outre le profond philosophe et le grand poète comique, un joyeux *impresario* de
fêtes galantes, un librettiste de ballets, un ordonnateur d'intermèdes que la rigidité
classique néglige trop» (cité par Maurice Descotes, *Molière et sa fortune littéraire*,
Saint-Médard-en-Jalles, Guy Ducros, 1970, p. 134).

[18] *Les Comédies-ballets de Molière*, Paris, Hachette, 1914.

[19] *The Unity of Molière's Comedy-Ballets: a Study of the Structure, Meanings and Values*,
Ann Arbor, Univ. Microfilms, 1968.

[20] *On the Structure of Molière's Comédies-Ballets*, Paris-Seattle-Tübingen, Biblio 17, 1984.

[21] *The Triumph of Ballet in Molière's Theatre*, Lewinston-Queenston-Lampeter, The
Edwin Mellen Press, 1992.

[22] *Molière et ses comédies-ballets*, Paris, Klincksieck, 1993.

[23] *Music, Dance, and Laughter: Comic Creation in Molière's Comdey-Ballets*, Paris-Seattle-
Tübingen, Biblio 17, 1995.

[24] *Music and Theater in France 1600–1680*, Oxford, O.U.P., 2000.

[25] Charles Mazouer, *Molière et ses comédies-ballets*, p. 10.

un tout des divers arts pour le «plaisir du plus grand roi du monde»[26], elle fut aussi et avant tout un divertissement de cour dont les modalités d'inscription dans la fête royale, dont elle ne fut bien souvent qu'un moment parmi tant d'autres, à l'égal des bals, collations, feux d'artifice et autres régales, restent encore à définir. Généralement trop succincte, l'évocation habituelle du cadre du divertissement s'y limite à des descriptions autonomes de ces plaisirs successifs et multiples de la fête sans que soit analysé en quoi et comment le dispositif de la réjouissance monarchique pouvait lui aussi être producteur de sens. Seul Charles Mazouer a en fait su faire une place, encore limitée toutefois, à cette interpénétration signifiante d'un spectacle et d'un cadre. Car c'est non seulement à partir de l'interaction d'un texte comique et d'ornements chorégraphiques et musicaux, que s'élaborait l'entière signification de l'œuvre, c'est aussi dans la coprésence de cet ensemble unifié et de la forme particulière de représentation, celle de la réjouissance royale, qui, en dehors et en surplus du texte, infléchissait celui-ci dans un sens qui exprimait les attentes du public de cour pour lequel elle avait été originellement conçue, que l'œuvre se proposait au déchiffrement.

Dès lors s'impose la nécessité d'une «lecture historique» des comédies-ballets, généralisant à l'ensemble du corpus moliéresque une démarche qui ressortit quelque peu au type de celle proposée naguère par Roger Chartier de *George Dandin* et du *Grand Divertissement royal de Versailles*[27]. Il s'agira, en replaçant le texte dans ses divers contextes, d'étudier tout d'abord son inscription dans le temps et l'espace réels tout autant que symboliques de la fête monarchique, ses effets d'enchâssement ou de mise en abyme des autres composantes de cette fête, le jeu et les écarts entre les formes par lesquelles il se donnait parallèlement à lire ou à voir; il s'agira aussi d'analyser les rapports de pouvoirs politiques et sociaux qui le générèrent ou l'informèrent, et notamment de réfléchir sur la question de la création, de la paternité de l'œuvre littéraire et artistique dans le cadre d'une fête conçue comme manifestation de la puissance royale; il s'agira enfin de voir à partir de quels textes littéraires ou autres, de quelles images porteuses d'une représentation codée du moi et de son être dans le monde il se construisit. Car, au miroir de chacune des pièces, se devine une double fonction spéculaire: refléter le monde et réfléchir les textes, mais par le biais d'une intention créatrice. Alors

---

[26] «Prologue», *L'Amour médecin*, [in] *Œuvres complètes*, II, p. 96.
[27] «*George Dandin ou le social en représentation*», *Annales. Histoire, Sciences sociales*, n° 2, mars–avril 1994, p. 277–309, repris sous le titre de «De la fête de cour au public citadin», [in] *Culture écrite et société. L'ordre des livres (XIVᵉ–XVIIIᵉ siècle)*, Paris, Albin Michel, 1996, p. 155–204.

seulement sera-t-il possible de cerner plus précisément le sens et la portée de
ces œuvres protéiformes et toutes en paradoxes, et dans lesquelles décor et
intermèdes recélaient en dernière instance les références des signes de leur
évaluation.

En effet si le sens est bien sur la scène, ce n'est pas simplement parce
que, comme toute œuvre théâtrale, la comédie-ballet est un texte « troué »[28]
qui ne trouve la plénitude de sa signification que dans la représentation et
son système de signes, mais aussi parce que ce fut le spectacle versaillais pris
dans son cadre contextuel qui donna la mesure du code à l'aune duquel
l'œuvre doit être interprétée. Même si l'on ne peut espérer reconstituer une
représentation du temps de Louis XIV, il est possible, en prenant en compte
le fonctionnement référentiel des pièces, de retrouver quelque chose de ce
procès de communication alors établi entre un spectacle vu et compris, et ses
récepteurs-spectateurs.

Aussi ce que propose ce livre, ce n'est pas – ce ne peut être – la solution
des énigmes de sens posées par les comédies-ballets, mais une lecture possible, une interprétation parmi d'autres des pièces, qui privilégie l'événement
de leur représentation à la cour, mais qui n'enlève rien à la pertinence
de celles différentes que l'on peut en faire, dramaturgiques, scéniques, langa-
gières ou encore thématiques. Et, dans cette lecture, tout n'a pas été vu, tout
n'a pas été dit non plus, car il ne peut s'agir, forcément, que d'une exploration partielle, incomplète, de la réalité d'une écriture du XVIIe siècle. Honnêteté, civilité, galanterie, amour et connaissance de soi, etc. ne sont ainsi que
quelques-unes des promenades auxquelles invite le décor foisonnant où se
fond cette réalité. Certains chemins ont déjà été suivis, des domaines entiers
ont déjà été défrichés, et notamment ceux des questions philosophiques,
religieuses et surtout médicales, magistralement étudiées ces dernières années
par Patrick Dandrey[29], dont l'ouvrage sur *Molière ou l'esthétique du ridicule*
a permis de faire définitivement le point sur les convictions esthétiques et
éthiques de Molière[30]. Le propos anti-chrétien, « libertin » pour lui donner
son nom, de son théâtre vient également de faire l'objet d'une étude récente
d'Antony McKenna[31]. Mais, malgré ce regain d'intérêt pour les comédies-bal-

---

[28] Expression empruntée à Anne Ubersfeld, *Lire le théâtre*, 4e éd., Paris, Messidor/Edi-
tions sociales, 1982, p. 23.
[29] Comme dans *La Médecine et la maladie dans le théâtre de Molière*, I: *Sganarelle et la médecine, ou de la mélancolie érotique*, II: *Molière et la maladie imaginaire, ou de la mé-lancolie hypocondriaque*, Paris, Klincksieck, 1998, ou encore *Le « cas » Argan. Molière ou la maladie imaginaire*, Paris, Klincksieck, 1993.
[30] Paris, Klincksieck, 1992.
[31] *Molière dramaturge libertin*, Paris, Honoré Champion, 2005.

lets, bien d'autres voies restent encore inexplorées. Et c'est à les découvrir que je souhaiterais convier le lecteur[32].

---

[32] Je voudrais remercier tous ceux qui ont, d'une manière ou d'une autre, aidé et encouragé l'élaboration de ce travail, et tout particulièrement mon mari Nicholas, plusieurs amis et collègues qui ont apporté un soutien généreux, Jérôme de La Gorce, Agnès Vève, Christian Delmas, Jan Clarke, Abby Zanger, Frédérique Lachaud, ainsi que les membres de mon jury d'Habilitation à Diriger des Recherches, Christian Biet, Marie-Madeleine Fragonard, Charles Mazouer, Pierre Ronzeaud, Alain Viala, dont les conseils et remarques m'ont été de précieux stimulants. Ma gratitude s'adresse de même au *Arts and Humanities Research Council*, dont le soutien financier m'a permis de bénéficier d'une année sabbatique en 2004–2005, grâce à laquelle j'ai pu achever ce travail dans les meilleures conditions. Je remercie également les directions de *Littératures classiques*, du *Nouveau Moliériste*, de *Seventeenth-Century French Studies* et de *Lez Valenciennes* de m'autoriser à faire paraître ici, sous une forme généralement remaniée, les études publiées d'abord dans leurs revues, et enfin Rainer Zaiser, qui a bien voulu accueillir cet ouvrage dans la collection *Biblio 17*.

DOUBLE PARCOURS

ou

PARCOURS DOUBLE ?

Parce qu'elles furent de toute évidence le spectacle d'un jour, le divertissement d'un monarque cultivant jusqu'au vertige l'effet de surprise et d'éblouissement dans les plaisirs qu'il offrait à sa cour, les comédies-ballets de Molière semblaient destinées à ne pas survivre à cette fête dont elles avaient été l'un des moments apparemment privilégiés. Et pourtant … Non seulement le monarque demanda à ce qu'on les rejouât, parfois plusieurs fois, Molière lui-même n'hésita pas à en faire l'attraction principale de plus d'une saison théâtrale au Palais-Royal. Double survie, double parcours, où tout semblait vouloir s'opposer, cadre, public, décor, jusqu'à la nature même des pièces, privées à la ville de tout ou partie de leurs ornements originels.

Or des œuvres aussi dépendantes de l'imbrication du texte et de ses intermèdes[1], comme de l'interaction de cet ensemble et de son cadre festif, allaient trouver dans cette dualité prétexte à des jeux sur des significations multiples et variées. A Versailles et à Saint-Germain-en-Laye, la confusion des plans et les décors ouverts par le fond laissant entrevoir en perspective le parc et le château royaux ajoutaient une dimension encomiastique aux émois galants des protagonistes, tandis que les bouffonneries ou l'impertinence d'un fou remettaient en question les présupposés mêmes de la fête et de son image. Au Palais-Royal la révision, souvent la réduction, voire l'absence des intermèdes, ou la proximité d'autres pièces recentraient les œuvres sur des structures ou des types comiques traditionnels, quand elles ne changeaient pas du tout au tout, pour un public aux attentes et aux références profondément différentes, la «leçon» donnée par les textes. Aussi est-ce bien de toutes les comédies-ballets qu'il faut affirmer que leur «double inscription dans la fête de cour et le théâtre urbain rappelle qu'il n'est pas de sens d'une œuvre hors les formes variables qui la proposent au déchiffrement»[2].

Mais ce destin tout en paradoxes des pièces révèle aussi qu'elles furent au centre d'enjeux qui dépassaient le simple plaisir du public, fût-il aristocratique et de cour ou bourgeois et citadin. D'un côté les temps étaient au triomphe monarchique et à l'affirmation de la toute-puissance de Louis XIV, et il fallait que le plus anodin des divertissements en fût lui aussi la démonstration; de l'autre ils étaient à l'expression, face aux théoriciens de la poétique, d'une volonté d'indépendance créatrice de la part des plus «audacieux» des dra-

---

[1] C'est ce qu'a dans le plus grand détail analysé Charles Mazouer dans *Molière et ses comédies-ballets.*

[2] Roger Chartier, «De la fête de cour au public citadin», p. 158.

maturges[3], avant de l'être à la rivalité de la Comédie avec l'Opéra, et jouer les comédies-ballets avec ou sans leurs intermèdes et leurs ornements, c'était indiscutablement prendre position dans le champ littéraire et artistique de l'époque. Le prestige du monarque, comme la survie de la comédie-ballet en tant que genre mixte, en dépendaient. Preuve s'il en est encore besoin que la littérature est un discours inscrit dans le social et le politique.

---

[3]   Concept emprunté à Alain Viala, *Naissance de l'écrivain. Sociologie de la littérature à l'âge classique*, Paris, Editions de Minuit, 1985.

Chapitre 1: Au cœur de la fête

Le dessein était de donner un ballet aussi; et, comme il n'y avait qu'un petit nombre choisi de danseurs excellents, on fut contraint de séparer les entrées de ce ballet, et l'avis fut de les jeter dans les entractes de la comédie, afin que ces intervalles donnassent temps aux mêmes baladins de revenir sous d'autres habits. De sorte que, pour ne point rompre aussi le fil de la pièce par ces manières d'intermèdes, on s'avisa de les coudre au sujet du mieux que l'on put, et de ne faire qu'une seule chose du ballet et de la comédie; mais, comme le temps était fort précipité, et que tout cela ne fut pas réglé entièrement par une même tête, on trouvera peut-être quelques endroits du ballet qui n'entrent pas dans la comédie aussi naturellement que d'autres. Quoiqu'il en soit, c'est un mélange qui est nouveau pour nos théâtres, et dont on pourrait chercher quelques autorités dans l'antiquité; et, comme tout le monde l'a trouvé agréable, il peut servir d'idée à d'autres choses qui pourraient être méditées avec plus de loisir.[1]

1. « Ce Pompeux & Magnifique assemblage de tant de choses differentes »[2]

L'approbation royale allait faire de ce «mélange nouveau», fortuit, à la jonction mal définie de l'espace du ballet et de celui de la comédie, un genre à part entière, promis à d'éclatants succès dans les années 1660, et dont la mixité même, pourtant accidentelle, s'érigerait en principe structurel de composition. Devant le goût de la cour pour un syncrétisme toujours plus grand du divertissement, la comédie-ballet resterait en effet une œuvre plurielle, hybride, hétérogène même, faite d'éléments disparates tant bien que mal rapportés les uns aux autres, juxtaposés plutôt qu'intégrés[3], unis seulement par une fin commune, le plaisir du roi. Dès *Les Fâcheux*, sa première

---

[1] Avis, *Les Fâcheux*, p. 483.

[2] «Avant-propos», *Ballet des Ballets, Dansé devant Sa Majesté en son Chasteau de S. Germain en Laye au mois de Decembre 1671*, Paris, Robert Ballard, 1671, p. 4.

[3] Certes, la comédie-ballet est allée par certains côtés vers une plus grande harmonisation et unification de ses diverses composantes, mais elle témoigne tout autant, et plus encore peut-être, d'un goût de l'éclatement et du disparate, ainsi que d'une primauté du spectaculaire, du non-texte, sur le texte. C'est ce que j'affirmais en

comédie-ballet représentée en 1661, Molière avait pourtant énoncé un idéal de synthèse des arts qu'il avait réaffirmé en 1665 dans le prologue de *L'Amour médecin* en le plaçant sous l'égide de la Comédie:

> Quittons, quittons notre vaine querelle,
> Ne nous disputons point nos talents tour à tour,
> Et d'une gloire plus belle
> Piquons-nous en ce jour:
> Unissons-nous tous trois d'une ardeur sans seconde,
> Pour donner du plaisir au plus grand roi du monde.[4]

On mesure dans ces paroles le chemin parcouru depuis les premières tentatives de spectacle total dans le ballet de cour en 1581, car, dans la référence au plaisir fédérateur du roi, le rêve de l'union des arts, dans lequel la Renaissance néo-platonicienne voyait une image de l'harmonie céleste[5], paraît s'être laïcisé. Christian Delmas résume cette évolution:

1990 dans un article sur «Ballet et comédie-ballet sous Louis XIV ou l'illusion de la fête», *P.F.S.C.L.*, n° 32, 1990, p. 253–62, et dont je suis toujours persuadée.

[4] «Prologue», *L'Amour médecin*, p. 96. On retrouve cette thématique, développée pour la première fois dans l'*Andromède* de Corneille en 1650, dans le texte et les prologues de plusieurs tragédies à machines. Boyer faisait ainsi dire en 1666 à Apollon dans *Les Amours de Jupiter et de Sémélé*: «Aussi ne voulant pas qu'une ait tout l'avantage,/Par un art qui vous mesle & ne vous détruit pas,/Le Theatre aujourd'huy va produire un ouvrage,/Qui doit unir tous vos appas,/Et sans juger sur qui doit tomber la victoire,/Par un meslange heureux confonde vostre gloire./Vivez sans jalousie & n'ayez d'autre soin/Que de plaire à Loüis & d'avoir son suffrage» (*Les Amours de Jupiter et de Semelé Tragedie*, Paris, Guillaume de Luyne, 1666, p. 13). On la retrouve également dans le *paragone* ou parallèle, voire querelle, entre les arts, figurés, dans le *Songe de Vaux* de La Fontaine, par les quatre fées de l'Architecture, de la Peinture, du Jardinage et de la Poésie, qui font tour à tour leur propre éloge, non seulement pour contester le prix d'excellence, «mais plus encore [...] donner par ce moyen l'occasion d'embellir la maison de Vaux» (*Œuvres diverses*, éd. Pierre Clarac, Paris, Gallimard, 1948, p. 78). A noter toutefois que la Musique, qui appartient aux «arts d'imposture», n'a pas de place dans le *paragone* de Vaux (voir Boris Donné, *La Fontaine et la poétique du songe. Récit, rêverie et allégorie dans Les Amours de Psyché*, Paris, Champion, 1995, p. 64–6). C'est ce même *paragone* que Molière récrivit de façon comique dans la querelle des Maîtres à l'acte II du *Bourgeois gentilhomme*.

[5] L'une des pièces de vers publiées en tête de l'édition du *Balet comique de la Royne* louait Beaujoyeulx, son inventeur, de «nous [avoir fait] veoir [...]/[...] la façon tant estimée/De nos poëtes anciens,/Les vers avecques la musique,/Le Balet confus mesuré,/Demonstrant du ciel azuré/L'accord par un effect mystique» ([in] *Ballets et mascarades de cour de Henri III à Louis XIV (1581–1652)*, éd. Paul Lacroix, rééd. Genève, Slatkine reprints, 1968, I, p. 12). Un ballet de Guillaume Colletet, dansé sur la scène publique en 1632, s'intitulait justement *Le Ballet de l'Harmonie*,

Toutefois, le débat entre les Muses reste essentiellement esthétique, et cette reconquête d'une synthèse des arts est sans rapport, sinon formel, avec leur union mystique, d'inspiration néo-platonicienne, dans le « ballet comique » de la fin du siècle précédent, où la danse imitait le mouvement des éléments et les instruments la musique des sphères en vue d'une représentation totale de l'univers.[6]

Fidèle à cet idéal, Molière chercha de toute évidence à lier les ballets, la musique et la comédie dans ses pièces, à « les coudre au sujet du mieux que l'on put »[7] – l'indéniable équilibre d'œuvres plus tardives comme *Le Bourgeois gentilhomme* de 1670 en témoigne. Mais, aux yeux des relationnistes et autres gazetiers contemporains, intermèdes et discours comique se fondirent rarement en un tout harmonique. Robinet qualifia ainsi en 1672 *Le Ballet des Ballets* et *La Comtesse d'Escarbagnas* qui en forma la trame, de « compilé », de

> [...] pompeuse rapsodie,
> Qui par ses lambeaux bien connus,
> Vaut incomparablement, plus
> Que les plus superbes spectacles.[8]

Décrit dans le livret comme « ce Pompeux & Magnifique assemblage de tant de choses differentes »[9], ce divertissement n'avait-il pas rassemblé, à la demande expresse de Louis XIV, divers extraits de divertissements antérieurs dans le seul but de créer un spectacle dont la beauté résiderait justement dans son hétérogénéité, dans la somme de ses beautés individuelles[10] ? Paradoxalement, seules, en juillet 1668, la comédie de *George Dandin* et la pastorale

---

6   Christian Delmas, « Théâtralité du théâtre à machines (1650–1671) », [in] *Mélanges pour Jacques Schérer. Dramaturgies, langages dramatiques*, Paris, Nizet, 1986, repris dans *Mythologie et mythe dans le théâtre français (1650–1676)*, Genève, Droz, 1985, p. 33.

7   Voir *supra* note 1, p. 23.

8   Robinet, lettre du 20 février 1672, [in] *Le Théâtre et l'opéra vus par les gazetiers Robinet et Laurent (1670–1678)*, éd. William Brooks, Paris-Seattle-Tübingen, Biblio 17, 1993, p. 114. Furetière définit la *rapsodie* comme le « recueil de plusieurs passages qu'on rassemble pour composer un ouvrage » (*Dictionnaire Universel*, La Haye – Rotterdam, Arnout & Reinier Leers, 1690).

9   « Avant-propos », *Ballet des Ballets*, p. 4.

10 On lit ainsi dans le livret : « Et pour répondre à cette idée, SA MAJESTÉ a choisi tous les plus beaux Endroits des Divertissemens qui se sont representez devant Elle depuis plusieurs années ; & ordonné à Moliere de faire une Comedie qui enchaînast tous ces beaux morceaux de Musique & de Dance, afin que ce Pompeux & Magnifique assemblage de tant de choses differentes, puisse fournir le plus beau Spectacle qui ce soit encore veu pour la Salle, & le Theatre de Saint Germain en Laye » (*Ballet des Ballets*, p. 3–4).

en musique intercalée dans ses entractes, qui représentent pour le lecteur moderne la formule la plus extrême de juxtaposition et d'incompatibilité[11], parurent réussir cette union inespérée des composantes:

> Quoiqu'il semble que ce soit deux comédies que l'on joue en même temps, dont l'une faite en prose et l'autre en vers, elles sont pourtant si bien unies à un même sujet qu'elles ne font qu'une même pièce et ne représentent qu'une seule action.[12]

Le plus souvent la comédie était dite «meslée» ou «entremeslée»[13] (ou encore «entre-coupée»[14]) d'entrées de ballet et de musique. Molière lui-même évoqua les «ornements» qui en accompagnaient la représentation «chez le roi»[15], tandis que Thomas Corneille qualifiait leurs intermèdes d'«agremens»[16]. Ces épithètes sont révélatrices à la fois d'une hiérarchie implicite des composantes et du statut sinon accessoire, du moins second, pour le dramaturge, des parties chantées et dansées[17], auxquelles étaient accordés une fonction figurative, et non dramatique, un rôle d'illustration ou de dé-

---

[11]   Pour le lecteur moderne, en effet, rien ne semble lier les deux pièces unies tout au plus par des effets de contraste entre univers, genres et moyens d'expression (voir à ce sujet les articles de Marcel Gutwirth, «Dandin ou les égarements de la pastorale», *Romance Notes*, n° 15, supplément n° 1, 1973, p. 121–33, et de Joan Crow, «Réflexions sur *George Dandin*», [in] *Molière: Stage and Studies. Essays in honour of W.G. Moore*, éd. William D. Howarth et Merlin Thomas, Oxford, Clarendon Press, 1973, p. 3–12). Incompatibilité que confirmerait le fait que Molière ne fit jamais représenter *George Dandin* accompagné de la pastorale en musique sur son théâtre du Palais-Royal.

[12]   Félibien, *Relation de la fête de Versailles*, [in] *Les Fêtes de Versailles. Chroniques de 1668 & 1674*, éd. Martin Meade, Paris, Editions Dédale, Maisonneuve et Larose, 1994, p. 46.

[13]   *Gazette* du 10 mai 1664, p. 456 (*La Princesse d'Elide*); du 12 octobre 1669, p. 996 (*M. de Pourceaugnac*).

[14]   La Gravette de Mayolas, lettre du 21 juin 1665, [in] *Les Continuateurs de Loret*, éd. James de Rothschild, Paris, D. Morgand & C. Fatout, 1881–1899, I (1881), p. 53 (*Le Favori* de Mademoiselle Desjardins).

[15]   «Au lecteur», *L'Amour médecin*, p. 95. Pour Furetière, est *ornement* «ce qui pare quelque chose, ce qui la rend plus belle, plus agreable» (*Dictionnaire Universel*).

[16]   «Au lecteur», *L'Inconnu*, n. p. *Agrément* est défini par Furetière comme «ce qui est agreable, ou ce qui contribuë à le rendre tel» (*Dictionnaire Universel*). Richelet relève aussi son sens particulier de «petit ouvrage de broderie qui sert à relever la besogne» (*Dictionnaire François*, Genève, Jean Herman Widerhold, 1680).

[17]   Bien que, par ailleurs, Molière les jugeât indispensables à une juste appréhension de l'œuvre: «ce que je vous dirai, c'est qu'il serait à souhaiter que ces sortes d'ouvrages pussent toujours se montrer à vous avec les ornements qui les accompagnent chez le roi. Vous les verriez dans un état beaucoup plus supportable, et les airs et les symphonies de l'incomparable M. Lully, mêlés à la beauté des voix et à l'adresse

coration. A moins que, renversant la perspective, et privilégiant le non-texte sur le texte, le visuel et le spectaculaire sur le discours, ou en d'autres termes le genre noble en vogue à la cour sur la récréation commune de la scène publique, le rédacteur de la *Gazette* ne préférât décrire un ballet «accompagné »[18] de comédie ou «dansé dans les Entr'Actes» de la pièce[19], et ne voir dans la comédie, à l'instar des frères Parfaict, qu' une «petite Piéce de Théatre» sans importance[20]. Huygens crut même pouvoir écrire du divertissement où figurait *George Dandin* que «la comédie de Molière [...] estoit faite fort à la haste et peu de chose, mais la sale et le theatre fort beaux»[21].

Pour les spectateurs de cour, décors et intermèdes présentaient à l'évidence plus d'intérêt que le texte dramatique qui les enchâssait et qui ne servait bien souvent que de prétexte à leur insertion. Le sujet de la tragédie-ballet de *Psyché* n'aurait-il pas même été choisi dans le seul but de réutiliser le célèbre décor de l'enfer de *L'Ercole amante* représenté en 1662[22]? De plus, sélectionnés, voire imaginés, par le roi[23], ou à défaut proposés par l'ingénieur et architecte Carlo Vigarani[24], les intermèdes étaient souvent choisis en premier,

---

des danseurs, leur donnent, sans doute, des grâces dont ils ont toutes les peines du monde à se passer» («Au lecteur», *L'Amour médecin*, p. 95).

[18] *Gazette* du 18 octobre 1670, p. 1004 (*Le Bourgeois gentilhomme*).

[19] *Gazette* du 24 janvier 1671, p. 81 (*Psyché*).

[20] Claude et François Parfaict, *Histoire du Théâtre François, depuis son origine jusqu'à présent*, Paris, P.G. Le Mercier & Saillant, 1745–1749, X (1747), p. 133 (à propos des pièces enchâssées dans le *Ballet des Muses*).

[21] Huygens, lettre à Philippe Doublet du 27 juillet 1668, *Correspondance*, [in] *Œuvres complètes*, éd. D. Bierens de Haan et J. Bosscha, La Haye, Martinus Nijhoff, 1888–1910, IV (1895), p. 245.

[22] Selon les compilateurs des *Anecdotes dramatiques*, «Louis XIV demanda à Racine, à Quinault & à Moliere, un sujet où pût entrer une décoration, qui représentoit les enfers, & que l'on conservoit avec soin dans le garde-meuble. Racine proposa le sujet d'*Orphée*, Quinault l'*Enlevement de Proserpine*, & Moliere, aidé du grand Corneille, s'attacha au sujet de Psyché, qui obtint la préférence» (éd. Jean Marie Bernard Clément et abbé J. de La Porte, Paris, Vve Duchesne, 1775, II, p. 443).

[23] Ce fut le cas notamment du *Ballet des Ballets* pour lequel Louis XIV choisit «tous les plus beaux Endroits des Divertissemens qui se sont representez devant [lui] depuis plusieurs années» («Avant-propos», *Ballet des Ballets*, p. 4). Selon D'Arvieux, *Le Bourgeois gentilhomme* n'aurait même été écrit que pour accommoder la mascarade turque voulue par le roi: «Sa Majesté m'ordonna de me joindre à Messieurs Moliere & de Lulli, pour composer une piece de Théâtre où l'on put faire entrer quelque chose des habillemens & des manieres des Turcs» (*Mémoires du Chevalier d'Arvieux*, éd. le R.P. Jean-Baptiste Labat, Paris, Delespine, 1735, IV, p. 252).

[24] C'est ce que nous apprend la relation des *Plaisirs de l'île enchantée*: «M. de Vigarani, gentilhomme modénois, fort savant en toutes ces choses, inventa et proposa celles-ci» ([in] Molière, *Œuvres complètes*, I, p. 752). Indication confirmée par une

Molière n'étant convoqué qu'ultérieurement, et parfois même au dernier moment (ce qui semble bien avoir été le cas pour *Les Fâcheux* commandités par Foucquet en 1661) dans le seul but de « de faire une Comedie qui enchaînast tous ces beaux morceaux de Musique & de Dance »[25], ou encore qui « [fit], des susdits pompeux fragments, / Toute la liaison et l'ame »[26]. Conçue comme lien unificateur entre des éléments disparates et préexistants, l'œuvre dramatique n'existait que par rapport à eux dans une inversion du rapport de dépendance traditionnellement reconnu entre discours et spectacle. Or, en s'efforçant de justifier leur introduction dans l'intrigue par des critères dramatiques banals de vraisemblance, de nécessité et de propriété[27], Molière montrait les intermèdes comme puisant le fondement de leur présence dans une conception poétique « préalable » du texte, alors qu'en fait, ils précédaient ce même texte puisque c'était en fonction d'eux seuls qu'il avait été conçu et réalisé.

Aussi seuls les intermèdes étaient-ils détaillés dans les divers comptes rendus du spectacle sans que fût même toujours indiqué le sujet de la comédie représentée ou mentionné le nom de son auteur, alors qu'il arrivait que Torelli ou Vigarani fussent nommément cités. On lit ainsi dans la *Gazette* du 12 octobre 1669 rapportant la première à la cour de *Monsieur de Pourceaugnac* :

---

lettre de Carlo Vigarani à la duchesse de Modène : « Tutte queste feste sono tutte tanto nell'inventione che nell'esecutione trovate bellissime, con tanto maggior mia gloria, che l'una e l'altra sono stati miei parti […] » ([in] *Inventaire des lettres et papiers manuscrits de Gaspare, Carlo et Lodovico Vigarani conservés aux archives d'Etat de Modène (1634–1684)*, éd. Gabriel Rouchès, Paris, Honoré Champion, 1913, p. 92).

[25]   « Avant-propos », *Ballet des Ballets*, p. 4.

[26]   Robinet, lettre du 20 février 1672, [in] *Le Théâtre et l'opéra*, p. 114. Ces remarques sont à rapprocher de la réflexion de Guillaume Colletet concernant le ballet de cour : « Le Carnaval qui est la saison que l'on danse des balets à la Cour n'approche jamais que je n'en sois saisi de crainte et de frissonnement ; je m'y vois ordinairement pressé de toutes parts et souvent obligé de produire des choses en trois jours qui, pour les faire passablement, meriteroient bien que l'on y employât au moins trois semaines. Car ordinairement en ces occasions, ce qui devroit être fait le premier, est ce qui est demandé le dernier ; on songe aux pas, aux cadences, aux airs, aux machines, et aux habillements, devant que de parler au poete » (cité par M. Paquot, « Les Vers du *Ballet des Nations* de Guillaume Colletet », *Revue belge de philologie et d'histoire*, n° 10 (1–2), janv.–juin 1931, p. 54).

[27]   Bénédicte Louvat-Molozay fait remarquer toutefois que cette rigueur de l'introduction s'applique surtout aux divertissements insérés dans la comédie parlée, les intermèdes des entractes étant eux liés à l'intrigue par des nœuds beaucoup plus lâches (*Théâtre et musique*, p. 415).

[Leurs Majestez] eurent celui celui d'vne nouvelle Comédie, par la Troupe du Roy, entremeslée d'Entrées de Balet, & de Musique, le tout si bien concerté, qu'il ne se peut rien voir de plus agréable. L'Ouverture s'en fit par vn délicieux Concert, suivi d'vne Sérénade, de Voix, d'Instrumens, & de Danses: & dans le 4ᵉ Interméde, il parut grand nombre de Masques, qui par leurs Chansons, & leurs Danses, plurent grandement aux Spectateurs. La Décoration de la Scéne, estoit, pareillement, si superbe, que la magnificence n'éclata pas moins en ce Divertissement, que la galanterie [...].[28]

La comédie pouvait même être totalement occultée comme ce fut le cas de *La Comtesse d'Escarbagnas* dans le compte rendu, toujours de la *Gazette*, du *Ballet des Ballets* en décembre 1671 :

Le soir, on donna à cette Princesse, le Divertissement d'vn Balet, que le Roy avoit fait préparer pour la régaler à son arrivée, & qui a paru d'autant plus agréable, qu'il est composé de ce qui s'est trouvé de plus beau, dans tous les autres Divertissemens que Sa Majesté a pris depuis plusieurs années, & accompagné de toute la pompe, & la magnificence ordinaire dans les Spectacles [...].[29]

Aussi les livrets distribués aux spectateurs le jour même de la représentation se contentaient-ils de résumer succinctement l'action dramatique alors qu'ils reproduisaient entièrement le texte des récits ou des dialogues chantés, et décrivaient longuement les entrées de ballet et les changements de décor ou les machines employées[30].

Mais l'essentiel, c'était encore le spectacle que la cour se donnait à elle-même, et, à défaut de toute autre précision, l'entrefilet le plus bref ne manquait jamais de signaler la présence de spectateurs et d'interprètes de marque, dont les noms étaient donnés dans l'ordre de préséance le plus rigoureux :

---

[28] *Gazette* du 12 octobre 1669, p. 996.

[29] *Gazette* du 5 décembre 1771, p. 1168.

[30] Au mieux, l'action était résumée, scène par scène (ce fut le cas bien évidemment des comédies-ballets en un acte comme *Le Mariage forcé* ou *Le Sicilien*, mais aussi celui de la tragédie-ballet en cinq actes de *Psyché*), sinon acte par acte (comme pour *George Dandin* par exemple), en de courts paragraphes de trois à quatre lignes. Mais le plus souvent, et il semblerait qu'il y ait eu une évolution dans ce sens, les livrets s'en tenaient à la seule mention de l'acte en caractères majuscules, à la façon d'un intertitre isolé, à moins que, comme pour *Le Bourgeois gentilhomme*, cette mention ne soit suivie d'une brève évocation de ce qui dans l'acte sert à amener l'intermède qui s'y enchâsse ou y fait suite. On lit ainsi, à la suite du texte des chansons à boire du second acte : «DANS LE TROISIESME ACTE/Le Bourgeois qui veut donner sa fille au fils du Grand Turc, est annobly auparavant par une ceremonie turque, qui se fait en dançe & en Musique» (*Le Bourgeois Gentil-homme, Comedie-Ballet, Donné par le Roy à toute sa Cour, dans le Chasteau de Chambort, au mois d'Octobre 1670*, Paris, Robert Ballard, 1670, p. 8).

> Le 14, Leurs Majestez, & toute leur Suite se rendirent sur des Caléches, dans le Parc: & la Reyne, Madame, Mademoiselle, Mademoiselle d'Alençon, avec les autres Dames vestües en Amazones [...], on y prit le Divertisse-ment de la Chasse, qui fut suivi d'vne Comédie entremeslée d'Entrées de Balet, qui pour n'avoir esté concerté que peu de jours auparavant, ne laissa pas d'estre trouvé fort agréable.[31]

L'ensemble composite que fut la comédie-ballet était également un ensemble hiérarchisé où, selon son état, chacun privilégiait soit le ballet soit la co-médie. L'idée d'une primauté du texte sur le non-texte, du discours comique sur le spectaculaire, me paraît bien être une vue partielle et partiale du diver-tissement royal, sinon un mythe, entretenu par Molière lui-même, soucieux de son image et de ses prérogatives d'auteur, ainsi que partisan d'une certaine conception du divertissement toute en alternance et effets de contraste. Elle ne saurait correspondre aux attentes et aux préoccupations des spectateurs contemporains, ni refléter la façon dont ils reçurent un spectacle où, quanti-tativement, dominait la musique.

2. Fête ou divertissement?

Avec le développement, l'autonomisation progressive des intermèdes dans des œuvres comme *Les Amants magnifiques* en 1670 ou *La Comtesse d'Escarba-gnas* en 1671, l'idée même de la comédie comme forme-cadre, voire comme principe enchâssant sinon unificateur, finirait par faire difficulté au point que, déconcerté, le gazetier Robinet ne saurait plus si

> Le *Divertissement Royal*
> Dont la *Cour* fait son Carnaval,
> Est un Balet en Comêdie,
> Je ne crains point qu'on m'en dédie,
> Ou bien Comêdie en Balet.[32]

Faut-il voir là une confusion du jugement devant l'ambiguïté d'un spectacle qui, à la façon inverse du grand ballet de cour louis-quatorzien incluant, lui, divers genres dramatiques dans ses entrées, présentait des formes multiples et variées de divertissement dans les pauses du discours, dont le foisonnement même risquait d'écraser le texte comique[33]? ou bien la reconnaissance du né-

---

[31] *Gazette* du 19 septembre 1665, p. 914 [924] (*L'Amour médecin*).

[32] Robinet, lettre du 15 février 1670 (*Les Amants magnifiques*), [in] *Le Théâtre et l'opéra*, p. 28.

[33] Le protéen *Ballet des Muses* dansé dans l'hiver 1666–1667 enchâssait ainsi une tragédie de Pyrame et Thisbé dans la seconde entrée de Melpomène, la *Pastorale*

cessaire dépassement de la hiérarchie du rapport d'inclusion des intermèdes et de la comédie dans une conception syncrétique nouvelle du divertissement de cour? Ni mascarade, ni grand ballet, ni comédie, ni pastorale, celui-ci était devenu un tout composite qui les englobait tous également, et que les livrets publiés par Robert et Christophe Ballard, imprimeurs attitrés des divertissements royaux, désignèrent le plus souvent comme *divertissement*[34]. Pour le Carnaval de 1670 *Les Amants magnifiques* s'insérèrent dans *Le Divertissement royal* de Saint-Germain-en-Laye, tandis que *Monsieur de Pourceaugnac* eut pour cadre, en octobre 1669, *Le Divertissement de Chambord, Meslé de Comedie, de Musique & d'Entrée de Ballet*.

L'appellation générique de *comédie-ballet*, qui, pour nous, va de soi, ne fut pour ainsi dire jamais utilisée du vivant de Molière. On ne la trouve ni en page de titre des livrets, qui portèrent parfois le sous-titre de *ballet*[35], ni en page de titre des éditions séparées des pièces, où figura régulièrement celui de *comédie*. Seuls l'adoptèrent l'édition du *Bourgeois gentilhomme* publiée par Le Monnier en 1671[36] et le livret publié par Ballard en 1670[37], moins sans doute en reconnaissance de l'exceptionnelle intégration des intermèdes et du texte comique qu'en témoignage de la succession évidente de deux genres distincts au sein d'un même divertissement, puisqu'à Chambord la comédie mêlée (alors de trois actes) du *Bourgeois gentilhomme* fut suivie d'un ballet de dix entrées, dit *Ballet des nations*. *Psyché*, transposition dans le registre noble de la formule de la comédie-ballet, fut qualifiée de *tragédie-ballet* dans

---

comique de Molière, en remplacement d'ailleurs de sa *Mélicerte*, dans la troisième entrée de Thalie, un dialogue chanté de bergers et de bergères dans la quatrième entrée d'Euterpe, une *Comédie des Poètes* qui insérait elle-même une «Mascarade espagnole» dans la 3ᵉ scène, ainsi qu'une «entrée de Basques» dans la 7ᵉ scène, dans la sixième entrée de Calliope, et enfin la comédie-ballet du *Sicilien* de Molière, qui, complétée d'une «Mascarade de plusieurs sortes de Maures», faisait l'essentiel de la quatorzième et dernière entrée. Tel un double inverti de cet avatar du grand ballet, *Les Amants magnifiques* absorbèrent, eux, deux mascarades à grand spectacle (premier et sixième intermèdes), deux pantomimes (second et cinquième intermèdes), une pastorale en musique avec son prologue (troisième intermède), et une entrée de ballet de statues (quatrième intermède).

[34] *Le Grand Divertissement Royal de Versailles, Le Divertissement de Chambord, Le Divertissement Royal* de Saint-Germain-en-Laye, etc.

[35] Ainsi *Le Mariage Forcé Ballet du Roy. Dansé par sa Majesté, le 29. jour de Janvier 1664*, Paris, Robert Ballard, 1664. L'argument du livret qualifie d'ailleurs l'œuvre de «Comedie-Mascarade».

[36] *Le Bourgeois Gentilhomme, Comedie-Balet, Faite à Chambort, pour le Divertissement du Roy, par J.B.P. Moliere*, Paris, Pierre Le Monnier, 1671.

[37] *Le Bourgeois Gentil-homme, Comedie-Ballet, Donné par le Roy à toute sa Cour dans le Chasteau de Chambort, au mois d'Octobre 1670*, Paris, Robert Ballard, 1670.

sa première version imprimée[38], alors, toutefois, qu'en la désignant comme *tragi-comédie et ballet*, le livret publié à l'occasion de sa création aux Tuileries en janvier 1671 choisissait de distinguer les deux constituantes majeures de cette œuvre mixte[39]. Celui publié six mois plus tard pour la reprise au Palais-Royal accentuait encore l'écart entre les deux genres en présentant *Le Grand Ballet de Psiché Dansé devant Sa Majesté au mois de Janvier 1671. Et Dansé sur le Theatre du Palais Royal, avec la Tragi-Comedie representée par la Trouppe du Roy, au mois de Juillet 1671*[40].

Quant aux contemporains, gazetiers comme mémorialistes ou épistoliers, ils hésitèrent tout autant sur l'appellation à donner à ces œuvres, optant toutefois le plus souvent pour celle de *ballet*, surtout en période de carnaval, à moins que, comme le musicien D'Assoucy, ils ne préférassent qualifier une pièce comme *Le Malade imaginaire*, qui, on le sait, ne fut pas écrit pour un divertissement de cour mais pour une représentation au Palais-Royal, de «pièce à machines»[41]. Pour sa part, André Philidor, qui copia la musique des œuvres de Lully pour les besoins de la Bibliothèque du Roi, qualifia de «comedie et ballet» à la fois *Le Mariage forcé* et *L'Amour médecin*, en réservant lui aussi l'appellation de «Comedie Ballet» pour le seul *Bourgeois gentilhomme*.

Ce *divertissement* lui-même, qui, parce qu'il se voulut ostensiblement mêlé et diversifié, rend vaine toute tentative pour rechercher une quelconque unité formelle de la comédie-ballet et de ses intermèdes ailleurs que dans sa variété, sa diversité même, s'abîmait en fait dans un principe supérieur, celui de la grande fête royale, comme dans un tout paradoxalement antérieur à l'existence de ses parties. Echelonnée sur plusieurs jours selon un calendrier déterminé par le bon plaisir du roi et marquant le transfert de divertissements jusqu'alors urbains et collectifs dans un décor champêtre inspiré de *L'Astrée* et réservé à une élite[42], celle-ci regroupa le temps d'une célébration la somme des plaisirs festifs accessibles en cette seconde moitié du XVIIe siècle. *La Princesse d'Elide* fit partie au printemps 1664 des *Plaisirs de l'île enchantée*, qui comprirent, dans l'ordre donné par le sous-titre de la relation officielle, *course de bague, collation ornée de machines, comédie mêlée de danse et de musique, ballet du palais d'Alcine, feu d'artifice et autres fêtes galantes et magnifiques, faites par le Roi à Versailles*; *George Dandin* fut associé à une comédie en musique

---

[38]   *Psiché, Tragedie-Ballet. Par J.B.P. Moliere*, Paris, Pierre Le Monnier, 1671.

[39]   *Psiché Tragi-Comedie, et Ballet. Dansé devant sa Majesté au mois de Janvier 1671*, Paris, Robert Ballard, 1671.

[40]   Paris, Robert Ballard, 1671.

[41]   D'Assoucy, *Rimes redoublées*, 2e édition, s.l., 1672, p. 121.

[42]   Six cents personnes seulement assistèrent à la fête des *Plaisirs de l'île enchantée* en mai 1664, alors que trois mille invités se pressèrent à celle de juillet 1668 (voir *infra*, p. 46–7).

des *Fêtes de l'Amour et de Bacchus* pour former *Le Grand Divertissement royal de Versailles* en 1668 (dit encore *La Fête de Versailles*); quant à la reprise du *Malade imaginaire*, elle trouva sa place dans *Les Divertissements de Versailles, donnés par le Roi à toute sa cour au retour de la conquête de la Franche-Comté* dans l'été 1674.

Fêtes de la dépense, fêtes de la profusion et de la montre, ces fêtes cherchèrent à surprendre par l'offre de plaisirs toujours renouvelés, toujours différents, et toujours supérieurs aux précédents, bien que l'impression de nouveauté de la fête vînt surtout non pas des divertissements en eux-mêmes, qui étaient en fait toujours de même type comme festins, chasses, courses, représentations théâtrales, ballets, bals, feux d'artifice, illuminations, ou encore promenades et visites, mais de la manière différente de les associer au sein de la fête. Comme le fait remarquer Florence Sorkine, il convient toutefois de distinguer ces fêtes structurées, ostentatoires, montrant la grandeur du roi dans la fête, et qui furent minutieusement préparées, annoncées et abondamment relatées dans la presse, de réjouissances plus spontanées, dites aussi «divertissements de saison», réservées aux membres de la cour, sinon au seul entourage du souverain, et qui semblent n'avoir eu d'autre but que le plaisir et la réjouissance, tels ces séjours à Chambord à l'automne 1669 et 1670 lors desquels furent représentés *Monsieur de Pourceaugnac* et *Le Bourgeois gentilhomme*[43]. Sensible à cette différence, Mademoiselle de Scudéry devait écrire dans sa *Promenade de Versailles*:

> C'est assurément vne belle & agréable chose [...] de voir le Roi en ce beau desert, lorsqu'il y fait de petites testes galantes, ou de celles qui étonnent par leur magnificence, par leur nouveauté, par leur pompe, par la multitude des divertissemens éclatans, par les musiques différentes, par les eaux, par les feux d'artifice, par l'abondance en toutes choses, & sur tout par des Palais de verdure, qu'on peut nommer des lieux enchantez, dont jamais la nature & l'art joints ensemble ne n'estoient encore avisez.[44]

Mais si ces deux types de divertissements différaient par leurs objectifs, ils ne se composaient pas moins également de festins, de promenades et de représentations théâtrales ou musicales. Seules la quantité et la rapidité

---

[43] Voir Florence Sorkine, *Propagande et mécénat royal: les fêtes louis-quatorziennes à Versailles et leurs représentations (1661–1682)*, thèse pour le doctorat, Paris III, 1993, p. 177. L'expression est utilisée par Eraste pour introduire la mascarade qui conclut *Monsieur de Pourceaugnac*: «En attendant qu'il vienne, nous pouvons jouir du divertissement de la saison, et faire entrer les masques que le bruit des noces de Monsieur de Pourceaugnac a attirés ici de tous les endroits de la ville» (*Monsieur de Pourceaugnac*, [in] *Œuvres complètes*, II, p. 636).

[44] Mademoiselle de Scudéry, *La Promenade de Versailles*, Paris, Claude Barbin, 1669, p. 67–8.

d'enchaînement des moments festifs permettaient de les distinguer. En effet, contrairement aux grandes fêtes versaillaises, du moins jusqu'en 1670, date à partir de laquelle les séjours de Louis XIV à Versailles allaient s'allonger, les divertissements de saison, qui s'étalaient sur plusieurs semaines, devaient ménager des pauses dans les festivités. Il n'était pas rare non plus que les œuvres nouvelles créées pour la circonstance y fussent données plusieurs fois de suite ou qu'on s'y contentât même de reprises, parfois agrémentées de nouveaux intermèdes. *La Princesse d'Elide*, qui avait été créée pour les *Plaisirs de l'île enchantée* au printemps 1664, constitua ainsi le clou de la réception donnée au cardinal Chigi à Fontainebleau dans l'été suivant. La relation faite par Sebastiano Baldini de la légation du cardinal nous apprend en outre qu'elle y fut représentée avec de nouveaux intermèdes:

> Vi furono moltissimi balletti di dormiglioni, di muse e di pastori ma l'ultimo supero tutti gli altri sendo in palco più di cinquanta personaggi con una macchina fatta a foggia di vaso grande che dai fianchi aveva due scalinate piene di sonatori di ciuffoli e viole dentro il vaso, e di violini per le scale vestiti da satiri, che calasi tutti sul palco ballarono con 12 altri ballarini vestiti diversamente: e per variare il ballo lasciati i violini presero i tamburetti, co' quali fecero varii giocchetti a tempo di suono, sempre più di 40 che toccavano violini, viole, violini e ciuffoli e tamburetti; la macchina aveva una simil figura.[45]

Lors du séjour de la cour à Saint-Germain pour la Saint-Louis en août 1669, *La Princesse d'Elide* eut de même droit à quatre nouvelles représentations, accompagnées également, pour celle du 31 du moins, de «nouvelles Entrées de Balet».[46] Le livret du divertissement publié par Ballard révèle que non seulement certains des intermèdes de 1664 avaient été modifiés[47], d'autres encore avaient été remplacés par des séquences empruntées au *Grand Divertissement Royal* de juillet 1668. Le cinquième intermède incorporait ainsi «la Plainte en musique» qui avait fait suite au premier acte de la comédie, tandis que

---

[45]   Biblioteca Apostolica Vaticana, cote Chigi E II 38. Cité par Jean Lionnet, «Les Evénements musicaux de la légation du Cardinal Flavio Chigi en France, été 1664», *Studi Musicali*, n° 25 (1–2), 1996, p. 147–8. Chanteloup, auteur lui aussi d'un mémoire sur cette légation, ne précise pas en revanche quels furent ces nouveaux intermèdes admirés des Italiens: «La Comedie pleut extremement a tous ces Messieurs les Italiens et plus et moins selon qu'ils entendoyent la langue; Elle est composée outre le corps de la Piece, de diuers recits, de petits ballets, de dances pastorales et de machines, de sorte qu'elle est autant pour les yeux que pour les oreilles» («Memoire du traitement fait par la maison du Roy a Monsieur le Cardinal Chigi Légat a Latere en France», BnF, Ms Mélanges Colbert, n° 79, f° 109).

[46]   *Gazette* du 7 septembre 1669, p. 883.

[47]   Le second intermède avait été amputé de l'épisode avec les chasseurs et du combat contre les deux ours.

le sixième reprenait tout le finale des *Fêtes de l'Amour et de Bacchus*[48]. La tendance à une conception syncrétique du divertissement royal, fait non plus de nouveautés, mais de rappels nostalgiques des plus grands moments d'œuvres antérieures, dont le *Ballet des Ballets* de décembre 1671, voire, à plus grande échelle, les *Divertissements* de l'été 1674, sont l'exemple le plus achevé, se serait donc manifestée dès les premières années du règne personnel de Louis XIV[49].

Ce furent ces fêtes de 1664, de 1668 et de 1674 qui contribuèrent à donner à Versailles sa dimension politique, car dans les premières années du règne personnel de Louis XIV, Versailles n'était encore qu'un château de plaisirs, comparable à ce que serait par la suite Marly après l'installation définitive de la cour à Versailles. Aussi dans les années 1660, les grandes fêtes obligées de la monarchie, fussent-elles politiques ou dynastiques, se donnèrent-elles plutôt à Saint-Germain-en-Laye ou à Fontainebleau qu'à Versailles. La réception du cardinal Chigi, légat du pape, dans l'été 1664 eut lieu en fait à Fontainebleau, le cardinal n'ayant fait que passer à Versailles. En revanche c'est à Versailles que fut reçu le duc de Buckingham en septembre 1670, et à Versailles aussi qu'eurent lieu les festivités de la réception de la Dauphine en mars-avril 1680, même si deux des journées de fête prirent encore place à Saint-Germain-en-Laye. Mais c'est à Fontainebleau qu'on choisit de célébrer le mariage de Mademoiselle d'Orléans avec Charles II d'Espagne en août-septembre 1679. Quant aux divertissements de saison pour le Carnaval ou les chasses d'automne ils continuèrent à Fontainebleau, à Saint-Germain et même à Versailles.

Si, du vivant de Molière, la comédie-ballet semble bien avoir été un élément obligé de ces journées festives, après la disparition du dramaturge en 1673, et à l'exception de la reprise du *Malade imaginaire* pour les *Divertissements* de l'été 1674, aucune ne figura plus au programme des réjouissances de la cour. Furent désormais représentés des opéras de Lully, dont les

---

[48] Pour la reprise à la cour de *La Princesse d'Elide* en 1692, on retrouve une semblable interpolation des deux divertissements, à cette différence près que le cinquième intermède fait suivre la «plainte» de la bergère du dialogue musical originel de Climène et de Philis et que le sixième, tout en conservant les vers chantés en 1664, reproduit, mais en partie seulement, le finale des *Fêtes de l'Amour et de Bacchus*.

[49] Certes, il faut aussi y voir, notamment dans le cas du *Ballet des Ballets*, l'effet du manque de temps. Le diplomate Francis Vernon nota dans sa correspondance que «tonight the Grand Ballet will bee danced w[hi]ch is a composition of all the famous dances & enterludes w[hi]ch have beene in the last great ballets. because the warning was soo short that there was not time to compose a new one. butt this they say in State will exceed any one because it containes the choyse parts of them all» (Public Record Office, *S.P.* 78–132, f° 85r°).

premières dans la grande salle du Château-Vieux de Saint-Germain-en-Laye
entre 1675 et 1677 renouaient en un sens avec l'époque des grands ballets
dansés à la cour[50], des tragédies de Corneille ou de Racine, d'ailleurs parfois
entrelacées d'intermèdes, des comédies de Scarron, d'Hauteroche et d'ailleurs
de Molière lui-même[51]. Mais point en revanche de ces comédies-ballets, fruit
de sa collaboration avec Lully. Simple coïncidence? Les comédiens invités
à la cour furent les Italiens et les Grands Comédiens de l'Hôtel de Bourgogne, mais non ceux de la troupe du théâtre Guénégaud, née de la fusion
des troupes du Marais et du Palais-Royal en 1673, et gardienne proclamée
du répertoire moliéresque. Celle-ci ne fut d'ailleurs plus convoquée après
1674.

Alors que les comédies-ballets continuaient d'être régulièrement jouées à
la ville[52], il fallut attendre octobre 1680 pour que *La Comtesse d'Escarbagnas*
reparût à Versailles; janvier 1681 pour que *Le Mariage forcé* et *Les Fâcheux*
fussent rejoués pour le Carnaval à Saint-Germain[53], tandis que se dansait ce
renouveau du ballet de cour que fut *Le Triomphe de l'Amour*; et novembre–décembre 1681 pour que *Monsieur de Pourceaugnac* et *Le Bourgeois gentilhomme*
le fussent eux aussi, toujours à Saint-Germain, où fut également représenté
George Dandin en janvier 1682. Dates qui coïncidèrent à la fois avec la fusion
des troupes du théâtre Guénégaud et de l'Hôtel de Bourgogne et la reprise
de visites à la cour à un rythme soutenu, que permettaient les effectifs
grossis de la nouvelle troupe[54], de même qu'avec l'engouement manifesté
par le Dauphin, les enfants naturels du roi et la nouvelle génération de
courtisans pour le ballet et la danse[55]. En outre, comme le rapporta le *Mercure
Galant*,

---

[50] Voir Jérôme de La Gorce, *Jean-Baptiste Lully*, Paris, Fayard, 2002, p. 210–3. Le Châ-
      teau-Vieux de Saint-Germain présentait l'avantage sur Versailles, qui manquait de
      grande salle de théâtre, de disposer d'une ancienne salle de bal transformée en salle
      des comédies avec scène et rangées de sièges en amphithéâtre.

[51] Pour rendre le spectacle plus attrayant, les représentations de *Phèdre*, *Britannicus*,
      Cinna, *Iphigénie*, *L'Avare*, *Oedipe*, *Tartuffe*, etc., à Fontainebleau au cours des mois
      de mai, juin et juillet 1680 furent ainsi, selon le *Mercure Galant*, chacune accom-
      pagnées d'«Entr'actes de Musique» (voir Jérôme de La Gorce, *Jean-Baptiste Lully*,
      p. 471–4).

[52] Voir *infra*, chapitre 3.

[53] *Les Fâcheux* seraient d'ailleurs repris à Fontainebleau en août de la même année.

[54] Il n'était ainsi plus nécessaire de fermer le théâtre pendant ces visites à la cour, ce
      qui avait été le cas pour le Palais-Royal du vivant de Molière.

[55] Voir Philippe Hourcade, *Mascarades et ballets au grand siècle*, Paris, Editions Desjon-
      quères, 2002.

> Après quelques Représentations [de *Monsieur de Rourceaugnac* et du *Bourgeois gentilhomme*], Monseigneur le Dauphin voulut se donner le plaisir de dancer dans l'une des Entrées qui font l'ornement de chacune de ces Pieces.[56]

Le marquis de Sourches ajouta dans ses *Mémoires* que ce fut pour plaire à la princesse de Conti, «qui aimoit la danse passionnément et qui y réussissoit au-dessus de toutes les personnes de son siècle»[57], et aux côtés de laquelle le Dauphin se produisit avec quelques autres seigneurs et dames de la cour. Signe de l'importance de ces reprises, de nouveaux livrets de *Monsieur de Pourceaugnac* et du *Bourgeois gentilhomme* furent publiés par Ballard, l'imprimeur du roi, dans l'habituel format in-4°. *Le Bourgeois gentilhomme* serait redonné à Marly en décembre 1687 avec une participation accrue de personnes de la cour dans les entrées des Espagnols et des Poitevins du *Ballet des nations*, même si le Dauphin ne dansait plus. A nouveau un livret fut publié.

Dans l'intervalle, les comédies-ballets de Molière avaient également connu quelques reprises chez des particuliers tant à Paris que dans leurs châteaux de campagne. Citons ainsi *Le Sicilien* joué à Paris en septembre 1679 chez le marquis de Los Balbases pour célébrer l'alliance franco-espagnole, *La Comtesse d'Escarbagnas* représentée en avril 1681 chez Monsieur à Saint-Cloud, où serait aussi donné *Le Mariage forcé* un an plus tard. C'était là, pour la troupe du Guénégaud, renouer brièvement avec l'habitude des visites privées qui avaient contribué à asseoir la réputation et la fortune de Molière et de ses comédiens à son retour à Paris, mais à laquelle l'adoption de la troupe par le roi en 1665 avait en grande partie mis fin[58].

3. Galanterie et magnificence

Don et contre-don

Qui dit divertissement dit bien entendu œuvre(s) composée(s) pour divertir, c'est-à-dire pour réjouir, pour récréer, pour plaire[59], mais aussi pour délasser,

---

[56] *Mercure galant*, décembre 1681, p. 323.

[57] *Mémoires du marquis de Sourches sur le règne de Louis XIV*, éd. G.J. de Cosnac et A. Bertrand, Paris, Hachette, 1882, I, p. 55–6.

[58] Sur cette stratégie de carrière de Molière, voir C.E.J. Caldicott, *La Carrière de Molière entre protecteurs et éditeurs*, Amsterdam-Atlanta, G.A., Rodopi, 1998.

[59] Furetière définit le *divertissement* comme «Réjouïssance, plaisir, recreation», ajoutant «On gagne les femmes en leur donnant toute sorte de *divertissement*» (*Dictionnaire Universel*).

pour distraire enfin[60]. Appelé également *plaisir*[61], le divertissement royal se situait tout entier du côté de l'agréable et du plaisant. Du gratuit également, semble-t-il. Effet de la bonté et de la libéralité du roi, il était un « régale »[62], un « cadeau » que celui-ci destinait à sa cour et plus particulièrement aux dames de son entourage, comme cette fête de Versailles de juillet 1668, résolue « pour réparer en quelque sorte ce que la cour avait perdu dans le carnaval pendant son absence »[63]. Geste qui, parce qu'il relevait d'un désir de plaire, plaçait le divertissement royal sous le signe de la galanterie, de son éthique de l'honnêteté et de la distinction. Le monarque cherchait à plaire et à faire plaisir par le don du divertissement, ainsi qu'il le révélait dans une note adressée à Colbert en mai 1664, où il exposait son projet d'organiser une loterie qui « fera plaisir à bien des gens qui sont ici, dont les reines sont les premières »[64].

De même lui plaire était en retour l'objectif premier de ceux parmi les sujets qui, artistes ou artisans, en faisaient exister les plaisirs à la satisfaction générale. Aussi l'auteur de la relation officielle des *Plaisirs de l'île enchantée* n'omit-il pas de préciser, dans sa considération des mérites de fêtes « si agréables », que « chacun a marqué si avantageusement son dessein de plaire au Roi, dans le temps où sa Majesté ne pensait elle-même qu'à plaire »[65].

C'était tout d'abord par leur promptitude et leur adresse à obéir à ses ordres que les exécutants du projet festif s'efforçaient de lui plaire. On connaît la réplique de Molière à Mademoiselle de Brie dans *L'Impromptu de Versailles* en 1663 :

> Mon Dieu, Mademoiselle, les rois n'aiment rien tant qu'une prompte obéissance, et ne se *plaisent* point du tout à trouver des obstacles. Les choses ne sont bonnes que dans le temps qu'ils les souhaitent ; et leur en vouloir reculer le divertissement est en ôter pour eux toute la grâce. Ils veulent des *plaisirs* qui ne se fassent point attendre ; et les moins préparés leur sont toujours les plus agréables. Nous ne devons jamais nous regarder

---

[60] Furetière ajoute ainsi à sa définition de l'adjectif *divertissant* : « qui detourne du chagrin & des mauvaises pensées » (*Dictionnaire Universel*). C'est bien dans ce sens que Richelieu avait déjà envisagé le divertissement de cour quand il écrivait du duc de Nemours « qu'aussi il n'y avoit rien à craindre de son humeur, la musique, des carrousels et des ballets étant capables de le divertir des pensées qui pourroient être préjudiciables à l'Etat » (*Mémoires du Cardinal de Richelieu*, éd. Cᵗᵉ Horric de Beaucaire et *al.*, Paris, H. Laurens, 1907–1931, I (1907), p. 39).

[61] Ce fut le cas des fêtes versaillaises du printemps 1664.

[62] Défini par Furetière comme « Feste, rejouïssance, appareil de plaisirs pour divertir, ou honorer quelqu'un » (*Dictionnaire Universel*).

[63] Félibien, *Relation de la fête de Versailles*, p. 31.

[64] Louis XIV, lettre à Colbert du 2 mai 1664, [in] *Mémoires et lettres de Louis XIV*, Paris, Librairie Plon, 1942, p. 79.

[65] *Les Plaisirs de l'île enchantée*, p. 829.

dans ce qu'ils désirent de nous : nous ne sommes que pour leur *plaire* ; et lorsqu'ils ordonnent quelque chose, c'est à nous à profiter vite de l'envie où ils sont. Il vaut mieux s'acquitter mal de ce qu'ils nous demandent que de ne s'en acquitter pas assez tôt ; et si l'on a la honte de n'avoir pas bien réussi, on a toujours la gloire d'avoir obéi vite à leurs commandements.[66]

Mais c'était aussi par l'excellence, l'ingéniosité et la splendeur du spectacle proposé, qu'ils devaient le faire, ainsi qu'il apparaît dans le *Dessein de la Tragédie des Amours de Jupiter et de Sémélé* :

La Dépense extraordinaire que les Comediens ont faite pour la construction des Machines, & pour la Magnificence des habits, les merveilleuses inventions du Machiniste, la composition de la Musique faite par ordre du Roy, & par un des plus grands Genies du Royaume, l'excellence & la diversité des Airs, l'agreable Pompe des Decorations, la Rapidité des changemens, l'exacte Regularité des Perspectives, la nouveauté des Vols, qui tiennent de l'enchantement ; Tout cela fera voir que rien n'est impossible à la glorieuse ambition de *plaire* au plus grand Roy du monde, que sous un Regne miraculeux, tous les Arts peuvent faire des Miracles, & que ce bonheur, qui accompagne par tout cét auguste Monarque, & qui acheve les merveilles de sa conduite, & le repos de ses Peuples, se répand sur tout ce qu'on entreprend pour son *plaisir*, ou pour sa gloire.[67]

Don de Louis XIV à sa cour, don, semble-t-il, libre et désintéressé, le divertissement royal était tout autant un contre-don, puisque, dans une interaction symbolique entre souverain et sujets, il était simultanément présenté dans les prologues et autres textes liminaires comme délassement offert à leur roi par ces derniers en signe de reconnaissance et d'amour :

De ses travaux, plus grands qu'on ne peut croire,
Il se vient quelquefois délasser parmi nous :
Est-il de plus grande gloire,
Est-il bonheur plus doux ?
Unissons-nous tous trois d'une ardeur sans seconde,
Pour donner du plaisir au plus grand roi du monde.[68]

Le divertissement et la fête où il s'abîmait étaient le lieu d'un rituel, la scène où se réalisait symboliquement, par le biais d'un échange spectaculaire placé sous le signe du plaisir partagé, du plaisir donné et reçu, cette communauté, cette

[66] *L'Impromptu de Versailles*, scène 1re, [in] *Œuvres complètes*, I, p. 677–8. C'est moi qui souligne.

[67] *Dessein de la Tragedie des Amours de Jupiter, et de Semelé. Représentée sur le Theatre Royal du Marais. Inventé par le sieur Buffequin, Machiniste*, Paris, Pierre Promé, 1666, p. 3–4. C'est moi qui souligne.

[68] « Prologue », *L'Amour médecin*, p. 96.

communion entre le prince et son peuple, qui constituait, pour Louis XIV, le ciment de la cohésion sociale du royaume. Selon ses propres termes,

> Cette société de plaisirs, qui donne aux personnes de la cour une honnête familiarité avec nous, les touche et les charme plus qu'on ne peut dire. Les peuples, d'un autre côté, se plaisent au spectacle, où au fond on a toujours pour but de leur plaire ; et tous nos sujets, en général, sont ravis de voir que nous aimons ce qu'ils aiment, ou à quoi ils réussissent le mieux. Par là nous tenons leur esprit et leur cœur, quelquefois plus fortement peut-être, que par les récompenses et les bienfaits.[69]

Par ce plaisir qui la caractérisait et qui était en outre la marque de l'*otium* et de la retraite à la campagne, la fête représentait le repos politique garanti par le sage gouvernement de Louis XIV. Car ce n'était qu'avec le retour de la paix que pouvait s'épanouir cette civilisation du loisir et des plaisirs également profitable au monarque et à ses sujets. Dès la première journée des *Plaisirs de l'île enchantée*, l'âge d'Or avait annoncé son retour imminent :

> Vois […]
> Comment, depuis ce jour, d'infatigables mains
> Travaillent sans relâche au bonheur des humains,
> Par quels secrets ressorts un héros se prépare
> A chasser les horreurs d'un siècle si barbare,
> Et me faire revivre avec tous les plaisirs
> Qui peuvent contenter les innocents désirs.[70]

La fête galante était porteuse de toute une apologie du mécénat pacifique, favorable aux arts et à la galanterie elle-même, qui ferait jouer à Louis XIV le rôle d'Apollon dans l'imaginaire contemporain, comme dans la fiction des ballets et autres œuvres représentées dans le cadre de la fête ou dans la statuaire des jardins royaux[71]. Or cet autre régime de la gloire du monarque que Molière, comme tant d'autres, appelait de ses vœux, transposait sur la personne du souverain l'éloge autrefois fait de Foucquet et de son programme politique de mécénat pacifique sur le modèle des petites cours princières italiennes[72].

---

[69]   Louis XIV, *Mémoires pour l'instruction du Dauphin*, p. 135.

[70]   *Les Plaisirs de l'île enchantée*, p. 761.

[71]   La tonalité apollinienne de l'aménagement et de la décoration des jardins de Versailles entre 1664 et 1668 est évidente, qu'il s'agisse du groupe d'Apollon et des Nymphes de la Grotte de Thétis, des statues du Bassin de Latone ou de celles du Bassin d'Apollon.

[72]   On le trouve ainsi dans *Le Songe de Vaux* de La Fontaine. Voir sur ce sujet Alain Génétiot, «Un art poétique galant : *Adonis, Le Songe de Vaux, Les Amours de Psyché*», *Littératures classiques*, n° 29, 1997, p. 64–5.

Des fêtes doublement galantes

On ne saurait s'étonner alors de ce que le substantif *galanterie* revienne constamment sous la plume des gazetiers et autres relationnistes du divertissement royal. Cela pour référer non seulement au savoir-plaire du souverain, dont la «galanterie», ainsi que les manières agréables et raffinées de la société choisie à laquelle s'adressait la fête, faisaient de sa cour la plus polie de toute l'Europe, mais aussi par extension au divertissement lui-même, et plus particulièrement aux intermèdes insérés dans la comédie-ballet, en ce sens qu'ils étaient eux aussi des divertissements (spectacle, concert, etc.), des «régales» offerts à des dames dans le cadre de la fiction représentée[73].

Or «galantes», la fête et ses composantes l'étaient à plus d'un titre, car leur diversité, le registre mêlé des plaisirs proposés les inscrivaient aussi directement dans un espace non plus d'éthique mais d'esthétique galante, avec tout ce que cela pouvait comporter de rêve de fusion des arts et des genres, des tonalités et des moyens d'expression, ainsi que de recherche de la nouveauté et de culte d'une variété sans dissonances. Collation, promenade, bal, concert, feu d'artifice et comédie-ballet se succédaient au fil des heures ou des jours, tandis que la comédie-ballet elle-même (et tout particulièrement, la comédie dite galante de *La Princesse d'Elide*[74]) combinait éléments nobles et éléments plaisants ou familiers dans «une illustration, à la mesure des ambitions royales, de ce qu'on peut appeler "l'esprit de Vaux"», tout en effets de mélange et de contraste[75]. Aussi passa-t-elle souvent pour «enjouée» ou

[73] On lit en effet dans l'«Avant-propos» du livret des *Amants magnifiques*: «Sa Majesté a choisi pour sujet deux princes rivaux, qui, dans le champêtre séjour de la vallée de Tempé, [...] régalent à l'envi une jeune princesse et sa mère de toutes les *galanteries* dont ils se peuvent aviser» ([in] Molière, *Œuvres complètes*, II, p. 645). C'est moi qui souligne. Alain Viala a consacré de nombreux articles à cette question de la galanterie dans les fêtes de cour et notamment dans les comédies-ballets de Molière, dont «Qui t'a fait *minor*? Galanterie et classicisme», *Littératures classiques*, n° 31, 1997, p. 115–34.

[74] C'est le sous-titre de *La Princesse d'Elide*.

[75] Jacques Morel, «Poésie, musique, spectacle: la structure de *La Princesse d'Elide*», [in] Actes du troisième colloque du C.M.R. 17, *Marseille*, n° 35, 1973, repris sous le titre de «Sur *La Princesse d'Elide*», [in] *Agréables mensonges*, éd. Georges Forestier et *al.*, Paris, Klincksieck, 1991, p. 334. Dans la «préface» de ses *Amours de Psyché et de Cupidon*, où il évoquait la pluralité des styles et l'alternance des tons au fil de la narration d'une œuvre caractérisée par la même incertitude générique que *Le Songe de Vaux*, La Fontaine fit la théorie de cette alliance de la «plaisanterie» et de l'«héroïque», déjà recommandée par Pellisson dans son *Discours sur les Œuvres de Monsieur Sarasin*: «Je ne savais quel caractère choisir: celui de l'histoire est trop simple; celui du roman n'est pas encore assez orné; et celui du poème l'est plus qu'il ne faut. Mes personnages me demandaient quelque chose de galant; leurs aventures,

même « joviale »[76] aux yeux des gazetiers de cour et l'on sait que l'enjouement était indispensable à un art de l'agrément où la grande règle était de plaire.

Dès lors le brusque passage des vers à la prose au milieu de l'acte II de *La Princesse d'Elide*, qui fit dire à Marigny dans sa *Relation* que

> la Comédie n'avoit eu le temps que de prendre un de ses brodequins, et qu'elle étoit venue donner des marques de son obéissance un pied chaussé et l'autre nu[77]

ne pourrait-il pas s'expliquer moins comme une contrainte imposée par le manque de temps[78] et une regrettable irrégularité que comme un autre prolongement de ce même esprit galant qui privilégiait le mixte et le mêlé aux dépens de l'uniformité ? Marigny ne laissa pas de la décrire comme « fort galante »[79]. Et, d'autre part, n'est-ce pas aussi dans une semblable perspective qu'il faut envisager l'inlassable recherche par Molière de formules nouvelles pour la comédie-ballet, au point que ses compositions échappent à toute tentative de nos modernes critiques pour retracer une évolution rectiligne du genre, de même que la constante volonté d'innover manifestée par les organisateurs de la fête royale ? Si cette inflexion de la création entre dans une esthétique de la surprise et de l'éblouissement à connotations politiques[80], ne

---

étant pleines de merveilleux en beaucoup d'endroits, me demandaient quelque chose d'héroïque et de relevé. D'employer l'un en un endroit, et l'autre en un autre, il n'est pas permis : l'uniformité de style est la règle la plus étroite que nous ayons. J'avais donc besoin d'un caractère nouveau, et qui fût mêlé de tous ceux-là [c'est-à-dire les caractères de l'Histoire, du Roman et du Poëme] ; il me le fallait réduire dans un juste tempérament. [...] Mon principal but est toujours de plaire ; pour en venir là, je considère le goût du siècle. Or, après plusieurs expériences, il m'a semblé que ce goût se porte au galant et à la plaisanterie » (*Les Amours de Psyché et de Cupidon*, [in] *Œuvres diverses*, 1948, p. 121).

76   Robinet insiste sur « l'enjouement » causé par la représentation du *Favori* de Mademoiselle Desjardins (lettre du 21 juin 1665, [in] *Les Continuateurs de Loret*, I, p. 62), tandis que Mayolas souligne « la jovialité » de *L'Amour médecin* (lettre du 20 septembre 1665, *ibid.*, p. 255).

77   Marigny, *Relation des divertissements que le Roi a donnés aux Reines dans le parc de Versailles*, [in] *Œuvres de Molière*, éd. Eugène Despois et Paul Mesnard, Paris, Hachette, 1873–1900, IV (1878), p. 256.

78   Comme le révéla au lecteur le bref « Avis » inséré dans le texte de la pièce imprimée : « Le dessein de l'auteur était de traiter ainsi toute la comédie. Mais un commandement du Roi qui pressa cette affaire l'obligea d'achever tout le reste en prose, et de passer légèrement sur plusieurs scènes qu'il aurait étendues davantage s'il avait eu plus de loisir » (*La Princesse d'Elide*, II, 1, [in] *Œuvres complètes*, I, p. 791).

79   Marigny, *loc. cit.*

80   Voir *infra*, p. 48 *et sq.*

relève-t-elle pas tout autant de la constante préoccupation pour l'innovation et la variété au cœur de l'esthétique galante[81]?

Comme tout «cadeau», au sens de divertissement offert à une ou plusieurs dames dans un décor souvent champêtre, la fête galante monarchique semblait appeler d'elle-même sa représentation dans un parc, le parc étant en effet le domaine de la *venustà*, le lieu du plaisir, de la conversation et de la séduction que s'était choisi une société marquée par une sensibilité affective au paysage. Ce furent ainsi dans les jardins de Versailles que se déroulèrent entre autres *Les Plaisirs de l'île enchantée* en mai 1664, *Le Grand Divertissement royal de Versailles* en juillet 1668 et *Les Divertissements* de l'été 1674. *Locus amœnus* à la fois réel et imaginaire, ces jardins étaient d'un côté la manifestation de l'artifice le plus total avec leur métamorphose de la réalité originelle en spectacle composé, avec ses bosquets, ses allées, ses fontaines et ses parterres de broderie, où s'opérait cette rencontre fertile entre nature et culture sur laquelle revinrent inlassablement les thuriféraires du monarque. De l'autre, ils offraient l'image d'une nature idéale, sorte d'Arcadie idyllique et édénique, propice aux plaisirs et à cet amour idéal, heureux, qui triomphait à la cour et qu'allait exalter la fiction des comédies-ballets écrites par Molière. Comme s'en étonna Mademoiselle de Scudéry en 1669,

> [...] ce que je trouve de plus singulier dans ces jardins; c'est qu'ils sont propres à toute sorte de divertissemens. Il est vrai, repris-je, qu'il y a des endroits pour les carrosels [...]. Mais il y a d'autres endroits dans ces mesmes jardins aussi propres pour le moins à la solitude & à la resverie d'vn amant mélancolique.[82]

Et que dire aussi du mode de déroulement de ces fêtes dont la plupart décrivaient des parcours conçus sous la forme de promenades dans le parc de Versailles ou de Saint-Germain-en-Laye, comme de Chantilly ou de Sceaux (car Condé et Colbert reprirent l'idée), à la découverte de divertissements surgis à l'improviste au détour d'une allée ou d'un bosquet? Faut-il rappeler l'importance pour le loisir galant de cette promenade en compagnie dans le jardin ou le parc, dont elle soulignait la dimension sociale et mondaine, ou celle des échanges de paroles mixtes, entre hommes et femmes, qui renouaient avec la

---

[81] Il va sans dire que cette réponse au goût mondain et aulique n'empêcha pas Molière de chercher en même temps à se concilier le public docte en se réclamant parallèlement de l'autorité des Anciens. Aussi affirmait-il dès l'Avis des *Fâcheux*: «Quoi qu'il en soit, c'est un mélange qui est nouveau pour nos théâtres, et dont on pourrait chercher quelques autorités dans l'antiquité» (p. 484).

[82] *La Promenade de Versailles* p. 19.

tradition du «colloque» mais sur un mode enjoué et nonchalant[83] ? Certes, à Versailles, ces promenades permirent aussi la promotion du domaine royal dans un parc sans cesse agrandi et embelli par les aménagements de Le Nôtre, et proposé comme «modèle du Grand et du Beau»[84]. La toute nouvelle Ménagerie fut à la fois le but de la promenade du 11 mai 1664 et le cadre de la collation qui y fut servie, les fontaines et les jets d'eau rendus possibles par les grands travaux ordonnés par le roi furent au cœur de la fête du 18 juillet 1668, tandis que les grilles de la Grotte de Thétis servirent de toile de fond à la représentation du *Malade imaginaire* le 19 juillet 1674 et qu'*Iphigénie* était donnée devant l'Orangerie de Le Vau le 18 août suivant.

De la magnificence comme marque de l'exceptionnel

Le don du divertissement doit en fait être regardé comme entrant dans un programme réfléchi de gouvernement. Car les fêtes versaillaises étaient tout autant pour Louis XIV l'occasion d'étaler sa «magnificence» que de faire preuve de «galanterie», d'émerveiller présents (et absents) par la splendeur du spectacle, sa nouveauté, sa diversité, son imprévu, ou son coût, que de plaire aux courtisans et autres privilégiés appelés à y participer. A prince magnifique, fête magnifique[85]. Et parce que celle-ci était un don fastueux (les coûts en témoignent), elle aidait à définir cette magnificence en la mettant en rapport «avec la circulation des signes sinon des biens, avec la dépense pensée comme "monnaie de la renommée"»[86]. Nul n'ignorait en effet que

> ce qui se consume en ces dépenses qui peuvent passer pour superflues, fait sur [les étrangers] une impression très avantageuse de magnificence, de puissance, de richesse et de grandeur.[87]

Remarque révélatrice d'une certaine conception de la gloire royale comme ostentation des richesses.

---

[83] Je renvoie ici à l'article de Delphine Denis, «Du *Parterre* aux *Promenades*: une scène pour la littérature au XVIIe siècle», *XVIIe siècle*, 52e année, n° 209 (4), 2000, p. 655–69.

[84] Florence Sorkine, *op. cit.*, p. 197.

[85] Aussi l'habitude avait-elle été prise, sous les derniers Valois, d'appeler «magnificences» ces fêtes chargées d'un sens politique.

[86] Jean-Yves Vialleton, «Une catégorie "mineure" de l'esthétique théâtrale au XVIIe siècle: la magnificence», *Littératures classiques*, n° 51, 2004, p. 236.

[87] Louis XIV, *Mémoires pour l'instruction du Dauphin*, p. 135. Chez La Fontaine aussi dépense rimait avec puissance: «Par ce trait de magnificence/Le prince à ses sujets étalait sa puissance» («La Cour du lion», *Fables*, VII, 7, [in] *Fables, contes et nouvelles*, éd. René Groos et Jacques Schiffrin, Paris, Gallimard, 1954, p. 165).

Si Louis XIV semble s'être encore efforcé de limiter les dépenses pour *Les Plaisirs de l'île enchantée*[88], la fête de Versailles coûta entre 136.257 livres et 161.181 livres, tandis que les divertissements de l'été 1674 se chiffraient à 63.713 livres, ce qui représentait pour l'époque des sommes considérables[89]. Quant à la représentation de *Psyché* aux Tuileries en janvier 1671, elle revint à près de 250.000 livres[90]. Aussi le marquis de Saint-Maurice, pourtant habituellement critique, ne put-il s'empêcher de constater dans une dépêche adressée au duc de Savoie, qu'il n'avait

> encore rien vu ici de mieux exécuté ni de plus magnifique et ce sont des choses qui ne se peuvent pas faire ailleurs à cause de la quantité de maîtres à danser, y en ayant soixante-dix qui dansent ensemble en la dernière entrée. Ce qui est aussi merveilleux est la quantité des violons, des joueurs d'instruments et des musiciens qui sont plus de trois cents, tous magnifiquement habillés. La salle est superbe, faite exprès; le théâtre spacieux, merveilleusement bien décoré; les machines et changements de scènes magnifiques et qui ont bien joué, Vigarani s'étant fait honneur en cette rencontre [...].[91]

Il n'est jusqu'au *Bourgeois gentilhomme*, qui n'était après tout qu'un simple divertissement de saison, dont les représentations à Chambord et à Saint-Germain-en-Laye en octobre et novembre 1670 ne se soient élevées à 49.404 livres[92]. Comme tel, le divertissement relevait donc d'une esthétique

88 Les comptes, très incomplets, qu'a analysés Florence Sorkine font état de dépenses de l'ordre de 10.342 à 13.192 livres (*op. cit.*, p. 120–5). La fête coûta certainement davantage. On sait en effet que la simple reprise de *La Princesse d'Elide* à Fontainebleau en août 1669 coûta à elle seule 24.021 livres.

89 *Ibid.* Etant donné la dispersion des sources entre les comptes des Bâtiments, ceux des «Menus Plaisirs», ceux de l'Argenterie, et l'état incomplet de ces sources conservées aux Archives Nationales et aux Manuscrits de la BnF, tous ces chiffres sont bien entendu sujets à caution.

90 A la somme de 128.172 livres 4 sols figurant sur l'état officiel de la dépense du 23 novembre 1671, s'ajoutent des sommes supplémentaires de 8.000 livres (en sus de 8.000 livres déjà versées), de 25.000 livres, de 15.255 livres 17 sols 11 deniers, de 26.000 livres, de 20.298 livres 9 sols 6 deniers, de 31.636 livres 3 sols et de 1.332 livres mentionnées dans les registres de Colbert (voir *Cent ans de recherches sur Molière*, éd. Madeleine Jurgens et Elizabeth Maxfield-Miller, Paris, Imprimerie Nationale, 1963, p. 496–502).

91 Saint-Maurice, lettre du 21 janvier 1671, [in] *Lettres sur la cour de Louis XIV, 1667–1670 (1671–1673)*, éd. J. Lemoine, Paris, C. Lévy, 1910–1911, p. 14–5.

92 Selon l'état officiel de la dépense de février 1671 (voir *Cent ans de recherches*, p. 483–91). Sur cette somme, près de 20.000 livres furent allouées aux habits et aux accessoires des danseurs, comédiens, musiciens et concertants, alors que 3.075 livres l'étaient à la construction du théâtre et 1.578 livres à celle de logements pour les

princière de la grandeur et de l'ostentation, qui s'extériorisait dans le déploie-
ment du spectaculaire et son appel aux sens[93]. Il fallait être un Chappuzeau
pour déplorer cette recherche de la satisfaction de la vue et de l'ouïe aux
dépens des facultés intellectuelles et faire remarquer à propos de la tragédie
à machines de *La Conquête de la Toison d'or*, que Corneille composa pour les
fêtes du mariage de Louis XIV en 1660, que

> ces beaux spectacles ne sont que pour les yeux et pour les oreilles; ils ne
> touchent pas le fond de l'âme, et l'on peut dire au retour que l'on a veu et
> ouï mais non pas que l'on a été instruit.[94]

Aussi, si la galanterie exigeait l'intimité, le cercle restreint d'invités, la
magnificence, elle, en revanche exigeait la foule[95]. Comme l'affirmait Clitidas
dans *Les Amants magnifiques*, «tout le monde a couru en foule à la magnificence de la fête»[96]. Aux six cents invités triés sur le volet des *Plaisirs de l'île
enchantée* s'opposaient les quelque trois mille invités à la fête de Versailles du
18 juillet 1668. Et alors que l'espace festif avait été protégé de l'extérieur en
mai 1664 par une double barrière végétale et humaine, car «pour prévenir
même la confusion que la curiosité du peuple auroit pu apporter en passant
par-dessus les murailles du parc, on les avoit bordées de soldats des Gardes»[97],
Félibien rapporta que, le 18 juillet 1668,

---

comédiens, musiciens et concertants, ainsi que d'une galerie pour les danseurs et
d'un amphithéâtre pour les spectateurs.

[93] D'où l'insistance des relationnistes sur le «vu» et l'«ouï» dans leur compte rendu
de l'ordonnance de la fête. Félibien devait affirmer de celle du 18 juillet 1668
qu'«elle est composée de parties si diversifiées et si agréables qu'on peut dire qu'il
n'en a guère paru sur le théâtre de plus capable de satisfaire tout ensemble l'oreille
et les yeux des spectateurs» (*Relation de la fête de Versailles*, p. 45). Le goût non plus
n'était pas oublié et le même Félibien écrivit du souper qui suivit la représentation
de *George Dandin*: «tout ce qu'il y a de plus exquis et de plus rare dans la saison
y paraissait à l'œil et au goût d'une manière qui secondait bien ce que l'on avait
fait dans cet agréable lieu pour charmer la vue» (*ibid.*, p. 72). Quant à l'odorat,
corbeilles de fleurs odoriférantes et arbres chargés de fruits étaient chargés de le
satisfaire en permanence: «l'air qu'on y respire est parfumé des fleurs les plus odoriférantes» (Félibien, *Les Divertissements de Versailles donnés par le roi à toute sa cour
au retour de la conquête de la Franche-Comté en l'année mille six cent soixante-quatorze*,
[in] *Les Fêtes de Versailles*, p. 117).

[94] Chappuzeau, *Le Théâtre françois*, Lyon, M. Mayer, 1674, rééd. Editions d'Aujourd'hui,
n.d. (d'après l'éd. Mertens et Fils, Bruxelles, 1867), p. 42–3.

[95] Foule toute relative certes.

[96] *Les Amants magnifiques*, I, 2, p. 650. Remarque faite par Jean-Yves Vialleton, «Une
catégorie "mineure"», p. 246.

[97] Marigny, *Relation des divertissements que le Roi a donnés aux Reines dans le parc de
Versailles*, p. 260.

> Sur les six heures du soir, le roi, ayant commandé au marquis de Gesvres, capitaine de ses Gardes, de faire ouvrir toutes les portes afin qu'il n'y eût personne qui ne prît part au divertissement.[98]

Et l'abbé de Montigny, auteur d'une autre relation de la fête, de préciser que s'y trouva

> tout ce qu'il y a de personnes de qualité de l'un & l'autre sexe a Paris, & dans les Provinces circonvoisines; plusieurs mesme, qui a la suitte du Duc de Monmoulth avoient passé la mer, y estoient accourus: jamais assemblée ne fut si nombreuse, si choisie, ny si parée.[99]

Conformément à son ordinaire, la *Gazette* avait été plus avare de détails et n'avait mentionné la présence, outre celle de la famille royale, que du nonce du pape, des ambassadeurs résidents et des cardinaux de Vendôme et de Retz[100].

Il y a là deux conceptions de la fête, deux attitudes entre lesquelles Louis XIV semble avoir hésité: d'un côté une fête fermée, réservée à une élite, de l'autre une fête ouverte à un large public, où le peuple même était toléré pour piller les restes. On lit en effet dans la relation par Félibien de la fête du 18 juillet 1668, qu'après avoir fait collation,

> le roi abandonna les tables au pillage des gens qui suivaient. Et la destruction d'un arrangement si beau servit encore d'un divertissement agréable à toute la cour par l'empressement et la confusion de ceux qui démolissaient ces châteaux de massepain et ces montagnes de confitures.[101]

Mais cette foule, indice incontestable d'une recherche de la magnificence, pouvait aussi être cause de cohue, de désordre et de confusion, et nuire par là au bon déroulement des festivités. Dans les termes mêmes du marquis de Saint-Maurice, «il n'y a jamais eu si grande affluence de peuple et jamais de si grands désordres»[102]. Louis XIV dut même intervenir en personne pour que la reine pût prendre place à la comédie-ballet de *George Dandin*.

---

[98] Félibien, *Relation de la fête de Versailles*, p. 33.

[99] Montigny, *La Feste de Versailles. Du 18 juillet 1668. A Monsieur le Marquis de la Füente*, [in] *Recueil de diverses pièces faites par plusieurs personnages*, La Haye, J. & D. Stencker, 1669, p. 4–5.

[100] *Gazette* du 21 juillet 1668, p. 695.

[101] *Relation de la fête de Versailles*, p. 39. Félibien précisa de même dans sa relation des divertissements de l'été 1674 que «toutes les tables furent abandonnées au pillage, ainsi qu'elles ont accoutumé de l'être en ces sortes de rencontres» (*Les Divertissements de Versailles*, p. 141).

[102] *Lettres sur la cour de Louis XIV*, p. 202. Mademoiselle d'Armentières écrivit à Bussy-Rabutin le 24 juillet que «la Fête de Versailles a été la plus magnifique chose que l'on ait jamais vûë, mais la cohuë y étoit épouvantable» (lettre «De Mademoiselle de … au Comte de Bussy» du 24 juillet 1668, [in] *Les Lettres de Messire Roger de Rabutin comte de Bussy*, n^lle éd., Paris, Vve Delaulne, 1737, III, p. 99).

A cette magnificence du divertissement royal, marque de la munificence du prince et de la prospérité de son royaume, s'attachait aussi dans les grandes fêtes versaillaises des années 1660 une intention totalisante rendue manifeste dans la profusion des biens autour de la personne royale, comme dans la diversité des plaisirs offerts. En effet ce que ces fêtes recherchaient, dans la réunion qu'elles présentaient en un court laps de temps de plaisirs multiples et variés, n'était-ce pas à donner l'idée d'un plaisir unique dont le roi se réservait l'initiative? Pour Jean-Marie Apostolidès,

> [...] il s'agit d'une anthologie des plaisirs licites proposés à l'homme de cour. Cette accumulation, loin d'être une succession de petites jouissances, vise par son exagération même à devenir totalité. On veut offrir aux quelque six cents invités soigneusement triés l'impression d'un plaisir unique, inaccessible sans l'aide de l'Etat, et qui tranche sur le rythme quotidien de l'existence.[103]

«Ame des plaisirs de la cour», qu'il suscitait à partir de son corps privé, puisqu'il était le premier interprète de son divertissement, le roi s'en voulait ainsi également le seul dispensateur, en un geste qui changeait en signe de pouvoir le don gracieux et fastueux du divertissement à la cour.

4. Un spectacle de féerie

Eclat donc de la fête, mais aussi «éclatement», comme l'a très bien fait remarquer Louis Marin[104]. Car la fête devait être effet de surprise, révélation, éblouissement des sens et de l'intelligence. Surgie de rien, elle était donnée pour la réalisation instantanée du dessein et de la volonté du roi dans les créations de la fantaisie esthétique. Comme s'il suffisait à Louis XIV de vouloir pour que s'accomplissent en acte et sur le champ ses volontés, pour que sa parole performât les formes et les choses de la fête dans l'univers magique du parc et du château royaux. C'est ce dont témoigne la rhétorique particulière mise en œuvre dans les diverses relations qui en furent bientôt publiées[105] et qui transformaient ce qui avait été les réjouissances d'un groupe

---

[103] Jean-Marie Apostolidès, *Le Roi-machine. Spectacle et politique au temps de Louis XIV*, Paris, Editions de Minuit, 1981, p. 94.

[104] Louis Marin, *Le Portrait du roi*, Paris, Editions de Minuit, 1981, p. 240.

[105] Aux livrets publiés à l'avance par Ballard et distribués aux spectateurs le jour même, s'ajoutaient par la suite les relations officielles, dont la publication fut assurée à partir de 1670 par les presses de l'Imprimerie Royale, les comptes rendus autorisés, parfois doublés d'*Extraordinaires*, de la *Gazette* et plus tard du *Mercure Galant*, et bien sûr les gazettes rimées de Loret, de Subligny ou de Robinet. Sans oublier toute une

plus ou moins restreint en événement mémorable destiné à la postérité. Non seulement elles en consignaient les détails, elles en indiquaient et en fixaient en même temps la signification, ajoutant une finalité laudative à leur fonction première d'indice et de témoignage[106]. Sans compter que la publication même d'une relation contribuait à donner une importance inhabituelle à la fête, à faire en définitive de la «resjouïssance d'honnestes gens» signalée par Furetière[107] une grande fête démontrant dans un but politique l'exemplarité d'un monarque et de sa cour.

Le lecteur ne peut manquer d'être frappé, à la lecture de ces relations (comme des rares textes liminaires écrits par Molière lui-même), par la constante répétition du verbe *vouloir* pour dire la permanence de cette intention royale qui fondait la fête. La relation des *Plaisirs de l'île enchantée* s'ouvrait ainsi sur l'affirmation que «le Roi *voulant* donner aux Reines et à toute sa cour le plaisir de quelques fêtes peu communes, dans un lieu orné de tous les agréments qui peuvent faire admirer une maison de campagne, choisit Versailles, à quatre lieues de Paris»[108], tandis que Molière rappelait dans son Avis au lecteur de *L'Amour médecin* que «ce n'est ici qu'un simple crayon, un petit impromptu dont le roi a *voulu* se faire un divertissement»[109]. Et pour que l'on crût que la fête surgissait pour ainsi dire *ex nihilo*, en réponse au moindre souhait du monarque, qui n'avait qu'à vouloir pour que sa volonté produisît sa réalisation dans le moment même où elle était exprimée, pour qu'intention et réalisation coïncidassent dans l'annulation même du temps, il était nécessaire que le secret fût gardé autour de ses préparatifs et que, bien sûr, tout fût prêt le plus rapidement possible.

Dès lors s'explique l'insistance mise dans les relations sur la rapidité surprenante de l'exécution de la fête, la brièveté des délais temporels mis pour la réaliser, la soudaineté de son apparition. Félibien, notamment, auteur des relations officielles des grandes fêtes versaillaises de 1668 et de 1674, s'attacha plus d'une fois à démonter les ressorts de ce dispositif par lequel la surprise était constamment mise en œuvre, poussant les spectateurs à crier au miracle :

---

pléthore de récits privés sous la forme de lettres ou de mémoires, comme celui de Marigny pour *Les Plaisirs de l'île enchantée* ou ceux de l'abbé de Montigny ou de Mademoiselle de Scudéry pour la fête de Versailles de 1668.

[106] Pour une discussion des concepts de *document* et de *monument*, voir Paul Ricœur, *La Mémoire, l'histoire, l'oubli*, Paris, Seuil, 2000, p. 222.

[107] *Dictionnaire Universel*.

[108] *Les Plaisirs de l'île enchantée*, p. 751. C'est moi qui souligne.

[109] «Au lecteur», *L'Amour médecin*, p. 95. C'est moi qui souligne.

> Une des choses que l'on doit beaucoup considérer dans les fêtes et les di-
> vertissements dont le roi régale sa cour est la promptitude qui accompagne
> leur magnificence; car ses ordres sont exécutés avec tant de diligence
> par le soin et l'application particulière de ceux qui en ont la principale
> intendance qu'il n'y a personne qui ne croie que tout s'y fait par *miracle*
> tant on est surpris de voir en un moment, et sans qu'on s'en aperçoive,
> des théâtres élevés, des bocages ornés et enrichis de fontaines et de figures,
> des collations dressées et mille autres choses qui semblent ne pouvoir
> se faire qu'avec un long temps et dans l'embarras d'un nombre infini
> d'ouvriers.[110]

après les avoir contraints, dans un premier temps, d'invoquer des effets de
magie :

> [...] il était presque impossible de ne pas se persuader que ce ne fût un en-
> chantement, tant il y paraissait de choses, qu'on ne croirait ne se pouvoir
> faire que par *magie*.[111]

> [...] le roi, voulant faire voir des beautés que l'on n'avait encore point
> vues, sembla pour cette fois avoir été servi par la *magie* même, tant les
> yeux et l'esprit se trouvèrent surpris par les différentes merveilles dont ils
> furent charmés.[112]

Un mot revient alors sans cesse à toutes les pages, qui suffit à lui seul à
résumer l'effet du spectacle jusque dans ses moindres détails, celui d'«extraordinaire». Et pour expliquer un extraordinaire aussi généralisé, comment ne
pas croire à une intervention surnaturelle? De fait,

> A la vue des somptueux édifices dont elle était ornée, toute la cour fut
> encore plus surprise qu'elle n'avait été, de si magnifiques ouvrages ne lui
> paraissant point un travail de la main des hommes.[113]

Et l'abbé de Montigny d'en conclure dans sa propre relation :

> Tout cela, Monsieur, tenoit plus de l'enchantement des Fées, que de l'in-
> dustrie humaine.[114]

Or cette quête constante de la surprise éblouie, c'est bien ce que, dans le
premier tiers du siècle, Chapelain appelait la «merveille» et qu'il avait jugé
capable de «ravi[r] l'âme d'étonnement et de plaisirs»[115], et que l'on nom-

---

[110] Félibien, *Les Divertissements de Versailles*, p. 109–10. C'est moi qui souligne.

[111] Félibien, *Relation de la fête de Versailles*, p. 61. C'est moi qui souligne.

[112] Félibien, *Les Divertissements de Versailles*, p. 155–6. C'est moi qui souligne.

[113] *Ibid.*, p. 162.

[114] Montigny, *La Feste de Versailles*, p. 8.

[115] Chapelain, *Les Sentiments de l'Académie française sur le* Cid, [in] *Opuscules critiques*,
       éd. Alfred C. Hunter, Paris, STFM/Droz, 1936, p. 163–4.

merait ensuite le « merveilleux ». Et c'est bien à ce terme qu'eut recours La Fontaine pour évoquer la fête du 18 juillet 1668 dans *Les Amours de Psyché et de Cupidon* :

> Tout le monde a ouï parler des *merveilles* de cette fête, des palais devenus jardins, et des jardins devenus palais, de la soudaineté avec laquelle on a créé, s'il faut ainsi dire, ces choses, et qui rendra les enchantements croyables à l'avenir.[116]

Remarquons enfin, comme l'a bien vu Boris Donné[117], que le lexique employé par le poète et les autres relationnistes de la fête, de même que les moyens utilisés par Vigarani et ses confrères pour réaliser si rapidement ces prodiges, furent ceux du théâtre à machines avec ses décors en trompe-l'œil, ses perspectives illusoires, ses changements à vue, ou ses apparitions soudaines. Domaine enchanté, Versailles en fête apparaissait par le biais de sa relation comme un royaume à la fois de féerie et d'illusion théâtrale ; « c'est le royaume de l'imagination vécue sous les espèces du théâtre à machine et de ses effets ; le lieu où le songe fait irruption dans la vie réelle, au détour d'une promenade »[118].

La réalité de cette illusion de l'enchantement, ce fut toutefois la nécessité où se trouvèrent les artistes, devant la rapidité de plus en plus grande de composition exigée d'eux, de devoir aller au plus pressé pour mener à bien les directives royales[119]. Ainsi s'explique la reconnaissance du caractère hâtif, improvisé, voire sommaire, des œuvres par certains relationnistes et par les auteurs eux-mêmes en guise de *captatio benevolentiae* dans les avertissements ou autres avis au lecteur des textes imprimés. Pour Molière, ses comédies-ballets étaient toujours de « simple[s] crayon[s] », de « petit[s] impromptu[s] » précipités, « proposé[s], fait[s], appris et représenté[s] » en quelques jours seulement, et qui gagnaient à être vus plutôt que lus[120]. Félibien convint de même dans sa *Relation de la fête de Versailles* que

---

[116] La Fontaine, *Les Amours de Psyché et de Cupidon*, p. 185. C'est moi qui souligne.

[117] Boris Donné, *La Fontaine et la poétique du songe*, p. 185 *et sq.*

[118] *Ibid.*, p. 187–8.

[119] L'auteur du livret du *Grand Divertissement royal de Versailles*, qui fut peut-être Molière lui-même, ne dit pas autre chose : « Je dirai seulement qu'il serait à souhaiter pour lui que chacun eût les yeux qu'il faut pour tous les impromptus de comédie, et que l'honneur d'obéir promptement au Roi pût faire dans les esprits des auditeurs une partie du mérite de ces sortes d'ouvrages » (reproduit dans Molière, *Œuvres complètes*, II, p. 452).

[120] « Au lecteur », *L'Amour médecin*, p. 95. Molière avait de même affirmé dans l'avis des *Fâcheux* : « Jamais entreprise au théâtre ne fut si précipitée que celle-ci, et c'est une chose, je crois, toute nouvelle qu'une comédie ait été conçue, faite, apprise et représentée en quinze jours » (p. 483).

> la pièce qu'on représenta doi[t] être considérée comme un *impromptu* et
> un de ces ouvrages où la nécessité de satisfaire sur le champ aux volontés
> du roi ne donne pas toujours le loisir d'y apporter la dernière main et d'en
> former les derniers traits.[121]

Rapidité ne rimait donc pas toujours avec facilité et les comédies-ballets lais-
sèrent parfois une impression d'inachevé. La pastorale héroïque de *Mélicerte*
composée pour le *Ballet des Muses* ne fut ainsi jamais terminée et *La Princesse
d'Elide* ne put être versifiée qu'en partie. On sait aussi que, pressé par le
temps, Molière dut laisser Corneille et Quinault achever *Psyché* :

> Le carnaval approchait, et les ordres pressants du Roi, qui se voulait
> donner ce magnifique divertissement plusieurs fois avant le carême, l'ont
> mis dans la nécessité de souffrir un peu de secours.[122]

L'éclat cachait toujours quelque imperfection même si les relationnistes choi-
sirent le plus souvent de l'oublier et d'affirmer avec Donneau de Visé que

> Ce qu'il y a de surprenant, c'est que les Vers ont esté faits & mis en Mu-
> sique en trois semaines. Cependant la Musique ny les Vers n'ont rien qui
> donne lieu de s'appercevoir de cette précipitation de travail.[123]

---

[121] Félibien, *Relation de la fête de Versailles*, p. 45. A ceci près toutefois qu'un « crayon »
n'est pas un « impromptu ». En effet, comme il apparaît de la définition donnée
par Furetière dans le *Dictionnaire Universel* (« une ébauche, un portrait imparfait de
quelque chose »), la notion de *crayon* s'accompagne de connotations d'imparfait,
d'inachevé, voire de grossier. La définition d'*impromptu* en revanche (« un petit
ouvrage fait sur le champ par la vivacité de l'esprit ») met l'accent sur la rapidité,
la promptitude d'une réalisation donnée comme achevée. Or, en revendiquant dès
Les Fâcheux le statut d'*impromptu* pour ses pièces, Molière les inscrivait paradoxalement « dans un genre sans surprise, bien réglé dans ses intentions comme dans
ses conventions » (Roger Chartier, « *De la fête de cour au public citadin* », p. 165). Il
n'y avait plus alors ni innovation, ni effet de surprise, mais réponse à une attente,
conformité à un modèle répertorié, répétition, alors que, par ailleurs, la comédie-
ballet de *George Dandin* était dite innover et surprendre par le mélange de son sujet
« avec une espece de Comedie en musique & Ballet » : « Puisque vous la devez voir, je
me garderai, pour l'amour de vous, de toucher au détail ; et je ne veux point lui ôter
la grâce de la nouveauté, et à vous le plaisir de la surprise » (Livret du *Grand Divertissement royal de Versailles*, p. 452). Dans son traité des *Représentations en musique*, Ménestrier devait donner le mode d'emploi de ces divertissements de cour faussement
improvisés, qu'il appellerait lui aussi *impromptus* en mettant l'accent autant sur leur
structure que sur la rapidité de leur réalisation : « il n'est rien de si propre pour ces
Impromptu, que ces petites actions en Musique, ou cinq ou six Chansons, & trois ou
quatre Entrées de Ballet liées ensemble avec un peu d'invention, font toûjours un
fort bel effet » (*Des représentations en musique*, p. 314–5).

[122] « Le Libraire au lecteur », *Psyché*, [in] *Œuvres complètes*, II, p. 821.

[123] *Mercure galant*, avril 1678, p. 381–2.

Ainsi donc, profusion, variété, somptuosité, soudaineté, l'effet recherché était toujours le même: combler, dépasser même l'attente des participants, les contraindre d'avouer «qu'il ne s'est jamais rien fait de plus surprenant et qui ait causé plus d'admiration»[124]. La fête était insurpassable, inimitable, car elle était le fait d'un prince également grand dans l'action et dans les «affaires de plaisirs»[125]. Incarnation, dans sa conception et ses effets, d'un rêve de maîtrise, d'une volonté à la fois dramaturgique et politique de toute-puissance, de divertissement elle était devenue le moyen par lequel Louis XIV se construisait comme monarque aux yeux de ses sujets. Or, paradoxalement, cette fête qui cherchait à fixer dans la permanence du souvenir le portrait imaginaire du roi relevait essentiellement de l'éphémère, de la fragilité et de la fugacité de l'instant vécu. Aussi des divertissements qui la constituaient, qu'il s'agisse des illuminations, des feux d'artifice, des grandes eaux ou des impromptus, aucun ne s'inscrivait dans la durée, mais ne «dur[ait] qu'autant de temps qu'il en faut pour imprimer dans l'esprit une belle image»[126]. En dépendaient l'effet d'enchantement et la qualité particulière du plaisir éprouvé.

Comme telle la fête mettait alors en œuvre les mêmes principes que ceux auxquels obéissait l'histoire du roi en train de se faire sur le théâtre de la guerre et que racontaient les historiographes. Miracle, elle était dans l'espace ludique ce que l'exploit ou le coup d'Etat était à l'histoire. Félibien pouvait conclure:

> Mais comme il n'y a que le roi qui puisse en si peu de temps mettre de grandes armées sur pied et faire des conquêtes avec cette rapidité que l'on a vue – et dont toute la terre a été épouvantée lorsque, dans le milieu de l'hiver, il triomphait de ses ennemis et faisait ouvrir les portes de toutes les villes par où il passait –, aussi n'appartient-il qu'à ce grand prince de mettre ensemble avec la même promptitude autant de musiciens, de danseurs et de joueurs d'instruments et tant de différentes beautés. [...] ainsi l'on voit que Sa Majesté fait toutes ses actions avec une grandeur égale et que, soit dans la paix, soit dans la guerre, Elle est partout inimitable.[127]

Quand dire c'est faire ... Magique en quelque sorte, le pouvoir absolu du monarque était un performatif absolu.

---

[124] Félibien, *Relation de la fête de Versailles*, p. 92.
[125] *Le Grand Divertissement royal de Versailles*, p. 451.
[126] Félibien, *Relation de la fête de Versailles*, p. 90.
[127] *Ibid.*, p. 92–3.

Chapitre 2: Miroir, fiction et (dés)illusion

La comédie-ballet ne fut donc qu'un moment, parmi d'autres, de cette fête aux plaisirs multiples et éphémères, qui l'enchâssa dans le tout composite d'un divertissement mêlé de comédie, de musique et d'entrées de ballet, où se cristallisa pour un temps l'engouement du roi et de sa cour pour le mélange des arts et des genres. Mais ce fut un moment, sinon privilégié, du moins porteur d'une signification symbolique sans commune mesure, semble-t-il, avec sa relative insignifiance au sein de la fête. Par un jeu de correspondances, d'analogies et d'emboîtements, évident dans des œuvres comme *La Princesse d'Elide* ou *George Dandin*, utilisant «une formule [...] qui organisait les plaisirs de la cour et les intrigues du théâtre dans un même espace et une même scénographie»[1], la comédie-ballet fut souvent au cœur du dispositif visant à créer un espace d'illusions où les frontières entre réalité et artifice finissaient par disparaître. Acteurs et spectateurs se mouvaient dans des décors identiques, s'adonnaient aux mêmes passe-temps, voire échangeaient leurs places et leurs rôles dans une circulation de la salle à la scène à la fois réelle et symbolique. Aussi la comédie-ballet apparut-elle plus d'une fois comme une version miniaturisée, idéalisée même de cette fête qui l'enchâssait et qu'elle réfléchissait.

Or cet aspect de la création moliéresque s'accompagna fréquemment d'une dimension réflexive et critique. En effet, comme l'a autrefois souligné Jean Rousset, «les comédies-ballets greffées sur les divertissements royaux, [...] offrent elles aussi une image et une critique de la fête surgie de la fête elle-même»[2]. En d'autres termes, tout en étant créatrices d'une illusion qui dépassait dans un véritable enchantement des sens le simple niveau de l'illusion théâtrale, elles en dévoilèrent l'envers par le démontage des mécanismes producteurs de cette illusion. A cette remise en question insidieuse, n'échappèrent ni galanterie, ni magnificence, ni merveilleux, ni aucune des composantes du décor de splendeur de la fête royale. Dans la construction et la déconstruction simultanées de l'illusion, dans ces effets successifs qui s'affirmaient et se déniaient au sein d'un même cadre, les pièces allaient faire du

---

[1] Roger Chartier, «De la fête de cour au public citadin», p. 176.
[2] Jean Rousset, *L'Intérieur et l'extérieur*, Paris, Librairie José Corti, 1968, p. 180.

processus même de représentation le moyen d'une remise en cause de toute lecture naïve du monde.

1. Miroirs et jeux de miroirs

Mises en abyme

Molière sut de toute évidence exploiter dans son œuvre de cour les possibilités offertes au théâtre par la construction imbriquée du spectacle dans le spectacle[3]. Enchâssée dans la fête, la comédie-ballet en vint, par des effets inverses de mise en abyme[4], à réfléchir en son centre la fête-cadre tout entière, apportant de ce fait au spectacle un surcroît de sens. En effet c'est souvent sur des jeux de miroir avec cette fête qu'elle fut construite, qu'elle fût elle-même une image spéculaire du divertissement royal, qu'elle rédupliquât parfois à l'infini ce reflet miniaturisé de l'extérieur, ou enfin qu'elle fît le divertissement enchâssant lui-même, incluant ainsi l'œuvre qui l'incluait. Dès *Les Fâcheux*, représentés dans les jardins de Vaux-le-Vicomte dans l'été 1661, Molière s'attacha en un sens moins à intégrer véritablement la réalité extérieure dans ses pièces, ce qu'il lui arriva d'ailleurs de faire, qu'à abolir l'opposition de l'intérieur et de l'extérieur, ou plutôt à encourager la confusion des plans de la représentation dans une multiplication des jeux d'illusion.

Les deux comédies galantes de *La Princesse d'Elide* et des *Amants magnifiques* se prêtèrent tout particulièrement à ces échanges entre dedans et dehors, entre illusion et réalité. Du fait de leur sujet tout d'abord, mais aussi par suite à l'utilisation, pour la première du moins, du cadre naturel de verdure pour les décors, qui fut l'occasion pour le souverain de faire voir et apprécier les nouveaux travaux effectués dans les jardins de Versailles. L'«Argument» de *La Princesse d'Elide*, jouée le 8 mai 1664, montrait ainsi à quel point la comédie-ballet de Molière figurait le déroulement de la fête des *Plaisirs de l'île enchantée* dans son ensemble. Tel Louis XIV lui-même, qui offrait ces fêtes ostensiblement aux reines, et plus discrètement à Mademoiselle de La Vallière, le prince d'Elide, lui aussi prince «galant» et «magnifique», était dit organiser toute une série de réjouissances destinées à sa fille et aux trois princes qui lui en demandaient la main:

---

[3]   Georges Forestier a analysé en détail ce fonctionnement des spectacles enchâssés dans son *Théâtre dans le théâtre sur la scène française du XVIIᵉ siècle* (Genève, Droz, 1981).

[4]   Pour Lucien Dällenbach, «est mise en abyme toute enclave entretenant une relation de similitude avec l'œuvre qui la contient» (*Le Récit spéculaire: essai sur la mise en abyme*, Paris, Editions du Seuil, 1977, p. 18).

C'est là qu'un prince d'humeur magnifique et galante, ayant une fille aussi naturellement ennemie de l'amour qu'ornée de tous les dons qui la rendent aimable, propose des jeux d'exercices, des courses de chariot, et des chasses, croyant que la magnificence des premiers et le divertissement de l'autre, où l'adresse et le courage se font remarquer, feront choisir, parmi les divers princes qu'il y avoit conviés, un amant à sa fille qui soit digne d'elle.[5]

Un cas aussi extrême d'unité de programme devait rester isolé. Cependant, le sujet de la comédie enchâssée dans le *Divertissement royal* donné au Château-Vieux de Saint-Germain-en-Laye en février 1670 mettait de même en scène

deux princes rivaux, qui, dans le champêtre séjour de la vallée de Tempé, où l'on doit célébrer la fête des jeux Pythiens, régalent à l'envi une jeune princesse et sa mère de toutes les galanteries dont ils se peuvent aviser.[6]

Princes dans lesquels il était aisé de reconnaître une image dédoublée du monarque lui-même dans son rôle de dispensateur des plaisirs de la cour. L'intrigue amoureuse d'Eriphile et de Sostrate offrait par ailleurs des parallélismes évidents avec la chronique des amours de la Grande Mademoiselle et du duc de Lauzun qui occupait alors la cour[7], tout comme d'aucuns en conclurent que la princesse d'Elide figurait Louise de la Vallière à qui Louis XIV dédiait en secret les journées des *Plaisirs de l'île enchantée*.

Parmi les «galanteries» dont Iphicrate et Timoclès régalaient la princesse Aristione et sa fille, le spectacle enchâssé de la «petite comédie en musique» au centre de l'œuvre offrait même aux courtisans une image spéculaire de la pièce enchâssante dont elle reproduisait la structure par une distribution

---

[5] Livret des *Plaisirs de l'île enchantée*, reproduit dans *Œuvres de Molière*, IV, p. 237–8.

[6] Livret du *Divertissement royal*, reproduit dans Molière, *Œuvres complètes*, II, p. 645.

[7] On ne peut manquer d'être frappé notamment par le fait que, tout comme dans la pièce (II, 3) la princesse Eriphile consultait l'obscur général Sostrate sur le choix d'un prétendant, Mademoiselle de Montpensier semble avoir demandé l'avis de Lauzun, le 2 mars 1670, sur la proposition de mariage qu'on lui faisait avec le roi d'Angleterre; à ce qu'elle rapporte dans ses *Mémoires*, Lauzun lui aurait répondu: «vous m'avez choisi pour prendre mes avis, j'avoüe qu'à votre place je serois tenté d'être une grande Reine, & surtout dans un Païs où vous pouvez servir le Roi utilement» (*Mémoires de Mademoiselle de Montpensier*, Amsterdam, J.-F. Bernard, 1730, V, p. 210–1). Et de même que dans la fiction, la princesse Eriphile finissait par préférer Sostrate à ses prétendants titrés, dans la réalité de la cour, la Grande Mademoiselle se montra sensible aux assiduités de Lauzun après avoir dédaigné des rois. Ainsi s'explique que, pour Voltaire, «cette pièce [...] ne pouvoit guère réussir que par le mérite du divertissement et par celui de l'à-propos» ([in] *Œuvres de Molière*, VII, p. 376).

identique de ses intermèdes (avec prologue, ballet, pastorale, ballet et finale). Comme l'a écrit Philippe Beaussant, dans cette réduplication à l'infini[8], «nous avons une cour, celle du Roi-Soleil, qui assiste à un spectacle où l'on voit une cour, celle de la princesse Eriphile, qui assiste à un spectacle représentant une pastorale où l'on voit des bergers assister à une pastorale»[9]. D'autre part il semblerait que la pastorale enchâssée se soit aussi réfléchie elle-même, sans doute sous forme parodique, dans son finale :

> Les Faunes et les Dryades recommencent leur danse, que les Bergères et Bergers musiciens entremêlent de leurs chansons, tandis que trois petites Dryades et trois petits Faunes font paraître, dans l'enfoncement du théâtre, tout ce qui se passe sur le devant.[10]

Or, à la différence des entractes de *La Princesse d'Elide*, qui développaient des séquences pastorales indépendantes[11], les intermèdes des *Amants magnifiques*, où, comme autant de spectacles enchâssés, se succédaient mascarade, pastorale, pantomime et autres danses, étaient non seulement une «représentation sublimée, objectivée sur un théâtre, de ce que la cour a[vait] connu à Versailles» en 1664 et 1668[12], ils étaient précisément ce «divertissement

---

8   Expression empruntée à Lucien Dällenbach, qui définit cette figure de mise en abyme comme montrant un «fragment qui entretient avec l'œuvre qui l'inclut un rapport de similitude et qui enchâsse lui-même un fragment qui …, et ainsi de suite» (*Le Récit spéculaire*, p. 51).

9   Philippe Beaussant, *Lully ou le musicien du Soleil*, Paris, Gallimard/Théâtre des Champs Elysées, 1992, p. 376.

10 *Les Amants magnifiques*, p. 674. Voir la note donnée par Georges Couton à la page 1417.

11 Les intermèdes encadrant la comédie maintenaient toutefois un lien direct avec les spectateurs, conviés, comme les protagonistes de Molière, à s'abandonner au charme de l'amour et des plaisirs. Le ballet champêtre qui terminait la pièce était d'ailleurs dit «[faire] une avantageuse conclusion aux divertissements de ce jour» (*La Princesse d'Elide*, sixième intermède, p. 819).

12 Philippe Beaussant, *Lully ou le musicien du soleil*, p. 377. J'ajouterai que certains même des décors des *Amants magnifiques* se voulaient des citations du cadre de la fête du 18 juillet 1668. On comparera ainsi la description du théâtre pour le premier intermède des *Amants* («Au pied de ces rochers sont douze Tritons de chaque côté, et dans le milieu de la mer quatre Amours montés sur des dauphins» (*Les Amants magnifiques*, p. 645)) avec celle de la décoration d'une des fontaines située au bas du petit parc du château pour la fête de 1668 («Autour de ce dragon, il y a quatre petits Amours sur des cygnes qui font chacun un grand jet d'eau et qui nagent vers le bord comme pour se sauver. […] Entre ces Amours sont des dauphins de bronze dont la gueule ouverte pousse en l'air de gros bouillons d'eau» (Félibien, *Relation de la fête de Versailles*, p. 34)).

[…] composé de tous ceux que le théâtre peut fournir »[13], qu'avait imaginé et ordonné Louis XIV. L'utilisation exclusive du procédé du spectacle enchâssé comme principe d'insertion des intermèdes dans *Les Amants magnifiques* permettait ainsi au dramaturge de les faire fonctionner simultanément sur deux plans dans une interpénétration constante de la réalité et de la fiction.

Autre différence, si quelques membres privilégiés de l'entourage royal furent appelés à se produire dans deux des intermèdes des *Amants magnifiques*[14], aucun courtisan n'avait en revanche participé ni même assisté à ceux relatés dans *La Princesse d'Elide*. A moins que ces « courses de char […] et autres jeux », où devaient s'illustrer les prétendants de la princesse[15], n'aient été justement, par une projection imaginaire du hors-scène de la comédie-ballet sur l'espace et le temps concrets de la première journée des *Plaisirs*, les courses de bague réellement courues la veille par les courtisans. C'est ce que laissait en fait entendre le livret :

> Le brave Roger et les fameux guerriers de sa quadrille avoient trop bien réussi aux courses qu'ils avoient entreprises dans l'Ile enchantée, et la Magicienne qui les avoit conviés à en divertir une grande Reine avoit reçu trop de satisfaction de cette galanterie, pour n'en desirer pas la continuation, Ces chevaliers lui donnent donc le plaisir de la comédie. Comme ils avoient entrepris les courses sous le nom des jeux pythiens, et armés à la grecque, ils ne sortent point de leur premier dessein lorsque la scène est en Elide.[16]

Le canevas unifiant emprunté à l'Arioste servait ainsi à abolir la différence entre la fiction jouée par la troupe de Molière et celle jouée le jour précédent par le roi et ses courtisans, à estomper les frontières entre illusion et réalité.

Molière réutilisa ce procédé avec de semblables effets homologiques dans la dernière des comédies-ballets qu'il composa pour le monarque et sa cour en décembre 1671 et dont la trame dramatique était constituée par deux pièces emboîtées, l'une une comédie intitulée *La Comtesse d'Escarbagnas*, l'autre une pastorale aujourd'hui perdue, qui enchâssait la série d'intermèdes empruntés, sur ordre du roi, aux moments les plus réussis des spectacles des années précédentes. Or cette pastorale qui s'ornait des entrées chantées et dansées choisies par Louis XIV était non pas une seconde pièce juxtaposée à la première, comme ce fut le cas pour *George Dandin*, mais un spectacle intérieur à la comédie, auquel assistaient à la fois les acteurs de la fiction comique et

---

[13]   *Les Amants magnifiques*, p. 645.

[14]   A savoir le comte d'Armagnac et les marquis de Villeroy et de Rassan dans les premier et sixième intermèdes.

[15]   « Argument », *La Princesse d'Elide*, p. 775.

[16]   Livret des *Plaisirs de l'île enchantée*, p. 237.

les spectateurs du divertissement royal. Elle était le «régale» galant qu'offrait ostensiblement à la maîtresse des lieux l'un des protagonistes, à qui le rôle d'ordonnateur du spectacle dans la pièce-cadre permettait d'occuper dans la fiction une position analogue à celle du monarque à la cour[17]. Ainsi non seulement le spectacle enchâssé répondait au même principe d'ornementation que le divertissement commandé par le roi, il était composé du même assemblage de morceaux disparates que lui. En fait n'était-il pas ce divertissement lui-même dans une confusion volontaire du spectacle présenté à la comtesse par le vicomte et du spectacle présenté par Molière au souverain, qui offrait en réalité le spectacle que le vicomte était dit offrir? Peut-être même pastorale et comédie entretenaient-elles aussi une relation thématique.

D'autre part, là ne s'arrêtaient pas les jeux de miroir de l'œuvre, puisqu'il apparaît que le septième et dernier intermède de la pastorale enchâssée, ce «reste du spectacle» annoncé par le vicomte à la fin de la pièce[18], et qui reproduisait le dernier intermède de la tragédie-ballet de *Psyché*, jouée l'hiver précédent, offrait une mise en abyme du dénouement même de la comédie-cadre et de l'occasion qui avait donné lieu au divertissement du *Ballet des Ballets*. Quoi de plus approprié en effet pour marquer l'accord de mariage qui venait de se conclure entre Julie et le vicomte (et pour célébrer l'union récente de Philippe d'Orléans, frère de Louis XIV, et de la princesse Palatine) que la représentation des chants et des danses qui terminaient la fête des noces de l'Amour et de Psyché? Quoi de plus ironique aussi puisque cette même tragédie-ballet de *Psyché* que la comtesse d'Escarbagnas était allée admirer à Paris et qui lui servait dans la pièce à se construire un être-dans-le-monde, contribuait en définitive à l'éclatement de son personnage imaginaire[19]?

De même, dans *Le Bourgeois gentilhomme*, Dorante proposait à Madame Jourdain de l'emmener voir le divertissement royal[20] dont les préparatifs accompagnaient ceux du *Ballet des nations* destiné à Dorimène et qui était bien entendu la comédie-ballet elle-même du *Bourgeois gentilhomme* que le roi faisait représenter à Chambord à l'automne 1670. D'autre part, il est évident que le *Ballet des nations* lui-même, qui terminait la comédie de Molière et

---

[17] Comme pour mieux souligner cette analogie, Molière faisait dire à son protagoniste dans des termes inspirés de l'avant-propos du livret qu'«il est nécessaire de dire que cette comédie n'a été faite que pour lier ensemble les différents morceaux de musique, et de danse, dont on a voulu composer ce divertissement» (*La Comtesse d'Escarbagnas*, scène 7, p. 968).

[18] *Ibid.*, scène 7, p. 972.

[19] Voir *infra*, seconde partie, chapitres 5 et 6.

[20] «– Ne voulez-vous point un de ces jours venir voir, avec elle, le ballet et la comédie que l'on fait chez le Roi?» (*Le Bourgeois gentilhomme*, III, 5, [in] *Œuvres complètes*, II, p. 744).

auquel les protagonistes de celle-ci assistaient comme à un spectacle détaché, rédupliquait avec sa mise en scène initiale de spectateurs s'installant sur des gradins, non seulement le geste des acteurs de la fiction, c'est-à-dire son propre déroulement (sans parler de possibles effets mimétiques entre M. Jourdain et le « vieux bourgeois babillard » de la première entrée du ballet[21]), mais aussi celui des courtisans eux-mêmes assistant au divertissement royal qui incluait à la fois la comédie et le ballet[22]. Là aussi la dernière entrée du ballet rétablissait un lien direct avec les spectateurs réels de la cour dans la référence à un plaisir partagé par tous. Il aurait été logique en un sens que, lorsque la comédie-ballet fut reprise à la ville en novembre suivant, elle l'eût été avec ses intermèdes certes, mais sans ce finale où une pareille ouverture sur l'extérieur n'eût plus eu de raison d'être. La symbolique aurait rencontré là les raisons matérielles qui contraignirent Molière à diminuer l'éclat de son spectacle. Or il semble qu'il n'en fût rien et que le ballet ait en fait continué, sous une forme réduite certes, de figurer pendant quelque temps au programme[23].

L'intérieur et l'extérieur

La comédie-ballet apparaissait ainsi non seulement comme entretenant une relation de similitude avec la fête qui la contenait, elle était à certains égards cette fête elle-même. Ou plutôt les intermèdes qu'elle enchâssait et qui avaient dans la fiction valeur de « régale » puisqu'ils étaient les galanteries que l'un des protagonistes offrait à la femme aimée, n'étaient en définitive autres que les divers moments de ce divertissement aux plaisirs successifs que le roi offrait à sa cour. Confusion des plans que concourait encore à renforcer l'utilisation de décors ouverts par le fond pour la représentation en plein air, dans les jardins du château de Versailles, de certaines des comédies-ballets. En effet, dans un échange visible entre l'intérieur et l'extérieur, le lieu fictif et le lieu théâtral, Vigarani semble avoir à deux reprises utilisé une allée du

---

[21] *Ibid.*, 1ère entrée du *Ballet des nations*, p. 780. Sur ces effets, voir Helen M.C. Purkis, « Monsieur Jourdain, Dorante and the *Ballet des Nations* », *Studi francesi*, n° 71, mai–août 1980, p. 224–33.

[22] Le décor spéculaire conçu par Vigarani pour le sixième intermède des *Amants magnifiques* renvoyait de même aux courtisans présents au spectacle leur propre image figée sur la toile dans une représentation à l'antique : « La derniére Décoration estoit une vaste Sale, disposée en manière d'Amphithéatre, enrichie d'une fort belle Architecture [...]. Cette Sale estoit remplie de Spectateurs peints, vestus à la Grecque, de diverses maniéres, lesquels étoyent-là, assemblez pour voir la Feste des Jeux Phithiens, qui s'y devoyent célébrer en l'honneur d'Apollon » (« Les Magnificences du Divertissement qui a esté pris par Leurs Majestez, pendant le Carnaval », *La Gazette*, n° 22, 21 février 1670, p. 177).

[23] Voir *infra*, chapitre 3, p. 96.

parc montant vers le château au lieu d'un décor théâtral peint pour fermer la perspective. Ce fut le cas pour *George Dandin* en juillet 1668, pour lequel un théâtre de verdure fut aménagé au carrefour de plusieurs allées, là où seraient plus tard les Saisons (Saturne). Félibien nous apprend dans sa *Relation* que

> C'est dans cet endroit de l'allée du Roi que le sieur Vigarani avait disposé le lieu de la comédie. Le théâtre qui avançait un peu dans le carré de la place s'enfonçait de dix toises dans l'allée qui monte vers le château.[24]

La «grande Feste champestre»[25], sur fond de laquelle se déroulèrent pastorale et comédie proprement dite, avait en outre pour cadre un jardin en trompe-l'œil[26], d'autant plus semblable par ses terrasses et son long canal au décor en fête des jardins réels dessinés par Le Nôtre qu'il s'ouvrait sur eux (voir **Fig. 1**):

> A l'entrée de ce jardin, on découvrait deux palissades si ingénieusement moulées qu'elles formaient un ordre d'architecture dont la corniche était soutenue par quatre termes qui représentaient des satyres. [...] et sur les piédestaux de marbre qui soutenaient ces mêmes termes, il y avait de grands vases dorés, aussi remplis de fleurs.
> Un peu plus loin paraissaient deux terrasses revêtues de marbre blanc qui environnaient un long canal. [...]
> On montait sur ces terrasses par trois degrés et, sur la même ligne où étaient rangés les termes, il y avait, d'un côté et d'autre, une longue allée de grands arbres entre lesquels paraissaient des cabinets d'une architecture rustique. [...]
> Le bout du canal le plus proche était bordé de douze jets d'eau qui formaient autant de chandeliers; et à l'autre extrémité on voyait un superbe édifice en forme de dôme. Il était percé de trois portiques au travers desquels on découvrait une grande étendue de pays.[27]

Bergers et paysans de la comédie se mouvaient dans des décors identiques, bien que sans rapport avec les indications spatiales ou sociales insérées dans le texte, et qui étaient également ceux où se déplaçaient les vrais gentilshommes assistant à la représentation. Dans les termes mêmes de Roger Chartier,

---

[24] Félibien, *Relation de la fête de Versailles*, p. 41. Un plan des jardins de Versailles indiquant les architectures provisoires mises en place pour la fête du 18 juillet permet ainsi de repérer précisément l'endroit où fut donnée la comédie-ballet (voir **Fig. 2**).
[25] Livret du *Grand Divertissement royal de Versailles*, p. 7.
[26] «Et alors, les yeux se trouvant tout à fait trompés, l'on crut voir effectivement un jardin d'une beauté extraordinaire» (Félibien, *Relation de la fête de Versailles*, p. 43).
[27] *Ibid.*, p. 44–5.

Le décor assure ainsi la continuité entre les réjouissances et la comédie. Parce qu'il est dans un espace plus menu, une réplique de ceux où fait halte la cour. Parce qu'il met en œuvre les mêmes matériaux (le marbre, le bronze), des décorations identiques (de fleurs, d'arbres, d'eaux), des figures architecturales semblables (la terrasse, l'allée, le canal). Parce qu'il inscrit un jardin d'illusion dans un jardin véritable, des fabriques de théâtre dans cette autre fabrique qu'est la salle de la comédie.[28]

J'ajouterai simplement que l'insistance sur ces décorations d'eaux, fontaines, jets, nappes, bassins et autres gerbes, de même que la perspective de terrasses environnant un long canal, étaient un hommage courtisan aux travaux d'approvisionnement en eau du domaine de Versailles ordonnés par Louis XIV. C'est en effet en 1666 qu'avait eu lieu l'inauguration des grands effets d'eau, rendue possible par la construction de la Pompe et de la Tour d'eau l'année précédente, et en 1668 qu'avaient justement débuté les travaux pour le percement du premier canal[29]. Félibien pouvait écrire :

> Et parce que l'un des plus beaux ornements de cette maison est la quantité des eaux que l'art y a conduites malgré la nature qui les lui avait refusées, sa Majesté leur ordonna de s'en servir le plus qu'ils pourraient à l'embellissement des lieux, et même leur ouvrit les moyens de les employer et d'en tirer les effets qu'elles peuvent faire.[30]

Ce fut aussi le cas en mai 1664 pour *La Princesse d'Elide*, représentée sur un théâtre de verdure aménagé en travers de l'étroite Allée Royale au niveau de l'actuel Bosquet des Dômes, dit encore de la Renommée[31]. S'il faut en croire la gravure réalisée par Israël Silvestre pour la seconde journée des *Plaisirs de l'île enchantée* (voir **Fig. 3**), le fond de scène s'ouvrait sur la perspective de la grande allée bordée dans le lointain d'éléments mêmes du parc dans un gommage évident des limites des espaces fictif et réel. Et au point de fuite de la perspective, se devinait un bassin au milieu duquel se dressait un palais. Mais quel palais ? Vu l'orientation de la scène[32], il ne pouvait s'agir que de celui

---

[28]   Roger Chartier, « De la fête de cour au public citadin », p. 176.

[29]   Sur ces questions, voir Pierre de Nolhac, *La Création de Versailles*, Versailles, Librairie L. Bernard, 1901, et Alfred Marie, *Naissance de Versailles*, Paris, Editions Vincent, 1968.

[30]   Félibien, *Relation de la fête de Versailles*, p. 32.

[31]   Appellations anachroniques puisque le bosquet de la Renommée fut créé par Le Nôtre en 1675 avant d'être doté par Hardouin-Mansart en 1677 de deux petits pavillons de marbre surmontés de dômes. Pour une reconstitution du plan de la fête, voir Marie-Christine Moine, *Les Fêtes à la cour du roi Soleil (1653–1715)*, Paris, Editions Lanore, 1984, et Sabine Du Crest, *Des fêtes à Versailles. Les Divertissements de Louis XIV*, s.l., Aux Amateurs de livres, 1990.

[32]   Les divers témoignages laissent en effet supposer que les spectateurs étaient, ce jour-là, assis le dos au château et regardaient vers le bas de l'Allée Royale, en di-

d'Alcine érigé au centre du Rondeau des Cygnes (le futur Bassin d'Apollon) pour le divertissement de la troisième journée des *Plaisirs*. Pourtant la visibilité de ce palais le soir du 8 mai est sujette à caution car elle suppose que le décor de la troisième journée eût été illuminé dès la nuit de la seconde ; elle suppose aussi que le palais eût été entièrement visible avant que le ballet ne commençât, alors qu'on sait au contraire que, pour ménager la surprise des spectateurs, le décor ne s'ouvrit qu'au début de la représentation[33]. Israel Silvestre n'aurait-il pas plutôt télescopé des moments différents des *Plaisirs* sur sa gravure de la seconde journée (si tant est, bien entendu, que le décor réel eût été effectivement ouvert par le fond !) ? D'autant plus que ce palais aperçu au point de fuite de la perspective ne laissait pas d'évoquer l'ancien château de Louis XIII (voir **Fig. 4**), visible dans un face-à-face révélateur à l'entrée des jardins. A la jonction de l'univers fictif et du monde réel, le château royal aurait alors fonctionné dans l'imaginaire, sinon dans la représentation, comme un double signe, à la fois référentiel (la maison de campagne de Louis XIV qu'il était réellement, point focal de la fête enchâssant la comédie-ballet de Molière) et fictionnel (le palais du prince d'Elide qu'il prétendait être et où se déroulaient, dans le hors-scène de la représentation, les divertissements magnifiques et galants que ce prince offrait à sa cour).

Production de printemps, *La Princesse d'Elide* autorisait également, ainsi que l'a bien vu C.E.J. Caldicott, «une correspondance entre le temps réel et le temps fictif»[34], entre le mois de mai 1664 et le printemps éternel de l'Arcadie mythique, dont les paysages s'identifiaient à ceux de cette nouvelle Arcadie que figuraient les jardins de Versailles, tout comme le décor pastoral de *George Dandin* et des *Fêtes de l'Amour et de Bacchus* prolongeait lui aussi une certaine conception du domaine royal. Molière n'innovait pas car la représentation des *Fâcheux* à Vaux-le-Vicomte en août 1661 avait déjà joué d'un

rection donc du bassin. Il est aussi inconcevable que Vigarani ait pu vouloir placer la perspective dans le sens de la montée de l'allée. Je renvoie aussi ici à l'article d'Helen M.C. Purkis, pour qui les éléments du décor du ballet tels que les reproduit la gravure 8 d'Israël Silvestre pour la troisième journée (voir **Fig. 13**) s'apparentent à ceux donnés par la gravure 7 de la seconde journée pour la scène de la comédie («L'Illusion théâtrale», *Studi francesi*, n° 63, sept.–déc. 1977, p. 407–24).

[33] «Le frontispice du palais venant à s'ouvrir avec un merveilleux artifice, et des tours à s'élever à vue d'oeil» (*Les Plaisirs de l'île enchantée*, p. 824) ou encore, selon *La Gazette*, «[à] l'instant, par un admirable artifice, le Rocher se séparant aux deux bords de l'Isle, laissa voir ce Palais qui surprit également les Spectateurs par sa magnifique structure, & par l'élévation qui s'en fit, à mesure que le Rocher s'ouvrait, jusques à la hauteur de 25 pieds, s'élargissant, aussi, à proportion, jusques à 30» («Les Particularitez des Divertissemens pris à Versailles, par leurs Majestez», *La Gazette*, n° 60, 21 mai 1664, p. 494).

[34] C.E.J. Caldicott, *La Carrière de Molière*, p. 113.

redoublement du temps et de l'espace fictifs et de ceux de la représentation elle-même. C'était en effet «sous des arbres»[35], dans un parc, qu'était censée se dérouler l'action d'une pièce représentée «au bas de l'allée des sapins» (voir **Fig. 5**),

> Au pied de ces sapins et sous la grille d'eau,
>   Parmi la fraîcheur agréable
> Des fontaines, des bois, de l'ombre et des zéphirs.[36]

Et tandis que la nuit tombait sur le parc, c'était un flambeau d'argent à la main, sans doute semblable aux flambeaux qui éclairaient la scène, qu'Orphise arrivait à la fin du dernier acte.

Cette correspondance fut en partie perdue, en revanche, dans les *Amants magnifiques*, dont le temps et le lieu de l'action, située dans la vallée de Tempé, autre région quasi mythique de la Grèce ancienne, s'opposaient au cadre d'une représentation donnée en hiver, à l'intérieur d'un château, puisque c'est en février et dans la salle de bal du Château-Vieux de Saint-Germain-en-Laye qu'elle eut lieu. Mais en partie seulement, car les décors imaginés pour le quatrième intermède de la pièce n'en représentaient pas moins une évocation possible des jardins de ce même château avec leurs terrasses descendant jusqu'à la Seine et leurs célèbres grottes ornées de marbres et d'automates mis en mouvement par la force des eaux (voir **Fig. 6**):

> Au quatrième Interméde, cette Décoration se changeoit, soudainement, en une Grote d'Architecture, tres-magnifique, aboutissant à une grande Perspective de Cascades, dans un Jardin qui avoit tous les embellissemens des plus delicieux.[37]

Certes, la référence immédiate était sans doute celle de la grotte de Thétis, qui venait d'être terminée à Versailles et qui constituait une halte obligée de la visite des jardins, mais Molière put très bien jouer d'une double référence d'autant plus que l'ordonnateur de la grotte, François Francine, s'y était visiblement inspiré de celles imaginées autrefois à Saint-Germain par son père Tommaso et récemment restaurées.

La représentation du *Malade imaginaire* à Versailles le 19 juillet 1674, dix-huit mois après sa création au Palais-Royal, appelle elle aussi à quelques réflexions. Certes, au moment d'écrire sa dernière œuvre, Molière avait sans doute déjà renoncé à la voir représenter à la cour; et d'autre part, il ne pouvait pas imaginer qu'elle le serait finalement pendant l'été 1674 dans le cadre des grands *Divertissements* donnés à Versailles au retour de la conquête de la

---

[35]   *Les Fâcheux*, I, 3, v. 177, p. 495.
[36]   La Fontaine, lettre à M. de Maucroix, [in] *Œuvres diverses*, p. 522.
[37]   «Les Magnificences du Divertissement qui a esté pris par Leurs Majestez, pendant le Carnaval», p. 175–6.

Franche-Comté. Mais le long prologue à la gloire de Louis XIV, à la fois comme roi victorieux et comme roi pacificateur, protecteur des arts et des plaisirs, qui avait été composé par Charpentier pour la création de la pièce en 1673[38], s'il fut bien utilisé ce jour-là, dut sembler particulièrement approprié lors d'une représentation qui eut pour fond de scène et pour décor même la façade sur-montée d'un soleil d'or rayonnant de la grotte de Thétis (voir **Fig. 7**). Certes, par un retournement des effets habituels de perspective, c'était depuis ce fond de scène que l'on voyait, par l'ouverture des portes de la grotte,

> comme autant de riches Tableaux, où la Nature elle-mesme represente dans une perspective admirable, le parc & les collines qui l'environnent[39].

Censé représenter «un lieu champêtre fort agréable»[40], le décor voulu pour le prologue du *Malade imaginaire* s'inscrivait tout naturellement dans la lignée des décors emblématiques d'une représentation idéalisée de la cour. Et comme pour les intermèdes des *Fêtes de l'Amour et de Bacchus* en 1668, c'est dans un endroit du parc royal qui lui servit de cadre qu'il trouva à s'incarner. Avec son style rocaille, ses jets d'eau et son gazouillis (artificiel) d'oiseaux, la grotte de Thétis, où l'art et l'artifice ne s'étaient jamais tant employés que pour «y faire paroistre toutes les marques d'une Grotte naturelle»[41], ajoutait au symbolisme solaire de sa statuaire une note pastorale propice au déploie-ment du sens patent du prologue.

De plus, si l'on considère que le prologue de Charpentier mettait en scène un concours de musique entre des bergers rivalisant entre eux de chants et de danses pour mieux célébrer la gloire du monarque, les notes produites ne pouvaient que résonner, amplifiées et répétées, dans un lieu connu pour ses jeux d'écho, qu'avait exploités Lully dans une *Eglogue* dite justement *de la Grotte de Versailles*:

> Mais lors qu'au bruit de l'eau le Jeu des Orgues s'accorde avec le chant des petits oiseaux dont j'ay parlé, qui par une industrie admirable, joignent leurs voix au son de cét instrument; & que par un artifice encore plus surprenant, l'on entend un Echo qui répete cette douce musique: c'est dans ce temps-là que par une si agréable simphonie les oreilles ne sont pas moins charmées que les yeux.[42]

---

38 Car c'est très certainement ce prologue, et non sa version plus courte, qui accom-pagna la pièce au Palais-Royal en février 1673. Voir *infra*, chapitre 3, p. 86.

39 Félibien, *Description de la Grotte de Versailles*, [in] *Description de divers Ouvrages de peinture faits pour le Roy*, Paris, Denys Mariette, 1696, p. 346.

40 *Le Malade imaginaire*, [in] *Œuvres complètes*, II, p. 1091.

41 Félibien, *Description de la Grotte de Versailles*, p. 346.

42 *Ibid.*, p. 385–6. S'en trouvèrent aussi intensifiés les effets du dialogue musical entre Polichinelle et les violons dans le premier intermède de la comédie.

C'est sur la reprise inlassable de «LOUIS est le plus grand des rois»[43], renvoyé par l'écho dans un effet d'intensification du caractère imitatif de la musique, que s'accomplissait alors, ce 19 juillet 1674, le rêve d'harmonie universelle caressé par les architectes de la grotte,

> – Il semble qu'on voye une image parfaite du concert de tous les Elemens,
> & qu'on ait trouvé l'Art de faire entendre dans ce lieu-là cette Harmonie
> de l'Univers, que les Poétes ont representée par la Lyre d'Apollon, comme
> celuy qui regle les Saisons, & qui tempere les Elemens.[44] –

et les premiers concepteurs du ballet de cour.

Que pour des raisons pratiques, Vigarani eût choisi de tirer parti du cadre naturel de frondaisons, de fontaines et d'allées des parcs royaux pour ses scènes éphémères érigées en plein air, cela va sans dire. Mais cela permettait aussi un rappel au monarque des espaces aménagés à grands frais autour de ses châteaux, un hommage à un pouvoir au-delà de la nature humaine, qui jouait sur les effets de sens symboliques à l'intérieur de la fiction pour entretenir l'illusion.

2. L'envers de la fête

« Quelle confusion ! Quel désordre ! Quel embarras ! »

Réplique miniaturisée de la fête qui l'accueillit en son centre, sinon cadre même des divertissements de la fête, la comédie-ballet porta aussi en même temps un regard ironique sur cette fête dont elle dévoila les rouages et l'artifice. C'est ainsi que, dans les faits et gestes des acteurs du prologue de *La Princesse d'Elide*, qui, sous les traits de «valets de chien», représentaient les gens de métier nécessaires à la bonne marche de la fête[45], les spectateurs purent lire non seulement la bonne volonté des uns, heureux de préparer la fête, mais aussi la résistance des autres qui, par la voix de Lyciscas, pestaient contre ceux qui les obligaient à se lever de trop bon matin et les exhortaient au travail :

---

[43]   «Prologue», *Le Malade imaginaire*, p. 1097.
[44]   Félibien, *Description de la Grotte de Versailles*, p. 386.
[45]   *La Princesse d'Elide*, premier intermède, scène 1, p. 772–4. Sur cet aspect de l'intermède, voir Roger Duchêne, *Molière*, Paris, Fayard, 1998, p. 373. Voir aussi Gérard Defaux, *Molière ou les métamorphoses du comique. De la comédie morale au triomphe de la folie*, Paris, Klincsieck, 1992, p. 238.

Parlant à Lyciscas qui dormait.

Qu'est ceci, Lyciscas? Quoi? tu ronfles encore,
Toi qui promettais tant de devancer l'Aurore?
    Allons, debout, vite debout!
Pour la chasse ordonnée il faut préparer tout.
    Debout, vite debout, dépêchons, debout.

Lyciscas, *en s'éveillant*: Par la morbleu! vous êtes de grands braillards, vous autres, et vous avez la gueule ouverte de bon matin?

    Musiciens:

Ne vois-tu pas le jour qui se répand partout?
    Allons, debout, Lyciscas, debout.

Lyciscas: Hé! laissez-moi dormir encor un peu, je vous conjure.
....

Lyciscas, *en se levant*: Quoi toujours? A-t-on jamais vu une pareille furie de chanter? Par le sang bleu! j'enrage. Puisque me voilà éveillé, il faut que j'éveille les autres, et que je les tourmente comme on m'a fait. Allons, ho! Messieurs, debout, debout, vite, c'est trop dormir. Je vais faire un bruit de diable partout. Debout, debout, debout! Allons vite! ho! ho! ho! debout, debout! Pour la chasse ordonnée il faut préparer tout: debout, debout! Lyciscas, debout! Oh! oh! oh! oh! oh!

Sans compter qu'en faisant ainsi entendre «la voix de la vérité physiologique», qu'en rappelant «la voix du corps et de ses besoins fondamentaux», la comédie-ballet dénonçait aussi en quelque sorte la part de contraintes que comportait la symbolique du pouvoir absolu du monarque, de même que l'artificialité d'un code qui allait à l'encontre des lois naturelles commandant les cycles de la veille et du sommeil[46]. Car ce n'était en définitive qu'au détriment de la santé que les plaisirs pouvaient se succéder à un rythme aussi soutenu et se poursuivre aussi tard dans la nuit.

Si l'envers de la fête, c'était donc tout d'abord ce peu d'enthousiasme des ouvriers du spectacle devant les réalités de leur profession, c'était aussi l'impatience des spectateurs eux-mêmes, se bousculant, se disputant et s'arrachant les livrets avant que la représentation ne commençât, et la vision d'un pandémonium à l'opposé de celle d'ordre et d'harmonie projetée par la fiction du divertissement. La première entrée du *Ballet des nations* renvoya ainsi aux courtisans assistant à la représentation du *Bourgeois gentilhomme* à Chambord à l'automne 1670 une image sans doute fidèle de leur propre expérience de spectateurs:

---

[46] Jean-Pierre Van Elslande, «Molière ou le moraliste à la fête», *P.F.S.C.L.*, XXVII (n° 53), 2000, p. 367.

HOMMES ET FEMMES DU BEL AIR

Ah! quel bruit!
　　　Quel fracas!
　　　　　Quel chaos!
　　　　　　　Quel mélange!
　Quelle confusion!
　　　　Quelle cohue étrange!
　　Quel désordre!
　　　　　Quel embarras!
　　On y sèche.
　　　　L'on n'y tient pas.[47]

Image que corroborèrent souvent les comptes rendus privés des grandes fêtes royales, dans un rétablissement d'une vérité occultée par cette autre fiction d'ordre et d'harmonie que visaient à construire les relations officielles de Félibien ou les splendides gravures de Le Pautre et d'Israel Silvestre qui les illustraient. Huygens rapporta en effet qu'à la représentation de *George Dandin* dans les jardins de Versailles, le 18 juillet 1668,

> Il y avoit une si grande foule de gens, qu'a la comedie le Roy mesme eut de la peine a faire placer les dames, et il falut faire sortir pour cela quantité d'hommes malgrè qu'ils en eussent.[48]

Après s'être plaint que les ambassadeurs étrangers eussent été «poussés, rebutés, battus et mal placés» à la comédie, le marquis de Saint-Maurice, ambassadeur du duc de Savoie, ajouta même que

> Les personnes de qualité font elles-mêmes la confusion et en ressentent les premières les fâcheries, y perdent leurs plumes, se font déchirer leurs canons et paraissent après dans le bal, chiffonnées par leur peu de conduite.[49]

L'envers de la fête, c'était enfin le manque de tenue, l'attitude suffisante et exhibitionniste de ces courtisans n'ayant cure de troubler la représentation par leur conversation bruyante et leurs grandes manières, tel «l'homme à grands canons» épinglé par le protagoniste des *Fâcheux*[50]. Personnages d'impatients que Benserade avait fait danser en février 1661 dans des rôles ...

---

[47] *Le Bourgeois gentilhomme*, 1ère entrée du *Ballet des nations*, p. 781.
[48] Huygens, lettre à Philippe Doublet du 27 juillet 1668, *Correspondance*, p. 246.
[49] Saint-Maurice, *Lettres sur la cour de Louis XIV*, p. 202, p. 208.
[50] *Les Fâcheux*, I, 1, 17, p. 488. Jean Serroy y voit ainsi «le reflet des gens du bel air qui s'agitent, parlent, s'ébrouent dans les allées de Vaux, au moment où la pièce commence» («Aux sources de la comédie-ballet moliéresque. Structures des *Fâcheux*», *Recherches & Travaux*, no 39, 1990, p. 49).

d'impatients dans le *Ballet de l'Impatience*. Tel encore ce marquis ridicule voulant à tout prix monter sur scène que joua Molière dans le prologue de sa composition qui fut ajouté au *Favori* de Mademoiselle Desjardins lors de sa représentation dans les jardins de Versailles, le 13 juin 1665. La Grange nota ainsi dans son *Registre* que

> Le Vendredy 12 Juin, la Troupe est allée à Versailles par ordre du Roy, où on a joué le Favory dans le jardin, sur un theastre tout garny d'orangers, Mr de Moliere fist un prologue en marquis ridiculle qui vouloit estre sur le theastre malgré les gardes, et eust une conversation risible avec une actrice qui fist la marquise ridiculle, placée au milieu de l'assemblée.[51]

Non seulement ce personnage prolongeait et matérialisait les faits et gestes de l'«homme à grands canons» de la comédie-ballet de Vaux, il illustrait aussi un procédé, fréquemment employé dans le *citizen drama* de l'Angleterre jacobéenne, celui de l'irruption sur scène de faux spectateurs dans le but, une fois de plus, d'abolir le «quatrième mur» de la scène.

La tromperie d'«un faux jour»

Plus encore que dans cette mise à nu plaisante des aléas de la représentation de la comédie-ballet à la cour, ce fut dans la rencontre de deux langages opposés que se marqua chez Molière un certain détachement ironique vis-à-vis de la fête dont il fut l'un des principaux ordonnateurs, sinon une volonté expresse de la démythifier sous ses deux espèces de la galanterie et de la magnificence. D'un côté, en effet, tout n'était que galanterie, bravoure, générosité, de l'autre tout n'était plus que couardise, bouffonnerie et terre-à-terre des sentiments et des attitudes. D'un côté tout était magie véritable, de l'autre tout n'était plus qu'artifice. A la peinture d'un univers de conventions nobles et élégantes s'opposaient la remise en question de ces conventions et un certain scepticisme à l'égard de la fête qui en était comme le symbole. Dans *La Princesse d'Elide* la résistance à la fête manifestée par le valet Lyciscas dans le premier intermède se prolongeait dans la comédie elle-même par l'intermédiaire du personnage de Moron, «plaisant» de la princesse, qui qualifiait de «pénible[s] exercice[s]» et de «sot[s] passe-temps» les plaisirs de sa

---

[51] *Charles Varlet de La Grange et son Registre*, éd. Edouard Thierry, Archives de la Comédie-Française, Paris, J. Claye, 1876, p. 74. Les intermèdes qui agrémentaient la tragi-comédie de Mademoiselle Desjardins auraient également été de Molière. Mayolas écrivit en effet dans sa lettre du 24 avril 1665: «La Piéce êtoit entre-coupée/De mainte joviale Entrée/De Balet, d'un habile Acteur,/Et des Scénes de cét Autheur/Qui reprézente & qui compoze/Egalement bien Vers & Proze» ([in] *Les Continuateurs de Loret*, I, p. 54).

maîtresse[52]. Sa couardise – n'avait-il pas fui devant un sanglier furieux au lieu de l'attendre de pied ferme, sous prétexte d'«aime[r] mieux, n'en déplaise à la gloire, / Vivre au monde deux jours, que mille ans dans l'histoire»[53] ? –, ses déclarations d'amour bouffonnes à la bergère Philis, pour laquelle, d'ailleurs, à la différence du berger Tircis, il se refusait à mourir en «généreux amant»[54], ainsi que son insensibilité profonde au pouvoir de séduction de la musique et du chant, ne pouvaient que détonner dans un univers placé sous le signe de la convention héroïque et galante. N'en faisaient-ils pas ressortir l'artifice, le caractère inauthentique[55] ?

De même l'évident contraste qui opposait dans le *Grand Divertissement royal de Versailles* l'univers bourgeois farcesque de la comédie de *George Dandin* au monde pastoral des intermèdes des *Fêtes de l'Amour et de Bacchus*, pouvait être interprété certes comme servant à mettre en lumière à la fois l'altérité et la roture indécrottables du paysan et les déficiences humaines de l'homme, sourd à tout ce qui n'était pas son désir de revanche, ce qui ne pouvait que conforter la noblesse dans son mépris pour l'in-noble ignoble. Il pouvait également être perçu comme exposant la vanité et le danger de conventions amoureuses poussées jusqu'à la parodie involontaire et se soldant par l'adultère d'une Angélique soucieuse de

> prendre les douces libertés que l'âge me permet, voir un peu le beau monde, et goûter le plaisir de m'ouïr dire des douceurs.[56]

Comme le fait remarquer Marcel Gutwirth, «autant la pastorale idéalise jusqu'à la fadeur un monde qui se prétend régi par le cœur, autant la comédie démystifie aisément tout ce galimatias sublime qui aboutit à faire lutiner par un Clitandre une Angélique de Sottenville. La comédie qui fit rire de si bon cœur Versailles n'épargne ainsi pas plus Versailles qu'elle ne ménage paysans ou maris»[57]. Avec le pastoral, c'était l'image sublimée que la cour s'était forgée d'elle-même qui était visée. La juxtaposition du monde comique et de l'univers pastoral fonctionnait comme décodage d'un langage artificiel dont elle révélait la vérité masquée.

---

52   *La Princesse d'Elide*, I, 2, p. 781.
53   *Ibid.*, I, 2, p. 783. Le Clitidas des *Amants magnifiques* confessait de même qu'«un peu de poltronnerie m'a empêché de voir tout le détail de ce combat» (*Les Amants magnifiques*, V, 1, p. 687).
54   *La Princesse d'Elide*, quatrième intermède, scène 2, p. 806.
55   Voir Gérard Defaux, *Molière ou les métamorphoses du comique*, p. 238–42.
56   *George Dandin*, II, 3, p. 483.
57   Marcel Gutwirth, «Dandin ou les égarements de la pastorale», p. 132.

Et que dire de la succession, en soi très ironique, au sein du *Ballet des Muses* représenté à Saint-Germain-en-Laye dans l'hiver 1666–1667, de deux œuvres aussi contrastées dans leurs effets et leur signification que *Mélicerte*, «comédie pastorale héroïque», et *La Pastorale comique*, qui la remplaça à partir du 5 janvier 1667? Le départ inopiné de Baron, qui avait joué Myrtil, ou le souci de varier sa production purent conduire Molière à substituer une œuvre à l'autre, bien qu'ils ne suffisent pas à expliquer les effets parodiques évidents suscités par ce rapprochement. De plus situations détournées, présence déplacée d'un personnage bouffon, Lycas, qui n'était pas sans rappeler celui de Moron dans *La Princesse d'Elide*, les procédés familiers se répétaient[58].

Commencée dans *La Princesse d'Elide*, où le peu d'intérêt manifesté par Moron pour les plaisirs de la princesse relativisait la valeur du divertissement princier, la critique de la fête au sein de la fête se poursuivit d'une certaine manière dans *Le Bourgeois gentilhomme*. Là, «le refus exprès ou sournois de se laisser prendre au merveilleux»[59] de ceux qui, à l'instar de madame Jourdain, ramenaient la transformation magique effectuée dans la cérémonie turque à un «momon»[60], réduisait la fête à n'être plus qu'un pur spectacle, une apparence symbolisée par le port d'un masque. Seuls des spectateurs naïfs comme le bourgeois gentilhomme, pour qui toute illusion avait valeur de réalité, pouvaient encore y croire. Pareillement, devant un Sganarelle étonné (au sens fort) et crédule, Dom Juan, plus sceptique, avait ramené le «miracle» de la statue du Commandeur faisant signe de la tête, à la tromperie d'«un faux jour», à «quelque vapeur qui [leur] ait troublé la vue»[61].

Mais c'est dans *Les Amants magnifiques* que Molière non seulement approfondit la critique lucide du divertissement de cour et des conventions de galanterie dont il ressortissait, mais encore en vint à une dénonciation même des effets d'illusion auxquels se réduisait sa magnificence, à «un dévoilement de l'envers de l'enchantement par le démontage des mécanismes»[62]. En effet, alors que les amants magnifiques de la pièce se disputaient le cœur de la princesse Eriphile à coup de déclarations conventionnelles et de divertissements tous plus splendides les uns que les autres, la princesse finissait par préférer le mérite de l'obscur général Sostrate qui l'aimait en secret à la magnificence éclatante des princes. Et de même que la princesse préférait la sincérité d'un

---

[58]   Remarques faites par Gérard Defaux, *Molière ou les métamorphoses du comique*, p. 234–8.

[59]   Jean Rousset, *L'Intérieur et l'extérieur*, p. 180.

[60]   «Qu'est-ce que c'est donc que cela? Quelle figure! Est-ce un momon que vous allez porter, et est-il temps d'aller en masque?», *Le Bourgeois gentilhomme*, V, 1, p. 772.

[61]   *Dom Juan*, IV, 1, [in] *Œuvres complètes*, II, p. 67.

[62]   Jean Rousset, *loc. cit.*

sentiment qui n'osait s'affirmer à une galanterie creuse et voyante, elle préférait aussi le langage simple de la pantomime dansée devant elle, où l'emportaient l'imitation et l'expression exacte des passions humaines, aux régales tout en merveilleux factice offerts par les princes rivaux. Or cette préférence n'en disait-elle pas long sur le geste même du monarque, lui aussi prince magnifique régalant sa cour, ainsi que sur la nature des *Plaisirs de l'île enchantée* qu'il avait offerts à Mademoiselle de La Vallière en 1664, ou du *Divertissement* des *Amants magnifiques* qu'il était en train d'offrir à Mme de Montespan?

Il convient ici de signaler en outre l'effet de mise en abyme et l'ironie dramatique du thème de la pastorale («cadeau» du prince Timoclès) enchâssée à l'acte II de la comédie, où deux satyres et un berger se disputaient l'amour d'une bergère qui, après avoir dédaigné les attentions des deux premiers,

> – PREMIER SATYRE
> Quoi? tu me fuis ingrate, et je te vois ici
> De ce berger à moi faire une préférence?
>
> DEUXIEME SATYRE
> Quoi? mes soins n'ont rien pu sur ton indifférence,
> Et pour ce langoureux ton cœur s'est adouci?[63] –

finissait par céder au seul qui l'aimait véritablement, au seul en fait digne d'être aimé:

> LYCASTE ET MENANDRE
> Bergère, il faut se rendre
> A sa longue amitié.
> Soit amour, soit pitié,
> Il sied bien d'être tendre.

Tout comme Eriphile préférerait Sostrate à ses nobles prétendants. De même que dans *La Princesse d'Elide*, où «les dons de la nature et de l'art»[64] s'étaient manifestés en pure perte, car c'était un dépit amoureux tiré d'une comédie espagnole qui avait finalement permis aux amants d'être réunis, la magnificence ne s'était ici déployée que pour mieux montrer qu'elle participait d'une rhétorique sans effet. Tout au plus pouvait-elle être bonne à calmer la colère des deux soupirants éconduits, ainsi que le laissait entendre Aristione qui les

---

[63] *Les Amants magnifiques*, troisième intermède, scènes 4 & 5, p. 671.
[64] *La Princesse d'Elide*, «Argument» de l'acte III, p. 798. Remarque faite par Jean-Yves Vialleton, «Une catégorie "mineure"», p. 250.

invitait à «alle[r] de ce pas [à la fête des jeux Pythiens], et couronn[er] par ce pompeux spectacle cette merveilleuse journée»[65].

Est-ce dès lors à dire que la magnificence n'avait aucune valeur? Tout portait à le croire. Trop de magnificence ne risquait-il pas aussi de lasser même les spectateurs les plus enthousiastes? Aristione elle-même s'exclamait au début de l'acte III :

> Les mêmes paroles toujours se présentent à dire, il faut toujours s'écrier :
> «Voilà qui est admirable, il ne se peut rien de plus beau, cela passe tout ce
> qu'on a jamais vu».[66]

A moins que, sur l'exemple de Sostrate et d'Eriphile, ils ne choisissent, indifférents à la fête ou insensibles aux beautés des «régales» offerts, de rechercher la solitude et le calme. «J'avoue», reconnaissait Sostrate, «que je n'ai pas naturellement grande curiosité pour ces sortes de choses»[67], tandis qu'Eriphile renchérissait :

> Ah! qu'aux personnes comme nous, qui sommes toujours accablées de
> tant de gens, un peu de solitude est agréable, et qu'après mille imperti-
> nents entretiens il est doux de s'entretenir avec ses pensées.[68]

La mise à l'écart symbolique de la fête et de sa magnificence s'inscrivait en fait dans cette convention pastorale dont Molière faisait par ailleurs éclater l'ambiguïté.

D'autre part, n'est-il pas vrai aussi qu'avec leur faste vain les «régales» des princes participaient en définitive de la même illusion, de la même tromperie que l'artifice de la Vénus à machine de l'acte IV, destiné à exploiter la crédulité de la princesse Aristione, et que dénonçait le franc-parler de Clitidas? Tandis que les réflexions de Moron avaient maintenu à distance d'amusement les artifices et les conventions du Tendre dans *La Princesse d'Elide*, celles de Clitidas dans *Les Amants magnifiques* démystifiaient la splendeur de la fête en révélant l'artifice caché derrière la magie.

3. «Le Môme des terrestres Dieux»

Avatars du bouffon de cour (Moron n'avait-il pas du reste été décrit comme «une espèce d'Angelie, c'est-à-dire d'un fou ou soi-disant, plus heureux

---

[65] *Les Amants magnifiques*, V, 4, p. 689.
[66] *Ibid.*, III, 1, p. 675.
[67] *Ibid.*, I, 1, p. 650.
[68] *Ibid.*, I, 5, p. 659.

et plus sage que trente docteurs»?[69]), dont ils portaient encore dans une certaine mesure l'habit[70], Moron et Clitidas s'arrogeaient ainsi la liberté de critiquer sous le couvert du rire et ce rire irrévérencieux atteignait, au-delà de l'illusionnisme de la fête, jusqu'au cœur même du dispositif de pouvoir monarchique. Car révéler comme tels les sortilèges du «roi magicien»[71], n'était-ce pas aussi montrer que le monarque lui-même était pris dans la fantasmagorie du divertissement, qu'il était lui-même effet de représentation? Pas plus que les personnages sortis de son imagination, il n'était un point fixe, un lieu de pouvoir qui échapperait à l'illusion.

Transposée dans l'univers mythologique de *Psyché*, cette attitude trouva à s'incarner dans le personnage de Momus, bouffon de l'Olympe, dont on sait qu'il fut pour les Anciens l'incarnation même de l'esprit critique, comme le montre le portrait tracé par lui-même dans *L'Assemblée des Dieux*:

> Tout le monde sait de quelle liberté j'use dans mes discours; je ne sais rien taire de ce qui n'est pas dans l'ordre; je reprends tout, je dis publiquement mon opinion, et ni la crainte, ni le respect ne me font déguiser ma façon de penser. Aussi le plus grand nombre me regarde comme un censeur importun, dont le caractère est enclin à la calomnie, et l'on m'appelle l'accusateur public.[72]

---

[69] Marigny, *Relation des divertissements que le Roi a donnés aux Reines dans le parc de Versailles*, p. 256–7. L'Angély était en effet le nom du fou que le prince de Condé avait ramené des Flandres et donné à Louis XIV.

[70] La tunique verte que porte Clitidas n'est-elle pas une survivance visuelle de ces origines? L'inventaire après décès de Molière le décrit ainsi: «un habit de Clitidas, concistant en un tonnelet, chemisette, un juppon, un calcon et cuissartz; ledict tonnelet de moire verte, garny de deux dantelles or et argent; la chemisette de vellours à fond d'or; les soulliers, jartieres, bas, festons, fraise et manchettes, le tout garny d'argent fin» (Minutier central, XLV, 266, fol. 15vº. Reproduit dans *Cent ans de recherches sur Molière, sur sa famille et sur les comédiens de sa troupe*, éd. Madeleine Jurgens et Elisabeth Maxfield-Miller, Paris, Imprimerie Nationale, 1963, p. 568). Par certains détails et par ses couleurs, cet habit rappelle d'ailleurs celui de Sosie dans *Amphitryon*. Les bandes vertes du haut-de-chausse de Moron dans *La Princesse d'Elide* apparentent également le personnage aux fous de la tradition: «un juppon d'estoffe rayée violette, le bonnet, manchettes et cuissars, une paire de soulliers, un bonnet de mesme estoffe que le juppon, une tocque de brocart d'or, une ceinture, le hault de chausse de satin à bande de moire verte» (*fol.* 16, [in] *Cent ans de recherches*, p. 569).

[71] Expression empruntée à Louis Marin, *Le Portrait du roi*, p. 236.

[72] Lucien, *L'Assemblée des Dieux*, [in] *Œuvres complètes de Lucien de Samosate*, traduction de Belin de Ballu, revue & corrigée par Louis Humbert, Paris, Garnier frères, 1896, II, p. 482.

Fidèle à sa légende, le dieu déclarait dans le finale de la tragédie-ballet de
1671 :

> Je cherche à médire
> Sur la terre et dans les cieux !
> Je soumets à ma satire
> Les plus grands des Dieux.
> [...]
> Sans la douceur que l'on goûte à médire,
> On trouve peu de plaisirs sans ennui :
> Rien n'est si plaisant que de rire,
> Quand on rit aux dépens d'autrui.[73]

Or si l'on considère qu'à plusieurs reprises le gazetier Robinet loua dans
Molière « le Môme des terrestres Dieux »[74], n'était-ce pas le dramaturge en personne qui se profilait derrière ces figures de bouffon[75] ? Même s'il ne tint pas
sur scène le rôle de Mome, revenu dans *Psyché* au musicien Morel, n'avait-il
pas joué le personnage de Clitidas au moment de la création des *Amants magnifiques*, comme celui de Moron dans *La Princesse d'Elide* en 1664 ? La place
de l'acteur-dramaturge à la cour historique de Louis XIV était, d'autre part,
celle d'un plaisant, chargé de « contribuer quelque chose au divertissement
de son roi », de le « réjouir » ainsi que lui-même le disait dans la dédicace des
Fâcheux[76]. Amuseur du roi, Molière prenait la relève du fou institutionnel

---

[73] *Psyché*, V, scène dernière, p. 886, p. 887. Si l'on en juge d'après les indications fournies par Gissey, l'habit revêtu par le dieu portait lui aussi la marque de son appartenance à cette tradition : « Le manteau cera de feu brodé d'argen et doublé de meme
argen. La coiffure brocar d'or doublé de feu, mesme coulleur que cera la fintе. Les
aut de manche, le corp et les chosse ceront vert brodé d'argen et les revvers des
chosse en manier de lambrequin ceront aurore brodé d'argen, de meme que ceront
les manchons, jusque au coude, Le revers doublé d'argen » (cité par Jérôme de La
Gorce, « Les Costumes d'Henry Gissey pour les représentations de *Psyché* », *Revue de
l'Art*, n° 66, 1984, p. 49).

[74] Cette comparaison revient notamment dans ses *Lettres en vers* du 21 février 1666 et
du 21 juillet 1668.

[75] L'association, voire l'équation, du poète ou érudit et du fou était déjà présente sur
les frontispices de plusieurs ouvrages publiés en France au XVIe siècle. On put même
voir sur celui des *Considérations des quatre mondes* (Lyon, Macé Bonhomme, 1552)
une figure allégorique de l'auteur pesant dans les deux plateaux d'une balance,
d'un côté le livre (c'est-à-dire la sagesse), de l'autre la marotte (c'est-à-dire la folie)
(sur cette question voir Ruth Mortimer, *A Portrait of the Author in Sixteenth-Century
France*, [Chapel Hill], Hanes Foundation, Rare Books Collection, Academic Affairs
Library, Univ. of North Carolina at Chapel Hill, 1980).

[76] « Au Roi », *Les Fâcheux*, p. 482.

et offrait concurremment aux bouffonneries de L'Angély une autre forme de détente dans ce nouveau divertissement qu'était la comédie-ballet, tout en marquant, dans le recours à la dérision, une certaine indépendance par rapport aux présupposés de cette fête qu'elle aidait à célébrer. La dérision apparaîtrait alors chez lui comme la pleine conscience d'une volonté d'illusionnisme partagée avec le monarque, mais en ce sens toutefois que, loin d'être pris comme lui dans l'illusion, il se situait, tel un illusionniste qui jouirait des effets produits par son art, au-delà des images projetées dans un rapport de distance critique à leur égard. Ce que le dramaturge paraissait alors vouloir faire, par le biais de personnages naïfs ou moqueurs, c'était jouer le rôle de trouble-fête, d'empêcheur en quelque sorte de s'abîmer dans l'illusion. Rôle dont l'ambiguïté éclate toutefois si l'on considère qu'il était tout aussi bien celui, «autorisé», du fou du roi, dont la fonction consistait justement à canaliser la critique en la replaçant dans un langage, dans un temps et dans un espace carnavalisés spécifiques. La critique de la fête et de l'illusion pouvait aussi être une complicité avec le monarque face à tous les vrais empêcheurs de danser en rond.

Si la comédie-ballet tenait bien par nombre de liens à l'univers de l'illusion festive, elle était également perçue et donnée à comprendre comme ce qui en définitive ressortissait d'un autre ordre. En effet, dans ce détachement lucide et critique qu'elle adoptait à l'égard de la fête et de ses composantes, dont étaient révélés les pièges et les leurres, elle cherchait à maintenir chez le spectateur la conscience que la réalité offerte n'était que fiction et illusion, que l'univers sous ses yeux relevait de l'apparence. En d'autres termes, elle offrait le modèle d'une attitude de réception, de contemplation détachée, proposée somme seule valable et seule capable de faire éclater notre lecture aveugle du monde, dont le spectacle trompeur ne pouvait que nous conduire à la déception. N'était-ce pas là en outre la source même du plaisir comique, qui joint au plaisir des sens la satisfaction d'une illumination de l'esprit et de l'âme dans la révélation d'une vérité supérieure?

Chapitre 3: Survie

Tout entière dans l'instant de sa performance, la comédie-ballet ne paraissait pas devoir survivre aux circonstances de sa création. N'était-elle pas condamnée à s'évanouir, la fête finie, laissant tout au plus un souvenir dans la mémoire des spectateurs éblouis? Il n'en fut rien. Non seulement elle fit l'objet de reprises à la cour, mais elle fut aussi montée du vivant de Molière sur la scène du Palais-Royal, car, au mépris des usages, le dramaturge fit servir au divertissement de son public citadin ce qui avait été conçu pour l'amusement et la célébration du monarque. A de rares exceptions près, en effet, ses comédies-ballets furent redonnées à la ville. En outre, comme pour mieux marquer cette récupération d'œuvres qui, en tant que divertissements de cour, appartenaient au prince, Molière en fit même publier le texte avec l'approbation tacite de Louis XIV, ce qui était une façon d'afficher la faveur du souverain en profitant de son indulgence, tout comme d'affirmer la propriété intellectuelle des comédies-ballets elles-mêmes[1].

Certes, en dépit des affirmations répétées de Loret, de Subligny, de Robinet et autres gazetiers mondains, pour qui l'œuvre était donnée

> Présentement, dessus la Scène,
> Avec tout le pompeux Arroy,
> Qu'elle parut aux yeux du Roy[2]

ce ne fut jamais le spectacle originel que virent les spectateurs parisiens. Faute de moyens suffisants, et cela même après la rénovation de la salle et de la scène en 1671, les représentations du Palais-Royal ne pouvaient rivaliser avec les productions à grand spectacle de la cour. Décors, machines, costumes, effectifs même des danseurs et des figurants, tout était nécessairement revu à la baisse. Or, représentée sans tout l'éclat des «ornements qui [l']accompagn[aient] chez le roi»[3], jouée dans un cadre qui était celui d'un

---

[1] Voir *infra*, troisième partie, chapitre 9, p. 319 *et sq.*

[2] Robinet crut même bon de préciser: «Ce beau Spectacle sans égal, / Car, laissant là, les flateries, / Illec, ainsi qu'aux Tuilleries, / Il a les mêmes Ornemens, / Même éclat, mêmes agrémens. / Les Airs, les Chœurs, la Symphonie, / Sans la moindre Cacophonie, / Sont ici, comme ils étoyent là» (Robinet, lettre du 25 juillet 1671, [in] *Le Théâtre et l'opéra*, p. 81).

[3] «Au lecteur», *L'Amour médecin*, p. 95.

théâtre public, sans ouverture sur un extérieur qui, de toute façon, n'était plus l'espace enchanté du domaine royal, mais les rues plus ou moins salubres de la capitale, la comédie-ballet relevait en quelque sorte d'un genre autre, aux présupposés différents. En effet, privée par la force des choses de tout ou partie de ses intermèdes, désormais détachables puisqu'effectivement détachés, la pièce semblait davantage valoir par elle-même, sinon se rapprocher de cette «plus exacte régularité» évoquée par Corneille. Quasiment réduits au texte seul, les trois actes du ballet du *Mariage forcé* devinrent une farce en un acte pour la reprise à la scène de 1668[4]. C'est aussi cette année-là que Molière en publia une édition séparée. Quant au *Bourgeois gentilhomme*, la version remaniée qu'en donna le dramaturge à la ville, et qui fut éditée par Pierre Le Monnier en 1671, comptait cinq actes au lieu des trois originels[5]. Ce nouveau découpage de la pièce pour la scène du Palais-Royal eut pour effet de rejeter en grande partie la musique et plus encore la danse dans des intermèdes[6], c'est-à-dire dans les entractes, aux marges externes en quelque sorte de l'œuvre dramatique, au seul endroit précisément où les théoriciens acceptaient de les voir figurer[7]. Leur fonction de divertissement n'en devenait que plus apparente.

Loin d'être le monopole du public de cour, la comédie-ballet fit donc aussi les délices du public parisien dont elle combla le même «goût du nouveau», le même «appétit du spectacle». Elle fut ainsi pour Molière l'occasion

---

[4]   Pour compenser la suppression des intermèdes, Molière remania son texte : si les scènes 1 et 2 correspondent aux scènes 1 et 2 du premier acte du ballet, et les scènes 3 aux scènes 1 et 3 du second acte, la scène 4 est une version allongée de la scène 2 du second acte, la scène 6 remplace la troisième et quatrième entrées, tandis que la scène 7 est entièrement ajoutée. Les scènes 8, 9 et 10 reprennent, elles, les scènes 1, 2 et 3 du troisième acte du ballet dont a disparu la scène 4 ainsi que la mascarade finale. Pour tous ces remaniements, voir John Powell, *Music and Theatre*, p. 359.

[5]   D'après le livret de 1670, le premier acte se terminait par la danse des garçons tailleurs (fin de la scène 5 de l'acte II) et le deuxième prenait fin avec les deux chansons à boire (après la première scène de l'acte IV). Ce découpage en trois actes semble toutefois avoir été gardé pour les reprises de la comédie-ballet à la cour en 1681 et 1687, si l'on en croit du moins le témoignage des livrets publiés alors par Ballard.

[6]   La première entrée de ballet, introduite par le maître à danser, se trouvait ainsi rejetée dans le premier intermède, celle des quatre garçons tailleurs dans le second, une nouvelle entrée de six cuisiniers dansant ensemble constituait le troisième, la cérémonie turque faisait office de quatrième et la comédie s'achevait sur le *Ballet des nations*, 5ème et dernier intermède.

[7]   Pour une analyse de ces textes, voir Bénédicte Louvat-Molozay, *Théâtre et musique*, p. 85–126.

de parfaire sa double stratégie de carrière, d'un côté celle du dramaturge du Palais-Royal, de l'autre celle du poète de cour, de plus en plus le maître d'œuvre des plaisirs du roi. Tout comme, après sa mort, elle servirait à la nouvelle troupe du théâtre Guénégaud à sauvegarder l'héritage moliéresque et, par des choix judicieux de reprises, à conserver à de vieilles pièces un certain attrait de nouveauté, assurant par là la réussite financière de l'entreprise devant la concurrence de l'Hôtel de Bourgogne et de la nouvelle Académie Royale de Musique.

1. La comédie-ballet au Palais-Royal

Seules trois des compositions de Molière pour la cour ne furent pas redonnées à la ville du vivant de leur auteur : ce sont *Mélicerte* et *La Pastorale comique*, les deux pastorales écrites pour le *Ballet des Muses* dans l'hiver 1666–1667, restées l'une inachevée et l'autre à l'état de canevas, ainsi que *Les Amants magnifiques*, représentés à Saint-Germain-en-Laye en février 1670. Toutes les autres furent reprises après des délais plus ou moins longs, allant de dix jours à plusieurs mois, en raison, sans doute, de la volonté de Molière de présenter ses pièces à la ville au moment le plus favorable de la saison, traditionnellement reconnu pour avoir été le mois de novembre, début de la vie mondaine. Chappuzeau fit remarquer dans son *Théâtre françois* que

> Toutes les saisons de l'année sont bonnes pour les bonnes comédies : mais les grands autheurs ne veulent guère exposer leurs pièces nouvelles que depuis la Toussaint jusques à Pâques, lorsque toute la Cour est rassemblée au Louvre, ou à Saint-Germain. Aussi l'hyver est destiné pour les pièces héroïques, et les comiques règnent l'esté, la gaye saison voulant des divertissemens de même nature.[8]

Alors que le genre même de la comédie-ballet semblait appeler des représentations d'été, *Les Fâcheux*, *La Princesse d'Elide*, retardée, dit-on, par la mort du comédien Du Parc, *George Dandin*, *Monsieur de Pourceaugnac* et *Le Bourgeois gentilhomme* furent donnés en novembre ; *Le Mariage forcé* et *Le Malade imaginaire* le furent après les fêtes de Noël, respectivement en janvier et février[9]. Furent seuls présentés pendant la saison creuse, *L'Amour médecin* (en septembre), *Le Sicilien ou l'Amour peintre* (en juin), dont les préparatifs avaient été ajournés par le relâche de Pâques et la maladie de Molière lui-même, *La*

---

[8]   Chappuzeau, *Le Théâtre françois*, p. 59.
[9]   *Le Mariage forcé* avait-il été monté à cette date pour faire concurrence au *Mari sans femme* de Montfleury, représenté alors à l'Hôtel de Bourgogne et qui s'ornait lui aussi d'intermèdes musicaux ?

Comtesse d'Escarbagnas (en juillet), et *Psyché* (également en juillet), pour la re-présentation de laquelle la salle du Palais-Royal dut subir des transformations considérables. La Grange nous apprend en effet que le théâtre fut fermé du 18 mars au 15 avril 1671:

> Il est à remarquer que le Dimanche 15 Mars de la pñte année 1671, avant que de fermer le Theastre, la Troupe a resolu de faire restablir les dedans de la salle qui avoient esté faicts à la haste lors de l'establissement et à la legere, et que par delliberation il a esté conclu de reffaire tout le Theastre, particulierement la charpente, et le rendre propre pour des machines; de raccomoder touttes les loges et amphitheatre, bans et balcons, tant pour ce qui regarde les ouvrages de menuiserie que de tapisseries et ornemens et commoditez, plus de faire un grand plaffonds qui regne par toutte la salle, qui jusques au d^t jour 15me Mars n'avoit esté couverte que d'une grande toile bleue suspendue avec des cordages. De plus, il a esté resolu de faire peindre le d^t plaffonds, loges, amphitheastre et generallement tout ce qui concerne la decoration de la d^{te} salle, où l'on a augmenté un troisiesme rang de loges qui n'y estoit point cy devant.[10]

« *Des grâces dont ils ont toutes les peines du monde à se passer* »[11]

Telle est très certainement l'une des raisons pour lesquelles les comédies-ballets ne purent pas, avant cette date, être montées avec le même déploie-ment de luxe qu'à la cour, même si Molière semble s'être efforcé de les faire représenter sur son théâtre avec les intermèdes qui les avaient accompagnées chez le roi. On sait grâce aux travaux de Sylvie Chevalley et de Christian Delmas que, pour la reprise de *Psyché* au Palais-Royal en juillet 1671, non seulement les effectifs des figurants et des danseurs avaient été diminués[12],

---

[10] La Grange, *Registre*, p. 122–3.

[11] « Au lecteur », *L'Amour médecin*, p. 95.

[12] L'orchestre avait ainsi été réduit à douze violons et à une « symphonie », le ballet à seize danseurs, dont quatre enfants, et la partie chorale à sept voix. On comparera ces chiffres avec ceux donnés par le marquis de Saint-Maurice pour la représentation de *Psyché* aux Tuileries en janvier 1671 (voir *supra*, chapitre 1, p. 45). Ce fut de toute évidence également le cas du *Bourgeois gentilhomme*, pour lequel les registres du théâtre laissent tout au plus supposer la présence d'une douzaine d'instrumentistes, de six danseurs et de trois chanteurs, alors que, d'après les calculs d'Agnès Vève, pour la création de la comédie-ballet à Chambord, vingt-trois musiciens chanteurs (vingt-quatre si l'on ajoute Jean Gaye, présent également comme acteur) et dix-sept danseurs se seraient ajoutés aux dix-sept comédiens de la troupe de Molière (je renvoie ici à son mémoire de DEA sur « Le Théâtre et ses ornements sur la scène française aux XVIIe et XVIIIe siècles », Paris III, 2006).

mais que l'appareil scénique lui-même avait été modifié et que, par économie sans doute, on avait réutilisé des décors de l'éphémère *Dom Juan* de 1665[13]. Du reste les quelque 4.000 livres engagées par la troupe pour la représentation de la tragédie-ballet au Palais-Royal[14] paraissent bien maigres à côté des 250.000 livres dépensées pour la même œuvre aux Tuileries. Quant aux frais du décor de *La Princesse d'Elide* pour la reprise au Palais-Royal de novembre 1664, ils ne s'élevèrent apparemment à guère plus de 460 livres : outre les 88 livres remises au peintre le 21 novembre[15], diverses sommes furent versées à Maître Denis, le menuisier[16], ainsi qu'à Crosnier, qui reçut un premier paiement de 3 livres «po^r des cordes et clous» dès le 27 octobre 1664[17], ce qui laisserait supposer que la construction du décor avait commencé une dizaine de jours avant la première représentation de la pièce, prévue pour le 9 novembre.

Le détail des frais extraordinaires (pour les danseurs, violons, voix, symphonie, figurants, etc.) porté dans le *Registre* du théâtre tenu par La Grange comme dans ceux d'Hubert ou de La Thorillière permet de prendre la mesure des accompagnements musicaux ou chorégraphiques des pièces, plus coûteux somme toute que les décors. Des sommes de 28 livres pour «violons et ritournelles», de 10 livres pour les hautbois, de 60 livres pour les danseurs, de 25 livres pour les chanteurs, ou, plus modiques, de 2 livres «pour des gans a

---

13 Voir Christian Delmas, «*Psyché* et les pièces de machines», *Cahiers de littérature du XVIIe siècle*, n° 7, 1985, repris dans *Mythologie et mythe dans le théâtre français (1650–1676)*, p. 139–53. Que le prêt de décors royaux eût été envisageable ou non, les décors de *Psyché* conçus par Vigarani pour la salle des Tuileries ne purent être utilisés au Palais-Royal pour la simple raison que la scène où jouait Molière était de dimensions très inférieures à celles d'une salle qui avait la réputation d'être la plus vaste d'Europe.

14 En sus des 1.989 livres 10 sols auxquels se montèrent les travaux de réfection du théâtre, et dont les Comédiens Italiens payèrent la moitié, les dépenses pour la pièce proprement dite se chiffrèrent à 4.359 livres 1 sol (voir La Grange, *Registre*, p. 124).

15 «Retiré par Monsieur [...] de Lathorilliere – Quatre Vingt Huict Livres pour payer le peintre» (La Thorillière, *Second Registre*, p. 79).

16 A savoir, le 2 novembre, 22 livres «A Maistre Denis, d'avance» (*ibid.*, p. 76), le 11 novembre, 75 livres «a Mr Denis tout payé» (*ibid.*, p. 79), le 5 décembre, 14 livres 10 sols «Donné a Maistre Denis sur les ouvrages» (*ibid.*, p. 90) et, le 7 décembre, 155 livres 5 sols «A Maistre Denis sur ses ouvrages» (*ibid.*).

17 *Ibid.*, p. 76. D'autres paiements furent effectués par la suite, de 30 livres «pour un memoire de menus frais pour les repetitions de La Princesse Delide», le 2 novembre (*ibid.*, p. 76), de 15 livres 10 sols «po^r fraiz», le 9 novembre (*ibid.*, p. 79), de 54 livres 10 sols «po^r son memoire», le 11 novembre (*ibid.*, p. 79) et de 3 livres 15 sols, le 30 novembre (*ibid.*, p. 89).

Lours »[18] ainsi qu'« aux ouvriers qui font aller Larbre »[19], ou encore de 4 livres pour surcroît de chandelles (comme pour la représentation de *La Princesse d'Elide* le 30 novembre 1664), pouvaient ainsi s'ajouter aux frais ordinaires quotidiens qui étaient habituellement de l'ordre d'environ 55 livres. Pendant la saison théâtrale de 1672–73, 96 livres de frais extraordinaires furent engagés le 4 octobre 1672 pour la «Dance Symphonie et Musique» des *Fâcheux*[20], tandis que pour la reprise de *Psyché* à l'automne 1672, comme pour la création du *Malade imaginaire* en février 1673, les sommes combinées des frais ordinaires et des frais extraordinaires (Hubert ne distingue pas) s'élevèrent par jour à 304 livres 3 sols pour la première et à 373 livres 4 sols pour la seconde. Ces sommes venaient dans les deux cas après une importante mise de fonds initiale. *Psyché* avait coûté cher à monter ; quant au *Malade imaginaire*, La Grange nota que « les frais [...] ont esté grands à cause du prologue et des intermedes remplis de danses, musique et ustencilles, et se sont montés à deux mil quatre cent livres »[21].

A ces frais globaux de production s'ajoutaient aussi les honoraires du compositeur, du chef d'orchestre et du maître de ballet. Les noms du musicien Charpentier et du danseur Beauchamps apparaissent ainsi pendant le mois de juillet 1672 à côté de la mention de sommes de 22 livres : « A M^{rs} De B : et C:^{er} 22$^{#}$ », soit 11 livres chacun[22]. Sommes auxquelles pouvaient s'ajouter des gratifications ou dédommagements en tous genres, comme ces 264 livres « pour reconnoissance »[23] que reçurent les mêmes Charpentier et Beauchamps le 10 juillet 1672, au surlendemain de la première de *La Comtesse d'Escarbagnas* et du *Mariage forcé*, pour lesquels le premier avait refait la musique ; ou les 550 livres accordées à Beauchamps pour *Le Mariage forcé* le 15 février

---

[18] *Ibid.*, p. 89. Comme le fait remarquer William Leonard Schwartz, la somme portée sur le *Registre* semblerait indiquer qu'il n'y avait qu'un ours sur la scène du Palais-Royal, alors qu'il en avait fallu deux pour la représentation à la cour (« Light on Molière in 1664 from *Le Second Registre de La Thorillière* », *P.M.L.A.*, n° 53 (4), déc. 1938, p. 1072).

[19] La Thorillière, *Second Registre*, p. 89. De quel arbre s'agissait-il ? de celui où voulait monter Moron poursuivi par l'ours au second intermède ? ou de celui sorti « de dessous le théâtre » au dernier intermède ?

[20] Voir Hubert, *Le Registre d'Hubert, 1672–1673*, éd. Sylvie Chevalley, *R.H.T.*, 25e année, n° 1, 1973, p. 1–132, et n° 2, 1973, p. 145–95. A titre comparatif, les frais extraordinaires pour les danseurs, les violons et les musiciens du *Bourgeois gentilhomme* et de *La Comtesse d'Escarbagnas*, accompagnée du *Mariage forcé*, se chiffrèrent respectivement dans l'été 1672 entre 81 et 84 livres, et entre 111 et 128 livres.

[21] La Grange, *Registre*, p. 142.

[22] *Ibid.* Le nom de Lully n'apparaît, en revanche, jamais dans les registres du Palais-Royal (sur les possibles raisons de cette absence, voir *infra*, troisième partie, chapitre 9, p. 321 *et sq*).

[23] La Grange, *loc. cit.*

1664[24], tandis que Cambert (le compositeur?) et le danseur Des Brosses se partageaient 520 livres à l'automne pour *La Princesse d'Elide*[25]. On note en fait une utilisation accrue de la musique à la fois pour les premières et pour les reprises des pièces après les travaux de réfection du théâtre du Palais-Royal au printemps 1671, la décision ayant été prise, comme le signale La Grange, «d'avoir doresnavant à touttes sortes de representations, tant simples que de machines, un concert de douze violons; ce qui n'a esté exécuté qu'aprez la representation de Psyché»[26]. Il est d'autant plus surprenant que *Les Amants magnifiques*, que Molière, retenu sans doute par le coût de la production ou l'état du Palais-Royal, jusqu'alors mal équipé pour les représentations de pièces à machines, n'avait pas montés à la ville en 1670, ne l'eussent toujours pas été après la réfection du théâtre l'année suivante.

Quelques comédies-ballets semblent toutefois avoir fait exception à cette règle: outre *L'Amour médecin*, ce sont *George Dandin* et *La Comtesse d'Escarbagnas*, qui fut représentée à la ville, non pas avec la pastorale composée pour accommoder les meilleures entrées des divertissements royaux des années précédentes, mais avec la version remaniée du *Mariage forcé*. Le *Registre* de La Grange ne porte en effet mention d'aucun frais extraordinaire pour les représentations des deux premières pièces[27], ce qui confirmerait, pour *L'Amour médecin*, les déclarations de Molière dans l'avis au lecteur de la pièce[28]; et, d'autre part, *George Dandin* fut joué d'abord avec *La Folle querelle* de Subligny, puis avec *Venceslas* de Rotrou, ce qui, pour des raisons de longueur, rend plus

---

[24]   «Donné à Mr de Beauchamps p[r] faire le Ballet, cinq[te] Louis d'or, cy 550#» (*ibid.*, p. 63).

[25]   300 livres furent remises à Cambert le 2 décembre (La Thorillière, *Second Registre*, p. 90) et 220 livres à Des Brosses, dont 110 le 9 novembre et 110 autres le 11 novembre (*ibid.*, p. 79).

[26]   La Grange, *Registre*, p. 123. Ce qui représenterait une augmentation sensible des effectifs réguliers des instrumentistes, puisqu'il semble, d'après les registres de La Thorillière des années 1663–1665, que les violons n'eussent été, pour cette période du moins, qu'au nombre de quatre, auxquels s'ajoutaient d'autres musiciens, des chanteurs et des danseurs pour les représentations des comédies-ballets (voir Agnès Vève, «Le Théâtre et ses ornements sur la scène française aux XVIIe et XVIIIe siècles»).

[27]   Certes il est possible que la comédie ait été accompagnée d'intermèdes réduits ne demandant pas de frais extraordinaires.

[28]   «Ce que je vous dirai, c'est qu'il serait à souhaiter que ces sortes d'ouvrages pussent toujours se montrer à vous avec les ornements qui les accompagnent chez le roi. Vous les verriez dans un état beaucoup plus supportable, et les airs et les symphonies de l'incomparable M. Lully, mêlés à la beauté des voix et à l'adresse des danseurs, leur donnent, sans doute, des grâces dont ils ont toutes les peines du monde à se passer» («Au lecteur», *L'Amour médecin*, p. 95).

que probable la suppression des intermèdes[29]. Dans sa lettre du 17 novembre 1668, Robinet se contenta d'ailleurs d'évoquer la comédie sans mentionner le moindre ballet[30]. Trop coûteux, trop élaborés, les intermèdes de *La Comtesse d'Escarbagnas*, comme ceux de *George Dandin* ou des *Amants magnifiques*, étaient aussi relativement autonomes par rapport à une pièce qui portait à elle seule l'action, et donc aisément détachables. Quant à *L'Amour médecin*, Molière ne voulut peut-être pas, selon Maurice Pellisson[31], engager de nouvelles dépenses si tôt après les frais extraordinaires consentis pour monter *Dom Juan*, dont il n'avait pu retirer tout le profit escompté puisque, on le sait, la pièce ne fut pas reprise après le relâche de Pâques 1665.

La dernière saison théâtrale du Palais-Royal aurait pu être compromise par la brouille survenue entre Molière et Lully à la suite du rachat par le musicien en mars 1672 du privilège de l'opéra accordé à Perrin en 1669. Elle ne le fut pas. Et pourtant … En effet, comme il transparaît d'un *factum* de Sablières et de Guichard, une première version du privilège aurait limité à deux le nombre des voix et des « violons » (c'est-à-dire des instrumentistes) permis aux troupes autres que celle de l'Académie Royale de Musique[32], ce qui aurait rendu injouables la plupart des comédies-ballets. Molière ayant fait appel au nom des trois troupes parisiennes, la version définitive du privilège signée le 13 mars 1672 ne restreignit ni le nombre des voix ni celui des instrumentistes. Cependant une ordonnance ultérieure du 12 août 1672 vint limiter les voix à six et les « violons » à douze, et interdire aux comédiens d'employer les danseurs pensionnés par le roi[33], tandis que, le 20 septembre suivant, Lully

---

[29]   Maurice Pellisson, *Les Comédies-ballets de Molière*, p. 29–30.

[30]   « J'ay vû, du comique MOLIÈRE, / De qui la Muze est singuliére / Pour portraire le Genre-Humain, / La Piéce de GEORGE DANDIN, / Et, sans que trop de bien j'en die, / C'est vraiment une Comédie / Où l'on remarque autant d'esprit / Qu'en nul Sujet qu'il ait écrit, / Et mêmes des plus enjouées, / Aussi bien que des mieux jouées » (Robinet, lettre du 17 novembre 1668, [in] *Les Continuateurs de Loret*, III, p. 323).

[31]   Maurice Pellisson, *loc. cit.*

[32]   Il y est ainsi fait mention d'une clause qui fut retirée « sur la plainte que le sieur de Molières fit au Roy de la part de tous les comédiens de ce que le sieur Lully y avait fait insérer (dans ses lettres) des défenses contre toutes personnes non-seulement de faire chanter aucune pièce entière en musique, mais mesmes de faire aucunes représentations accompagnées de plus de deux airs et de deux instruments sans sa permission par escrit » (BnF. Cité par Charles Nuitter et Ernest Thoinan, *Les Origines de l'opéra français*, Paris, Librairie Plon, 1886, p. 234–5).

[33]   « Sa Majesté deffend tres expressement à toutes les troupes de comediens francois et estrangers […] de se servir dans leurs representations de musiciens au dela du nombre de six et de violons et joueurs d'instrumens de musique au dela du nombre de douze Comm' aussi de prendre et recevoir dans leur nombre aucun des musiciens et violons qui auront esté arrestez par le s[r] Lully et qui auront joué deux fois

obtenait un privilège de trente ans pour faire imprimer non seulement ses partitions mais les paroles mises en musique par lui[34]. D'où alors les mesures prises par Molière pour effacer toute trace de Lully de son répertoire, remplaçant pour les représentations de juillet 1672 la musique de l'ouverture de *La Comtesse d'Escarbagnas* et des intermèdes du *Mariage forcé* par des airs de Charpentier, et faisant peut-être aussi appel à ce dernier pour la reprise des *Fâcheux* à l'automne 1672[35].

Il convient toutefois de ne pas exagérer les contraintes subies par Molière, car celui-ci semble en fait avoir largement ignoré les restrictions que lui imposaient les termes du privilège accordé à Lully. Il garda ainsi la musique composée par son ancien collaborateur pour les reprises, dans les mois qui suivirent l'octroi du privilège, du *Bourgeois gentilhomme*, de *Monsieur de Pourceaugnac*, de *L'Amour médecin* et surtout de *Psyché*, qu'il redonna dans tout son éclat à l'automne 1672[36] pour faire concurrence à la première production de la nouvelle Académie Royale de Musique, *Les Fêtes de l'Amour et de Bacchus*[37]. Tout comme il monta son *Malade imaginaire* en février 1673 pour rivaliser avec la tragédie en musique de *Cadmus et Hermione* que préparait Lully pour les fêtes du Carnaval. Et pour faire pièce à cette production à grand spectacle, c'est justement une comédie-ballet à prologue et à intermèdes élaborés que choisit Molière et pour laquelle il eut à nouveau recours aux services de Charpentier. La part de la musique n'y était guère diminuée, si l'on en juge du moins d'après le *Registre* de La Grange, qui spécifia que «les frais journaliers ont esté grands à cause de douze violons à 3#, douze danseurs à 5# 10s,

---

sur le Theatre sans le congé exprès et par lavis dud[r] Lully ny se servir d'aucun des danseurs qui recoivent pension de Sa Majesté» (Archives nationales, O[1], 16. Cité par C. Nuitter et E. Thoinan, *Les Origines de l'opéra français*, p. 274–5). Le nombre de douze violons correspondait-il à ce que la troupe du Palais-Royal était capable, financièrement, de supporter? On notera du reste qu'à la reprise de *Psyché*, les comédiens avaient décidé d'accompagner chaque représentation d'une «augmentation de symphonie» grâce à la participation régulière de douze instrumentistes.

[34] Pour une discussion de ce privilège, voir *infra*, troisième partie, chapitre 9, p. 323–4.

[35] Voir W.H. Hitchcock, *Les Œuvres de/The Works of Marc-Antoine Charpentier. Catalogue raisonné*, Paris, Picard, 1982, p. 365. La nouvelle musique composée pour *Les Fâcheux* n'a pas survécu mais des paiements de 22 livres à Charpentier et à Beauchamps, datés du 4 septembre et du 4 octobre 1672, attestent de la participation du musicien à cette reprise.

[36] Molière avait néanmoins dû remplacer certains de ses musiciens passés au service de Lully.

[37] Rappelons que Lully s'y servit d'extraits des comédies-ballets composées en collaboration avec Molière, et notamment de la pastorale du *Grand Divertissement royal* de Versailles de juillet 1668, déjà réutilisée en partie dans le *Ballet des Ballets* en décembre 1671. La mise en scène fut chaque fois différente.

3 symphonistes à 3$^#$, 7 musiciens ou musiciennes, dont il y en a deux à 11$^#$, les autres à 5$^#$ 10^s. Recompanses à Mrs Beauchamps p^r les ballets, à M Charpentier pour la musique»[38]. Avec ces sept chanteurs, la troupe contrevenait en fait aux termes de l'ordonnance d'août 1672. En outre c'est bien le prologue «dans sa splendeur», comme l'écrivit Charpentier sur sa partition, qui fut joué pour la création de la pièce[39]. Le montant des frais extraordinaires enregistrés par La Grange et Hubert en témoigne, de même que certains des accessoires ou «estancilles» fournis pour la comédie-ballet par Angélique Bourdon[40]. Le second prologue, plus court, et dit, lui, «avec les deffences», fut composé, également par Charpentier[41], pour une reprise ultérieure du *Malade imaginaire* au théâtre Guénégaud, très certainement celle de mai 1674, qui suivit de peu la réouverture du théâtre. Car c'est après la mort du dramaturge et la fusion des troupes du Palais-Royal et du Marais que les restrictions imposées par les termes du privilège de Lully se firent véritablement sentir. D'ailleurs, dès le 30 avril 1673, une nouvelle ordonnance ramenait à deux le nombre des voix et à six celui des «violons», et interdisait totalement l'utilisation de danseurs[42].

Des petites pièces?

Alors que pour leur création à Versailles ou à Saint-Germain-en-Laye, elles avaient été l'unique moment théâtral de la journée, sinon de la fête, les comédies-ballets ne figurèrent pas souvent seules au programme du Palais-Royal[43]. *Les Fâcheux* accompagnèrent ainsi régulièrement *Le Cocu imaginaire*, et parfois *L'Ecole des Maris*; *Le Sicilien* fut représenté indifféremment avec

---

[38]   La Grange, *Registre*, p. 142.

[39]   Voir W.H. Hitchcock, *Les Œuvres*, p. 366–7.

[40]   Dans son «Memoire des estancilles que j'ay fourny pour le palais royal» se trouve ainsi détaillée toute une liste d'accessoires requis exclusivement pour ce prologue, dont «une flûte de fer blanc pour le dieu Pan» ainsi que «2 couronnes de fleurs» pour les deux zéphyrs de la suite de Flore (voir *Documents sur* Le Malade imaginaire, éd. Edouard Thierry, Archives de la Comédie-Française, Paris, Berger-Levrault, 1880, p. 242).

[41]   Voir W.H. Hitchcock, *loc. cit.*

[42]   «Sa Majesté a revoqué la permission qu'elle avoit donnée ausdits Comédiens, de se servir sur leur Theâtre de six Musiciens, & douze Violons ou Joüeurs d'Instruments, & leur permet seulement d'avoir deux Voix & six Violons ou Joüeurs d'Instruments. Fait Sa Majesté tres-expresses défenses à toutes les Troupes de Comédiens François & Etrangers [...] de se servir d'aucun Musiciens externes, & de plus grand nombre de Violons pour les entr'Actes ni pareillement d'aucuns Danseurs, même d'avoir aucun Orquestre, à peine de désobeissance» (BnF, Arsenal, ms 10.295).

[43]   Sur ce sujet, voir Jan Clarke, «Molière's double bills», *Seventeenth-Century French Studies*, n° 20, 1998, p. 29–40.

des tragédies comme *Rodogune*, des comédies comme *Le Médecin malgré lui*, ou encore d'autres comédies-ballets. *Le Mariage forcé*, qui tint seul l'affiche pendant ses douze premières représentations en 1664, ne fut plus ensuite joué qu'en baisser de rideau avant de s'intercaler dans *La Comtesse d'Escarbagnas*; de même *L'Amour médecin* ne figura jamais qu'en deuxième position, comme après *La Comtesse d'Escarbagnas* en octobre 1672. En revanche, *La Princesse d'Elide*, *Monsieur de Pourceaugnac* (toutefois joué avec *Le Sicilien* le jour de sa première), *Le Bourgeois gentilhomme*, *Psyché* et *Le Malade imaginaire* se passèrent de complément de programme. Quant à *George Dandin*, s'il lui arriva d'être représenté seul, après la saison 1668–69, il ne parut plus qu'en conjonction avec une autre pièce, la plus courante de ces combinaisons étant avec *L'Ecole des maris*. Œuvres courtes, en un acte ou en trois actes, la majorité des comédies-ballets vinrent ainsi s'ajouter à la pièce en cinq actes, comédie ou tragédie, qui faisait le fond du spectacle, selon une habitude de plus en plus répandue de donner une «petite pièce» de coloration souvent farcesque à la suite de la première. Molière lui-même avait contribué à cette pratique en faisant suivre sa représentation de *Nicomède* à la cour, le 24 octobre 1658, de sa pochade du *Docteur amoureux*.

Comme l'a très bien vu Jan Clarke[44], certaines de ces combinaisons paraissent avoir été volontairement significatives. A partir de 1668–69, les comédies d'*Amphitryon*, de *George Dandin*, du *Cocu imaginaire*, de *L'Ecole des maris* et du *Médecin malgré lui* ne furent ainsi plus jouées qu'en conjonction l'une avec l'autre[45], ce qui présentait dès lors l'avantage de pouvoir éclairer sous différents angles les problèmes envisagés dans les œuvres. Faire suivre *George Dandin* de *L'Ecole des maris* permettait de revenir sur la question des rapports du couple traitée dans la première pièce et de rattacher plus explicitement le personnage de Dandin au type de Sganarelle ridiculisé dans la seconde, d'autant plus que Molière, qui jouait les deux rôles, semblait à peine changer de costume[46].

---

[44] Jan Clarke, «Molière's double bills», p. 38.

[45] A l'exception toutefois du *Cocu imaginaire*, qui fit deux fois suite aux *Fâcheux* en 1668–69.

[46] Les deux costumes portés par Molière, tels que les décrit l'*Inventaire après décès*, sont en effet fort semblables. On y remarque même haut de chausse, même manteau, même pourpoint, même fraise et surtout même couleur de vêtement: «les habitz de la representation de *Georges Dandin*, concistant en hault de chausse et manteau de taffetas musque, le collet de mesme, le tout garny de dantelle et boutons d'argent, la ceinture pareille, le petit pourpoinct de satin cramoisy, autre pourpoinct de dessus de brocard de differentes coulleurs et dantelles d'argent, la fraise et soulliers», «un autre habit pour *L'Escolle des maris*, concistant en hault de chausse, pourpoint, manteau, collet escarcelle et ceinture, le tout de satin coulleur de musq» (*fol.* 14–14vº, & *fol.* 17, [in] *Cent ans de recherches*, p. 567, p. 569).

« [Les] déplaisirs du paysan marié »[47] passaient de ce fait au premier plan et le
discours sur le social qu'avait, selon Roger Chartier[48], mis en évidence la fête
de cour de juillet 1668, était alors en partie éclipsé par la représentation comique de l'histoire d'un paysan mésallié certes, mais surtout « mal marié », et
naturellement bafoué par sa femme, sinon cocufié, et « puni », moins « dans
son ambition », que pour sa sottise et son autoritarisme égoïste. Rappelons
d'ailleurs à ce propos que La Grange choisit d'appeler la comédie de 1668 de
son sous-titre « socialement neutre » du *Mari confondu*[49]. Ne serait-ce pas cette
structure qui constituait en réalité le fond propre de l'œuvre, et non la signification sociale, somme toute rapportée et seconde, qu'elle revêtit pour un
public de cour entêté de hiérarchie et de classements sociaux ? En revanche,
représentée en conjonction avec *Le Sicilien* (comme ce fut le cas en novembre
1669), la comédie se rattachait plus explicitement encore à cette réflexion sur
la galanterie qui parcourt tout l'œuvre de cour de Molière[50], pour présenter
dans le personnage de George Dandin lui-même le manquement à cette
galanterie mondaine dont le courtisan Clitandre incarnait, par son absence
de tout sens moral, le versant négatif dans la pièce, par opposition à la belle
galanterie manifestée par Adraste, le jeune gentilhomme français du *Sicilien*.
Mais il suffisait que cette dernière pièce, qui mettait en scène dans Dom Pèdre
une autre figure du mari bafoué cherchant à dominer celle en qui il voyait
déjà sa femme en l'emprisonnant dans un carcan de tyrannie et de méfiance,
fût jouée au contraire avec *L'Amour médecin*, où l'on voyait un amant déguisé
en médecin enlever une jeune fille au nez et à la barbe d'un père possessif

---

47   Livret du *Grand Divertissement royal de Versailles*, p. 457.
48   Voir Roger Chartier, « De la fête de cour au public citadin ». Dans cet article, par
     ailleurs remarquable, Roger Chartier n'envisage toutefois que les répercussions
     possibles d'un changement de la composition sociale du public sur la signification
     de la pièce : « Pour le public de la ville, massivement roturier, majoritairement
     bourgeois [...], la comédie n'a sans doute pas été vue avec présentes à l'esprit les
     recherches de noblesse, qui ne le concernaient guère. L'histoire pour lui avait un
     autre sens, jouait sur une autre loi du fonctionnement social. Félibien suggère cette
     possible lecture lorsqu'il accorde une portée universelle aux malheurs de Dandin, le
     paysan : " Il ne se peut rien voir de plus ressemblant que ce qu'il [Molière] a fait pour
     montrer la peine et les chagrins où se trouvent souvent ceux qui s'allient au-dessus
     de leur condition. " La remarque prend l'allure d'une leçon qui plaide pour l'endo-
     gamie sociale et, au-delà, pour la continuité familiale des conditions » (p. 197). Il ne
     considère pas que la comédie fut le plus souvent jouée sur la scène du Palais-Royal
     non pas seule mais en conjonction avec d'autres pièces et que cette conjonction
     même pouvait aussi être porteuse de sens.
49   Expression empruntée à Roger Chartier, « De la fête de cour au public citadin »,
     p. 166.
50   Voir *infra*, troisième partie.

du nom de … Sganarelle, pour que l'accent se déplaçât de la thématique galante à la structure dramatique. Comédie d'intrigue, *Le Sicilien* semblait alors surtout décliner le thème de la précaution inutile et les ruses inventées par un jeune homme pour subtiliser une belle esclave à un barbon tyrannique passaient au premier plan.

Dans l'ensemble toutefois, le rapprochement thématique éventuel des pièces représentées ne fut sans doute guère au centre des préoccupations de la troupe du Palais-Royal. Des questions plus matérielles de longueur respective des pièces, de nouveautés ayant à soutenir des œuvres plus anciennes[51], de reprises de petites pièces goûtées du public pendant les mois de saison creuse, que Chappuzeau estimait particulièrement appropriés au «répertoire»[52], semblent avoir davantage joué. Pendant l'été 1670, Molière ne remit-il pas ainsi sur scène quatre comédies-ballets, accompagnées de divertissements assez simples et ne demandant pas de grande mise en scène coûteuse, à savoir *George Dandin* (juillet, août), *Monsieur de Pourceaugnac* (juin, juillet, septembre), *Les Fâcheux* (juin) et *L'Amour médecin* (août, septembre)[53]?

Jan Clarke a, d'autre part, émis l'hypothèse que des pièces comme *Les Fâcheux* ou *Le Mariage forcé* purent n'être données avec leurs intermèdes que lorsqu'elles étaient seules à l'affiche, ou qu'elles figuraient en lever de rideau. Réduites au rang de petite pièce, elles auraient perdu leurs ornements[54]. Ce serait alors comme simple comédie que, remanié, *le Mariage forcé* aurait, avec son seul acte de dix scènes, fait suite à la pièce en machines d'*Amphitryon* en février et mars 1668. Mais cette hypothèse reste, dans l'état actuel des sources, difficile à vérifier. Ce qui est, en revanche, avéré, c'est qu'au cours de la saison 1676–77, *L'Amour médecin* fut donné sans ses ornements le 4 novembre quand il fut représenté avec *Tartuffe* au théâtre Guénégaud[55].

---

[51] Ainsi *Amphitryon*, créé en janvier 1668, fut d'abord joué seul, puis suivi, à partir de février, de *L'Amour médecin*, et ensuite du *Mariage forcé*. De même *Les Fourberies de Scapin*, jouées en première à la suite du *Sicilien* en mai 1671, furent ensuite jouées seules avant de s'accompagner de *L'Amour médecin* à la fin juin.

[52] Chappuzeau le définit comme «une liste de vieilles pièces, pour entretenir le théâtre durant les chaleurs de l'esté et les promenades de l'automne» (*Le Théâtre françois*, p. 91).

[53] Des reprises des *Fâcheux* et de *L'Amour médecin* avaient également servi à meubler l'été précédent, comme ils serviraient aussi l'été suivant en attendant la première de *Psyché*.

[54] Jan Clarke, «Molière's double bills», p. 37.

[55] Les frais extraordinaires, qui avaient été de l'ordre de 19 livres 10 sols pour les violons (auxquels s'ajoutaient 6 livres remises à Baraillon pour les bas des danseurs) pour la reprise du 8 mai, étaient tombés à 4 livres 10 sols pour celle du 4 novembre (voir Jan Clarke, *The Guénégaud Theatre in Paris (1673–1680)*, Lewiston, N.Y., Lampeter, Edwin Mellen Press, 1998–2001, II (2001), p. 282).

La faveur du public

Quel fut l'accueil des comédies-ballets à la ville? De fait, à l'exception du *Sicilien*, dont la recette à l'automne 1667 fut médiocre, ne produisant qu'une fois plus de 300 livres[56], de *George Dandin*, dont une douzaine de représentations, un an plus tard, épuisèrent l'intérêt, voire de *La Princesse d'Elide*, qui, malgré ses 25 représentations initiales, ne fut jamais reprise à la ville du vivant de Molière[57], elles remportèrent un succès presque aussi grand à la ville qu'à la cour. Il est intéressant de constater toutefois que la plus goûtée de toutes fut *Les Fâcheux*, la première en date, qui connut 38 représentations pendant la saison 1661–62 avant d'être retirée de l'affiche. Il est possible qu'il faille voir dans ce succès l'attrait de la nouveauté, ce qui expliquerait aussi le total impressionnant des recettes des premières journées de la carrière du *Mariage forcé*, joué «avec le Ballet et les Ornemens» (1.509 livres le second jour, le dimanche 17 février 1664)[58]. Mais il est remarquable qu'une pièce écrite aussi rapidement se soit si bien maintenue à la scène: du vivant de Molière elle fut représentée 106 fois (seuls *Le Cocu Imaginaire* et *L'Ecole des maris* furent joués un peu plus souvent, respectivement 122 fois et 108 fois)[59]. *L'Amour médecin*

---

[56] Du vivant de Molière, la pièce n'eut pas plus de vingt représentations au Palais-Royal.

[57] Les recettes de la pièce n'avaient d'ailleurs pas été considérables: 840 livres le premier soir, le 9 novembre 1664, et 709 livres le dernier, avec un maximum de 940 livres le 11 novembre. Recettes très faibles si on les compare avec celles de *Dom Juan*, qui fit 1.830 livres le jour de sa première, le 15 février 1665, et qui atteignit même 2.390 livres à sa cinquième représentation, le 24 février. Certes le prix des places, ou plutôt des quatre catégories de places les moins chères, était doublé pour les premières (celui du théâtre et des loges ne changeait pas).

[58] La Grange, *Registre*, p. 62. La pièce n'eut toutefois qu'un succès mitigé: les recettes furent inégales et il fallut la retirer après douze représentations. Elle ne fut du reste reprise qu'en 1668.

[59] Les comédies-ballets les plus jouées entre 1661 et 1673 furent, dans l'ordre décroissant: *Les Fâcheux* (106 fois), *Psyché* (82 fois), *L'Amour médecin* (63 fois), *Monsieur de Pourceaugnac* (49 fois), *Le Bourgeois gentilhomme* (44 fois), *George Dandin* (39 fois), *Le Mariage forcé* (37 fois), *La Princesse d'Elide* (25 fois), *Le Sicilien* (20 fois), *La Comtesse d'Escarbagnas* (18 fois), *Le Malade imaginaire* (13 fois), *Les Amants magnifiques* (0 fois). Ces chiffres sont ceux donnés par Eugène Despois et revus par Paul Mesnard dans leur édition des *Œuvres de Molière* (I, p. 548–9). Si on les compare avec ceux des représentations à la cour des comédies-ballets, beaucoup plus difficiles à établir avec une quelconque certitude (le nombre de représentations lors d'un séjour n'étant souvent donné ni par La Grange ni par la *Gazette)*, on s'aperçoit que *La Princesse d'Elide* est en tête avec 9 représentations (en trois séries, étalées sur cinq ans), suivie du *Bourgeois gentilhomme* avec 7 représentations (en deux séries seulement, couvrant à peine deux mois), de *La Comtesse d'Escarbagnas* avec 7 représentations (en deux séries, séparées de quelques mois), et des *Fâcheux* avec

eut 63 représentations, autant que *Le Misanthrope*; comme *Les Fâcheux*, il serait repris presque chaque saison jusqu'en 1672. *Monsieur de Pourceaugnac*[60], *Le Bourgeois gentilhomme* et surtout *Psyché* furent aussi d'autres gros succès de scène. Cette dernière connut 38 représentations consécutives avant d'être reprise de janvier à mars 1672 et, à nouveau, de novembre 1672 à janvier 1673 avec des recettes moyennes de 975 livres. Au total elle eut 82 représentations, une de plus que *Tartuffe*. Quant au *Malade imaginaire*, que la mort de Molière interrompit momentanément après la quatrième représentation, il eut une recette moyenne de 1.316 livres, chiffres impressionnants même si l'on considère qu'on jouait au double pour les nouveautés. Les indications portées par Hubert dans son *Registre* de la saison 1672–73 permettent aussi de se rendre compte qu'à l'exception des *Femmes savantes*, les spectacles les plus courus de la période et qui rapportèrent le plus furent des pièces à intermèdes, à savoir *Le Bourgeois gentilhomme*, *Psyché*, *Le Malade imaginaire* et *La Comtesse d'Escarbagnas*, enfin jouée en juillet 1672 en conjonction avec *Le Mariage forcé* et sur une musique nouvelle de Charpentier.

Malgré ce succès indéniable qu'elles remportèrent à la ville, les comédies-ballets furent rarement jouées en visite chez de riches particuliers. En effet, parmi les pièces qui avaient la faveur générale et que, par désir de suivre la mode ou par souci d'auto-promotion, la bonne société était susceptible de vouloir voir représenter dans ses salons, ne pouvaient être données que celles qui ne demandaient pas de mise en scène compliquée ni de grand espace pour le déploiement d'un ballet. Ce qui, à l'exception des *Fâcheux*, donnés plusieurs fois entre 1660 et 1664, ou du *Mariage forcé*, représenté deux fois en 1664, ou encore de *L'Amour médecin*, joué à une seule reprise en 1665, excluait nombre de comédies-ballets[61]. D'autre part, après l'adoption de la

---

7 représentations également (en cinq séries, étalées sur trois ans), puis des *Amants magnifiques* avec 5 représentations consécutives, du *Mariage forcé* avec 4 représentations (en trois séries, étalées sur quatre ans) et de *George Dandin* avec, lui aussi, 4 représentations (en deux séries distantes de quelques mois), de *L'Amour médecin* et du *Sicilien* avec trois représentations consécutives, de *Monsieur de Pourceaugnac* avec, de même, trois représentations mais espacées de quelques semaines voire mois. Quant à la tragédie-ballet de *Psyché*, elle fut représentée au moins cinq fois à la cour dans sa nouveauté en janvier/février 1671 et reprise pour la «fête belliqueuse» de Dunkerque le 23 mai suivant ainsi qu'à Fontainebleau dans l'été. Voir *infra* l'appendice sur la chronologie des comédies-ballets.

[60] Pour René Bray, c'est le vif succès remporté pendant la saison 1669–70 par *Monsieur de Pourceaugnac*, qui fut plus de trois mois à l'affiche sans le secours d'aucune autre pièce, qui aurait dispensé Molière de monter à la ville *Les Amants magnifiques*, œuvre coûteuse dont la réussite n'était à ses yeux pas assurée (*Molière homme de théâtre*, Paris, Mercure de France, 1954, p. 118).

[61] Voir le tableau donné par C.E.J. Caldicott, *La Carrière de Molière*, p. 64–8.

troupe par le roi en août 1665, les visites privées s'espacèrent de plus en plus, comme s'il n'y avait désormais plus place que pour le service du monarque ou le divertissement de ses proches. Dans les termes mêmes de C.E.J. Caldicott, « ce fut l'introduction d'une exclusive, d'un véritable monopole du Roi, avec quelques exceptions faites pour son frère et ses cousins royaux »[62]. Mais qu'il y ait eu là volonté expresse de Louis XIV, décision personnelle de Molière, ou simple respect des bienséances, la question reste posée.

2. La comédie-ballet à l'Hôtel Guénégaud

La mort de Molière, on le sait, interrompit momentanément, le 17 février 1673, la première série de représentations triomphales du *Malade imaginaire*. Mais le théâtre rouvrit bientôt ses portes et les représentations reprirent jusqu'au relâche de Pâques. Cette fois, la fermeture fut définitive. Désorientée par la disparition de son chef et devant la défection de quatre de ses comédiens passés à l'Hôtel de Bourgogne, la troupe devait fusionner avec celle du Marais pour aller s'installer à l'Hôtel Guénégaud, Louis XIV ayant accordé le Palais-Royal à Lully pour la représentation de ses tragédies en musique. La nouvelle troupe y aurait à lutter pendant huit saisons non seulement avec ces rivaux de longue date qu'étaient les Grands Comédiens de l'Hôtel de Bourgogne, mais aussi avec la toute nouvelle Académie Royale de Musique dirigée par Lully et bénéficiaire des termes avantageux de son privilège de l'opéra.

De la musique, encore de la musique, toujours de la musique

Quoique visiblement désemparée par la mort de Molière, la troupe du Guénégaud chercha à mettre en place, dès le début, une solide politique commerciale reposant, comme l'a fait remarquer Jan Clarke[63], sur une double stratégie : d'un côté reprendre les plus sûres des pièces appartenant au répertoire moliéresque, au rythme de deux à dix représentations par saison, de l'autre monter des pièces à grand spectacle, soit nouvelles soit anciennes, pour les jouer des semaines d'affilée. Même si la révision des termes du privilège accordé à Lully rendit leur production de plus en plus difficile, les comédies-ballets jouèrent un rôle non négligeable à tous les niveaux de cette stratégie. Aussi, à trois exceptions près[64], furent-elles toutes reprises sur la

---

[62] *Ibid.*, p. 81.

[63] Je renvoie ici à ses travaux, encore partiellement publiés, sur *The Guénégaud Theatre in Paris (1673–1680)*.

[64] Quatre si l'on tient compte du fait que *La Pastorale comique* ne fut pas non plus reprise au théâtre Guénégaud.

scène du Guénégaud, les seules à ne pas figurer à l'affiche étant *La Princesse d'Elide*, *Les Amants magnifiques* et, étonnamment, *Psyché*[65], qui fut, de toutes, celle qui pâtit sans doute le plus des restrictions imposées aux comédiens par l'ordonnance du 30 avril 1673, qui ramenait à deux le nombre des voix et à six celui des «violons», et qui leur interdisait l'usage de danseurs comme de «Musiciens externes»[66]. Restrictions encore renforcées par l'ordonnance du 21 mars 1675, qui renouvela la défense faite aux comédiens de recruter des «Musiciens externes» ou «qui soient à leurs gages», et les obligea dès lors à «se servir seulement de deux Comédiens de leur Troupe, pour chanter sur le Théâtre»[67]. Certes ces interdictions continuèrent d'être tournées et les ordonnances se multiplièrent jusqu'en 1715.

Si *George Dandin*, *L'Amour médecin* et même *La Comtesse d'Escarbagnas* reparurent régulièrement, à raison de quelques représentations par an[68], une œuvre comme *Le Malade imaginaire* connut, à l'égal des nouveautés, des séries allant jusqu'à 49 représentations comme pendant la saison 1674-75[69]. Les reprises étaient savamment calculées, car pour garder aux pièces l'attrait de la nouveauté, on les retirait de l'affiche une à deux saisons avant de les rejouer. Ainsi *Le Bourgeois gentilhomme*, qui n'avait pas été donné en 1773-74, fut-il joué 13 fois la saison suivante. *Le Malade imaginaire*, qui n'avait pas non plus été donné en 1673-74, fut réintroduit l'année d'après pour disparaître à nouveau de l'affiche en 1675-76 et en 1676-77. Pour varier ses programmes, la troupe du Guénégaud eut aussi recours à des pièces qui n'avaient pas été jouées depuis un certain temps et, entre autres, aux plus anciennes des comédies-ballets: *Le Mariage forcé*, *Monsieur de Pourceaugnac* et *Les Fâcheux* n'entrèrent ainsi au répertoire qu'en 1676-77. Cette saison marqua d'ailleurs un recours accru au fonds moliéresque, qui venait après la baisse de la saison 1675-76 dominée par l'énorme succès des pièces à machines de *Circé* et de *L'Inconnu*. Quant au *Sicilien*, il ne fut repris qu'en 1679-80, pendant la dernière saison théâtrale de l'Hôtel Guénégaud.

Le Malade imaginaire fut, de toutes les comédies-ballets, celle qui fut le plus souvent jouée pendant les huit saisons du Guénégaud. Avec ses 81 représentations, ce fut aussi l'œuvre de Molière la plus souvent représentée. Elle ne fut suivie que d'assez loin par *Amphitryon* et *Tartuffe* avec 47 représentations

---

[65] Ce qui n'empêcha pas Lully de reprendre en revanche plusieurs passages de la tragédie-ballet dans son opéra de *Psyché* en 1678.

[66] Voir *supra*, note 42, p. 86.

[67] BnF, Arsenal, ms 10.295.

[68] Il y eut toutefois une éclipse de *L'Amour médecin* en 1675-76, ainsi que de *La Comtesse* en 1675-76 et 1676-77.

[69] *Le Malade imaginaire* connaîtrait deux autres séries de représentations relativement longues, l'une de 13 représentations en 1677-78 et l'autre de 11 en 1678-79.

chacune, et par *Le Bourgeois gentilhomme* avec 41. La moins représentée fut *Le Sicilien* avec 12 représentations. Seules *La Critique de l'Ecole des femmes*, *Les Précieuses ridicules* et *Le Médecin malgré lui* le furent encore moins, avec 5, 4 et 2 représentations respectivement[70]. Si l'on compare maintenant ces chiffres avec ceux également donnés par Jan Clarke pour toutes les pièces jouées par la troupe du Guénégaud[71], on s'aperçoit que *Le Malade imaginaire* reste en tête et que la seconde pièce la plus jouée fut une œuvre de Thomas Corneille, *Circé*, avec 76 représentations, *Amphitryon* arrivant en troisième position, ce qui confirme le goût du public parisien pour les représentations à grand spectacle et à intermèdes musicaux.

Comme au Palais-Royal, les comédies-ballets continuèrent au théâtre Guénégaud à faire partie de programmes doubles, la plupart des combinaisons ne restant toutefois, par souci de variété, qu'un jour ou deux à l'affiche. A l'exception du *Bourgeois gentilhomme* et du *Malade imaginaire* joués sans complément de programme, les autres comédies-ballets furent données dans des combinaisons diverses ou à la suite de comédies ou de tragédies. C'est aussi à elles que paraît avoir recouru la troupe lorsqu'il s'agissait d'accompagner une nouvelle pièce qui était à l'affiche depuis déjà un certain temps et dont les recettes commençaient à baisser. Ainsi en mai 1677, après le relâche de Pâques, *L'Amour médecin* puis *Le Mariage forcé* vinrent soutenir la *Phèdre* de Pradon jouée seule depuis janvier, encore qu'en alternance avec *Le Festin de Pierre* à partir de la fin février. La plus fréquente de ces combinaisons semble avoir été à nouveau celle de *George Dandin* et de *L'Ecole des maris*, donnée 18 fois au cours des huit saisons théâtrales de l'hôtel Guénégaud. Moins fréquente, celle de *Monsieur de Pourceaugnac* (parfois joué seul) et des *Fâcheux* eut également l'avantage d'offrir au public un des rares rapprochements thématiques possibles sur scène, en unifiant la soirée autour du fâcheux comme moteur de l'intrigue[72]. Au type ancien du *pharmakos*, sorte de victime

---

[70] Quant aux autres comédies-ballets, *George Dandin* eut 35 représentations (6e position), *Monsieur de Pourceaugnac* 27 (12e position), *La Comtesse d'Escarbagnas* et *Le Mariage forcé* 25 (13e position), *L'Amour médecin* 20 (17e position), et *Les Fâcheux* 19 (18e position). On notera surtout le recul des *Fâcheux* qui avait été la plus jouée des comédies-ballets du vivant de Molière (et certes la plus ancienne). Ces chiffres sont ceux donnés par Jan Clarke, *The Guénégaud Theatre in Paris*, I, p. 219.

[71] *The Guénégaud Theatre in Paris*, I, p. 328–32.

[72] Ce fut le cas le 4 juin 1677, comme le 20 mai 1678. Cette combinaison, de même que celle de *George Dandin* et de *L'Ecole des Maris*, serait reprise à la Comédie-Française, surtout dans les premières années. A signaler aussi, à partir de la saison 1687–88, la combinaison du *Baron de la Crasse* de Poisson, tantôt avec *George Dandin*, tantôt avec *Monsieur de Pourceaugnac*, ce qui, surtout, dans le dernier cas, ne pouvait manquer de recentrer la pièce sur la satire du provincial ridicule.

expiatoire que la comédie se devait d'expulser à la fin, dans lequel on aura reconnu Monsieur de Pourceaugnac lui-même, s'ajoutait ainsi celui, atténué, de l'intrus infligeant un simple retard à l'action, qui trouvait, lui, à s'incarner dans les raseurs en tous genres qu'Éraste rencontrait sur sa route et qui le détournaient de son rendez-vous galant[73].

La comédie-ballet victime des ordonnances ?

Les comédies-ballets continuèrent-elles à être représentées avec leurs inter-mèdes ? Selon Jan Clarke[74], seules en fait quatre des pièces auraient toujours été données avec de la musique et des entrées de ballet. Ce sont *L'Amour médecin*, *Monsieur de Pourceaugnac*, *Le Bourgeois gentilhomme* et *Le Malade imaginaire* (avec son nouveau prologue[75]), pour lesquels les registres mention-nent régulièrement des paiements relatifs à la musique. Il semblerait aussi que *Le Sicilien*, qui ne fut repris qu'en 1679–80, eût été joué avec un accom-pagnement musical important, puisque les frais journaliers s'élevèrent alors à 44 livres, 10 livres de plus que pour *Le Bourgeois gentilhomme* représenté la même saison. Selon W. H. Hitchcock, ce serait pour cette reprise que Char-pentier aurait composé la musique intitulée «Sérénade pour le Sicilien» et qui comporte en fait une ouverture, un air pour voix seule, un air pour deux voix et une pièce instrumentale, appelée «Esclaves du Sicilien»[76]. Deux autres comédies-ballets furent très probablement représentées sans leurs intermèdes, à savoir *George Dandin*, qui, depuis 1668, était d'ailleurs déjà donné sans sa pastorale en musique, et *Le Mariage forcé*, qui, pour la reprise de 1676–77, ne fut joué ni avec les intermèdes originels de Lully, ni avec ceux composés par Charpentier en 1672. Quant aux *Fâcheux*, le montant très faible des frais extraordinaires laisserait supposer qu'ils furent eux aussi représentés sans leur musique, encore que la mention du «Vin des danseurs» au titre des frais extraordinaires dans le tout premier registre de la Comédie-Française, le 1er juillet 1680, tendrait en fait à indiquer le maintien des entrées de ballet dans l'œuvre[77].

Au fil des reprises, la part faite à la musique sur la scène du Guénégaud paraît bien être allée en s'amoindrissant, notamment après 1675 et la pro-mulgation de nouvelles ordonnances sur l'utilisation de chanteurs par les

---

[73] Sur cette distinction, voir Marcel Gutwirth, *Molière ou l'invention comique*, Paris, Minard, 1966, p. 131.

[74] Jan Clarke, «Music at the Guénégaud Theatre», *Seventeenth-Century French Studies*, n° 8, 1986, p. 177–84.

[75] Voir *supra*, p. 86.

[76] Voir W.H. Hitchcock, *Les Œuvres*, p. 372.

[77] Je remercie Agnès Vève d'avoir attiré mon attention sur ce point.

comédiens. Ainsi *L'Amour médecin*, pour lequel des violons supplémentaires et même des chanteurs professionnels furent probablement employés en 1673–74 et en 1674–75, n'eut plus droit qu'à un petit nombre de violons en mai 1676, tandis que pour la saison 1677–78, les paiements se réduisaient aux frais d'un seul violon et d'un seul assistant. Faut-il dès lors en conclure, comme le fait Jan Clarke, que les intermèdes se ramenèrent pour cette reprise au seul chant de l'Opérateur de la scène 7 de l'acte II ? C'est possible d'autant plus que, dépourvus de toute fonction dramatique, et ne nécessitant aucune coupe dans le texte même de la comédie, le prologue et la partie chantée de la dernière scène pouvaient facilement être supprimés. *Le Bourgeois gentilhomme* semble de même avoir subi l'impact de ces restrictions puisque les frais engagés à chaque représentation pour la « musique, dance et symphonie », qui avaient été de l'ordre de 71 livres 10 sols à 84 livres en 1672–73, n'étaient plus que de 45 livres en moyenne en 1674–75 et même de 34 livres en 1677–78. Certes, comme le fait remarquer Agnès Vève, cette diminution des coûts s'explique sans doute plus par une indéniable révision à la baisse des rémunérations attribuées aux danseurs et aux musiciens que par une réduction effective des moyens artistiques, et notamment du nombre de participants[78]. Mais l'interdiction de recruter des « Musiciens externes » semble néanmoins avoir été suivie d'effet puisque les registres du Guénégaud ne mentionnent de paiements pour des chanteurs professionnels ni en 1676–77, ni en 1677–78, ni non plus en 1678–79, alors que ceux de 1674–75 indiquaient encore les frais d'une chanteuse professionnelle. Réduit à employer, comme chanteurs, deux des comédiens du théâtre, le Guénégaud se vit-il alors dans l'obligation, après 1675, de supprimer certains des airs, sinon certains même des intermèdes de la pièce, et notamment ceux qui nécessitaient le recours à plus de trois chanteurs comme les chœurs de la cérémonie turque ou ceux du *Ballet des nations* ? La question reste posée.

---

[78] Voir « Le Théâtre et ses ornements sur la scène française aux XVIIᵉ et XVIIIᵉ siècles ». Bien que les danseurs fussent interdits et que le nombre des « violons » eût été ramené – officiellement du moins – à six, les précisions apportées par les registres permettent néanmoins d'estimer à une dizaine environ le nombre des danseurs et à à peu près autant celui des instrumentistes participant aux reprises du *Bourgeois gentilhomme*. Le détail des frais pour la représentation du 11 septembre 1677 indique par exemple la présence de six danseurs (dont le chorégraphe La Montagne) et de cinq « assistants », aux attributions assez floues, auxquels il faut sans doute ajouter « le petit turc ». Quant à la somme de 6 livres pour les violons, elle peut avoir été attribuée à des instrumentistes supplémentaires, au nombre soit de deux soit de quatre, à moins bien entendu qu'elle ne corresponde à une augmentation des rémunérations des six violons réguliers. Ces détails sont identiques pour les représentations du 18 octobre 1676 et du 12 août 1678.

Le Malade imaginaire, pour lequel Charpentier avait composé un nouveau prologue de moindre ampleur et remanié les intermèdes[79], connut, lui aussi, dans l'ensemble une évolution similaire. Aucun chanteur professionnel ne fut plus employé après 1674-75, et les frais journaliers, qui s'étaient élevés à 250 livres en 1673[80], n'étaient plus que de 91 livres en 1674. Plus encore que celle de la turquerie du *Bourgeois gentilhomme*[81], la représentation de la cérémonie finale, qui réclamait huit porte-scringues, six apothicaires, vingt-deux docteurs, huit chirurgiens dansants et deux chantants[82], eut sans doute à souffrir d'une réduction du nombre des participants. Selon les registres, deux chanteurs, huit musiciens, le danseur-chorégraphe La Montagne, treize «assistants» et deux «sauteurs» furent en effet utilisés pour la reprise de la comédie-ballet au printemps 1674[83]. L'état des révisions apportées par Charpentier à la cérémonie médicale, qui ne font pas mention du chorus de «*Vivat, vivat [...]*», ni des chants et danses de la fin, laisse aussi penser que la cérémonie médicale avait été écourtée et qu'elle s'était peut-être achevée sur l'«Air des Révérences»[84]. Il semblerait aussi, d'après ces révisions, que, pour la reprise de l'automne 1674, les danseurs, encore présents en mai–juillet de la même année, eussent disparu du premier intermède, l'«Air des Archers» ayant peut-être été supprimé entre-temps pour respecter les termes de l'ordonnance de 1673[85]. Pour la reprise de la saison 1677–78, les frais extraordinaires du *Malade imaginaire* ne seraient plus que d'une soixantaine de livres, montant qui ne varierait guère pour les reprises des deux saisons suivantes.

Les chiffres témoignent de même que les intermèdes de *Monsieur de Pourceaugnac* durent être, eux aussi, considérablement réduits au cours des dernières saisons théâtrales du Guénégaud. De l'ordre de 59 livres 15 sols à

[79] Il existe en fait trois états différents de la partition du *Malade imaginaire* : un premier état initial, un second état, lui-même double, pour les reprises de 1674, et un troisième état correspondant sans doute à une représentation à Versailles, le 11 janvier 1686, du «*Malade imaginaire* rajusté autrement pour la 3ᵉ fois», comme l'écrivit Charpentier sur son manuscrit. Pour une discussion de ces trois états, voir John Powell, *Music and Theatre*, p. 382–97.

[80] La Grange note la participation de quinze musiciens, douze danseurs et sept chanteurs (*Registre*, p. 142). Selon le *Registre* d'Hubert, ces frais se seraient montés à 269 livres en moyenne par représentation.

[81] D'après l'édition de 1671 de la pièce, la cérémonie turque du *Bourgeois gentilhomme* demandait la participation d'un Mufti, rôle tenu par Lully à Chambord en 1670, de quatre dervis, de six Turcs dansants et autant de Turcs musiciens, ainsi que d'autres joueurs d'instruments à la turque (*Le Bourgeois gentilhomme*, p. 769).

[82] *Le Malade imaginaire*, p. 1171.

[83] Chiffres donnés par Jan Clarke in «Music at the Guénégaud Theatre», p. 99.

[84] Voir John Powell, *Music and Theatre*, p. 393–4.

[85] *Ibid.*, p. 392–3.

74 livres 15 sols pour la reprise de l'été 1672, les frais pour les danseurs et les violons ne dépassèrent pas 28 livres en 1676–77 et en 1678–79, diminution que n'explique qu'en partie la baisse générale sur toute la période des salaires des danseurs et des instrumentistes. Là aussi, en effet, le nombre de participants fut revu à la baisse: tandis qu'au Palais-Royal Molière avait recouru aux services de trois chanteurs, sinon plus, d'un chœur, de huit danseurs et, après juillet 1671, d'«un concert de douze violons»[86], il n'y avait plus au Guénégaud en juin 1677 que les six violons autorisés, six danseurs, et aucun chanteur professionnel. Mais comme les intermèdes dansés de la pièce étaient beaucoup moins étendus que ceux du *Bourgeois gentilhomme* ou du *Malade imaginaire*, ils n'en restaient pas moins réalisables. Quant aux parties chantées, et notamment l'ouverture, les comédiens s'étaient-ils autorisés de leur fonction purement figurative pour les réduire, sinon pour les supprimer totalement?

Tout porte dès lors à penser qu'en dépit de la guerre larvée entre les théâtres et l'Académie Royale de Musique, la troupe de l'hôtel Guénégaud continua de monter les comédies-ballets de Molière avec ce qui pouvait être préservé des intermèdes originels des pièces. Aussi, pour Jan Clarke,

> Une caractéristique habituelle de la production de Molière à cette époque semble avoir été le refus de laisser ces restrictions accrues concernant l'emploi de chanteurs professionnels influer sur l'insertion d'intermèdes dansés dans les comédies-ballets, au point que le théâtre Guénégaud fut peut-être même prêt à recourir à des moyens quelque peu détournés pour continuer à assurer la présence de danseurs sur scène.[87]

Comme appeler «sauteurs» ou «marcheurs» lesdits danseurs (voire tout simplement «assistants»), car c'est sous ces noms que furent souvent mentionnés certains des professionnels recrutés pour les représentations des comédies-ballets, et cela dès la reprise du *Malade imaginaire* en 1674. Quelle qu'ait pu être la distinction réelle entre ces termes, qu'Agnès Vève attribue à une hiérarchisation des emplois formalisée par des niveaux de rémunération différents[88], leur utilisation dans les registres sert surtout à entretenir une confusion terminologique destinée de toute évidence à brouiller les pistes.

La survie des comédies-ballets sur la scène publique parisienne après la mort de Molière et la fusion de sa troupe avec celle du Marais montre bien la continuation de ce goût du public citadin pour les œuvres mixtes et à grand spectacle, qui avait déjà présidé à leur création dans les années 1660.

---

[86] Voir *supra*, p. 83.
[87] Jan Clarke, «Music at the Guénégaud Theatre», p. 101. C'est moi qui traduis.
[88] Voir «Le Théâtre et ses ornements sur la scène française aux XVIIe et XVIIIe siècles».

Goût encore si prononcé que les comédiens du théâtre Guénégaud n'hésitèrent pas à défier ou tout simplement à tourner les interdictions réitérées sur
l'utilisation de chanteurs et de danseurs pour le satisfaire. Certes les pièces
durent être adaptées, voire modifiées, en fonction d'une application de plus
en stricte de ces interdictions. Et de même que, faute de moyens suffisants,
Molière avait dû dans un premier temps réduire l'étendue et l'éclat de leurs
«ornements» pour pouvoir les représenter sur la scène du Palais-Royal, de
même la nouvelle troupe dut parfois réduire davantage des morceaux qui
faisaient encore bien souvent tout l'attrait des œuvres.

Cette stratégie fut payante puisque la troupe du Guénégaud réussit ainsi
non seulement à survivre mais même à s'imposer sur la scène parisienne,
grâce à cet héritage moliéresque sur lequel elle commença par s'appuyer
avant de suivre la vogue des pièces à grand spectacle puis celle des tragédies.
D'où l'importance de comédies-ballets comme *Le Malade imaginaire*, qui fut
sans doute pour le Guénégaud ce que *Psyché* avait été pour le Palais-Royal.
Elle réussit aussi du même coup à sauvegarder cet héritage comme le montre
le nombre de comédies du dramaturge disparu qui entrèrent au répertoire de
la Comédie-Française en 1680. Car, à l'exception de *Mélicerte*, de *Dom Garcie
de Navarre*, du *Festin de Pierre* dans sa version originale et de *L'Impromptu de
Versailles* qui furent abandonnés, toutes les pièces, y compris les comédies-
ballets, furent reprises.

Le théâtre Guénégaud ne fut pas l'unique théâtre de la capitale à vouloir
profiter de cet engouement du public et à compter pour ce faire sur l'œuvre
de Molière. Tombées dans le domaine public, les comédies-ballets pouvaient
être reprises – et elles le furent – par des troupes autres que celle qui les avait
d'abord montées. Aussi, en juillet 1676, les Grands Comédiens de l'Hôtel de
Bourgogne présentèrent-ils *La Princesse d'Elide*, que le Guénégaud ne jouait
d'ailleurs plus. Production peu spectaculaire toutefois à en juger d'après les
détails du décor donnés dans le *Mémoire* de Mahelot et de Laurent: «Theatre
est une forest. Il faut un grand arbre au meillieu, 4 dars, un soufflet»[89].

---

[89] *Mémoire de Mahelot, Laurent et d'autres décorateurs de l'Hôtel de Bourgogne et de la
Comédie-Française*, éd. H.C. Lancaster, Paris, Honoré Champion, 1920, p. 117.
D'autres entrées décrivent les décors pour les reprises, à la Comédie-Française, du
Malade imaginaire en septembre 1680 («Theatre est une chambre et une allecove
dans le fonds. […] Il faut changer le théatre au premier intermede et representer
une ville ou des rues, et la chambre paroist comme l'on a commancé» p. 123–4), du
Bourgeois gentilhomme du 8 août ou du 16 octobre 1682 («Theatre est une chambre»
p. 131), de *Monsieur de Pourceaugnac* le 11 septembre 1680 («Il faut deux maissons
sur le devant et le reste du theatre est une ville» p. 137), des *Fâcheux* le 9 septembre
1680 («La decoration est de verdure» p. 138) et de *L'Amour médecin* le 16 septembre
1680, pour lequel seules 4 chaises sont mentionnées pour tout décor (p. 139).

On ne sait toutefois si la pièce fut jouée avec tout ou partie de ses inter-mèdes, les registres de l'Hôtel de Bourgogne n'ayant malheureusement pas survécu.

3. Epilogue

Que ce goût pour le « théâtre avec musique » ait perduré tard dans le siècle[90], c'est ce dont témoignent les débuts de la Comédie-Française, née en août 1680 de la fusion sur ordre du roi des troupes du Guénégaud et de l'Hôtel de Bourgogne[91]. La quatrième représentation donnée par la nouvelle troupe fut en effet une comédie-ballet, non pas de Molière à vrai dire, mais de Hauteroche, intitulée *Crispin médecin*, qui avait été au répertoire de l'Hôtel de Bourgogne[92], et qui fut choisie peut-être de préférence aux autres parce que les intermèdes, plutôt chantés que dansés, de même que peu développés, demandaient somme toute assez peu de préparation. Mais, dès l'automne, la Comédie-Française reprenait les œuvres avec musique du dramaturge dis-paru. Le 6 septembre était joué *Le Malade imaginaire*, le 9 septembre c'était le tour des *Fâcheux* suivis de *L'Ecole des maris*, le 11 septembre celui de *Monsieur de Pourceaugnac* précédé du *Sicilien*, le 12 septembre celui du *Mariage forcé* accompagnant *Cinna*, et le 16 septembre *L'Amour médecin* était présenté au public à la suite de *Pyrame*. Enfin le 4 et 6 octobre *Le Bourgeois gentilhomme* allait être à son tour à l'affiche, suivi de *La Comtesse d'Escarbagnas*, le 27 octobre. Rien ne permet, cependant, de savoir avec quelle musique ces œuvres furent jouées. L'année se termina sur une reprise de *L'Inconnu* de Thomas Corneille et de Donneau de Visé, l'un des plus gros succès de scène, avec *Le Malade imaginaire*, du théâtre Guénégaud, et sur la création des *Fous divertissants* de Poisson, pièces jouées presque en continu du 14 novembre au 2 décembre.

---

[90] Terminologie empruntée à Bénédicte Louvat-Molozay, qui distingue ainsi le théâtre avec musique, ou à insertions musicales, du théâtre en musique (*Théâtre et musique*, p. 355 *et sq.*).

[91] La lettre de cachet reproduite par La Grange indiquait en effet que « Sa Majesté, ayant estimé à propos de reunir les deux troupes de Comediens establis à l'Hostel de Bourgogne et dans la rue de Guenegaut, à Paris, pour n'en faire à l'avenir qu'une seulle, affin de rendre les representations des Comedies plus parfaictes par le moyen des acteurs et actrices auxquels Elle a donné place dans sad[e] Troupe » (*Registre*, p. 240).

[92] Voir Edward R.B. Forman, « Music at the Comédie-Française. The Opening Season », *Newsletter for the Society of Seventeenth-Century French Studies*, n° 3, 1981, p. 14–20.

Il n'est jusqu'à *La Princesse d'Elide*, aux *Amants magnifiques* et à *Psyché* qui ne reparussent aussi bientôt sur scène après une longue absence. A l'automne 1684, *Psyché* fut ainsi montée à grand renfort de machines et de décors[93], et avec un arrangement musical de Charpentier[94]. Germain Brice en donna un compte rendu succinct en évoquant

> le Theatre autrement nommé la *salle des Machines*, où l'on representoit les Comedies devant toute la Cour, & dont Psyché a esté la derniere, qui après plusieurs années de representation attiroit toûjours une foule d'admirateurs [...].[95]

Elle serait ensuite redonnée régullèrement avant de cesser d'être représentée en 1708 (le projet de reprise de 1714 n'eut pas de suite), malgré l'énorme succès chaque fois rencontré. *Les Amants magnifiques*, eux, furent repris en 1688 et plusieurs fois par la suite jusqu'en 1711, mais sans que l'on sache si la pièce était jouée avec ses intermèdes[96]. Dernière à reparaître sur scène, mais dans une reprise très soignée, qui n'eut toutefois que sept représentations, *La Princesse d'Elide* réussirait, elle, à s'y maintenir de 1692 à 1757. Vu leur mise en scène élaborée, ces trois pièces seraient toutefois reprises moins souvent que les autres comédies-ballets, quoique, pour rentabiliser les coûts de production, elles bénéficiassent de plus longues séries de représentations[97]. Contrairement aux *Amants magnifiques* et à *Psyché*, *La Princesse d'Elide* serait même donnée plusieurs fois à la cour, avec tout l'éclat de ses intermèdes, sous le règne de Louis XV, son succès y étant chaque fois plus sensible qu'à la ville. Le *Mercure* rapporta de la représentation du 4 décembre 1728, que la troupe eut

---

[93]   Selon La Grange, les frais extraordinaires de production s'élevèrent à 2.139 livres 15 sols (*Registre*, p. 339). Les décors, dont il reste une maquette conservée aux Archives de la Comédie-Française, avaient été commandés au peintre italien Joachin Pizzoli.

[94]   La partition en est perdue, mais le 12 décembre 1684, Charpentier signait ainsi un reçu pour le paiement de 15 louis d'or « pour la musique que j'ai fait et remis en état pour la pièce de Psyché » (cité par Hitchcock, *Les Œuvres*, p. 380).

[95]   Germain Brice, *Description nouvelle de ce qu'il y a de plus remarquable dans la Ville de Paris*, La Haye, Abraham Arondeus, 1685, I, p. 30.

[96]   On sait toutefois que c'est avec un nouveau prologue et des divertissements de Dancourt qu'elle fut jouée en juin 1704.

[97]   *Psyché* fut ainsi représentée 23 fois en 1684, 32 fois en 1703, 27 fois en 1704, 12 fois en 1706, 6 fois en 1707, 7 fois en 1708. Quant à *La Princesse d'Elide*, elle le fut 16 fois en 1693, 11 fois en 1703, 4 fois en 1704 et en 1706, 10 fois en 1716, 9 fois en 1722, 10 fois en 1728 et 4 fois en 1756–57. Sur ces deux pieces, voir les articles de Sylvie Chevalley, « Les Plaisirs de l'Ile Enchantée » et « Mais où sont les fastes d'antan ... », [in] *Europe*, janv.–fév. 1966, p. 34–42, et nov.–déc. 1972, p. 144–54, reproduits dans le volume *Tout sur Molière, Europe*, 1976. Les chiffres donnés sont les siens.

Ordre [...] de remettre au théâtre, pour être représentée devant la cour, la comédie héroïque de la *Princesse d'Elide* de Molière, avec tous ses intermèdes et agréments, ce qu'on fut obligé de faire avec beaucoup de précipitation, leurs Majestés en voulant voir la représentation le 4 de ce mois. Cela fut exécuté par les Comédiens du Roi et par les meilleurs sujets de l'Académie royale de musique dans le chant et la danse, avec tout l'art et la magnificence qu'on peut concevoir, et à la satisfaction de leurs Majestés et de toute la cour.[98]

Les temps avaient peut-être changé, mais la rhétorique restait la même.

Devant le renouveau du théâtre avec musique sur la scène parisienne au début des années 1680, et suite sans doute à une infraction de la Comédie-Française lors des récentes représentations d'*Andromède*[99], de *Crispin musicien* et du *Bourgeois gentilhomme*, une nouvelle ordonnance vint, le 27 juillet 1682, réitérer la

défense ausdits Comédiens François & Italiens, de se servir d'aucunes Voix externes pour chanter dans leurs Representations, ni plus de deux Voix d'entr'eux ; comme aussi d'avoir un plus grand nombre de Violons que six, ni de se servir d'aucun Danseurs dans lesdites Representations sous quelque prétexte que ce soit.[100]

Ordonnance qui serait d'ailleurs renouvelée le 17 août 1684, et dont des lettres patentes sanctionneraient l'application le 2 décembre 1715. Les infractions n'en continuèrent pas moins et, sous la Régence, un arrêt du conseil du roi rendu le 20 juin 1716 condamnerait derechef les Comédiens-Français

à l'amende de 500 livres d'amende au profit de l'Hôpital Général, pour la contravention par eux commise dans la Représentation du *Malade Imaginaire*, donné le 12 Janvier 1716, & à pareille amende de 500 livres pour pareille contravention dans la Représentation de la Comédie de *La Princesse d'Elide*, du 4 May dernier, dans lesquelles Représentations lesdits Comédiens ont mêlé dans les Entre-Actes de des Piéces, des Danses & Entrées de Ballet, & se sont servis d'un plus grand nombre de voix & d'instrumens qu'il ne leur est permis[101].

---

[98] *Mercure*, décembre 1728, II, p. 2931–2.

[99] Pour La Grange, les frais de production « de la machine d'Andromede » s'élevèrent à 12.921 livres 7 sols (*Registre*, p. 298).

[100] BnF, Arsenal, ms 10.295. La Grange note dans son *Registre* à la date du 30 juillet : « Ce mesme jour, le Sʳ Lully fist signifier une nouvelle Ordonnance portant deffence aux Comediens d'avoir de la musique ; ladᵉ Ordᶜᵉ du 27 du peñt mois. *Vide* 30 Avril 1673 et 21 Mars 1675 » (*ibid.*, p. 295).

[101] Cité dans Louis Travenol Duchesne et Jacques-Bernard Durey de Noinville, *Histoire du Théâtre de l'Académie Royale de Musique en France, depuis son établissement jusqu'à présent*, 2ᵉ éd., Paris, Duchesne, 1757, p. 150–1.

Preuve s'il en est que la représentation des comédies-ballets avec tous leurs ornements était, à la ville, au cœur même de la rivalité entre la Comédie-Française et l'Académie Royale de Musique.

Les comédies ballets de Molière continuèrent à figurer plus ou moins régulièrement au programme de la Comédie-Française pendant tout le XVIIIe siècle, mais les plus courtes et les moins élaborées de ces pièces (à savoir *Les Fâcheux*, *Le Mariage forcé*, *L'Amour médecin*, *Le Sicilien*, *George Dandin*[102], *Monsieur de Pourceaugnac* et *La Comtesse d'Escarbagnas*), qui furent d'abord très populaires, connurent, à l'exception des trois dernières[103], une chute brutale sous le règne de Louis XVI et disparurent avec la Révolution pour ne réapparaître, hormis quelques reprises sporadiques sous Louis-Philippe[104], que sous le Second Empire. En revanche, les grandes comédies à divertissements comme *La Princesse d'Elide*, *Les Amants magnifiques*, *Psyché*, *Le Bourgeois gentilhomme* et *Le Malade imaginaire*, qui furent moins jouées que les précédentes sous Louis XV, furent même, pour certaines, rapidement éliminées, puisque les trois premières allaient connaître un oubli d'un à deux siècles. Ceci au moment, paradoxalement, où le renouveau de la vie de cour se marquait par une résurrection du genre même de la comédie-ballet. C'est en 1745 en effet que Voltaire et Rameau firent représenter à Versailles, dans le manège de la Grande Ecurie (le château n'ayant toujours pas de véritable salle de spectacle permanente), le divertissement de *La Princesse de Navarre* pour le mariage du Dauphin et de l'Infante Marie-Thérèse. Mais ces pièces, trop coûteuses à monter, grevaient le budget de la Comédie-Française[105]. Seuls *Le Bourgeois gentilhomme* et *Le Malade imaginaire* eurent des carrières régulières pendant toute la période, malgré un net déclin toutefois du *Bourgeois gentilhomme* au XIXe siècle. Si l'on compare en outre, pour l'ensemble des comédies-ballets, le nombre de représentations données du vivant de Molière avec, d'une part, celui des représentations après sa mort et jusqu'à la fin du

---

102 Certes *George Dandin*, depuis sa première au Palais-Royal en novembre 1668, n'avait plus grand'chose d'une comédie-ballet.

103 *George Dandin* et *Monsieur de Pourceaugnac* résistèrent mieux que *La Comtesse d'Escarbagnas* puisqu'ils furent les seuls à ne subir aucune éclipse malgré la diminution sensible du nombre de leurs représentations.

104 A l'exception de *L'Amour médecin* et du *Mariage forcé*, qui eurent respectivement 57 et 66 représentations entre 1830 et 1848 (chiffres donnés par Eugène Despois et Paul Mesnard, *Œuvres de Molière*, I, p. 548–9). Pour la même période, *Le Bourgeois gentilhomme* n'eut que 19 représentations.

105 Sur cette question, voir Jacqueline Razgonnikoff, «Le Prix des divertissements: le poids du ballet dans le budget de la Comédie-Française au XVIIIe siècle», [in] *Art et argent en France au temps des premiers modernes (XVIIe–XVIIIe siècles)*, Oxford, Voltaire Foundation, SVEC, octobre 2004, p. 131–56.

règne de Louis XIV, donc de 1673 à 1715, et d'autre part, celui des reprises sous Louis XV, de 1715 à 1774, on note le recul des *Fâcheux*, qui cesse d'être la plus jouée des comédies-ballets pendant les deux périodes considérées (173 et 37 fois respectivement) au profit, pour la première, de *George Dandin* (315 fois), suivi de loin par *Le Malade imaginaire* (248 fois) et par *La Comtesse d'Escarbagnas* (235 fois), et, pour la seconde, du *Mariage forcé* (287 fois), suivi d'assez près de *George Dandin* (277 fois) et de *La Comtesse d'Escarbagnas* (271 fois). Progression d'autant plus remarquable que trois d'entr'elles n'avaient eu qu'un succès moyen du vivant de Molière lui-même.

Une étude d'Henri Lagrave[106] est venue confirmer et compléter ces premiers relevés effectués par les éditeurs des *Œuvres de Molière* au siècle dernier. On remarque ainsi la part importante prise dans le répertoire de la Comédie-Française par les petites pièces de Molière (au nombre desquelles figurent les comédies-ballets en un ou trois actes) non seulement au cours des années suivant la mort du dramaturge et la fondation de la Comédie-Française, mais également pendant toute la première moitié du XVIIIe siècle. On observe parallèlement le recul des grandes pièces et des comédies-ballets en cinq actes. Joué 194 fois entre 1673 et 1715, *Le Bourgeois gentilhomme* ne le fut plus que 102 fois sous le règne de Louis XV. C'est que, pour Henri Lagrave, la période 1725–1750 est celle où les œuvres de la nouvelle génération des Destouches et des Marivaux firent concurrence aux comédies traditionnelles sans nuire pourtant au succès des «farces» toujours fort appréciées du parterre. A la veille de la révolution, cependant, la tendance s'était inversée et nombre de petites pièces et de comédies-ballets avaient disparu, alors que les grandes pièces continuaient d'être représentées. Des comédies-ballets, seuls *George Dandin*, *Monsieur de Pourceaugnac*, *La Comtesse d'Escarbagnas*, *Le Bourgeois gentilhomme* et *Le Malade imaginaire* restaient alors à l'affiche. Palmarès qui devait rester relativement inchangé au fil des siècles.

La carrière des comédies-ballets sur la scène publique montre bien à quel point ces pièces souvent qualifiées de mineures furent en fait au cœur des polémiques qui agitèrent la vie littéraire et théâtrale pendant tout le second XVIIe siècle[107]. D'un côté, parce qu'elles étaient la marque, en cela même qu'elles furent publiées, de la volonté controversée de Molière d'affirmer la propriété d'œuvres qui étaient des divertissements royaux, elles représentaient un défi de l'auteur aux intérêts institutionnels des imprimeurs, qui ris-

---

[106] «Molière à la Comédie-Française», *R.H.L.F.*, 72e année, no 5–6, sept.–déc. 1972, p. 1052–65.

[107] Je me permets de renvoyer ici à mon propre article, «Marginale ou marginalisée? la comédie-ballet moliéresque», *Littératures classiques*, no 51, 2004, p. 317–34.

quait en outre de lui aliéner la faveur du monarque[108]. De l'autre, elles heur-
taient aussi les idées des tenants d'une conception puriste et doctrinaire de la
littérature, qui, avec Boileau, regrettaient que l'auteur du *Misanthrope* se fût
allié à Tabarin ou déploraient qu'il eût assujetti son génie au goût de la cour
pour prôner des alliages menaçant à leurs yeux la distinction des styles et
des registres, comme pour se consacrer à des formes de l'éphémère qui montraient une dépendance exagérée vis-à-vis du théâtral et du spectaculaire[109].
Par ce qu'elles laissaient supposer de choix esthétiques, elles rejetaient leur
auteur malgré qu'il en eût dans le camp des Modernes. Perrault en tête, ces
derniers n'allaient-ils pas justement faire de cet autre genre hybride qu'était
la tragédie en musique leur cheval de bataille?

Mais les comédies-ballets eurent plus à souffrir encore des conséquences
du privilège accordé à Lully pour la représentation de ses tragédies en
musique, qui leur ôtait la possibilité de présenter dans tout leur éclat ces
intermèdes que condamnaient les puristes mais que réclamait le public
parisien, féru de musique, de danse et de grand spectacle[110]. Ainsi s'explique
que la troupe du Guénégaud, puis celle de la Comédie-Française eussent
pu si souvent mettre à l'affiche et avec succès des œuvres dont la carrière
se prolongea en fait, contrairement à l'opinion reçue, bien avant dans le
XVIIIe siècle. Enjeu non négligeable de la rivalité entre la Comédie et l'Opéra,
les comédies-ballets survécurent donc, car elles continuaient de plaire au public, mais ce fut au prix d'une adultération de ce qui constituait précisément

---

[108] Voir *infra*, troisième partie, chapitre 9, p. 319–21.

[109] Boileau se tut ainsi dans son *Art poétique* non seulement sur la comédie-ballet, mais
aussi sur le ballet de cour, l'opéra, la mascarade, bref sur tous ces genres hybrides
qui mêlaient composantes textuelles, musique et entrées de ballet, comme si les
répertorier, et donc reconnaître leur existence, eût été leur accorder *de facto* une certaine valeur. Voir à ce sujet l'article de Fritz Nies, « Les Silences de Boileau », *Cahiers
de Littérature du XVIIe siècle*, n° 8, 1986, p. 35–53.

[110] Les chiffres en témoignent, qu'il s'agisse du nombre de spectateurs ou du montant
des recettes. Ainsi, de 1680 à 1689, date du déménagement de la Comédie-Française, on retrouve, au nombre des pièces qui attirèrent plus de mille spectateurs
au théâtre, non seulement *Psyché*, *Le Malade imaginaire*, *Le Bourgeois gentilhomme*,
de même que *Les Amants magnifiques* combinés avec *Amphitryon*, mais aussi *La
Toison d'or* de Corneille. *L'Inconnu* de Thomas Corneille et de Donneau de Visé fit
aussi courir les foules (outre les registres du Guénégaud, édités par Jan Clarke, on
consultera ceux de la Comédie-Française, partiellement édités par H.C. Lancaster
dans *The Comédie-Française, 1680–1701, Plays, Actors, Spectators, Finances*, John
Hopkins Studies in Romance Languages and Literatures, vol. suppl. 17, Baltimore,
John Hopkins Press, 1941, et *The Comédie-Française, 1701–1774 [...]*, Transactions of
the American Philosophical Society, n[lle] série, vol. 41, partie 4, Philadelphia, 1951).

leur spécificité. Car elles en vinrent souvent à perdre la presque totalité de leurs intermèdes pour se trouver de plus en plus réduites à un texte dépouillé d'ornements. Les contingences finissaient par accomplir ce que Boileau avait en vain réclamé au nom de principes esthétiques.

A LA CROISÉE
DES
ANTHROPOLOGIES

Une «lecture historique» des comédies-ballets de Molière suppose par ailleurs que soit envisagée la façon dont ces pièces s'inscrivirent dans des contextes moins immédiats que le cadre premier de leur représentation à la cour ou celui de leur survie dans les théâtres parisiens. Il s'agit, en effet, au-delà de la relation entre l'écriture et le pouvoir qui la commandita, en imposant des lieux, des temps, des formes de représentations qui gouvernèrent son sens, de voir comment le texte et ses ornements furent associés dans leur construction à d'autres textes, littéraires ou non, d'autres genres, d'autres arts, et d'identifier les effets de sens produits par cette association. Il est nécessaire, en d'autres termes, pour comprendre dans leur historicité les interprétations dont les comédies-ballets ont pu être l'objet, de repérer ces réseaux de discours divers diffusant des modèles culturels controversés auxquels elles se référaient plus ou moins explicitement.

Produites pour la cour, elles ne purent qu'être marquées au coin de la tournure d'esprit et de la culture mondaines. L'exploration des *terrae incognitae* du sentiment à laquelle se livra le dramaturge dans les pièces galantes en témoigne[1], tout comme leur caractère composite et mêlé. Mais, dans un éclectisme, une diversité d'ailleurs goûtés des gens du monde, elles furent tout autant tributaires des grilles de lecture du monde et de l'homme proposées par les doctes, comme des catégories et des impératifs de la doctrine chrétienne dans un siècle dominé par l'augustinisme. En outre, dans une référence textuelle immédiatement identifiable par les spectateurs de Versailles ou de Saint-Germain-en-Laye, elles jouèrent sur l'application des règles de conduite à l'usage des milieux aristocratiques et mondains, énoncées par les traités contemporains de bienséance et de politesse. Molière sut en effet associer les apports les plus divers, les plus hétérogènes pour remplir son rôle d'auteur comique, pour montrer sous tous leurs angles, pour éclairer de tous les côtés les ridicules des hommes, de leurs comportements et de leurs manières d'être[2]. A cet égard rien ne distingue au premier abord les comédies-ballets des œuvres comiques écrites pour la ville, également concernées par ce tableau des mœurs et des gens de leur siècle.

---

[1] Voir *infra*, troisième partie.
[2] L'ouvrage de référence sur la question reste le livre de Patrick Dandrey sur *Molière ou l'esthétique du ridicule*.

La peinture «d'après nature» de ses contemporains[3] que proposa le dramaturge relevait ainsi d'une analyse de la nature humaine et du moi située à la jonction de modes divergents de lecture de la réalité. D'un côté elle s'intégrait dans la tradition médicale de Galien[4] et de Huarte[5], pour rechercher les causes physiques du tempérament, tout en s'inspirant également de la caractérologie la plus traditionnelle, celle d'Aristote et de Théophraste[6], caractérologie essentialiste, «fixiste», comme on a pu l'écrire, pour essayer de «marquer» les hommes, de les distribuer en classes dont la liste avait été arrêtée quelque deux mille ans plus tôt. Tout comme Alceste s'avouait atrabilaire[7] et Philinte flegmatique[8], Monsieur Jourdain se disait «bilieux comme tous les diables»[9] et Argan était colérique[10]. Quant aux fâcheux en tous genres de sa première comédie-ballet, dans lesquels des travers représentatifs de l'homme dans sa vérité ou son essence se combinaient avec des aspects de la réalité contemporaine, ils annonçaient la galerie de personnages mis en scène dans *L'Impromptu de Versailles*[11], comme ils serviraient

---

3   *La Critique de l'Ecole des femmes*, scène 6, p. 661.

4   Ses *Opera omnia* furent édités à Bâle en 1538 et son traité *De usu partium* fut traduit en français en 1566 par Claude Dalechamps sous le titre de *De l'usage des parties du corps humain* (Lyon, G. Rouillé).

5   L'*Examen de ingenios para les ciencias*, paru en 1575, fut traduit en français dès 1580 par Gabriel Chappuis sous le titre d'*Anacrise ou parfait jugement et examen des esprits propres et naiz aux sciences* (Lyon, F. Didier).

6   A l'origine du caractère on trouve en effet la psychologie issue des remarques de l'*Ethique à Nicomaque* (livre IV, chapitre 1 (le «généreux») et chapitre 4 (le «magnanime»)), dans lesquelles Théophraste puisa ses notions, même s'il fut le premier à utiliser le mot *caractère* en ce sens. En revanche, il n'inaugura pas le genre, puisque celui-ci relève, lui, de la rhétorique, dont Aristote fut à nouveau le modèle (*Rhétorique*, livre II, chapitre 12, 1388a). L'ouvrage du Stagirite offrait entre autres une série de caractères dont la connaissance impliquait à la fois le relevé de traits fixes déterminés par l'âge, le sexe, la condition et même les habitudes de l'individu (l'*ethos* à proprement parler), et celui de ces mouvements temporaires que sont les passions (le *pathos*), susceptibles de les modifier.

7   «J'entre en une humeur noire, et un chagrin profond,/Quand je vois vivre entre eux les hommes comme ils font» (*Le Misanthrope*, I, 1, v. 91–2, [in] Molière, *Œuvres complètes*, II, p. 145). Rappelons aussi que le sous-titre de la pièce est *L'Atrabilaire amoureux*.

8   «Mais ce flegme, Monsieur, qui raisonne si bien,/Ce flegme pourra-t-il ne s'échauffer de rien?» (*Ibid.*, v. 167–172, p. 147–8).

9   *Le Bourgeois gentilhomme*, II, 4, p. 727.

10 «Tenez, mon frère, ne parlons point de cet homme-là davantage, car cela m'échauffe la bile, et vous me donneriez mon mal» (*Le Malade imaginaire*, III, 3, p. 1156).

11 Je renvoie ici à la liste donnée en tête de *L'Impromptu de Versailles* (p. 675).

également de base aux portraits que Célimène tirait des habitués de son salon[12].

D'un autre côté, la peinture brossée dans les pièces semblait remettre en question cette ancienne grille de lecture pour dénoncer l'artifice de l'idée d'une unité du moi, comme si Molière en était venu, dans la lignée de Port-Royal, à douter de l'existence d'une nature humaine stable et aussi aisément classifiable. Au constat rassurant de moi déchiffrables se superposait ainsi la confusion de visages multiples et mobiles, à la certitude d'un savoir sur l'homme la difficulté, sinon l'impossibilité d'atteindre à la connaissance du moi. Mais alors que La Rochefoucauld découvrait «une génération perpétuelle de passions», les «éternels mouvements» d'une matière fluide[13], qui se décomposait et se recomposait sans cesse, et amorçait une descente toujours plus profonde au sein d'un moi dont les secrets replis étaient insondables, Molière paraissait plutôt affirmer qu'il n'y avait pas de moi profond, que l'être se réduisait à une démultiplication de son image dans laquelle il risquait de s'évanouir.

Or ce moi multiple et démultiplié dans la représentation n'était à bien des égards qu'une succession de rôles, inconscients pour la plupart et plus ou moins bien adaptés, ajustés, ceux que lui faisait jouer son désir de figuration sous le regard d'autrui, comme si la condition humaine assignait à l'individu, à la personne donc, de ne tenir sa place dans le monde qu'au titre de personnage. Si la misanthropie d'Alceste n'était que «le masque du désir de plaire», c'est-à-dire du désir d'être aimé[14], les visions de noblesse et de galanterie de Monsieur Jourdain, tout comme la maladie d'Argan du reste, n'avaient guère d'autre objectif. Molière rencontrait ici les découvertes jansénistes sur la place et l'importance de l'amour-propre dans le comportement humain tout en approfondissant le sens de la comédie que les moralistes contemporains voyaient dans le commerce du monde. Car, dans un retournement de la perspective, à l'ancienne représentation du grand théâtre du monde, de la *fabula* divine que les hommes jouaient au regard de Dieu, s'était substituée la visée anthropocentrique d'une comédie humaine, d'un spectacle du monde, qu'observait un spectateur qui croyait être dans le vrai, Molière lui-même, ou tout autre de ses personnages jouant au moraliste.

Apparence, faux visage, enveloppe, le moi n'était plus qu'un déguisement de l'être qui en cachait la vue aux autres comme à soi-même. De fait Montaigne s'était demandé

---

[12] *Le Misanthrope*, II, 4, p. 169–71.

[13] La Rochefoucauld, *Réflexions ou sentences et maximes morales* (édition de 1678), MS1, M10, [in] *Œuvres complètes*, éd. L. Martin-Chauffier et Jean Marchand, Paris, Gallimard, 1957, p. 491, p. 408.

[14] Antony McKenna, *Molière dramaturge libertin*, p. 81.

> Pourquoy, estimant un homme, l'estimez-vous tout enveloppé et empa-
> queté? Il ne nous faict montre que des parties qui ne sont aucunement
> siennes, et nous cache celles par lesquelles seules on peut vrayement juger
> de son estimation.[15]

Ni caractère, ni même à vrai dire tempérament, le moi ne ressemblait-il pas à
ces manteaux, à ces chapeaux aperçus dans la rue et sous lesquels Descartes
avait eu du mal à reconnaître des hommes?

> [...] si par hasard je ne regardais d'une fenêtre des hommes qui passent
> dans la rue, à la vue desquels je ne manque pas de dire que je vois des
> hommes [...]; et cependant que vois-je de cette fenêtre, sinon des cha-
> peaux et des manteaux, qui peuvent couvrir des spectres ou des hommes
> feints qui ne se remuent que par ressorts? Mais je juge que ce sont de vrais
> hommes [...].[16]

Certes les spectateurs de cour, rompus aux subtilités des ballets de Benserade pour Louis XIV[17], n'eurent, eux, aucun mal à reconnaître des personnes
bien réelles dans ces protagonistes en quête d'une identité, et à en rechercher les originaux dans la vie de tous les jours, joignant par là le plaisir intellec-
tuel de la reconnaissance à la joie plus maligne de découvrir les cibles de la
satire. Molière s'était défendu de vouloir «toucher aux personnes»[18], mais les
«applications», comme on disait alors, ne manquèrent pas[19]. Il est d'ailleurs

---

15 Montaigne, *Essais*, livre I, chapitre 42, «De l'inequalité qui est entre nous», [in] *Œuvres complètes*, éd. Maurice Rat, Paris, Gallimard, 1962, p. 251.

16 Descartes, *Méditations*, Méditation Seconde, [in] *Œuvres et lettres*, éd. André Bridoux, Paris, Gallimard, 1953, p. 281.

17 On connaît la célèbre remarque faite par Perrault sur les vers épigrammatiques de Benserade: «le coup portoit sur le Personnage, & le contre-coup sur la Personne, ce qui donnoit un double plaisir en donnant à entendre deux choses à la fois, qui belles separément, devenoient encore plus belles estans jointes ensemble» (Charles Perrault, *Les Hommes illustres qui ont paru en France pendant ce Siècle*, Paris, A. De-zallier, 1700, II, p. 80). La plupart de ces vers d'application tournaient autour des intrigues galantes des courtisans, dont étaient dévoilés à mots couverts les désirs secrets ou les récents faits et gestes.

18 «Pour moi, je me garderai bien de m'en offenser et de prendre rien sur mon compte de tout ce qui s'y dit. Ces sortes de satires tombent directement sur les mœurs, et ne frappent les personnes que par réflexion» (*La Critique de l'Ecole des femmes*, scène 6, p. 658).

19 Plus allusive que la «clé», qui sous-entend toujours, de la part de l'auteur, un cryp-tage conscient de l'adéquation reconnue entre la réalité et la fiction, l'«application» donne en revanche l'initiative au lecteur, car c'est lui qui, dans sa quête de ressem-blances et d'analogies, invente cette parenté, souvent ingénieuse, entre la fiction et la réalité. Ce qui ne veut pas dire toutefois que même s'il ne l'a pas concertée et consciemment cachée, l'auteur l'ait nécessairement ignorée. De fait l'«application»

probable que l'auteur les encouragea et que, la mode étant aux clés, il donna à son public mondain ce que celui-ci venait sans doute y chercher. Si les masques portés par les acteurs dans *L'Amour médecin* en 1665 désignaient sans grande possibilité d'erreur les premiers médecins de la cour[20], les mésaventures subies par Sganarelle dans *Le Mariage forcé* rappelaient aux plus avertis des courtisans celles du comte de Grammont, contraint d'épouser Mademoiselle Hamilton par les deux frères de la demoiselle[21], tout comme les déclarations de Monsieur de Sotenville renvoyaient aux récents faits et gestes du duc de la Feuillade[22]. Et que dire du chasseur enragé des *Fâcheux*, sur l'identité duquel Molière se tut mais que Louis XIV lui aurait conseillé d'ajouter à sa pièce en lui montrant le marquis de Soyecourt, déjà régulièrement en butte aux plaisanteries assez crues de Benserade dans les ballets du roi pour ses exploits à la chasse comme en amour[23]?

Le moi tel qu'il apparaissait ainsi dans l'œuvre dramatique de Molière n'était pas loin de ressembler à l'être bigarré et fuyant que Montaigne découvrait en lui même. Montage de classifications tirées de la typologie théophrastienne comme de la physiologie de Galien, d'observations prises sur le vif et d'emprunts à la nouvelle anthropologie qui était en train de redessiner la carte de l'homme, le moi du personnage comique était en fait moins un «caractère», un tempérament ou un portrait, qu'un «mélange moral»[24]. Ou plutôt il était tout cela à la fois. Molière ne recourait aux classi-

suppose pour être perçue et appréciée un savoir partagé, une connivence culturelle entre l'auteur et son lecteur (voir Bernard Beugnot, «Œdipe et le Sphinx: Essai de mise au point sur le problème des clés au XVIIe siècle», [in] *Le Statut de la littérature. Mélanges offerts à Paul Bénichou*, éd. Marc Fumaroli, Genève, Droz, 1982, p. 78).

[20] Voir la lettre de M. de Langeron à Desnoyers, du 15 septembre 1665, [in] Henri Eugène Philippe Louis d'Orléans, duc d'Aumale, *Histoire des princes de Condé, pendant les XVIe et XVIIe siècles*, Paris, Calmann Lévy, 1885–96, VII, p. 198.

[21] Anecdote rapportée par Cizeron-Rival dans ses *Récréations Littéraires, ou anecdotes et remarques sur différents sujets, Recueillies, par M.C.R.*, Lyon, Jacques-Marie Dessiat, 1765, p. 8–9 («Le fameux Comte de Grammont a fourni à Moliere l'idée de son *Mariage forcé*. Ce seigneur pendant son séjour à la Cour d'Angleterre, avoit fort aimé Mlle. Hamilton: leurs amours même avoient fait du bruit, & il répassoit en France sans avoir conclu avec elle; les deux freres de la Demoiselle se joignirent à Douvres dans le dessein de faire avec lui le coup de pistolet. Du plus loin qu'ils l'apperçurent, ils lui crierent: Comte de Grammont, Comte de Grammont, n'avez-vous rien oublié à Londres? Pardonnez-moi, répondit le Comte, qui devinoit leur intention, j'ai oublié d'épouser votre sœur, & j'y retourne avec vous pour finir cette affaire»).

[22] Voir *infra*, seconde partie, chapitre 5, p. 163.

[23] Voir *infra*, seconde partie, chapitre 4, p. 117.

[24] La Mothe Le Vayer, *De la vertu des Payens*, Seconde Partie, 2e éd., Paris, Augustin Courbé, 1647, p. 55.

fications traditionnelles que comme à un cadre nécessaire pour construire et organiser la somme de comportements et de conduites qui constituait l'être-vu de son protagoniste, que gouvernait un constant amour de soi. Nécessaire pour unifier ces manifestations diverses, ce cadre était aussi nécessaire pour en rendre vraisemblable et donc crédible le «caractère» sur une scène théâtrale gouvernée par des règles généralisées de convenance. A un moment où les savoirs antiques s'effondraient devant l'émergence d'un nouvel esprit scientifique et anthropologique, Molière s'aventurait aussi sur la nouvelle voie qui s'ouvrait: celle d'une «déconstruction» du caractère ramené à une suite de portraits sans autre consistance que l'impérieux désir de projeter une image magnifiée du moi. A cet égard, les comédies-ballets ne différaient guère des autres pièces du dramaturge qui mettaient en scène des protagonistes aveuglés par leur imagination, si ce n'est par le fait que derrière ces êtres imaginaires se profilait bien plus souvent le portrait de personnes réelles. Du moins un certain public le croyait-il. Qui plus est, il paraissait même le vouloir. Mais elles en différaient aussi par les constantes modulations du sens apportées au texte par l'insertion d'intermèdes et la présence à la représentation du monarque et d'une élite sociale et culturelle de la nation.

C'est cette nouvelle voie offerte à Molière que les chapitres suivants se donnent pour tâche d'explorer en proposant une lecture en quelque sorte «janséniste» et «moraliste» de son théâtre de cour[25], qui, sans vouloir aucunement remettre en question les acquis de la critique moliéresque, notamment dans le domaine des traditions anthropologique et médicale, s'efforce de travailler le texte dans une autre direction[26]. Tout en prenant à chaque fois la mesure de l'exploitation par le dramaturge de la relation créatrice du texte et des intermèdes avec le cadre festif de la représentation.

---

[25] L'expression «Molière moraliste» apparaît pour la première fois dans un texte anonyme publié par Louis Prunières en 1901 dans *La Société positiviste*.

[26] Je renvoie ici aux divers ouvrages de Patrick Dandrey sur Molière, ainsi qu'aux travaux plus généraux de Louis Van Delt, et notamment à son *Moraliste classique: essai de définition et de typologie*, Genève, Droz, 1982; *Littérature et anthropologie. Nature humaine et caractère à l'âge classique*, Paris, P.U.F., 1993.

Chapitre 4: *Les Fâcheux*, ou le «théâtre public» du moi

Les Fâcheux, donnés à Vaux-le-Vicomte pour le surintendant Foucquet le 17 août 1661, furent la première comédie-ballet de Molière. Une tentative à demi réussie, pourrait-on penser sur la foi même des écrits du dramaturge[1]. Loin de là. Ce coup d'essai fut un coup de maître. Non seulement Molière sut faire œuvre nouvelle, inédite, en introduisant du jamais vu dans les usages de la scène française, il sut également dans un amalgame de tradition et de nouveauté, à l'image d'une esthétique elle aussi au carrefour de l'antique et du moderne[2], mettre à profit les diverses grilles de lecture du monde et de l'homme pour «peindre d'après nature» les hommes et y faire «reconnaître les gens de [son] siècle»[3]. Pièce-*theatrum*, galerie de caractères tirés de l'éthopée théophrastienne, croquis sur le vif de contemporains aisément identifiables, essai sur les tours et détours de l'amour-propre, sinon voyage au cœur de l'humaine condition, *Les Fâcheux* se situaient véritablement à la croisée des anthropologies et conviaient le spectateur à débusquer, derrière une typologie pérenne, les «image[s] phantastique[s]» du moi analysées par le théologien Pierre Nicole[4]. Mais la pièce laissait aussi deviner l'extraordinaire conscience réflexive de Molière et le début de cette lente perversion de la relation de l'écrivain à son mécène royal qui allait s'effectuer au fil des années et des comédies-ballets[5].

---

[1] C'est du moins ce qu'il affirme dans l'avis au lecteur de la pièce imprimée: «comme le temps était fort précipité, et que tout cela ne fut pas réglé entièrement par une même tête, on trouvera peut-être quelques endroits du ballet qui n'entrent pas dans la comédie aussi naturellement que d'autres» (Avis, *Les Fâcheux*, p. 484).

[2] Je renvoie ici à la communication d'Agnès Vève et de moi-même sur «Faire du nouveau avec de l'ancien: la comédie-ballet à l'époque classique», faite au colloque «Modernités/Modernities», Oxford, juin 2006. Actes à paraître chez Peter Lang.

[3] *La Critique de l'Ecole des femmes*, scène 6, p. 661.

[4] Nicole, *De la connaissance de soy-même*, [in] *Essais de morale*, 3e éd., Paris, Guillaume Desprez, 1679–1682, III (1682), p. 15.

[5] Voir *infra*, troisième partie, chapitre 9.

1. Théâtre et *theatrum mundi*

La structure discontinue adoptée par le dramaturge dans sa comédie-ballet était de toute évidence une survivance du mode de composition du ballet à entrées. Mais elle est également à rapprocher de la composition panoramique des *Théâtres*, *Hôpitaux*, *Nefs* et autres *Galeries* des écrivains moralistes des XVIe et XVIIe siècles où, développant de façon privilégiée le thème du *theatrum mundi*[6], étaient passés en revue tous les types et toutes les scènes de la «comédie humaine». La tragi-comédie, *L'Hôpital des fous*, de Charles de Beys (1634) semblait d'ailleurs avoir tracé la voie en explorant dans le troisième acte les possibilités d'une construction décalquée à la fois sur un modèle chorégraphique, les ballets de *Fous* ou de *Fols* étant de surcroît monnaie courante à la cour de Louis XIII, et sur un modèle littéraire, qu'il s'agisse de la galerie de personnages «blessés du cerveau» de Tommaso Garzoni ou du cortège de fous de l'*Encomium moriae* d'Erasme[7]. S'y succédaient sur scène, pour le plus grand plaisir des spectateurs et du protagoniste Berinte, un soldat, un plaideur, un astrologue, un philosophe, un musicien et un alchimiste, tous également fous[8]. De même *Les Fâcheux* faisaient défiler dans un seul et même espace tout un cortège de caractères et de types, portraits individuels ou généralisants de fâcheux, tous cas de figures de l'existence dont cette présentation en sketches séparés permettait d'embrasser la profusion et le mouvement[9]. Le pédant humaniste y voisinait avec le chasseur enragé et le spéculateur, le curieux avec la précieuse et le joueur de cartes, les joueurs de mail et de boules avec des jardiniers, des savetiers et de petits frondeurs, en une ébauche de galerie que Molière compléterait plus tard dans *L'Impromptu de Versailles* (1663) et *Le Misanthrope* (1666) par l'ajout de marquis ridicules, de coquettes sages ou spirituelles, de façonnières et autres prudes, auxquels vinrent s'ad-

---

6   Comme le fait remarquer Louis Van Delft, dans leur immense majorité, les *Théâtres* avaient en fait pour fonction de dresser beaucoup plus généralement l'inventaire de toute connaissance. Voir «Le Concept de théâtre dans la culture classique», *Cahiers d'Histoire de Littératures Romanes*, no 25 (1/2), 2001, p. 73–85; et «L'Idée de théâtre (XVIe–XVIIIe siècle)», *R.H.L.F.*, no 5, 2001, p. 1349–65.

7   Construction que l'on retrouve également dans *Les Visionnaires* de Desmarets de Saint-Sorlin (1637).

8   Le concierge résumait les possibilités de son hôpital en disant: «Dieux que ce nombre est grand!/j'en fais voir à tous âges,/De tristes, de joyeux, de constans, de volages» (*L'Hospital des Fous. Tragi-comedie de Beys*, III, 5, Paris, Toussainct Quinet, 1636, p. 58).

9   Les derniers vers de la scène 2 de l'acte II rendaient du reste explicite la filiation de la comédie-ballet. Eraste s'écriait: «En quel lieu sommes-nous?/De quelque part qu'on tourne, on ne voit que des *fous*» (*Les Fâcheux*, v. 345–6, p. 502). C'est moi qui souligne.

joindre, dans *Les Femmes savantes* (1672), les représentants modernes, façon
« nouveau docte », du cuistre conventionnel, ainsi que des versions féminines
sentant leur « Querelle des femmes » d'un alliage familier de snobisme et de
prétention.

Ne retrouvait-on pas ici, actualisés certes par la référence à des mœurs et à
des « professions » contemporaines, nombre de ces travers éternels répertoriés
par la tradition scolastique et philosophique ? Fous et fâcheux s'apparentaient
de toute évidence à plusieurs des « caractères » définis par Théophraste au IIIe
siècle avant notre ère (Térence y avait déjà emprunté sa matière comique), et
notamment bien sûr à l'importun, mais aussi au flatteur, à l'homme vain ou
plein d'ostentation, qui coexistaient avec des enthousiastes en tous genres
dans lesquels on s'accordait également à reconnaître le croquis sur le vif de
contemporains, assistant même pour certains à la représentation. Incarnation d'un type où se marquait le dévoiement de l'exercice de la chasse[10], le
personnage de Dorante passa ainsi aux yeux de tous pour le marquis de Soyecourt, Grand Veneur de France et familier du monarque[11]. Quant à l'« homme
à grands canons »[12] du début, dont Éraste narre l'irruption bruyante et suffisante sur la scène du théâtre, n'était-il pas « le reflet des gens du bel air qui
s'agitent, parlent, s'ébrouent dans les allées de Vaux, au moment où la pièce
commence »[13], et qui, quelques mois plus tôt, dans le *Ballet de l'Impatience*,
avaient dansé dans des rôles d'impatients divers, modèle du personnage

---

[10]   Dans sa *Nourriture de la noblesse*, Thomas Pelletier notait déjà en 1604 que « tel s'y
       passionne & agite avec tant d'excès que vous ne l'oyez jamais parler que de ses
       chiens & de ses oyseaux, rompant, ruynant tout, pour ce seul plaisir, n'ayant jamais
       en son escurye cheval ny harnois qui vaille » (Paris, Vve Mamert Patisson, 1604,
       p. 94vo–95).

[11]   Ce caractère, suggéré par Louis XIV, ne fut toutefois ajouté au texte qu'à partir de
       la reprise de la comédie-ballet devant le roi à Fontainebleau, les 25 et 27 août 1661.
       Selon Ménage, en effet, « dans la Comédie des *Fascheux*, qui est une des plus belles
       de Moliere, le Fascheux chasseur qu'il introduit dans une Scene de cette Piéce, est
       M. de Soyecourt. Ce fut le Roy lui-même qui lui donna ce sujet, & voici comment.
       Au sortir de la première représentation de cette Comédie qui se fit chez M. Fouquet,
       le Roy dit à Moliere, en lui montrant M. de Soyecourt : Voilà un grand original que
       tu n'as pas encore copié. C'en fut assez de dit, & cette Scene où Moliere l'introduit
       sous la figure d'un Chasseur, fut faite & apprise par les Comédiens en moins de
       vingt-quatre heures, & le Roy eut le plaisir de la voir en sa place, à la représentation
       suivante de cette Piéce » (Ménage, *[Suite du] Menagiana, ou les bons mots, les pensées
       critiques, Historiques, Morales & d'Erudition de M. Menage, recueillies par ses amis*
       (1693), 2e éd., Paris, Florentin & Pierre Delaulne, 1694, II, p. 13).

[12]   *Les Fâcheux*, I, 1, v. 17, p. 488.

[13]   Jean Serroy, « Aux sources de la comédie-ballet moliéresque. Structures des *Fâ-
       cheux* », *Recherches & Travaux*, no 39, 1990, p. 49.

d'Eraste? ou dont Donneau de Visé dirait à l'occasion de la reprise des *Fâcheux* au Palais-Royal en novembre de la même année, qu'«il s'en trouvoit qui faisoient en plain Theatre, lors que l'on les joüoit, les mesmes actions que les Comediens faisoient pour les contrefaire»[14]? Sans qu'il y eût solution de continuité entre le monde représenté et le monde vécu, entre la fiction et la réalité, *Les Fâcheux* offraient au spectateur de cour la contemplation d'une scène où évoluait son double dramatique.

En outre cet espace unique, ce forum, c'était un plateau de théâtre bien réel qui reproduisait à une échelle réduite et concrète le *topos* métaphorique de la vaste «scène [de] l'univers»[15], puisqu'à l'instar des moralistes de son temps, Molière semblait prendre sur lui de découvrir et de faire parcourir à son spectateur cette scène à laquelle la structure architecturale de son propre théâtre faisait plus que de servir de cadre. Alors que La Fontaine et La Bruyère projetaient de brosser la comédie humaine dans sa totalité en recourant aux métaphores théâtrales[16], le dramaturge, lui, animait sur scène une collection succincte de personnages dramatiques, condensé de cette comédie du monde qu'il mettait à nu en donnant pour des rôles les comportements humains quotidiens. La première de ses comédies-ballets était exemplaire de ce qu'allait être son œuvre future. Ainsi qu'en un miroir révélateur le spectateur y apprenait «à ne regarder toutes les choses qui se passent dans le monde que comme les diverses scènes de la grande comédie qui se joue sur la terre entre les hommes»[17], ou, en d'autres termes, à ne considérer le monde que comme une mise en scène d'apparences trompeuses, la représentation en définitive de la fausseté. Le monde s'avérait être «un piège de faux visages»[18], car les

---

14   Donneau de Visé, *Nouvelles nouvelles*, tome 3, Paris, Jean Ribou, 1663, II, p. 230

15   La Fontaine, *Fables*, livre V, fable 1, «Le Bûcheron et Mercure», [in] *Fables, contes et nouvelles*, éd. René Groos et Jacques Schiffrin, Paris, Gallimard, 1954, p. 115.

16   La Fontaine se proposait ainsi de faire de son ouvrage «une ample comédie à cent actes divers, / Et dont la scène est l'univers» (*ibid.*), tandis que La Bruyère assimilait à son tour les hommes à des «personnage[s] de comédie» jouant toujours la même pièce («Dans cent ans le monde subsistera encore en son entier: ce sera le même théâtre et les mêmes décorations, ce ne seront plus les mêmes acteurs. Tout ce qui se réjouit sur une grâce reçue, ou ce qui s'attriste et se désespère sur un refus, tous auront disparu de dessus la scène. Il s'avance déjà sur le théâtre d'autres hommes qui vont jouer dans une même pièce les mêmes rôles; ils s'évanouiront à leur tour; et ceux qui ne sont pas encore, un jour ne seront plus: de nouveaux acteurs ont pris leur place» (*Les Caractères ou les mœurs de ce siècle*, «De la cour», 99, [in] *Œuvres complètes*, éd. Julien Benda, Paris, Gallimard, 1951, p. 246)).

17   *Lettre sur la comédie de l'Imposteur*, [in] Molière, *Œuvres complètes*, I, p. 1180.

18   Anne Larue, Avant-propos, *Théâtralité et genres littéraires*, publications de *La Licorne*, Poitiers, 1996, p. 16.

hommes étaient tous porteurs de masques mensongers, dissimulant leur être véritable[19]. Pour Boileau en effet,

> Le Monde, à mon avis, est comme un grand Théâtre,
> Où chacun en public l'un par l'autre abusé,
> Souvent à ce qu'il est jouë un rôle opposé.
> Tous les jours on y voit, orné d'un faux visage,
> Impudemment le Fou representer le Sage,
> L'Ignorant s'eriger en Sçavant fastueux,
> Et le plus vil Faquin trancher du Vertueux.[20]

L'erreur des hommes (et leur ridicule) venait justement de ce qu'en acteurs aveugles et par là même hypocrites, ils prenaient leur masque au sérieux sans vouloir (ou pouvoir) voir leur vrai visage.

Or ce rôle, que le port volontaire ou involontaire d'un masque contraignait les hommes de jouer, c'était moins en définitive celui qu'ils jouaient au regard surplombant de Dieu, l'auteur et le metteur en scène de la comédie du monde sublunaire, que celui qu'ils jouaient sous le regard des autres hommes sur une scène beaucoup moins vaste, où ils n'apparaissaient plus comme le jouet de la divinité, dépeint par Platon dans ses *Lois*[21], mais comme celui de leurs propres passions. En effet, dans un glissement du sens, la comédie divine, version chrétienne de l'ancien *topos* du «théâtre du monde»[22], était devenue une comédie humaine, un spectacle que Molière représentait à la fois sur scène et dans le miroir réfléchissant de la conscience d'un acteur-spectateur, quelque peu en retrait, et moins préoccupé à vrai dire de critères moraux que soucieux de normes esthétiques. Tout à son rendez-vous galant, Eraste dans *Les Fâcheux* ne refusait d'entrer dans le jeu social que pour mieux en juger les acteurs, invariablement qualifiés de «sots»[23]. Du fond de son salon, Célimène tirait, dans *Le Misanthrope,* des portraits satiriques des gens de son siècle qui en faisaient éclater le ridicule et mettaient les rieurs de son côté. Dans un monde dominé par la notion de divertissement et le thème du bon rôle[24], quiconque était incapable de voir ses insuffisances, son inadapta-

---

19 Pour Furetière, «masque» vient de *masca* qui signifie faux visage (*Dictionnaire Universel*).

20 Boileau-Despréaux, *Satires*, XI, [in] *Œuvres complètes*, éd. Françoise Escal, Paris, Gallimard, 1966, p. 81.

21 I, 644de et VII, 803c.

22 Sur ce *topos*, voir Lynda G. Christian, *Theatrum mundi. The History of an Idea*, New York – London, Garland Publishing, 1987.

23 Je rappelle le premier sens du terme donné par Furetière, «niais, despourveu d'esprit, qui dit & qui fait des impertinences, des actions ridicules» (*Dictionnaire Universel*).

24 Voir *infra*, seconde partie, chapitre 6, p. 198 *et sq.*

tion, passait inévitablement pour ridicule, importun ou ennuyeux. Là où la justice divine avait naguère récompensé ou puni les acteurs de rôles dominés par l'idée de la mort et du salut, le rire d'autrui venait sanctionner la qualité de la performance. Le mot clé était dorénavant celui de convenance.

2. Une certaine idée du moi, ou la scénographie de l'amour-propre

Les Fâcheux, qui mettaient en scène des personnages du beau monde, se prêtaient tout particulièrement à une exploration de cette dialectique du rôle et de l'être, du masque et du visage, à laquelle se ramenait la comédie humaine et sociale pour les contemporains de Molière. Le courtisan et sa stratégie de faux semblant et de dissimulation, l'honnête homme et son idéal de politesse et de civilité, parce qu'ils impliquaient une constante maîtrise, pour ne pas dire manipulation du moi et de son expression, n'étaient que la manifestation la plus visible de ce besoin de projeter une image flattée du moi enraciné en tout être humain. Car, par delà l'apparente diversité et relativité des rôles joués dans le commerce du monde, c'est un même désir de se faire valoir, de donner une idée avantageuse d'eux-mêmes qui meut les hommes, une même soif de considération qui les pousse à adopter des conduites qui sont la projection d'images transfigurées d'eux-mêmes et dans lesquelles ils se métamorphosent en leur idéal. Dans ce désir on aura reconnu l'amour de soi, ou plutôt d'une certaine idée du moi, et c'est à cet amour qu'en écho des réflexions de Nicole ou de Pascal, Molière choisit apparemment de rapporter la théâtralité des comportements humains dans *Les Fâcheux*, « clou » d'un spectacle visant à montrer à tous la « politesse » et la « magnificence » de son commanditaire[25]. L'ironie était patente.

Les personnages extravagants qui défilèrent sur la scène de Vaux étaient ainsi plus que de quelconques importuns, « le reflet des gens du bel air » qui faisaient le brouhaha dans l'assistance. Derrière eux se dissimulait une conception ambivalente du moi et du caractère. D'un côté, cas de figure de l'existence, ils incarnaient toute une gamme de caractères et de types représentatifs, visiblement inspirés de modèles socio-culturels contemporains, de l'autre, c'étaient des êtres sans profondeur, qui n'étaient plus que des moi ajustés à des rôles porteurs d'une « image phantastique de grandeur »[26] suscitée par l'amour de soi-même. La représentation du spectacle du monde s'accompagnait d'une exploration du moi d'autrui, d'une descente dans le théâtre intérieur du personnage, dont se chargeait le dramaturge selon une

---

[25] Loret, lettre du 20 août 1661, *La Muze historique*, III, p. 391, p. 303.
[26] Nicole, *De la connoissance de soy-même*, p. 15.

perspective somme toute plus détachée et amusée que réprobatrice, une perspective qui était véritablement celle du spectateur, non du juge.

Le désir d'être un autre

Tous les protagonistes des *Fâcheux* partagent en fait la même disposition et le même comportement que la créature anatomisée par Nicole et les moralistes de l'âge classique : au départ un *ego* amoureux de lui-même et « contraint pour s'aimer, de se representer à soy-mesme autre qu'il n'est en effet »[27] ; le besoin du regard de l'autre pour légitimer cette idée grossie et agrandie du moi, qui n'est pas l'être authentique, mais un « vain phantôme »[28] formé de tout ce que son imagination lui représente comme aimable et désirable ; la rencontre enfin avec l'autre dans le rôle accepté ou refusé du *tertium comparationis*, à la fois arbitre, juge et garant de cette transformation. Cet autre, c'est ici Eraste, que tous consultent comme « juge »[29], mais qui, déclinant tout d'abord de participer au commerce de la civilité du monde, se réfugie dans une conduite d'évitement qui va parfois jusqu'à la fuite[30], voire au renvoi de l'importun[31], avant de se plier, contraint et forcé par ces lois de l'échange social, à ce que ses interlocuteurs attendent de lui. C'est que lui aussi fait passer la satisfaction de son intérêt personnel avant celle du désir d'autrui.

L'idée du moi qui relève les fâcheux à leurs propres yeux et dont ils cherchent le reflet légitimant dans la conscience d'Eraste, apparaît comme un composé de qualités réelles et supposées qui visent toutes à les faire paraître comme grands, puissants et respectés. Certaines témoignent du désir de se conformer à des stéréotypes sociaux/culturels. Ainsi Alcandre et Filinte,

---

[27] Nicole, *La Logique ou l'Art de penser*, Première Partie, chapitre 9, « Quelques exemples de ces idées confuses & obscures, tirez de la Morale », 4e éd., Lyon, Antoine Laurens, 1671, p. 99. Mécanisme que l'auteur détaillerait plus tard dans ses *Essais de morale* : « L'homme veut se voir, parce qu'il est vain. Il évite de se voir, parce qu'étant vain il ne peut souffrir la veuë de ses défauts & de ses miseres. Pour accorder donc ces desirs contraires, il a recours à un artifice digne de sa vanité, par lequel il trouve moyen de les contenter tous deux en même temps. C'est de couvrir d'un voile tous ses défauts, de les effacer en quelque sorte de l'image qu'il se forme de luy-même, & de n'y laisser que les qualitez qui le peuvent relever à ses propres yeux. S'il ne les a pas effectivement, il se les donne par son imagination ; & s'il ne les trouve pas dans son propre être, il les va chercher dans les opinions des hommes, ou dans les choses exterieures qu'il attache à son idée, comme si elles en faisoient partie » (Nicole, *De la connoissance de soy-même*, p. 7).

[28] *Ibid.*

[29] *Les Fâcheux*, II, 4, v. 388, p. 505.

[30] « Je me suis doucement esquivé sans rien dire » (*ibid.*, I, 1, v. 103, p. 490).

[31] « Vous serez mon ami quand vous me quitterez » (*ibid.*, III, 4, v. 770, p. 522).

en proposant leurs services comme second ou en réclamant ceux d'Eraste, se conforment aux exigences de l'idéal nobiliaire de l'honneur, alors que l'«homme à grands canons», venu troubler la représentation théâtrale sur le récit de laquelle s'est ouverte la comédie-ballet, épouse jusqu'aux plus infimes détails d'un comportement à la mode chez les gens du bel air :

> Car les gens du bel air, pour agir galamment,
> Se gardent bien surtout d'ouïr le dénouement.[32]

Quant à Caritidès, le pédant, c'est par la référence à une catégorie socio-professionnelle qu'il se définit :

> Oui, je suis un savant charmé de vos vertus,
> Non pas de ces savants dont le nom n'est qu'en *us* :
> Il n'est rien si commun qu'un nom à la latine ;
> Ceux qu'on habille en grec ont bien meilleure mine ;
> Et pour en avoir un qui se termine en *ès*,
> Je me fais appeler Monsieur Caritidès.[33]

D'autres, comme Alcipe ou Dorante, érigent en savoir légitime et valorisant des passions idiosyncratiques, comme l'amour du jeu ou de la chasse, qu'ils partagent avec nombre de leurs contemporains. Mais toutes ces qualités sont données en définitive comme l'abrégé de perfections particulières, voire la somme de toutes les qualités désirables, dont la possession les démarque des autres dans un isolement égotiste. Eraste rapporte ainsi de son «homme à grands canons» :

> Sur nouveaux frais mon homme à moi s'est attaché,
> M'a conté ses exploits, ses vertus non communes,
> Parlé de ses chevaux, de ses bonnes fortunes,
> Et de ce qu'à la cour, il avait de faveur.[34]

C'est que ces qualités, ces biens, que le moi affiche comme siens et qui sont le signe de l'amour sans bornes qu'il se porte, sont ce qui lui vaudra en définitive l'admiration et les louanges d'autrui. De fait, comme le reconnut Pascal, on n'aime donc jamais personne, mais des qualités», et qui plus est, «des qualités empruntées»[35].

---

[32] *Ibid.*, I,1, v. 61–2, p. 489.
[33] *Ibid.*, III, 2, v. 641–6, p. 515.
[34] *Ibid.*, I, 1, v. 66–9, p. 489.
[35] Pascal, *Pensées*, n° 306, [in] *Œuvres complètes*, éd. Jacques Chevalier, Paris, Gallimard, 1954, p. 1165.

Dis-moi que je suis ce que je dis que je suis

Cette idée du moi que le fâcheux vient présenter à Eraste pour qu'il en certifie la légitimité, lui est donnée avec, pour garantie d'authenticité en quelque sorte, la mention d'une validation antérieure, celle du spécialiste en la matière ravalé au rang de pair. Dans la quête de la reconnaissance, en effet, s'est interposé un autre garant, un autre *tertium comparationis*. Ainsi l'«homme à grands canons», fier de ses connaissances dramatiques, croit-il bon d'en appeler à Corneille:

> Je sais par quelles lois un ouvrage est parfait,
> Et Corneille me vient lire tout ce qu'il fait.[36]

Lysandre, après avoir vanté

> Certain air que j'ai fait de petite courante,
> Qui de toute la cour contente les experts,[37]

n'hésite pas, lui, à se réclamer de Lully, sous les yeux mêmes du musicien très certainement présent au spectacle:

> [...] Baptiste le très cher
> N'a point vu ma courante, et je le vais chercher.
> Nous avons pour les airs de grandes sympathies,
> Et je veux le prier d'y faire des parties.[38]

Quant à Dorante le chasseur, c'est Gaveau, célèbre marchand de chevaux, qu'il convoque pour appuyer ses dires:

> Je te laisse à penser si sur cette matière
> Il voudrait me tromper, lui qui me considère.[39]

Enfin, il n'est jusqu'au pédant Caritidès qui ne regrette que «des gens bien instruits»[40] n'aient pu dire à Eraste qui il était.

Fort de cette première légitimation, le fâcheux peut alors interpeller Eraste et exiger de lui une action qui confirmera derechef la légitimité de l'image projetée. Lysandre lui demande d'écouter l'air de sa courante et d'en

---

[36] *Les Fâcheux*, I, 1, v. 53–4, p. 489.

[37] *Ibid.*, I, 3, v. 181–2, p. 495.

[38] *Ibid.*, I, 3, v. 205–8, p. 496. La courante en question avait d'ailleurs été composée par Lully, bien que le reste de la musique fût du danseur et chorégraphe Beauchamps («Cette Courante a esté fait par Mr. de Lully et chantée au facheux par Mr. de la Grange Comedien», Recueil Philidor, BnF, Rés. F.530, vol. 44). Sur la musique des *Fâcheux*, voir George Houle, *Le Ballet des* Fâcheux: *Beauchamp's Music for Molière's Comedy*, Bloomington, Indiana University Press, 1991.

[39] *Les Fâcheux*, II, 6, v. 523–4, p. 510.

[40] *Ibid.*, III, 2, v. 637, p. 515.

observer les pas, quêtant ainsi une approbation admirative dont il suggère
lui-même les termes:

LYSANDRE
Il chante sa courante.

N'est-elle pas belle?

ERASTE

Ah!

LYSANDRE
Cette fin est jolie.
Il rechante la fin quatre ou cinq fois de suite.
Comment la trouves-tu?

ERASTE
Fort belle assurément.[41]

Alcipe et Dorante attendent de lui qu'il reconnaisse le bien-fondé du grief
qu'ils entretiennent à l'égard de celui qui vient de gâcher leur plaisir au
jeu ou à la chasse, car leur donner raison, c'est admettre leur supériorité en
matière de savoir et de pratique. Caritidès vient lui lire un placet dont il fait
la matérialisation des virtualités de talent contenues dans le nom significatif
qu'il s'est choisi, et qu'il espère qu'Eraste présentera au roi après en avoir
reconnu l'importance[42]. C'est que, dans la quête à la reconnaissance, Eraste
n'est en définitive, lui aussi, qu'un intermédiaire. Seul le roi peut véritablement légitimer la représentation de soi que chacun aspire à mettre sous le
regard d'autrui[43], le plus souvent par le biais d'une œuvre ou d'une action
emblématique de sa valeur, de son prix. Molière n'attendit pas, en effet,
George Dandin et les retombées des recherches de noblesse[44] pour rappeler aux

---

[41] *Ibid.*, I, 3, v. 187–9, p. 495.

[42] Louis XIV insiste dans ses *Mémoires* sur cette liberté d'accès auprès de sa personne,
      accordée justement en 1661: «Je fis connaître qu'en quelque nature d'affaires que
      ce fût, il fallait me demander directement ce qui n'était que grâce, et je donnai à
      tous mes sujets sans distinction, la liberté de s'adresser à moi à toutes heures, de
      vive voix et par placets» (*Mémoires pour l'instruction du dauphin*, p. 53). L'hommage
      au roi, en l'honneur et en présence de qui fut donnée la pièce, est ici évident.

[43] C'est ce que ne comprennent pas les aspirants gentilshommes que sont George
      Dandin et Monsieur Jourdain, qui se contentent d'attendre des Sotenville ou
      de Dorante une reconnaissance que le roi, en tant qu'unique autorité véritable-
      ment légitimante du royaume, était seul à même de pouvoir accorder. Voir *infra*,
      seconde partie, chapitre 5, p. 147–8, 162–3.

[44] Entreprise au lendemain de la Fronde, cette épuration de la noblesse reçut un
      fondement rigoureux avec la déclaration du roi du 8 février 1661. Entre cette date
      et 1668, année où fut représenté *George Dandin*, vingt-cinq textes législatifs virent le

spectateurs de cour que toute identité sociale dépendait du jugement d'autrui et plus encore d'un jugement souverain seul capable d'avaliser une pareille construction de l'être. Aussi Caritidès le pédant, comme Ormin le spéculateur, voit-il en Eraste un « Mécène »[45], dont l'intervention lui permettra d'être connu et reconnu du monarque, unique garant de l'image de soi dans le royaume et, du fait de sa position privilégiée, au sommet de l'Etat, le spectateur-juge par excellence des rôles sociaux et de leur légitimité, car il est à la comédie sociale ce que l'auteur-spectateur-juge divin est au grand théâtre du monde:

> Hélas! Monsieur, c'est tout que montrer mon placet.
> Si le Roi le peut voir, je suis sûr de mon fait;
> Car comme sa justice en toute chose est grande,
> Il ne pourra jamais refuser ma demande.[46]

Toute requête explicite du fâcheux à Eraste recouvre donc une demande implicite et le fait d'accorder la première doit entraîner l'acceptation automatique de la seconde. L'enjeu est d'importance.

Or cette avalisation que réclame le protagoniste, le monarque était, dans une interpénétration de la fiction et de la réalité, à même de l'accorder *hic et nunc* vu qu'en ce soir du 17 août 1661, il était physiquement présent dans l'espace théâtral, au sommet de la pyramide visuelle déterminée par le dispositif scénique imaginé par Torelli, comme il le serait d'ailleurs également à chaque représentation des comédies-ballets à la cour. Tous les témoignages contemporains en effet rendent compte de cette ordonnance particulière qui le montre assis sur un trône, estrade, ou tout autre «échaffaud», placé au centre de la salle, parfois improvisée, de spectacle, au point de concours des regards et d'observation optimale du jeu, au point de vue en d'autres termes qui, dans la salle, répond au point de fuite du tableau scénique, là où la vue et l'ouïe sont parfaites. Ordonnance que l'on ne peut qu'imaginer pour *Les Fâcheux* ou *Le Bourgeois gentilhomme*, mais dont les gravures de Silvestre et de Le Pautre pour *La Princesse d'Elide*, *George Dandin* et *Le Malade imaginaire* de 1674 donnent une idée assez précise. Et c'est justement dans cet agencement de l'espace théâtral reproduisant de manière visuelle et concrète la structure d'une société d'ordres hiérarchisée que se manifestait la portée sociale du jeu de l'être et du paraître dans les comédies-ballets.

---

jour qui visaient à réglementer les conditions de l'appartenance au second ordre du royaume. Pour plus de détails sur cette réformation, je renvoie ici à l'article précédemment cité de Roger Chartier sur «De la fête de cour au public citadin».

[45] *Les Fâcheux*, III, 2, v. 664, p. 516.
[46] *Ibid.*, III, 2, v. 673–6, p. 517.

La tactique du flatteur

Aussi le fâcheux cherche-t-il d'abord à circonvenir son interlocuteur, soit par une familiarité d'égal à égal, soit par la flatterie et la sollicitation de son propre amour-propre. S'autorisant, pour interpeller Eraste, d'une connaissance antérieure débouchant sur une reconnaissance immédiate[47], l'« homme à grands canons », Lysandre, Alcandre, Alcipe, Dorante et Filinte, nobles eux-mêmes, lui donnent tous du marquis et le tutoyent sans façon comme si le lien personnel, réel ou feint, devait garantir la complaisance à leur égard de celui dont ils se proclament par là l'égal. C'est ce comportement que Molière railla justement en 1663 dans son *Remerciement au roi* :

> Portez de tous côtés vos regards brusquement,
>   Et, ceux que vous pourrez connaître,
>   Ne manquez pas, d'un haut ton,
>   De les saluer par leur nom,
>   De quelque rang qu'ils puissent être.
>   Cette familiarité
> Donne à quiconque en use un air de qualité.[48]

D'autres, de rang inférieur, comme Caritidès, qui, sans être connus de lui, le connaissent de réputation, préfèrent invoquer

> […] le rang, l'esprit, la générosité,
>   Que chacun vante en vous …[49]

à moins qu'ils ne cherchent à le gagner par des offres de services futurs. Ainsi l'« homme à grands canons » s'offre-t-il « de grand cœur » à « servir » Eraste « à la cour »[50], tandis que, dans la logique mécénique de la reconnaissance mutuelle[51], Caritidès s'engage à célébrer sa grandeur :

> Au reste, pour porter au ciel votre renom,
> Donnez-moi par écrit votre nom et surnom ;
> J'en veux faire un poème en forme d'acrostiche
> Dans les deux bouts du vers et dans chaque hémistiche.[52]

---

47   Quoiqu'il ne le soit en fait que peu, Eraste s'avoue ainsi « connu d'un pareil éventé » (*ibid.*, I, 1, v. 42, p. 488), tandis que Lysandre lui déclare « sous ces arbres, de loin, mes yeux t'ont reconnu » (*ibid.*, I, 3, v. 177, p. 495).

48   *Remerciement au roi*, [in] Molière, *Œuvres complètes*, I, v. 33–9, p. 632.

49   *Les Fâcheux*, III, 2, v. 629–30, p. 514.

50   *Ibid.*, I, 1, v. 70, p. 489.

51   Sur clientélisme et mécénat, voir Alain Viala, *La Naissance de l'écrivain*, p. 51–84.

52   *Les Fâcheux*, III, 2, v. 677–80, p. 517.

Plus terre-à-terre, Ormin lui assure qu'il fera sa fortune:

Pour moi, je ne crains pas que je vous importune,
Puisque je viens, Monsieur, faire votre fortune.[53]

Ces offres s'étendent au roi lui-même puisque l'un d'eux composera «l'ana-gramme de Votredite Majesté en français, latin, grec, hébreu, syriaque, chal-déen, arabe ...»[54] et que l'autre lui promet «un gain inconcevable» autant que facile[55]. A vrai dire ce marché, car c'est bien d'un marché qu'il s'agit, transformera la créature en créateur de son créateur après que celle-là aura donné à celui-ci par ses paroles flatteuses la reconnaissance dont son amour-propre est tout aussi avide que le sien. Sans compter que la flatterie est aussi une façon pour le flatteur en quête de reconnaissance de rehausser l'image de celui dont il attend cette reconnaissance, de le légitimer en quelque sorte en tant que juge et garant de son image à lui, tout en transformant sa propre situation initiale d'inégalité et de manque en position de supério-rité.

«Amour-propre, amour-propre, quand tu nous tiens ... »

Cette flatterie fonctionne comme un piège car, malgré qu'il en ait, Eraste montre que lui aussi conforme en définitive ses faits et gestes à la représenta-tion du moi que lui renvoie le discours-miroir d'autrui, pour devenir ce que le fâcheux, par sa flatterie, a dit qu'il était selon une tactique consistant à énoncer le devoir-être sur le mode de l'être[56]. L'arrêt par lequel Eraste tranche le débat entre les deux précieuses «est plein [de cet] esprit» qu'elles ont com-mencé par lui reconnaître[57]; et s'il refuse d'être le second d'Alcandre, non pas par lâcheté, bien sûr, mais par obéissance aux ordres du monarque français, qui avait interdit les duels[58], on le voit néanmoins par un «trait si surprenant de générosité»[59] mettre l'épée à la main pour défendre Damis qui le haït.

---

[53]   *Ibid.*, III, 3, v. 695–6, p. 518.
[54]   *Ibid.*, III, 2, p. 517.
[55]   *Ibid.*, III, 3, v. 715, p. 519.
[56]   Voir Louis Marin, *Le Portrait du roi*, p. 121.
[57]   *Les Fâcheux*, II, 4, v. 467, p. 508.
[58]   Nouvelle allusion aux mesures prises par Louis XIV au début de son règne per-sonnel. Celui-ci écrit en effet dans ses *Mémoires*, toujours pour l'année 1661: «La fu-reur des duels, un peu modérée depuis l'exacte observation des derniers réglements sur quoi je m'étais toujours rendu inflexible, montrait seulement par la guérison déjà avancée d'un mal si invétéré, qu'il n'y en avait point où il fallût désespérer du remède» (p. 47).
[59]   *Les Fâcheux*, III, 4, v. 805, p. 524.

Geste d'autant plus révélateur que cette même générosité que lui a demandée Alcandre était un des traits du comportement attendu de ceux de sa classe au même titre que la bravoure à la guerre qu'il s'est attribuée à mots couverts :

> Je ne veux point ici faire le capitan ;
> Mais on m'a vu soldat avant que courtisan.[60]

Or, que sont la générosité et la bravoure sinon une forme d'ostentation sociale, une recherche de l'admiration d'autrui, une manière de lui en imposer ? Comme en convint La Rochefoucauld,

> On ne veut point perdre la vie, et on veut acquérir de la gloire ; ce qui fait que les braves ont plus d'adresse et d'esprit pour éviter la mort, que les gens de chicane n'en ont pour conserver leur bien.[61]

A moins qu'il ne s'agisse d'« une ambition déguisée, qui méprise de petits intérêts, pour aller à de plus grands »[62]. L'offre d'être son second que lui a faite Filinte au troisième acte ne recouvre-t-elle pas en fait chez celui-ci un désir profond de mettre en évidence ses propres qualités de dévouement et de désintéressement ? et qu'y a-t-il de moins désintéressé alors qu'un comportement qui vise à embellir l'être imaginaire du moi ? De même la civilité à laquelle Eraste est également obligé par le code social de son milieu, qui lui interdit l'usage de la violence,

> – Ciel ! faut-il que le rang, dont on veut tout couvrir,
> De cent sots tous les jours nous oblige à souffrir,
> Et nous fasse abaisser jusques aux complaisances
> D'applaudir bien souvent à leurs impertinences ?[63] –

n'est-elle pas au fond une manière détournée dont use l'amour-propre pour arriver à ses fins, une forme de dérivation mondaine et théâtrale d'un instinct agressif ? De l'avis de Nicole,

> Ainsi cette honnesteté qui a esté l'idole des sages Payens, n'est rien dans le fond qu'un amour propre plus intelligent & plus adroit que celuy du commun du monde, qui sçait éviter ce qui nuit à ses desseins, & qui tend à son but qui est l'estime & l'amour des hommes par une voye plus droite & plus raisonnable.[64]

---

[60] *Ibid.*, I, 6, v. 273–4, p. 499.
[61] La Rochefoucauld, *Maximes*, M221, p. 436.
[62] *Ibid.*, M246, p. 440.
[63] *Les Fâcheux*, I, 3, v. 209–12, p. 497.
[64] Nicole, *De la charité, et de l'amour propre*, [in] *Essais de morale*, III, p. 162.

Ne procède-t-elle pas de ce désir d'être aimé que l'amour-propre nourrit dans le cœur de chaque homme[65] et qui ne peut être satisfait que par la dissimulation de l'amour-propre lui-même ? Toujours selon Nicole,

> Cette suppression de l'amour propre est proprement ce qui fait l'honnesteté humaine, & en quoy elle consiste; & c'est ce qui a donné lieu à un grand Esprit de ce siecle, de dire que la vertu Chrêtienne détruit & aneantit l'amour propre, & que l'honnesteté humaine le cache & le supprime.

L'incivilité d'Eraste à l'égard de Filinte[66] n'est en fait qu'un amour-propre mis à nu et qui ne dissimule plus cet autre désir tout aussi puissant qu'est la satisfaction immédiate d'un intérêt propre, en l'occurrence l'impérieuse nécessité qu'il éprouve de voir Orphise, et que le désir d'être agréable lui a fait jusque-là, et bien qu'à contre-cœur, repousser. Il devient évident dès lors que les divers fâcheux qui se sont mis en travers de la route du protagoniste au cours de la pièce doivent leur importunité moins à leur nature intrinsèque d'extravagant et à la disconvenance de conduite où les pousse leur illusion sur eux-mêmes, qu'au fait d'avoir entravé, par leur présence et leur action, la réalisation de ses desseins. Comme l'a écrit Marc Fumaroli, « le *fâcheux* dans la dramaturgie moliéresque, c'est celui qui trouble, perturbe, un homme enfermé dans l'espace de sa passion, Acteur inconscient de l'être »[67], car, agi plutôt qu'agissant, il est tout aussi incapable d'accéder à ce détachement de l'être nécessaire à la connaissance de soi.

Du mérite et de la « fâcherie »

La « fâcherie » n'est donc pas un défaut inhérent au fâcheux, un trait objectif de sa personnalité. Elle est bien plutôt dans sa situation d'entrave, d'obstacle au désir du protagoniste (et d'empêchement bien sûr de l'action recherchée,

---

[65] « [...] l'homme corrompu non seulement s'aime soy-mesme, mais [...] il s'aime sans bornes & sans mesure; [...] il n'aime que soy; [...] il rapporte tout à soy. Il se desire toutes sortes de biens, d'honneurs, de plaisirs, & il n'en desire qu'à soy-mesme, ou par rapport à soy-mesme. Il se fait le centre de tout : il voudroit dominer sur tout, & que toutes les creatures ne fussent occupées qu'à le contenter, à le loüer, à l'admirer. [...] Il y a même quantité de gens, en qui l'inclination de se faire aimer est plus forte que celle de dominer, & qui craignent plus la haine & l'aversion des hommes & les jugemens qui les produisent, qu'ils n'aiment d'être riches & puissans & grands » (*ibid.*, p. 147–8, p. 157–8).

[66] « Parbleu! puisque tu veux que j'aie une querelle, / Je consens à l'avoir pour contenter ton zèle : / Ce sera contre toi, qui me fais enrager, / Et dont je ne me puis par douceur dégager. / [...] / Vous serez mon ami quand vous me quitterez » (*Les Fâcheux*, III, 4, v. 763–6, v. 770, p. 522).

[67] Marc Fumaroli, « Microcosme comique et macrocosme solaire : Molière, Louis XIV et *L'Impromptu de Versailles* », *Revue des Sciences Humaines*, n° 145, 1972, p. 15.

ce qui explique qu'il ne saurait y avoir de fâcheux solitaire[68]). En d'autres termes elle est dans le regard que celui-ci porte sur lui, dans le point de vue qu'il adopte vis-à-vis de lui. C'est ce qui transparaît des remarques mêmes d'Eraste à la fin du premier acte:

> Mes Fâcheux à la fin se sont-ils écartés?
> Je pense qu'il en pleut ici de tous côtés.
> Je les fuis, et les trouve; et pour second martyre,
> Je ne saurais trouver celle que je désire.[69]

Aussi la perception de la fâcherie l'emporte-t-elle sur toute autre évaluation de son caractère. Et si Eraste qualifie parfois ces individus qui se mettent en travers de sa route de «sots»[70] ou d'«ânes bien faits»[71], selon un jugement portant sur l'image extravagante qu'ils présentent d'eux-mêmes, et qui le place dans une position de retrait vis-à-vis d'eux, c'est bien le terme de «fâcheux» ou d'«importuns» qui lui vient le plus naturellement à la bouche et qui définit leur conduite dans son rapport avec lui. Or ce qui, chez le protagoniste, lui fait décider de l'agrément ou du désagrément de son interlocuteur, c'est son intérêt, qui juge ainsi de ce qui est bon ou mauvais pour lui. En effet, pour Nicole,

> Nous jugeons des choses, non par ce qu'elles sont en elles mesmes; mais parce qu'elles sont à nostre égard: & la verité & l'utilité ne sont pour nous qu'une mesme chose.[72]

Et La Rochefoucauld de préciser:

> Nous ne ressentons nos biens et nos maux qu'à proportion de notre amour-propre.[73]

L'agrément n'est en définitive que le critère ultime du mérite[74]. Toujours selon La Rochefoucauld,

---

68 Remarque faite par Patrick Dandrey, *Molière ou l'esthétique du ridicule*, p. 50.
69 *Les Fâcheux*, II, 1, v. 293–6, p. 500. D'autres passages sont tout aussi éclairants. A la scène 1 de l'acte I, Eraste déplore dans les mêmes termes sa rencontre avec l'homme aux grands canons: «Non sans avoir longtemps gémi d'un tel martyre,/ et maudit ce Fâcheux, dont le zèle obstiné/ M'ôtait au rendez-vous qui m'est ici donné» (*ibid.*, I, 1, v. 104–6, p. 490). Il n'est jusqu'à Dorante, fâcheux lui-même, qui ne fasse la même mise en rapport: «Ha! Marquis, que l'on voit de Fâcheux, tous les jours,/ Venir de nos plaisirs interrompre le cours!» (*ibid.*, II, 6, v. 481–2, p. 509).
70 *Ibid.*, I, 3, v. 210, p. 497.
71 *Ibid.*, III, 2, v. 682, p. 518.
72 Nicole, *La Logique*, Troisième Partie, chapitre 19, «Des Sophismes d'amour propre, d'interest, & de passion», p. 334.
73 La Rochefoucauld, *Maximes*, M339, p. 452.
74 Sur cette question, voir Pierre Force, *Molière ou le prix des choses*, Paris, Nathan, 1994, p. 149–54.

L'amour-propre nous augmente ou nous diminue les bonnes qualités de nos amis à proportion de la satisfaction que nous avons d'eux; et nous jugeons de leur mérite par la manière dont ils vivent avec nous.[75]

Ce n'est donc pas la raison qui fait décider à Eraste de la valeur de son interlocuteur, mais son amour-propre exacerbé par le retard que celui-ci apporte à la réalisation de ses désirs. Le fâcheux n'est un sot que parce qu'il n'a pas su lui plaire. Et il ne lui a déplu que parce qu'il s'est trouvé au mauvais endroit au mauvais moment.

Inversement, le mérite que les fâcheux reconnaissent à Eraste dépend de sa capacité à leur être utile, qu'ils attendent de lui simple reconnaissance, approbation ou soutien actif. Comment expliquer autrement le brusque revirement de Damis à l'égard du jeune homme, haï tant qu'il prétend à la main de sa nièce, mais apprécié dès qu'il lui sauve la vie:

> Ce trait si surprenant de générosité
> Doit étouffer en moi toute animosité.
> Je rougis de ma faute, et blâme mon caprice.
> Ma haine trop longtemps vous a fait injustice.[76]

Et que dire du dédoublement potentiel de tout être humain, à la fois jugeant et jugé, qu'illustre l'épisode du chasseur Dorante à l'acte II? En effet, si Dorante traite de fâcheux le campagnard ignorant qui vient de gâcher son plaisir à la chasse en abattant à coups de pistolet le cerf qu'il courait, son récit intempestif de la scène à Eraste le transforme lui-même en fâcheux aux yeux de son interlocuteur pressé d'aller à son rendez-vous galant. Quiconque s'érige en juge de la «fâcherie» d'autrui court toujours le risque d'être lui-même considéré comme un fâcheux par un tiers s'érigeant à son tour en juge. Dans la société que mettent en scène Les Fâcheux, la valeur des êtres et des choses ne paraît plus dépendre que du caprice de celui qui évalue, et c'est l'amour-propre qui est montré en fixer le prix, et encore d'une manière toute relative et nécessairement instable. Cette société est devenue le lieu d'une confusion morale que le dramaturge ne pouvait évoquer que sur un mode badin, sous peine de passer lui-même pour un fâcheux aux yeux de spectateurs épris de plaisir et de divertissement.

A la mise en lumière du ridicule social, qui était ici en grande partie celui de gens du monde rendus insupportables par l'exagération des travers d'incivilité et de manquement aux bienséances caractéristiques de leur milieu, s'ajoutait ainsi dans la première des comédies-ballets de Molière la révélation d'un ridicule moral, commun à tous les hommes, poussés par leur amour-

---

[75]   La Rochefoucauld, *Maximes*, M88, p. 419.
[76]   *Les Fâcheux*, III, 6, v. 805–8, p. 524.

propre à se mettre en scène sous le regard d'autrui sans s'apercevoir que ce regard était plus critique que complaisant. Eraste ne se pliait qu'en apparence et de mauvais gré à ce que les fâcheux attendaient de lui. Et on imagine de quel œil Corneille ou Lully pouvaient considérer dans la réalité les productions artistiques ou littéraires d'un Lysandre et d'un « homme à grands canons ». Quant au spectateur royal de la comédie-ballet des *Fâcheux* dont, à l'instar d'Ormin et de Caritidès, Foucquet, le commanditaire, attendait la reconnaissance ultime, on sait qu'il refusa de l'accorder en faisant arrêter son surintendant des finances trois semaines après la représentation, dans un refus patent de l'obligation de réciprocité implicite dans le don. Il s'appropria en revanche le divertissement qui venait de lui être offert à Vaux-le-Vicomte en le faisant aussitôt redonner dans son propre château de Fontainebleau quelques jours plus tard avec les modifications qu'il avait personnellement suggérées.

Les personnages des *Fâcheux* étaient bien plus que des caractères dans la tradition théophrastienne ou des types représentatifs d'une époque et d'un milieu, mâtinés à l'occasion de satire personnelle, qui donnaient l'illusion qu'ils pouvaient être lus et compris. C'étaient des êtres dont la nature réelle échappait en fait à la connaissance du spectateur, comme à la leur propre. Partagés entre un moi senti confusément comme rien moins qu'aimable, et une idée du moi qui le leur représentait « avec quelque qualité agreable de *grand*, de *puissant*, de *respecté* »[77], et dans laquelle ils s'aliénaient, ils laissaient deviner une conception évolutive du moi qui attaquait la base même de la construction millénaire de la caractérologie classique. A l'orée de sa carrière parisienne, Molière inscrivait dans une même œuvre toute une gamme de possibles discours sur l'homme, non seulement divers mais même antagonistes, qui annonçaient une profonde mutation des structures mentales dans l'Europe de la première modernité. Le choix qui s'offrait à lui n'était dès lors pas tant de délaisser Plaute, ce « plat bouffon », pour

> [...] ramener en France
> Le bon goût et l'air de Térence[78]

que de continuer dans la voie au confluent du théâtre et de la philosophie morale, tracée par Ménandre et Térence lui-même, ou d'opter en revanche pour une vision radicalement différente de l'homme qui, dans sa nouveauté, était surtout mondaine.

---

[77]   Nicole, *De la connoissance de soy-même*, p. 11.
[78]   La Fontaine, lettre à M. de Maucroix, p. 525.

Chapitre 5[1] : Une « diversité presque infinie » de portraits

Pour Nicole, le simulacre avantageux du moi par lequel l'homme cherche à se cacher la vue de ses défauts et de ses misères n'était toutefois qu'une des représentations imaginaires de l'être. Au portrait de soi par soi-même s'ajoute en effet toute une suite de portraits autres, qui sont ceux que se forme l'imagination d'autrui et qui renvoient au sujet une image démultipliée de son moi. Tout homme se voit ainsi vu, représenté et même doublement représenté, car ce sont deux portraits que les autres se font de lui, l'un, généralement flatteur, qu'ils lui découvrent[2], et qui est comme le reflet de sa propre représentation de lui-même, l'autre qu'ils destinent à leur usage particulier et qu'ils lui cachent. Nicole en concluait qu'

> il faut considerer que [l'homme] ne se regarde pas moins selon un certain être qu'il a dans l'imagination des autres, que selon ce qu'il est effectivement, & qu'il ne forme pas seulement son portrait sur ce qu'il connoist de soy par lui-même, mais aussi sur la veuë des portraits qu'il en découvre dans l'esprit des autres. Car nous sommes tous à l'égard les uns des autres comme cet homme qui sert de modele aux Eleves dans les Academies de Peintres. Chacun de ceux qui nous environnent se forme un portrait de nous ; & les differentes manieres dont on regarde nos actions, donnent lieu d'en former une diversité presque infinie.[3]

---

[1] Ce chapitre est la version généralement remaniée de quatre études déjà parues : « Présentation et représentation dans *Le Bourgeois gentilhomme* », *Littératures classiques*, n° 21, 1994, p. 79–90 ; « Feinte et comédie dans *La Comtesse d'Escarbagnas* », [in] *Essays on French Comic Drama from the 1640s to the 1780s*, éd. Derek C. Connon et George Evans, Bern, Peter Lang, 2000, p. 71–86 ; « Je, tu, il ... ou le dédoublement du moi dans le *George Dandin* de Molière », *Littératures classiques*, n° 38, 2000, p. 91–101 ; « Spectacle et images du moi dans *Monsieur de Pourceaugnac* », *Le Nouveau Moliériste*, n° 3, 1996–7, p. 45–55.

[2] Pour Nicole, ce portrait flatteur que nous découvre autrui ne sert qu'à nourrir davantage l'idée imaginaire de notre moi : « Le commerce de la civilité du monde fait le mesme effet à l'égard de ceux qui vivent. Car comme il est tout rempli de témoignages d'estime & d'affection, d'égards, d'applications, il leur donne lieu de se representer à eux-mêmes comme aimés & estimés, & par consequent comme aimables & estimables » (*De la connoissance de soy-même*, p. 11).

[3] *Ibid.*, p. 16. Pour une analyse de ce texte de Nicole, voir Louis Marin, *Des pouvoirs de l'image*, Paris, Seuil, 1993, p. 32–4.

C'est précisément cette «diversité presque infinie» des représentations du moi que mirent en scène, après *Les Fâcheux*, nombre de comédies de Molière, et en particulier les comédies-ballets dites de la prétention nobiliaire[4], qui firent de leur action un travail sur ce «vain phantôme» ou simulacre du moi, auquel le spectateur-lecteur était invité à prendre part. Centrées sur un protagoniste entêté de visions de qualité et de grandeur, nourries par une lecture erronée de soi et du monde, ces pièces s'organisèrent autour de la présentation continuelle de cette représentation de soi imaginaire, à laquelle venaient faire échec les représentations rivales que se formaient les autres personnages de ce moi offert à leur jugement et à leur approbation. Monsieur de Pourceaugnac comme la comtesse d'Escarbagnas ou le bourgeois gentilhomme se trouvaient ainsi au centre d'un système spéculaire de regards et de points de vue, où l'idée du moi se trouvait comme démultipliée au risque, pour le moi, d'échapper à toute connaissance.

Certes le désir de figuration du protagoniste pouvait tout aussi bien le conduire à des représentations négatives de l'être, où ne se satisfaisait pas moins cette passion du moi à laquelle le siècle donna le nom d'amour-propre. A l'instar d'Harpagon qui se complaisait dans son image de miséreux, ou de Tartuffe se dépeignant à qui voulait l'entendre en pécheur indigne[5], Argan mettait ainsi sous les yeux de ses proches un portrait de lui-même en malade malpropre et dégoûtant, portrait dégradé dont il attendait néanmoins, avec la reconnaissance de son authenticité par autrui, la gratification d'un désir (inconscient?) d'être remarqué et aimé. Comme Monsieur Jourdain ou la comtesse d'Escarbagnas quêtaient l'admiration des autres, comme, pour se donner le beau rôle, Sganarelle jouait dans *L'Amour médecin* les pères pleins de sollicitude à l'égard de sa fille prétendument malade[6], Argan en appelait à la pitié et à la compassion de son entourage, car c'est dans ces sentiments qu'il pouvait trouver la confirmation de son idée imaginaire du moi. L'amour-propre avait découvert dans la fausse maladie le moyen le plus ingénieux pour ériger l'égoïsme en règle absolue de conduite.

Or, si cette démultiplication du moi était effectivement susceptible de se poursuivre à l'infini, comme l'affirmait Nicole[7], les représentations de l'être n'étaient-elles pas en passe de ne plus renvoyer à un arrière-fond qui serait le moi, en d'autres termes de ne plus représenter qu'elles-mêmes? Dès lors

---

[4] C'est-à-dire essentiellement *Monsieur de Pourceaugnac* (1669), *Le Bourgeois gentilhomme* (1670), *La Comtesse d'Escarbagnas* (1671) et, à un degré moindre, *George Dandin* (1668).

[5] Voir *Tartuffe*, III, 6.

[6] Voir *L'Amour médecin*, I, 1 et 2.

[7] Nicole, *De la connoissance de soy-même*, p. 16.

la confrontation du personnage comique à des images dans lesquelles il se reconnaîtrait de moins en moins n'allait-elle pas faire naître en lui un doute qu'on pourrait qualifier d'existentiel? le plonger dans un vertige où viendrait à se perdre la conscience même de l'être? Avec cette perte de l'idée même du moi, la dépersonnalisation du sujet serait complète.

George Dandin et Monsieur de Pourceaugnac étaient ainsi peu à peu dépouillés de leur moi au fil d'échanges sociaux où se trouvait comme retourné, subverti, le fonctionnement habituel du commerce de la civilité du monde. Loin d'être ce lieu «tout rempli de témoignages d'estime & d'affection»[8], où les autres renvoient du moi un portrait «ou [sic] l'on ne fait entrer que ce qu'on juge [lui] pouvoir plaire»[9], le monde était l'endroit traversé de marques de mépris, sinon d'hostilité, où était, au contraire, impitoyablement révélé le portrait véritable, habituellement gardé secret, dans lequel le protagoniste se voyait ridiculisé, dénigré, avili. Parce que celui-ci, en bon *pharmakos* comique, était perçu comme un obstacle aux désirs des autres personnages, un tel retournement avait pour but essentiel de le circonvenir, de le neutraliser en le ramenant à des représentations de plus en plus négatives de lui-même qui lui ôtaient toute crédibilité et dès lors toute efficacité. A l'encontre de leurs homologues du *Bourgeois gentilhomme* ou de *La Comtesse d'Escarbagnas* qui, pour réussir, devaient plutôt s'ajuster aux visions du protagoniste, «s'accommoder à ses chimères»[10] en lui renvoyant une image flattée de son moi[11],

---

[8] *Ibid.*, p. 11.

[9] *Ibid.*, p. 20.

[10] *Le Bourgeois gentilhomme*, III, 13, p. 756. Béralde justifie de la même manière la cérémonie médicale du troisième intermède: «Mais, ma nièce, ce n'est pas tant le jouer, que s'accommoder à ses fantaisies» (*Le Malade imaginaire*, III, 14, p. 1171).

[11] Certes, comme Helen M.C. Purkis a été l'une des premières à le remarquer, le portrait secret de Monsieur Jourdain que les autres protagonistes ont fait circuler entre eux, trouve un sens à se matérialiser ouvertement à l'acte V dans la représentation scénique du «vieux bourgeois babillard» du *Ballet des nations*, où se projette, à l'instigation sans doute de Dorante, l'être vrai, ou du moins jugé tel du bourgeois gentilhomme (voir «Monsieur Jourdain, Dorante et le *Ballet des Nations*», *Studi francesi*, n° 71, 1980, p. 224–33). Ce portrait, qui révèle la véritable nature, ou plutôt la véritable identité sociale du protagoniste, lui permet dès lors d'accéder à une connaissance de soi non aveuglée par l'amour-propre dans la contemplation de son contraire, son double enfin exposé aux regards de tous. Remis à sa place, déshabillé, déparé, le bourgeois, gentilhomme ou pas, n'est plus que le spectateur ignoré et méprisé du divertissement de la noblesse. Ceci alors que, hôte du *Ballet des nations*, Monsieur Jourdain pouvait se croire parvenu au faîte des grandeurs, le pair des nobles de la cour, l'égal même du roi, dont le divertissement du «ballet et [de] la comédie» qui se fait chez lui a été mis en parallèle avec les préparatifs de son propre divertissement (*Le Bourgeois gentilhomme*, III, 5, p. 744). Rien, toutefois, ne laisse supposer qu'il ait compris qu'il y avait là une leçon qui lui était adressée.

les fourbes et autres imposteurs de *George Dandin* et de *Monsieur de Pourceau-gnac* présentaient à leur victime un miroir déformant et démultipliant dans lequel se déconstruisait l'être et s'abîmaient le moi et son idée. L'ordre, ou du moins un certain ordre jugé souhaitable, pouvait alors être rétabli.

1. Bourgeois, gentilhomme ou mamamouchi ?

Gentilhomme imaginaire, Monsieur Jourdain est aveuglé par le désir d'être autre que ce qu'il est et croit pouvoir changer son être en changeant son paraître. Et ce désir d'être autre, c'est chez le bourgeois la volonté irraisonnée d'être non seulement noble mais gentilhomme[12]. Volonté qui, soit dit en passant, débouche sur un rêve éveillé, une vision créatrice qui, en un sens, modifie et même subvertit l'ordre social. N'affirme-t-elle pas la mobilité de la société et la capacité d'un chacun de gravir les échelons de l'échelle sociale, sinon par son propre mérite, du moins par son adresse et son industrie, sans avoir recours aux moyens traditionnels que représentaient l'achat de charges ou de terres nobles, ou l'octroi de lettres de noblesse par le souverain[13] ? Aussi, dans ses *Réflexions sur le ridicule*, Morvan de Bellegarde condamnait-il ce comportement non seulement comme moralement ridicule, mais aussi comme socialement répréhensible :

> Estre d'une naissance médiocre, qui flotte entre la Noblesse & la Roture, & affecter des hauteurs, qu'on ne pardonneroit pas aux personnes du premier rang, c'est une sottise qui ne peut venir que d'un grand fond d'impertinence, ou d'un orgueüil ridicule : on ne peut contenir l'indignation que l'on sent [...].[14]

Que l'état nobiliaire se soit imposé comme modèle idéal à l'imagination en quête de guide de Monsieur Jourdain, ne saurait en fait surprendre, car, de l'avis des contemporains de Louis XIV, cet état concentrait tout ce qu'il y avait «de *grand*, de *puissant*, de *respecté*» au monde[15]. En effet, comme le précisait Nicole,

---

[12]   But nécessairement hors de portée, puisqu'on naît gentilhomme, on ne le devient pas. Monsieur Jourdain pouvait tout au plus être anobli.

[13]   Voir à ce sujet Roland Mousnier, *Les Hiérarchies sociales de 1450 à nos jours*, Paris, P.U.F., 1969 ; Yves Durand et Jean-Pierre Labatut, *Problèmes de stratification sociale*, Paris, P.U.F., 1965 ; ainsi que le numéro spécial de *XVIIe siècle* consacré à «La mobilité sociale», n° 122, 1979.

[14]   Morvan de Bellegarde, *Réflexions sur le ridicule, et sur les moyens de l'éviter*, Paris, Jean Guignard, 1696, p. 152.

[15]   Nicole, *De la connoissance de soy-même*, p. 11.

[...] l'on considere leur estat non seulement environné de toute la pompe & de toutes les commoditez qui y sont jointes; mais aussi de tous ces jugemens avantageux que l'on [s'en] forme [...], & que l'on connoist par les discours ordinaires des hommes & par sa propre experience.[16]

Ce qui revenait à dire que ce modèle tant prisé n'était lui-même qu'un «vain phantôme»[17], en d'autres termes une création imaginaire à partir d'une lecture subjective et égocentrique de la réalité par l'âme, qui voulait pour soi le bonheur qu'elle attachait aux sentiments d'estime et d'admiration suscités par les autres.

Des « visions de noblesse et de galanterie »

Signe donc d'une ambition sociale ancrée dans l'amour-propre, «les visions de noblesse et de galanterie que [le bourgeois] est allé se mettre en tête»[18] lui présentent une image embellie de son moi, faite d'ornements étrangers, particuliers à la noblesse de l'époque, qui visent tous à le grandir, à le magnifier à ses propres yeux. Et telle est la puissance de cette image à la fois composite et empruntée du moi qu'elle obscurcit la vue des défauts et des manques du moi réel. De fait,

[...] par le moyen de cette illusion, [l'homme] est toûjours absent de luy-même, & present à luy-même; il se regarde continuellement, & il ne se voit jamais veritablement, parce qu'il ne voit au lieu de luy-même que le vain phantôme qu'il s'en est formé.[19]

Tout à sa gentilhommerie supposée, Monsieur Jourdain renie son ascendance et son passé bourgeois, se refusant ainsi notamment à admettre que son père était marchand. A Madame Jourdain qui lui rappelle «Et votre père n'était-il pas marchand aussi bien que le mien?», il réplique aussitôt: «Si votre père a été marchand, tant pis pour lui; mais pour le mien, ce sont des malavisés qui disent cela»[20]. Il réaffirme de même face à Covielle qu'«il y a de sottes gens qui me veulent dire qu'il a été marchand»[21]. Ce faisant, le protagoniste

---

[16]   Nicole, *La Logique*, p. 101.

[17]   Nicole, *De la connoissance de soy-même*, p. 7.

[18]   *Le Bourgeois gentilhomme*, I, 1, p. 712. Au dire du personnage joué par La Grange dans *Les Précieuses ridicules*, c'est un même aveuglement que montrait son valet Mascarille: «C'est un extravagant, qui s'est mis dans la tête de vouloir faire l'homme de condition. Il se pique ordinairement de galanterie et de vers, et dédaigne les autres valets, jusqu'à les appeler brutaux» (scène 1, [in] Molière, *Œuvres complètes*, I, p. 266).

[19]   Nicole, *De la connoissance de soy-même*, p. 7.

[20]   *Le Bourgeois gentilhomme*, III, 12, p. 755.

[21]   *Ibid.*, IV, 3, p. 766.

récrit l'histoire et reconstruit la réalité présente, de manière à ce que soit
confirmée son idée chimérique du moi, alors qu'il traite de malavisés et de
fous tous ceux qui ne partagent pas ses visions et le traitent lui-même de fou
ridicule[22].

Ces ornements empruntés aux choses extérieures, que s'est adjoints l'idée
du moi pour se former une image de dignité et de grandeur, trouvent un
équivalent visuel dans les comportements nobles que Monsieur Jourdain
imite tant bien que mal[23], ainsi que dans les signes matériels que sont les
oripeaux magnifiques dont il s'affuble dans l'espoir qu'une modification du
paraître entraînera une modification de l'être. Ne sont-ils pas l'extériorisation
de ses fantasmes, le prolongement de son idée nobiliaire du moi, dont ils
constituent en même temps la tentative de réalisation, «vivre noblement»
étant effectivement au XVIIe siècle l'une des conditions de l'accession à la
noblesse[24]? Il est évident aussi que les essais de galanterie – au sens positif
du terme – du bourgeois relèvent d'une stratégie identique, qu'il s'agisse de
s'habiller à la dernière mode, d'avoir musique chez soi, de tourner «d'une
manière galante»[25] un compliment à une marquise, de la saluer de trois
révérences ou de lui offrir festin et ballet – régale que le vocabulaire du temps
appelait d'ailleurs «galanterie»[26]. Les intermèdes des trois premiers actes de
la pièce, et notamment ceux dont Monsieur Jourdain lui-même est l'acteur
(la chanson de Janneton, le menuet et l'habillement en cadence[27]), de même
que le divertissement final, s'il n'était détourné à d'autres fins par Dorante,
viendront alors marquer le passage à l'acte d'une image du moi en puissance,
le moment précis de la réalisation de cette image par sa transformation en

---

[22] «MONSIEUR JOURDAIN: Voulez-vous vous taire, impertinente? Vous venez
toujours mêler vos extravagances à toutes choses, et il n'y a pas moyen de vous apprendre à être raisonnable. MADAME JOURDAIN: C'est vous qu'il n'y a pas moyen
de rendre sage, et vous allez de folie en folie» (*ibid.*, V, scène dernière, p. 776).

[23] Il est intéressant de constater que ces comportements sont justement ceux que
répertoriaient les traités d'éducation à l'usage du second ordre. Outre l'étude,
Thomas Pelletier recommandait ainsi, dans *La Nourriture de la noblesse*, la pratique
de la danse, le «tirer des armes», le «jouër de luth» comme les principaux exercices
auxquels se devait adonner un gentilhomme pour acquérir la perfection de l'âme et
du corps.

[24] Voir à ce sujet George Huppert, *Les Bourgeois Gentilshommes, an Essay on the Definition of Elites in Renaissance France*, Chicago, London, Chicago University Press,
1977.

[25] *Le Bourgeois gentilhomme*, II, 4, p. 730.

[26] La question de la galanterie dans *Le Bourgeois gentilhomme* sera envisagée *infra*, dans
le chapitre 8 de la troisième partie.

[27] Respectivement, I, 2, II, 1 et II, 5.

rôle social, même si ce moment est aussi celui où s'accusera paradoxalement l'écart irréductible entre cette image et les qualités réelles du moi.

« Je veux que vous me voyiez faire »[28]

C'est cette quête de réalité d'une « folie d'irréalité »[29] qui pousse constamment Monsieur Jourdain à vouloir au cours de la pièce s'offrir au regard d'autrui. Dans ce désir peut se lire une double motivation. D'un côté, amoureux de lui-même, son moi hypertrophié éprouve le besoin de l'attention et de l'admiration des autres. Le bourgeois n'a ainsi de cesse qu'il « [n']aille un peu montrer [son] habit par la ville »[30], suivi de ses laquais pour marque de sa qualité[31], après s'être fait voir par ses divers maîtres dans toutes sortes de conduites apprises. « Je veux que vous me les voyiez danser »[32], « je veux que vous me voyiez faire »[33], leur déclare-t-il, fier de son talent de danseur et de tireur d'épée. Car se faire voir, se montrer, c'est, à ses yeux, se faire reconnaître par le regard admiratif et la conscience éblouie (et passive) des autres pour ce qu'il veut et se croit être. Et ses maîtres de se prêter au jeu en louant, qui son goût et ses dons pour la musique[34], qui son aptitude à la danse[35]. Cette ostentation d'un être inventé n'est-elle pas en outre un défi jeté à tous ceux qui, comme Madame Jourdain, nient tout fondement et tout droit à sa prétendue élévation sociale ?

D'un autre côté, pour être effective, l'idée chimérique du moi doit passer par le test que constitue la reconnaissance d'autrui, seul à même d'en apporter la confirmation et de l'inscrire dans la réalité des faits. Comme le fait remarquer Monsieur Jourdain des visites de Dorante, détenteur de cette noblesse qu'il admire et envie, « n'est-ce pas une chose qui m'est tout à fait honorable, que l'on voie venir chez moi si souvent une personne de cette qualité, qui m'appelle son cher ami, et me traite comme si j'étais son égal »[36] ?

---

[28] *Le Bourgeois gentilhomme*, II, 1, p. 722.

[29] Patrick Dandrey, *Molière ou l'esthétique du ridicule*, p. 351.

[30] *Le Bourgeois gentilhomme*, III, 1, p. 734.

[31] Conduite qui lui vaudra à juste titre, selon Pascal, les égards d'autrui : « Cela est admirable : on ne veut pas que j'honore un homme vêtu de brocatelle, et suivi de sept ou huit laquais ! Et quoi ! il me fera donner les étrivières, si je ne le salue : cet habit, c'est une farce. C'est bien de même qu'un cheval bien enharnaché à l'égard d'un autre ! » (*Pensées*, n° 299, p. 1164).

[32] *Le Bourgeois gentilhomme*, II, 1, p. 721.

[33] *Ibid.*, II, 1, p. 722.

[34] « MONSIEUR JOURDAIN : N'est-il pas joli ? / MAITRE DE MUSIQUE : Le plus joli du monde. / MAITRE A DANSER : Et vous le chantez bien » (*ibid.*, I, 2, p. 716).

[35] « MAITRE DE MUSIQUE : Voilà qui est le mieux du monde » (*ibid.*, II, 1, p. 721).

[36] *Ibid.*, III, 3, p. 739.

Nécessaire en tant que recherche de confirmation de l'idée chimérique, la mise en représentation du moi sous le regard d'autrui est également le moyen trouvé par l'amour-propre « pour agrandir & pour rechauffer l'idée qu[e] [les hommes] ont d'eux-mesmes » par la vue de l'estime et de l'admiration des autres[37].

« Il le gratte par où il se démange »[38]

Or s'exposer aux regards d'autrui, être vu par lui ne suffit pas. Il faut aussi que le moi se voie lui-même pour se poser comme tel, c'est-à-dire pour se juger en jugeant de la conformité de l'image intérieure avec la représentation de soi proposée. Et ce n'est que dans le monde qu'il lui est donné de le faire, à la faveur de l'image du moi que lui renvoie la conscience réfléchissante d'autrui et où il se découvre véritablement. Alors seulement, dans cette rencontre qui déclare (ou non) la vérité de la représentation, le simulacre d'*ego* peut accéder à l'existence.

Valère a, dans *L'Avare*, détaillé la logique de ce renvoi où le désir d'être flatté rencontre la volonté de flatter :

> [...] j'éprouve que pour gagner les hommes, il n'est point de meilleure voie que de se parer à leurs yeux de leurs inclinations, que de donner dans leurs maximes, encenser leurs défauts, et applaudir à ce qu'ils font. On n'a que faire d'avoir peur de trop charger la complaisance ; et la manière dont on les joue a beau être visible, les plus fins toujours sont de grandes dupes du côté de la flatterie ; et il n'y a rien de si impertinent et de si ridicule qu'on ne fasse avaler lorsqu'on l'assaisonne en louange. La sincérité souffre un peu au métier que je fais ; mais quand on a besoin des hommes, il faut bien s'ajuster à eux ; et puisqu'on ne saurait les gagner que par-là, ce n'est pas la faute de ceux qui flattent, mais de ceux qui veulent être flattés.[39]

Ainsi Monsieur Jourdain se regarde et se pense selon l'être de complaisance que réfléchit l'imagination des maîtres qu'il emploie et des aristocrates qui gravitent autour de lui. Les appellations élogieuses que les garçons tailleurs lui adressent à l'envi, telles que « Mon gentilhomme », « Monseigneur », « Votre Grandeur »[40], les protestations d'amitié et de service de Dorante, qui assure avoir parlé de lui dans la chambre du roi le matin même[41], l'affirma-

---

[37]   Nicole, *La Logique*, p. 106.
[38]   *Le Bourgeois gentilhomme*, III, 4, p. 741.
[39]   *L'Avare*, I, 1, [in] Molière, *Œuvres complètes*, II, p. 518.
[40]   *Le Bourgeois gentilhomme*, II, 5, p. 733.
[41]   Dorante affirme ainsi : « Ma foi ! Monsieur Jourdain, j'avais une impatience étrange de vous voir. Vous êtes l'homme du monde que j'estime le plus, et je parlais de vous encore ce matin dans la chambre du Roi » (*ibid.*, III, 4, p. 741).

tion de Covielle que Monsieur Jourdain père était, non pas un marchand, mais «un fort honnête gentilhomme» qui donnait des étoffes à ses amis pour de l'argent[42], apparaissent comme autant de marques signalant au bourgeois la coïncidence de sa vision de grandeur et de la vue de cette vision par le monde. Tout comme le commentaire – ironique certes – de Dorante, le qualifiant de «galant homme tout à fait»[43], est venu avaliser sa démonstration verbale et gestuelle de galanterie devant Dorimène. Le comte n'a-t-il pas aussi déclaré de l'habit neuf dont on venait de le revêtir, que «cela est tout à fait galant»[44]? En permettant à Monsieur Jourdain de se représenter comme estimé et honoré, les autres, par flatterie, lui donnent lieu de se croire effectivement estimable et honorable. Et c'est grandi, du moins à ses propres yeux, que le bourgeois sort du commerce du monde.

Le discours du flatteur, parasite ou valet fourbe, vise ici non pas tant à substituer une autre image, embellie et valorisante, à l'image que Monsieur Jourdain peut avoir de lui-même, qu'à authentifier et à légitimer l'image illusoire qu'il s'est déjà formée, à accréditer tous les ornements étrangers qu'il a attachés à l'idée de son moi, à faire enfin de cette image une vérité sur l'être. Il lui permet de s'identifier complètement à son image d'emprunt, d'effacer l'écart, source de ridicule, qui peut encore subsister entre la personne et la *persona*, et de fixer une fois pour toutes son regard – et celui du monde – sur «la *représentation* identifiante [du moi] au lieu et place de la *présentation* réelle que la première dissimule et supplée»[45]. Comme le dit encore Louis Marin, le discours de flatterie transforme «une modalité d'obligation: "je *dois* être ce que [je] dis que je suis", en un constat de réalité: "je suis ce que tu me dis que je suis"»[46], ou plus exactement "Je suis bien ce que je dis que je suis". L'image de lui-même en gentilhomme, galant de surcroît, que renvoie au bourgeois la conscience d'autrui, n'est autre que le reflet du simulacre de son moi, mais désormais valorisé, actualisé en quelque sorte. En reprenant à leur compte l'idée chimérique du moi, les autres personnages ont en partie accompli le désir nobiliaire de Monsieur Jourdain. En prenant en outre l'initiative et en substituant, à l'acte IV de la pièce, l'image du mamamouchi à celle du gentilhomme, ils apportent la réalisation littérale de cette «image phantastique de grandeur»[47] dans laquelle le sujet Jourdain pourra se contempler dans son

---

[42] *Ibid.*, IV, 3, p. 765–6.

[43] *Ibid.*, III, 16, p. 759. Une scène plus loin, Dorimène renchérit par un compliment à double entente: «Ouais! Monsieur Jourdain est galant plus que je ne pensais» (*ibid.*, IV, 1, p. 763).

[44] *Ibid.*, III, 4, p. 741.

[45] Louis Marin, *Le Portrait du roi*, p. 125.

[46] *Ibid.*, p. 121.

[47] Nicole, *De la connoissance de soy-même*, p. 15.

désir enfin accompli d'absolu. En effet, comme le lui fait remarquer Covielle, «il n'y a rien de plus noble que cela dans le monde, et vous irez de pair avec les plus grands seigneurs de la terre»[48].

Mais c'est paradoxalement au moment de sa plus grande dépendance des autres, qui le jouent complètement, car, en dehors de leur connivence, il ne saurait y avoir de mamamouchi, que Monsieur Jourdain se libère de la quête angoissée de la reconnaissance et de ses tentatives maladroites d'imitation de la noblesse pour accéder à la pleine maîtrise du langage, des gestes et du comportement de son nouvel état. Dès lors plus de courbettes ratées par manque de place, mais des «révérences à la turque» parfaitement maîtrisées, plus de compliments bafouillés, mais une éloquence facile et colorée[49]. L'accolade de la cérémonie turque lui donne véritablement la consécration qui le dispense du besoin de l'approbation constante des autres que sa gentilhommerie suspecte rendait nécessaire et sans fin. Dans le nom nouveau qui lui est conféré, Monsieur Jourdain trouve (illusoirement, mais il l'ignore) l'identité qualitative officielle de l'être et de son idée chimérique, celle de la personne intérieure et de la *persona* ostentatoire.

La cérémonie burlesque de l'acte IV présente donc en une image haute en couleurs mais outrée le portrait du bourgeois que se forment les autres sur la vue de son être d'emprunt et qu'ils lui découvrent complaisamment par intérêt. D'autre part, ce qui était jusqu'ici donné comme un simple désir, doublé d'un apprentissage non terminé, trouve maintenant son accomplissement effectif. L'être d'emprunt devient un être vrai, la pose une seconde nature éclipsant la première, fondée non plus sur l'imitation-répétition des conduites d'autrui, mais sur un destin personnel engageant l'avenir, puisque la nouvelle recrue de l'ordre des mamamouchis reçoit pour mission de défendre la Palestine :

> *Voler far un Paladina*
> *Dé Giourdina, dé Giourdina.*
> *Dar turbanta, é dar scarcina,*
> *Con galera é brigantina,*
> *Per deffender Palestina.*[50]

Bien sûr cette «mamamouchisation» de Monsieur Jourdain n'est, aux yeux des flatteurs, qu'une «bourle»[51], autrement dit un «mensonge dont on se sert […] pour se divertir de la credulité des autres»[52], et qui a pour but dans leur

---

[48]   *Le Bourgeois gentilhomme*, IV, 3, p. 767.
[49]   On comparera par exemple le discours de Monsieur Jourdain à l'acte III, scène 16 (*ibid.*, p. 759), avec celui de l'acte V, scène 3 (*ibid.*, p. 774).
[50]   *Ibid.*, IV, 5, p. 770.
[51]   *Ibid.*, III, 13, p. 757.
[52]   Furetière, *Dictionnaire Universel*.

esprit, sous couvert d'un ajustement aux visions du bourgeois, d'un accommodement à ses chimères, d'assurer son consentement au mariage de sa fille avec son amoureux Cléonte. Calcul payant d'ailleurs puisque Monsieur Jourdain accepte sans hésitation qu'elle epouse le prétendu fils du Grand Turc.

Vérité ou erreur nouvelle?

A l'opposé de sa représentation de lui-même en gentilhomme, comme de son portrait officiel en mamamouchi, le portrait secret de Monsieur Jourdain que se forment les autres et que lui révèle impitoyablement sa femme, ramène le bourgeois à une connaissance plus objective de son être, en lui découvrant la vue des défauts et des insuffisances qu'il a exclus de l'idée de son moi. Certes Monsieur Jourdain refuse d'y croire, car ce portrait contredit l'image intérieure du moi respecté et honoré qu'a authentifiée de surcroît son reflet flatteur dans le discours-miroir d'autrui. Mais l'écart entre cette image illusoire du moi et son être réel est irréductible. Le moi naturel transparaît constamment sous l'être extériorisé, en une discordance perceptible dans l'inélégance du port de l'habit, de même que dans la maladresse des gestes et des conduites.

Monsieur Jourdain chante mal, danse encore plus mal le menuet[53], et s'embrouille dans ses galanteries. Ses compliments turcs, qui souhaitent à Dorante «la force des serpents et la prudence des lions», mélangent les

---

[53] Cette scène est-elle la survivance d'une pratique fréquente dans le ballet de cour, qui faisait alterner danses gracieuses ou nobles et danses grotesques, et plus précisément la reprise d'une entrée du *Ballet de la Revente des habits du ballet* (1655), où «un Bourgeois revolté se picquant de sa belle danse, quoy que le plus mal-adroit du monde est mocqué par deux de ses amis qui l'accompagnent à la danse, par une addresse incroyable qu'il veut imiter, & dont il est mocqué de tous ceux qui le voyent danser» ([in] *Benserade. Ballets pour Louis XIV*, éd. M.-C. Canova-Green, Toulouse, Société de Littératures Classiques/Klincksieck, 1997, I, p. 238)? Par ailleurs, ces séquences de danse et de musique étaient aussi l'occasion pour Molière d'égratigner collaborateurs et rivaux en faisant rire d'une chanson de Perrin et Sablières, «Je croyais Janneton», et de la «trompette marine» utilisée par Lully dans les intermèdes d'*Ercole amante*, comme de railler à son tour discrètement la duchesse de Vitry, dont la conduite libertine était notoire. Tout comme la danse des Faunes et des Dryades du troisième intermède des *Amants magnifiques* joués en février de la même année, le menuet dansé par Monsieur Jourdain était en effet conçu sur l'air d'une chanson de 1660, dont l'une des versions brocardait la duchesse; aussi dut-il être lourd de sous-entendus pour un public de courtisans avertis, d'autant plus que les «la, la, la, la, la» chantonnés par le maître à danser rappelaient d'assez près les paroles mêmes de la chanson originelle (voir Jérôme de La Gorce, *Jean-Baptiste Lully*, p. 526–7; p. 531–2).

métaphores[54]. Quant aux habits magnifiques dont le bourgeois croit s'être paré, ils marquent avant tout le défaut d'exacte convenance, de juste appropriation de son apparence à sa nature : ne vont-ils pas en effet à l'encontre de la nécessité de «conformer nos habits à nostre taille[55], à nostre condition[56], & à nostre âge[57]», rappelée dans les manuels de politesse et de bienséances contemporains[58] ? De plus, leur caractère extravagant (les fleurs de l'habit sont en en-bas, tandis que le vert et le rouge du déshabillé ne s'accordent guère[59]) en fait des oripeaux ridicules, des déguisements de carnaval aux yeux de Madame Jourdain :

> Qu'est-ce que c'est donc, mon mari, que cet équipage-là ? Vous moquez-vous du monde, de vous être fait enharnacher de la sorte ? et avez-vous envie qu'on se raille partout de vous ?[60]

> Qu'est-ce que c'est donc que cela ? Quelle figure ! Est-ce un momon que vous allez porter ; et est-il temps d'aller en masque ? Parlez donc, qu'est-ce que c'est que ceci ? Qui vous a fagoté comme cela ?[61]

---

54 *Le Bourgeois gentilhomme*, V, 3, p. 774.

55 Trop étroits, ses bas de soie ont déjà «deux mailles de rompues» (*ibid.*, II, 5, p. 732). Quant à ses souliers, ils «[le] blessent furieusement» (*ibid.*, p. 731).

56 Les ors et les plumes de son costume étaient plus ceux de l'habit de la noblesse de cour que ceux de la bonne bourgeoisie marchande dont se réclame Madame Jourdain.

57 De même c'est d'un jeune blondin qu'on attendait qu'il porte «un petit déshabillé pour faire le matin [s]es exercices», et non d'un homme d'âge mûr (*ibid.*, I, 2, p. 715).

58 Courtin, *Nouveau traité de la civilité*, 2ᵉ éd., Amsterdam, Jacques le Jeune, 1672, chapitre 7, p. 78. Remarque faite par Patrick Dandrey, *Molière ou l'esthétique du ridicule*, p. 247. Courtin précisait ainsi que, comme «la bien-seance est la convenance des actions, à l'égard des autres», la «propreté [est] une certaine convenance des habits à la personne» (*ibid.*).

59 Le costume de Monsieur Jourdain est décrit dans l'inventaire après décès de Molière comme «concistant en une robbe de chambre, raye double de taffetas aurore et vert, un hault de chausse de panne rouge, une camisolle de panne bleue» (*fol.* 13 v°, [in] *Cent ans de recherches*, p. 566–7). Il semble toutefois que la camisole eût été rouge, si l'on en croit du moins la description donnée dans le texte même de la pièce : «Il entrouve sa robe et fait voir un haut-de-chausses étroit de velours rouge, et une camisole de velours vert, dont il est vêtu» (*Le Bourgeois gentilhomme*, I, 2, p. 714–5).

60 *Ibid.*, III, 3, p. 736.

61 *Ibid.*, V, 1, p. 772. Faut-il voir aussi dans cette cérémonie burlesque, comme on l'a écrit, une allusion moqueuse à la récente ambassade à Versailles de Soliman Aga, cet envoyé de la Sublime Porte, qui avait paru manquer d'usage en refusant de se laisser éblouir par le faste du Roi Soleil et de sa cour, et dont le monarque, qui avait réclamé «une piece de Théâtre où l'on put faire entrer quelque chose des habillemens

Ils ne sauraient en aucun cas être la marque d'un changement effectif de condition. De fait, loin de changer de condition en changeant d'habits, Monsieur Jourdain n'en rend que plus manifeste, par son ridicule, sa véritable condition de bourgeois. Comme l'avait naguère signalé Thomas Pelletier, « ayant un corps mal à droict des alleures comme entravees, il n'y a toile d'or ny clinquant qui couvre ce deffault, ains il en paroist davantage »[62].

Ce sont aussi les prétentions du bourgeois à la galanterie et à la civilité qui se révèlent sans fondement. Comme l'a rappelé Patrick Dandrey[63], Monsieur Jourdain n'ignore pas les règles, mais par sa volonté de les appliquer à la lettre, par son désir de trop bien faire, il se montre incapable de les comprendre et de les assimiler. Aussi son refus, initialement poli, de se couvrir malgré les prières de Dorante, finit-il par tourner à la grossièreté. Courtin recommandait en effet :

> A vostre égard, si vous estes inferieur, il faut bien se garder [...] de vous couvrir vous-même, qu'aprés qu'[une personne supericure] vous l'aura dit. & Il faut même resister honnestement à ce commandement, si cette personne est de tres-grande qualité : mais aussi il ne faut pas le luy faire dire importunément, trois ou quatre fois.[64]

De même, à vouloir de toute force saluer Dorimène de trois révérences pour lui rendre le respect dû à son rang, ne la contraint-il pas de reculer, attirant dès lors l'attention sur cette balourdise qu'il s'imagine cacher sous des dehors galants ? Monsieur Jourdain contrevient à l'esprit même de ces règles dont il cherche à respecter scrupuleusement la lettre. Car c'est en aisance que consiste la vraie civilité, non en raideur dogmatique. Et cette aisance ne peut s'apprendre. Les efforts mêmes du bourgeois pour modeler son corps et son esprit sur ce qu'il aurait voulu être une seconde nature n'auront fait que creuser davantage l'écart entre sa nature première et l'idéal auquel il aspire.

Aussi, loin d'être une personne « magnifique » avec « de l'inclination pour les belles choses »[65], Monsieur Jourdain reste, aux yeux des autres person-

---

et des manieres des Turcs », se serait ainsi vengé ? (*Mémoires du Chevalier d'Arvieux*, éd. le R.P. Jean-Baptiste Labat, Paris, Delespine, 1735, IV, p. 252). C'est possible. Mais cette demande est aussi révélatrice du goût toujours vif des turqueries à l'époque, goût lui-même à situer dans le contexte de l'exotisme du ballet de cour, de tradition depuis *Le Ballet de Douairière de Billebahaut* (1626).

[62] Thomas Pelletier, *La Nourriture de la noblesse*, p. 62.

[63] Patrick Dandrey, *Molière ou l'esthétique du ridicule*, p. 246. Patrick Dandrey énumère ainsi toute une série de manquements aux bonnes manières.

[64] Courtin, *Nouveau traité de la civilité*, chapitre 4, p. 23.

[65] *Le Bourgeois gentilhomme*, II, 1, p. 720.

nages de la pièce, un «bourgeois ignorant»[66], «assez ridicule [...] dans toutes
ses manières»[67], «dont les lumières sont petites, qui parle à tort et à travers
de toutes choses, et n'applaudit qu'à contre-sens»[68], un lourdaud, dont le
compliment à double entente de Dorimène signale l'échec en matière de
galanterie, une «bête» enfin[69]. Ce portrait peu flatteur de son moi, que les
autres font circuler entre eux et où prend forme l'être vrai, ou du moins jugé
tel, du bourgeois, est l'exact opposé des deux portraits extérieurs précédents
de Monsieur Jourdain, le gentilhomme, l'ami et l'égal de Dorante, et le mamamouchi, comblé d'honneurs, l'hôte et le beau-père du fils du Grand Turc.
De même que l'image illusoire du protagoniste était née de l'adjonction d'éléments et d'ornements (au sens littéral) étrangers, collant à l'être au fur et à
mesure de leur acceptation par les flatteurs dans les intermèdes de la comédie,
l'image secrète que s'en font les autres paraît brutalement dépouillée de tout
signe accessoire, découvrant le substrat, qui n'est pas tant le corps naturel,
lourd et sans grâce de l'homme, que l'identité sociale réelle, sous le travestissement mensonger d'un corps social emprunté de dignité et de grandeur.
Cette image manifeste alors la véritable nature, ou plutôt la véritable identité
sociale du bourgeois gentilhomme, et impose par là au récit d'une tentative
d'ascension sociale sa vraie signification. En constituant un retournement,
une inversion par rapport au récit de progressive métamorphose mis en scène
par la comédie, qui tendait à une subversion créatrice de la hiérarchie sociale,
elle représente l'instauration d'un contre-ordre, une remise en ordre, une
restauration de la hiérarchie traditionnelle, une régression parodique à ce que
Monsieur Jourdain pouvait être dans le temps pré-dramatique. A l'heure de
ces réformations de la noblesse, dont Roger Chartier a montré la pertinence
pour une lecture «historique» de *George Dandin*[70], les bourgeois ne pouvaient
plus devenir gentilshommes et plus d'un gentilhomme même allait devoir
réintégrer la roture.

Or ce portrait prétendument véritable du moi repose en fait sur une vue
stéréotypée de la bourgeoisie et de sa place dans la société, vue aussi éloignée
sans doute de l'être réel de Monsieur Jourdain que l'image illusoire de lui-
même que celui-ci a présentée au monde pendant cinq actes. Perçu par la
noblesse de cour, le bourgeois citadin apparaît comme un être vaniteux et
imbécile, susceptible et coléreux, aussi méprisant de ses pareils que les nobles le sont de lui, repoussé, tout comme le «vieux bourgeois babillard» du

---

[66] *Ibid.*, I, 1, p. 713.
[67] *Ibid.*, III, 16, p. 759.
[68] *Ibid.*, I, 1, p. 713.
[69] *Ibid.*, IV, 5, p. 769.
[70] Voir *infra*, p. 162–3.

Ballet des nations, sur les marges d'une société dont les Dorante occupent le centre envié. Cette représentation caricaturale, dominée par le sentiment de l'infériorité sociale du bourgeois, est de tradition dans toute une littérature comique. Ainsi, autant le portrait que Monsieur Jourdain s'est fait des nobles et proposé en modèle idéal était basé sur une mauvaise appréciation de l'état nobiliaire authentique, réduit à un ensemble de signes d'apparence voyants, autant le portrait que les nobles se font de lui est une déformation de la vraie nature de la bourgeoisie du XVIIᵉ siècle et un écran à la connaissance de son être. Le jeu des portraits du moi dans la comédie-ballet cache plus qu'il ne révèle l'être réel du représenté.

L'œil du roi-juge

En ramenant ainsi Monsieur Jourdain à son état premier et, à leurs yeux, immuable, les aristocrates, en la personne de Dorante, se sont arrogé le droit de décider seuls du statut du bourgeois dans la société. De modèles et de garants qu'ils étaient pour Monsieur Jourdain, ils sont devenus des juges sans pitié de sa tentative de transformation, tout comme les Sotenville se posaient eux aussi en juges des velléités d'ascension sociale de leur gendre. Mais en avaient-ils seulement le droit ? Qui d'autre que le souverain possédait, en réalité, au XVIIᵉ siècle le pouvoir de définir l'identité sociale d'un chacun ? Et de même que l'erreur de Monsieur Jourdain a consisté à ne pas s'adresser au roi pour entériner sa transformation en gentilhomme[71], l'erreur et même l'impertinence – dans les deux sens du terme – d'un Dorante consistent à s'arroger justement le droit d'accorder ou de refuser cette reconnaissance au bourgeois. En voulant jouer sur scène, dans le monde fictif de la représentation, le rôle du roi dans le monde social réel, et en prenant même à témoin le nom du monarque dans ses agissements malhonnêtes vis-à-vis de Monsieur Jourdain[72], le gentilhomme ne se rend-il pas coupable de lèse-majesté ?

Le nier, ce serait oublier que, le 14 octobre 1670, le roi lui-même assistait en personne à la comédie-ballet du *Bourgeois gentilhomme* et que cette présence était porteuse de signification. Car c'est cette présence doublement centrale du souverain, que le bandeau de la page de titre du livret qui fut alors distribué aux spectateurs, montre en grande tenue d'apparat, porteur des insignes de majesté dont la main de justice (ce qui revient à l'instaurer en juge

---

[71] James F. Gaines, *Social Structures in Molière's Theater*, Columbus, Ohio State University Press, 1984, p. 159.
[72] *Le Bourgeois Gentilhomme*, III, 4, p. 742–3.

suprême de ce sur quoi porte son regard[73]), qui donne à l'action sa véritable portée sociale et politique. Ne permet-elle pas de déterminer le statut instable de Dorante, de saisir la discordance entre sa représentation sur scène, c'est-à-dire l'incarnation de l'aristocrate mondain et d'une morale pratique du comportement teintée de galanterie et de civilité, l'équivalent prétendu du roi en tant que dispensateur de la reconnaissance, et son être réel dans le monde, le représentant dégradé de la noblesse, condamné pour son immoralité par la morale religieuse et sociale traditionnelle, l'usurpateur patent des pouvoirs du roi[74]? Car il existe un autre monde, celui du public de cour assistant à la représentation, dans lequel le corps de dignité et de pouvoir des Dorante se révèle être, lui aussi, une image illusoire du moi. Comme Dom Juan avant lui, Dorante a beau «avoir raison esthétiquement», il «a» non seulement «tort moralement», mais aussi politiquement[75].

La fonction de la dernière entrée du *Ballet des Nations* et du chœur général qui mit fin au spectacle à Chambord[76] était alors d'intégrer ce public et son spectateur privilégié dans le monde fictif de la représentation, de superposer ouvertement au regard jugeant de Dorante celui, légitime, du roi, devenu personnage de la pièce. Ce qui permettait à Louis XIV d'assurer pleinement son rôle de seul vrai juge à la fois du divertissement offert par les acteurs de la troupe de Molière et du spectacle donné par un bourgeois et un gentilhomme perdus dans le jeu de l'être et du paraître, et également coupables d'avoir cru pouvoir passer outre à la seule autorité légitime et légitimante du royaume, la sienne. Réfléchi par la conscience royale, le jeu des images se figeait en une détermination irrévocable de l'être d'un chacun par la définition des identités et des rôles socio-politiques.

---

[73] Sur cette question de la représentation du roi-juge, voir l'ouvrage de Françoise Siguret sur *L'Œil surpris. Perception et représentation dans la 1ère moitié du XVIIe siècle*, Paris, Klincksieck, 1993, et plus particulièrement les pages 141–59.

[74] Tout aussi ambivalent, le Clitandre de *George Dandin* est une autre figure de cette usurpation dans le théâtre de cour de Molière. Elégant, mais sans scrupule (ou comme l'écrit Charles Mazouer, «esthétiquement brillant, moralement douteux» («*George Dandin* dans le *Grand Divertissement royal de Versailles* (1668)», p. 94)), il s'arroge lui aussi le droit de décider des positions sociales de ses interlocuteurs.

[75] Jules Brody, «*Don Juan* and *Le Misanthrope*, or the esthetics of individualism in Molière», *P.M.L.A.*, n° 84 (3), 1969, p. 559.

[76] Que lit-on en effet: «Tout cela finit par [...] les applaudissements en danse et en musique de toute l'assistance, qui chante les deux vers qui suivent: Quels spectacles charmants! Quels plaisirs goûtons-nous!/Les Dieux mêmes, les Dieux n'en ont point de plus doux» (*Le Bourgeois gentilhomme*, 6e entrée du *Ballet des nations*, p. 787).

2. Une comtesse au petit pied

Héritière, pour Patrick Dandrey[77], des précieuses ridicules et de la façonnière Climène de *La Critique de l'École des femmes*, mais aussi version féminine d'un bourgeois gentilhomme transporté à Angoulême, la comtesse d'Escarbagnas est un autre de ces personnages que Molière montre victimes d'une illusion chimérique qui les porte à recréer les choses et les êtres, y compris le leur propre, selon des visions de grandeur. Comme Monsieur Jourdain, comme Monsieur de Pourceaugnac, la comtesse identifie à son moi intérieur l'image flatteuse du moi que lui présente son imagination, sans vouloir voir l'écart existant entre cette image et le portrait de son être véritable, tel que peut l'offrir au regard et au jugement d'autrui une réalisation maladroite de l'idée qu'elle se fait d'elle-même. Sans s'apercevoir non plus que c'est précisément dans cet écart irréductible que se loge une forme de ridicule dénoncée à l'envi par les traités contemporains de civilité. Morvan de Bellegarde remarquait ainsi dans ses *Réflexions sur le ridicule*.

> Une femme qui s'est mis dans la tête de contrefaire la femme de qualité, quoiqu'elle soit née dans la roture & en pure bourgeoisie, quitte tout ce qu'elle a de naturel, & par conséquent se défait de tout ce qui pourroit plaire. Ses manières, son langage, le ton de sa voix, sa démarche, tout est contrefait. Elle chicanne perpétuellement les autres sur leur qualité, sur le peu d'égard qu'on a pour sa personne.[78]

Aussi, au fur et à mesure de sa construction, l'image du moi proposée pour portrait véritable par la comtesse va-t-elle peu à peu se défaire sous le regard des autres, qui s'accorderont à ne plus voir dans Madame d'Escarbagnas qu'un être sans substance, sans épaisseur, et réduit à faire parade de qualités d'emprunt inappropriées, auxquelles seule leur flatterie intéressée aura momentanément donné corps.

Un «perpétuel entêtement de qualité»[79]

Quelle est donc cette image du moi que la comtesse propose pour portrait véritable? Elle tient pour l'essentiel à la prise de possession par le langage de trois qualités fondamentales, car c'est au langage que doit recourir la comtesse, incapable d'acquérir par transformation de la réalité la position sociale qu'elle ne possède pas. Elle se veut tout d'abord «personne de qualité» et

---

[77] Patrick Dandrey, *Molière ou l'esthétique du ridicule*, p. 166.
[78] Morvan de Bellegarde, *Réflexions sur le ridicule*, p. 63–4.
[79] *Ibid.*

«[se] trouve [...] assez de beauté, de jeunesse, et de qualité»[80] pour légitimer la comédie de l'amour que lui joue le vicomte afin de déguiser ses rapports avec Julie. Et la comtesse de rappeler alors à tout propos les titres et qualités de son mari et de ses fils, comme pour mieux marquer la distinction avec autrui :

> Ils sont insupportables avec les impertinentes égalités dont ils traitent les gens. Car enfin il faut qu'il y ait de la subordination dans les choses, et ce qui me met hors de moi, c'est qu'un gentilhomme de ville de deux jours, ou de deux cents ans, aura l'effronterie de dire qu'il est aussi bien gentilhomme que feu Monsieur mon mari, qui demeurait à la campagne, qui avait meute de chiens courants, et qui prenait la qualité de comte dans tous les contrats qu'il passait.[81]

> A quelle heure, Monsieur Bobinet, êtes-vous parti d'Escarbagnas, avec mon fils le Comte ? [...] Comment se portent mes deux autres fils, le Marquis, et le Commandeur ?[82]

D'autre part, la comtesse est persuadée que son voyage à Paris (sans doute pour quelque procès) l'a décrassée de son provincialisme, au même titre que Monsieur Jourdain s'est imaginé que sa mamamouchisation lui a définitivement ôté son ascendance bourgeoise. Et c'est avec irritation qu'elle réplique à Julie, «Me prenez-vous pour une provinciale, Madame ?»[83], et qu'elle affirme son savoir-vivre mondain. Aussi affecte-t-elle vis-à-vis de son entourage, serviteurs et visiteurs compris, des manières de qualité et de bon ton parisien qu'elle réduit à quelques signes singés maladroitement, qu'il s'agisse d'appeler Criquet «laquais» ou Andrée «fille de chambre», de baptiser «garderobe» son armoire, ou de se faire servir son verre d'eau sur une soucoupe[84].

Enfin les échanges avec Julie et Monsieur Tibaudier révèlent que la comtesse se pique également de bel esprit et de galanterie, et qu'elle s'imagine maîtriser cet art de vivre et d'être agréable en société qui distingue les gens du monde et du bon goût, ceux justement qu'elle fantasme dans son délire lorsqu'elle évoque la «galanterie» et les «galants de la cour»[85]. C'est du reste bien à ce code de conduite que renvoie le divertissement de la comédie et du ballet que lui offre le vicomte, de même que, sur un registre burlesque, les vers et les

---

[80] *La Comtesse d'Escarbagnas*, scène 2, p. 957.

[81] *Ibid.*, scène 2, p. 961.

[82] *Ibid.*, scène 6, p. 966–7.

[83] *Ibid.*, scène 2, p. 960.

[84] Voir scènes 2 et 5.

[85] *Ibid.*, scène 2, p. 961. Voir Alain Viala, «Molière et le langage galant», [in] *Car demeure l'amitié. Mélanges offerts à Claude Abraham*, éd. Francis Assaf, Paris-Seattle-Tübingen, Biblio 17, 1997, p. 100.

poires que lui adresse Monsieur Tibaudier[86]. En lui offrant un «cadeau», les deux hommes entrent dans son jeu et contribuent à créer autour d'elle cette aura de bon ton que ses propres faits et gestes visent également à susciter.

«Chassez le naturel ...»

Or ce triple discours que tient la comtesse est miné de l'intérieur à la fois par son inaptitude à conférer naturel et spontanéité à son imitation des modèles, et par des remarques et des réactions dissonantes qui détruisent le bien-fondé de sa prétention à appartenir au beau monde. Ainsi l'affirmation que son mari «prenait la qualité de comte dans tous les contrats qu'il passait»[87] est-elle tout autant l'indication que la noblesse dont elle se targue n'a rien de brillant, que le comte était tout au plus un obscur hobereau et que, de surcroît, cette qualité même de comte que lui reconnaissaient quelques tabellions complaisants, pouvait bien n'être qu'une étape d'une usurpation de la noblesse par «moyens taisibles»[88]. En effet la possession d'un fief noble, même accompagné d'autres signes du «vivre noblement», comme le loisir et le style de vie, ne suffisait pas à anoblir son détenteur. Et nul n'ignorait, les courtisans les premiers, que les recherches des années 1660 avaient eu pour but d'épurer la noblesse, de la purger de ce «nombre infini d'usurpateurs, sans aucun titre ou avec titre acquis à prix d'argent sans aucun service», relevé par Louis XIV dès le début de son règne personnel[89]. Autre signe révélateur d'une usurpation possible, l'absence de toute allusion par la comtesse à ses ancêtres aussi bien qu'à ceux du comte[90]. Comme l'a bien vu Robert Garapon, toute sa personne respire la trivialité et nombre d'expressions lui échappent qui indiquent une éducation assez humble et une extraction villageoise ou petite-bourgeoise[91], telles «sabouler», «oison bridé», «bouvière», ou encore «tête de bœuf»[92]. Elle achève enfin de se déconsidérer en épousant le bourgeois Tibaudier à la fin de la pièce, après avoir accepté les hommages

---

[86] Madame d'Escarbagnas accueille ce don d'un «ce qui me plaît de ce Monsieur Tibaudier, c'est qu'il sait vivre avec les personnes de ma qualité, et qu'il est fort respectueux» (*La Comtesse d'Escarbagnas*, scène 3, p. 963).

[87] *Ibid.*, scène 2, p. 961.

[88] Voir à ce sujet George Huppert, *Les Bourgeois Gentilshommes*.

[89] Louis XIV, *Mémoires*, p. 47.

[90] Remarques faites par Alain Couprie, *De Corneille à La Bruyère : images de la cour*, Atelier national de reproduction des thèses, Université de Lille III, Lille, & Aux Amateurs de livres, 1984, p. 411–4.

[91] Robert Garapon, *Le Dernier Molière. Des* Fourberies de Scapin *au* Malade imaginaire, Paris, SEDES-CDU, 1977, p. 99–100.

[92] *La Comtesse d'Escarbagnas*, scène 2, p. 958, p. 958, p. 959, p. 960.

de deux roturiers pour « remplir les vuides de la galanterie » ainsi qu'elle s'en explique à Julie tout étonnée :

> Ce sont gens qu'on ménage dans les provinces pour le besoin qu'on en peut avoir ; ils servent au moins à remplir les vuides de la galanterie, à faire nombre de soupirants ; et il est bon, Madame, de ne pas laisser un amant seul maître du terrain, de peur que, faute de rivaux, son amour ne s'endorme sur trop de confiance.[93]

C'est que la comtesse n'a pas non plus les moyens financiers qui lui permettraient de soutenir les manières de qualité qu'elle affecte. Non seulement elle cherche à se remarier, et l'aisance du galant semble plus compter en définitive à ses yeux que sa naissance, certaines de ses réactions trahissent aussi sa gêne financière[94]. Andrée casse-t-elle un verre, elle lui retiendra le verre cassé sur ses gages[95]. L'eau qu'elle fait servir ne contient en outre aucun de ces extraits de chicorée ou de mélisse dont usaient les personnes du bel air, et ses bougies, comme le lui rappelle Andrée, sont non de cire mais de suif[96].

En revanche, il est des situations où, si la pratique est correctement imitée, le contexte dans lequel elle s'insère est, lui, mal venu. La comtesse ne peut, par exemple, appeler Andrée « fille de chambre », non pas parce que cette appellation détonne dans un contexte provincial, mais parce que ce langage ne convient qu'à une personne du plus haut rang. Du moment qu'elle n'est que comtesse, elle se ridiculise donc d'y prétendre. Callières signala ce manquement aux usages dans *Du bon, et du mauvais Usage dans les manieres de s'exprimer* :

> Il y a plusieurs Bourgeoises [...] qui disent une *Fille de Chambre*, & qui ne sçavent pas que les femmes de la Cour disent toujours une femme de Chambre, quoy que celle qui sert en cette qualité soit fille, & qu'elles disent mes femmes pour signifier toutes celles qui les servent, il n'y a que les Filles d'Honneur des Reines & des Princesses qui conservent le nom de Filles.[97]

Si le faux pas langagier de la comtesse passa peut-être inaperçu lors des représentations de juillet 1672 au Palais-Royal, il n'avait pu qu'être aussitôt

---

[93] *Ibid.*, scène 2, p. 962.

[94] Les remarques suivantes sont empruntées à Robert Garapon, *Le Dernier Molière*, p. 99.

[95] « Hé bien ! ne voilà pas l'étourdie ? En vérité vous me paierez mon verre » (*La Comtesse d'Escarbagnas*, scène 2, p. 960).

[96] *Ibid.*, scène 2, p. 959–60.

[97] Callières, *Du bon, et du mauvais Usage dans les manières de s'exprimer. Des façons de parler bourgeoises. Et en quoy elles sont differentes de celles de la Cour*, Paris, Claude Barbin, 1693, p. 73–4. Cité par Patrick Dandrey, *Molière ou l'esthétique du ridicule*, p. 248.

noté par l'assistance choisie conviée à Saint-Germain-en-Laye en décembre 1671 pour les festivités du remariage de Monsieur, assistance, on s'en doute, particulièrement sensible à des détails de ce genre.

Mais ce qui accentue encore plus la vanité des prétentions de la comtesse, c'est qu'elle ne se rend pas compte que les modèles qu'elle valorise ne sont pas les bons. Elle a cru voir toute la cour à Paris et fréquenter le beau monde, elle n'a connu en définitive que des hôtels meublés, comme «ces hôtels dont la mémoire doit être si chère. Cet hôtel de Mouhy, [...] cet hôtel de Lyon, cet hôtel de Hollande! les agréables demeures que voilà!», et qu'évoque ironiquement Julie[98]. Les galants de la cour n'ont sans doute point été les grands noms qu'elle se figure et la tragédie-ballet de *Psyché* que, dans son ignorance, elle qualifie de «revue»[99], et dont des extraits constituèrent justement à Saint-Germain les intermèdes de la pastorale offerte par le vicomte, n'a vraisemblablement été que le spectacle public du Palais-Royal. Ses références sociales et mondaines ne sont donc pas les bonnes et minent de l'intérieur la validité de son apprentissage du bel air.

De même son attitude dément constamment ses prétentions au bel esprit. Des bourdes lui échappent pour la plus grande joie des spectateurs et des autres protagonistes. Ainsi confond-elle Martial, le satiriste latin, et le marchand parfumeur parisien:

Quoi? Martial fait-il des vers? Je pensais qu'il ne fît que des gants?[100]

Comme elle ignore le latin, sa pudeur est alarmée par les mots de *viro, virile, viri* de la récitation latine de son fils:

Fi! Monsieur Bobinet, quelles sottises est-ce que vous lui apprenez-là?

Mon Dieu! Ce Jean Despautère-là est un insolent, et je vous prie de lui enseigner du latin plus honnête que celui-là.[101]

Et elle aurait probablement souhaité avec Philaminte

[...] le retranchement de ces syllabes sales,
Qui dans les plus beaux mots produisent des scandales,
Ces jouets éternels des sots de tous les temps,
Ces fades lieux communs de nos méchants plaisants,
Ces sources d'un amas d'équivoques infâmes,
Dont on vient faire insulte à la pudeur des femmes.[102]

---

[98] *La Comtesse d'Escarbagnas*, scène 2, p. 961.
[99] *Ibid.*
[100] *Ibid.*, scène 5, p. 966.
[101] *Ibid.*, scène 7, p. 968.
[102] *Les Femmes Savantes*, III, 2, v. 913–8, [in] Molière, *Œuvres complètes*, II, p. 1031–2.

Enfin, en coupant court aux explications du vicomte sur le divertissement qu'il lui offre, sous prétexte qu'«on a assez d'esprit pour comprendre les choses»[103], la comtesse néglige l'équivalent verbal du livret imprimé qu'on s'était arraché à Saint-Germain pour la représentation du *Ballet des Ballets* lui-même, dont faisaient partie et la comédie et le divertissement enchâssé. N'est-ce pas là mettre en évidence le défaut même qu'elle cherche à masquer ? Et si l'on considère que, pour éviter «la cohue», la comtesse a par ailleurs interdit à son suisse de «ne laisse[r] entrer personne», prenant ainsi le contre-pied de l'attitude des personnes de qualité qui, avec le vicomte, estiment que «si vous voulez vous bien divertir, qu'on dise à vos gens de laisser entrer toute la ville»[104], il apparaît qu'elle n'a donc qu'imparfaitement assimilé ce code de la galanterie et du bel esprit dont elle se réclame. Ce qui explique sans doute qu'elle prenne pour bon argent l'imitation approximative par Monsieur Tibaudier des grands airs de Tendre[105], sans voir la différence entre le vrai style galant tel que le pratique effectivement le vicomte, qui, bien qu'angoumois, se montre spirituel et parfait galant homme, et sa caricature grotesque dans la bouche de Monsieur Tibaudier. Tandis que le premier sait adopter vis-à-vis des vers aimables qu'il compose pour Julie la distance requise en refusant notamment d'accepter qu'ils soient vus[106], le second vient lire lui-même en public des vers lourds et ridicules par leur abus du vocabulaire tendre et romanesque le plus conventionnel. De même le billet qui accompagne les poires qu'il envoie à la comtesse n'est qu'un tissu de lourdes plaisanteries et de fades jeux de mots sur «poires molles» et «poires d'angoisse»[107]. Or c'est à peine si leur destinataire se rend vaguement compte qu'«il y a peut-être quelque mot qui n'est pas de l'Académie»[108] !

D'autre part le fait que Madame d'Escarbagnas se prête aux jeux «galants» de la comédie, qu'il s'agisse du régale offert par le vicomte ou du don des poires et des vers par Monsieur Tibaudier, révèle le vrai sens de la «galanterie» qu'elle pratique. En effet, alors que dans la bouche et dans le comportement du vicomte, la galanterie apparaît comme un art des belles manières, un art en particulier de plaire aux dames de la belle société, les

---

[103] *La Comtesse d'Escarbagnas*, scène 7, p. 968.

[104] *Ibid.*, scène 4, p. 963.

[105] Voir Patrick Dandrey, «Molière lecteur de Pellisson : une source nouvelle pour *La Comtesse d'Escarbagnas* ?», *R.H.L.F.*, n° 1, 1988, p. 97–101.

[106] «C'est assez de vous les avoir dits, et je dois en demeurer là : Il est permis d'être parfois assez fou pour faire des vers, mais non pour vouloir qu'ils soient vus. [...] il est dangereux dans le monde de se mêler d'avoir de l'esprit. Il y a là dedans un certain ridicule qu'il est facile d'attraper» (*La Comtesse d'Escarbagnas*, scène 1, p. 956).

[107] Voir Patrick Dandrey, «Molière lecteur de Pellisson», p. 100.

[108] *La Comtesse d'Escarbagnas*, scène 4, p. 964.

façons d'agir de la comtesse lui donnent un tout autre sens. Que celle-ci agrée non seulement les hommages – prétendus – du vicomte, mais aussi ceux de Monsieur Tibaudier et de Monsieur Harpin sous prétexte de «remplir les vuides de la galanterie, [de] faire nombre de soupirants»[109], que de surcroît elle ait, semble-t-il, juré amour et fidélité à ce dernier[110] et accepté son argent[111], et la voilà ravalée au rang de «coquette», de femme «galante», mais au sens cette fois de débauchée et de trompeuse. Qualifiée de «procédé», de «quelque chose de vilain»[112], sa conduite s'apparente à ce que sera plus tard la vie d'une demi-mondaine.

Les belles manières dont s'est vanté la comtesse ne sont ainsi qu'une galanterie dépravée. Et ce sont ses paroles et ses actes qui ont eux-mêmes miné la validité de ses prétentions sociales. Sa participation au beau monde n'est dès lors qu'une illusion dont ni les vrais galants de la pièce ni ceux qui se situent volontairement en dehors du code, par leur naissance ou par leur tempérament, ne sont dupes même s'ils l'y ont, par intérêt, un temps entretenue.

Illusions perdues

L'être imaginaire que la comtesse cherche à projeter d'elle-même est de fait rapidement confronté à une réalité qui déçoit et rabaisse ses ambitions de grandeur. Ses serviteurs sont incapables par leur ignorance et leur balourdise de jouer le jeu. Criquet, qui se tient dans la rue plutôt que dans l'antichambre, n'a rien du laquais stylé, tandis que, par ses demandes constantes d'explication, Andrée a tôt fait de ramener le langage du beau monde parlé par sa maîtresse à un discours incompréhensible, où les mots ne collent pas aux choses. On me pardonnera la longue citation:

> LA COMTESSE: Andrée, ayez soin tantôt de faire donner le fouet à ce petit fripon-là, par mon écuyer: c'est un petit incorrigible.
>
> ANDREE: Qu'est-ce que c'est, Madame, que votre écuyer? Est-ce maître Charles que vous appelez comme cela!

---

[109] *Ibid.*, scène 2, p. 962.

[110] «Ceci me fait voir ce que je dois croire de vous, et l'assurance qu'il y a au don de votre cœur, et aux serments que vous m'avez faits de sa fidélité» (*ibid.*, scène 8, p. 969).

[111] «Je ne suis point d'humeur à payer les violons pour faire danser les autres»; «Monsieur le Receveur ne sera plus pour vous Monsieur le Donneur» (*ibid.*, scène 8, p. 970, p. 971).

[112] *Ibid.*, scène 8, p. 970, p. 969.

LA COMTESSE: Taisez-vous, sotte que vous êtes: vous ne sauriez ouvrir la bouche que vous ne disiez une impertinence. Des sièges. Et vous, allumez deux bougies dans mes flambeaux d'argent [...]. Qu'est-ce que c'est donc que vous me regardez tout effarée?

ANDREE: Madame ...

LA COMTESSE: Hé bien, Madame? Qu'y a-t-il?

ANDREE: C'est que ...

LA COMTESSE: Quoi?

ANDREE: C'est que je n'ai point de bougie.

LA COMTESSE: Comment, vous n'en avez point?

ANDREE: Non, Madame, si ce n'est des bougies de suif.

LA COMTESSE: La bouvière! Et où est donc la cire que je fis acheter ces jours passés?

ANDREE: Je n'en ai point vu depuis que je suis céans.[113]

Monsieur Harpin refusera carrément d'entrer dans le jeu et il n'est jusqu'au discours en apparence approbateur de Julie et du vicomte, qui, chargé d'une ironie que Madame d'Escarbagnas ne perçoit pas, ne soit également destructeur de sa construction illusionniste[114]. Face à la comtesse, Julie feint par exemple de se ranger de son parti, avouant même

> qu'il y a merveilleusement à profiter de tout ce que vous dites; c'est une école que votre conversation, et j'y viens tous les jours attraper quelque chose.[115]

Mais, tout comme Elise devant Climène dans *La Critique de l'Ecole des femmes*[116], Julie n'approuve que pour mieux faire éclater le ridicule de son in-

---

[113] *Ibid.*, scène 2, p. 959–60.

[114] Dorante agit de même dans *Le Bourgeois gentilhomme* et maintient à Dorimène en la présence du bourgeois, qui vient de faire reculer la marquise pour finir sa révérence, «que Monsieur Jourdain sait son monde [...] et [...] qu'[il] [est] homme d'esprit», tout en ajoutant en aparté: «C'est un bon bourgeois assez ridicule, comme vous voyez, dans toutes ses manières» (*Le Bourgeois gentilhomme*, III, 15, p. 759).

[115] *La Comtesse d'Escarbagnas*, scène 2, p. 962.

[116] Voir par exemple ses répliques à la scène 3: «Ah! que vous avez bien raison, Madame, et que vous me rendrez justice, quand vous croirez que je vous trouve la plus engageante personne du monde, que j'entre dans tous vos sentiments et suis charmée de toutes les expressions qui sortent de votre bouche! [...] Je vous étudie des yeux et des oreilles; et je suis si remplie de vous, que je tâche d'être votre singe, et de vous contrefaire en tout» (*La Critique de l'Ecole des femmes*, scène 3, p. 650).

terlocutrice. Même jeu chez le vicomte, qui renchérit un peu plus loin sur les louanges sans discernement données par la comtesse à Monsieur Tibaudier sur ses vers :

> LA COMTESSE : Ne pensez pas vous moquer : pour des vers faits dans la province, ces vers-là sont fort beaux.

> LE VICOMTE : Comment, Madame, me moquer ? Quoique son rival, je trouve ces vers admirables, et ne les appelle pas seulement deux strophes, comme vous, mais deux épigrammes, aussi bonnes que toutes celles de Martial.[117]

En sous-main, toutefois, Julie et le vicomte n'ont de cesse de railler la comtesse et de se faire un spectacle de ses prétentions au bel air, dénonçant par là dans sa conduite un art mal assimilé. Mais, plus encore que par leurs railleries, c'est par leur propre aptitude à se conformer au code de la vraie galanterie si maladroitement singé par Madame d'Escarbagnas, qu'ils font éclater l'artifice et la superficialité de ses façons. Car, sans être allés à Paris, ils savent se montrer spirituels et pratiquer avec élégance et naturel les manières affectées par la comtesse. Or sourde à leurs rires comme aveugle à leur parfaite imitation du modèle qu'elle-même valorise sans savoir le reproduire, non seulement celle-ci est incapable de voir ce moi qu'ils lui découvrent et qu'elle veut ignorer, elle croit aussi toujours en imposer à son entourage. Ainsi alors qu'elle passe elle-même pour une de ces

> [...] provinciales,
> Aux personnes de cour fâcheuses animales,[118]

elle cherche à se poser en modèle pour toute la province :

> LA COMTESSE : En vérité, Madame, c'est une chose étrange que les petites villes ; on n'y sait point du tout son monde [...].

> JULIE : Où auraient-ils appris à vivre ? Ils n'ont point fait de voyage à Paris.

> LA COMTESSE : Ils ne laisseraient pas de l'apprendre, s'ils voulaient écouter les personnes ; mais le mal que j'y trouve, c'est qu'ils veulent en savoir autant que moi, qui ai été deux mois à Paris, et vu toute la cour.[119]

Il faudra l'irruption violente de Monsieur Harpin à la scène 8 pour que se fissure sa construction, pour qu'au nom de la vérité lui soient enfin dites « [ses] vérités »[120] :

---

[117] *La Comtesse d'Escarbagnas*, scène 5, p. 966.
[118] *Les Fâcheux*, II, 3, v. 371–2, p. 504.
[119] *La Comtesse d'Escarbagnas*, scène 2, p. 961.
[120] *Ibid.*, scène 8, p. 970.

Je veux dire que je ne trouve point étrange que vous vous rendiez au mérite de Monsieur le Vicomte : vous n'êtes pas la première femme qui joue dans le monde de ces sortes de caractères, et qui ait auprès d'elle un Monsieur le Receveur, dont on lui voit trahir et la passion et la bourse, pour le premier venu qui lui donnera dans la vue ; mais ne trouvez point étrange aussi que je ne sois point la dupe d'une infidélité si ordinaire aux coquettes du temps, et que je vienne vous assurer devant bonne compagnie que je romps commerce avec vous, et que Monsieur le Receveur ne sera plus pour vous Monsieur de Donneur.[121]

Certes, refusant cette soudaine illumination comme de reconnaître pour sien le portrait de son moi en coquette intéressée, la comtesse essaie de neutraliser l'esclandre causé par le receveur en ramenant cet éclat à des modèles de conduite répertoriés par ce même code galant dont il vient de faire éclater la perversion. Le voilà alors inclus dans la catégorie à la mode des « amants emportés »[122], dont les emportements sont la mesure même de l'amour, bien qu'à la différence de ses pareils, Monsieur Harpin ne sache point en user selon les règles et vienne crier ses « chagrins jaloux » en public[123].

Or si celui-ci rejette cette catégorisation qui l'aurait fait entrer dans le jeu de la comtesse, c'est pour se mettre en marge de la construction imaginaire qu'elle a échafaudée, et se cantonner dans le rôle qu'il s'est choisi pour la dénoncer :

Voilà ma scène faite, voilà mon rôle joué.[124]

Ce rôle facteur de reconnaissance est celui du contradicteur, par opposition à celui du flatteur qu'ont joué jusqu'à présent Julie et le vicomte. Il est aussi celui du trouble-fête qui vient dire leurs vérités aux autres personnages, ou plus exactement faire éclater leur double jeu en les confrontant à la réalité de leurs actions. En effet, en interrompant la représentation du régale galant offert par le vicomte, c'est-à-dire la comédie intérieure enchâssée, l'intervention de Monsieur Harpin sert de révélateur de la « comédie » particulière que lui a jouée la comtesse en agréant ses hommages... et son argent.

Eh têtebleu ! la véritable comédie qui se fait ici, c'est celle que vous jouez [...].[125]

---

[121] *Ibid.*

[122] *La Comtesse d'Escarbagnas*, scène dernière, p. 971. Dans son *Traité de la jalousie*, Courtin écrivit des amants jaloux qu'ils étaient « transportés hors d'eux-mesmes par la crainte qu'ils ont de perdre ce qu'ils ayment » (*Traité de la Jalousie, ou moyens d'obtenir la paix dans le mariage*, éd. corrigée et augmentée, Paris, Helie Josset, 1685, p. 50).

[123] *La Comtesse d'Escarbagnas*, scène 8, p. 970.

[124] *Ibid.*, scène 8, p. 971.

[125] *Ibid.*, scène 8, p. 969.

Et bien sûr la révéler pour telle, c'est l'empêcher de se réaliser.

Son rôle joué, Monsieur Harpin n'a plus qu'à quitter la scène, mais c'est pour le voir repris par le vicomte, qui, sitôt apprise la réconciliation providentielle de ses parents et de ceux de Julie, dévoile le sens de la cour qu'il a faite à la comtesse pour divertir Julie et permettre leurs rencontres:

> Ma foi! Madame, voilà notre comédie achevée aussi.[126]

Le cri de surprise qui échappe alors à la comtesse montre bien qu'aveuglée par sa vanité, plus encore que par les mensonges des jeunes gens, celle-ci n'a pas su voir que la fiction générée par le vicomte, qui faisait de lui «l'amant de la maîtresse du logis»[127], était une illusion au même titre que la position de «personne de qualité» qu'elle s'était elle-même forgée par son langage. Elle n'a pas su voir que tous deux en fait jouaient des rôles d'emprunt car, face à son propre discours décalé, le vicomte ne pouvait recourir qu'à un autre décalage, celui de la feinte, dont relèvent à la fois la «comédie» de l'amour qu'il lui a jouée et le «régale» de comédie qu'il est en train, apparemment, de lui offrir[128]. Elle n'a pas compris que tout autre dialogue entre eux était impossible.

C'est sur ces deux révélations successives que s'achève le leurre des illusions tant volontaires qu'involontaires auquel ont été pris les personnages de la pièce. A leur tour le vicomte et Julie se retirent du jeu. Ils renoncent à feindre et à flatter et se détournent de la comtesse, déchue de sa position de femme aimée, pour se consacrer à la contemplation du régale galant que le vicomte peut désormais ouvertement offrir à Julie. Ce faisant, les deux amants ôtent à la comtesse son statut d'être regardé, d'être objet de l'attention d'autrui. Tandis que la comtesse, pour garder l'illusion de l'initiative, se pose encore en objet de sa rage, c'est-à-dire de son attention,

> – Oui, Monsieur Tibaudier, je vous épouse, pour faire enrager tout le monde[129] –

la remarque finale du vicomte l'élimine totalement dans un renversement au profit du «nous» et du monde:

> Souffrez, Madame, qu'en enrageant nous puissions voir ici le reste du spectacle.[130]

---

[126] *Ibid.*, scène 9, p. 971.
[127] *Ibid.*, scène 1, p. 954.
[128] Sur cet aspect de la pièce, voir Alain Viala, «Molière et le langage galant», p. 99–109.
[129] *La Comtesse d'Escarbagnas*, scène dernière, p. 972.
[130] *Ibid.* «Le reste du spectacle», c'est-à-dire le septième et dernier intermède de la pastorale, était en effet constitué par le dernier intermède de la tragédie-ballet de

Comme Monsieur Jourdain, la comtesse ne trouve sa véritable place que sur les marges de l'espace de l'amour et de la galanterie. Tour à tour courtisée et trompée, considérée et dédaignée, elle n'a été qu'une utilité aux yeux des autres personnages, mus par leur intérêt à ne se former que des portraits subjectifs et instrumentalisés d'un être que ses illusions ont rendu vulnérable à leur tromperie. Comme s'il ne pouvait y avoir de portrait d'autrui que relativement à soi et à l'amour de soi. Or, si la comtesse est forcée de reconnaître pour un jeu menteur la conduite d'autrui, cette reconnaissance ne lui ouvre en aucune façon les yeux sur son propre jeu. Elle garde sur elle-même les illusions qu'elle perd sur les autres.

3. Les deux moi de George Dandin

En mettant en scène dans *George Dandin* un protagoniste tiraillé entre deux idées de lui-même, Molière montrait que la démultiplication de l'être dans sa représentation est aussi le fait de l'individu lui-même, contraint, par la vue de son portrait dans l'esprit des autres, de faire retour sur soi. C'est que, loin d'avoir réfléchi la figure exaltée du moi que s'est forgée le protagoniste, le monde en a au contraire renvoyé une image critique, prétendument objective, qui n'est pas le reflet d'apparences travaillées ici par le désir nobiliaire du paysan enrichi, mais qui se veut une révélation de l'être véritable, ou du moins donné comme tel. Atteignant de ce fait à une reconnaissance qui échappe traditionnellement au personnage comique, George Dandin se découvre fautif et humilié dans l'image de soi qu'il a proposée au monde et qu'il reconnaît désormais pour un artefact de la vanité sociale et individuelle :

> Ah! qu'une femme demoiselle est une étrange affaire, et que mon mariage est une leçon bien parlante à tous les paysans qui veulent s'élever au-dessus de leur condition, et s'allier, comme j'ai fait, à la maison d'un gentilhomme! La noblesse de soi est bonne, c'est une chose considérable assurément; mais elle est accompagnée de tant de mauvaises circonstances, qu'il est très bon de ne s'y point frotter. Je suis devenu là-dessus savant à mes dépens, et connais le style des nobles lorsqu'ils nous font, nous autres, entrer dans leur famille.[131]

Psyché, qui rassemblait en une danse générale les troupes différentes de la suite d'Apollon, de Bacchus, de Mome et de Mars. Un chœur de toutes les voix et de tous les instruments terminait la fête des noces de l'Amour et de Psyché. Pour un essai de reconstitution de l'ordre du divertissement, voir Charles Mazouer, *Molière et ses comédies-ballets*, p. 70–1.

[131] *George Dandin*, I, 1, p. 465–6.

Contrairement à Monsieur Jourdain ou à la comtesse d'Escarbagnas, qui restent jusqu'au bout prisonniers de leur idée trompeuse du moi, George Dandin paraît, lui, dès le début de la pièce, se voir tel qu'il est et se poser en juge lucide de son être.

En déclarant la vérité de l'être, le miroir des autres a provoqué une cassure intérieure du moi que, dans son monologue initial, George Dandin situe sur un plan temporel, dissociant un moi ancien, aveuglé et bafoué, d'un moi présent et lucide, qui, parce qu'il accède à la conscience, a seul le droit de dire «je». Or le «tu» (ou le «vous») qu'il repousse comme une «sottise» passée[132], va revenir le hanter sous la forme d'un «vous» que lui opposent constamment les autres personnages dans un dédoublement collatéral du protagoniste, symbolisé par son nom même. Pris entre un «je», un «tu» et un «vous» qui le déstabilisent, George Dandin se trouve de surcroît confronté au «il» des images fictives de son moi que suscite, pour le confondre, en sa présence comme en son absence, le discours des tourbes et de leurs serviteurs.

Dandin Juge de Dandin

Le titre même de la comédie dans l'édition de 1668, *George Dandin, ou le mari confondu*, semblait comme annoncer ce travail sur la démultiplication de l'être du moi. A la dualité marquée par le nom et le prénom (on remarquera d'ailleurs que ce genre de titre est unique dans l'œuvre de Molière, nulle autre pièce n'ayant en effet pour titre le nom et le prénom du personnage principal), s'ajoutait la référence à une typologie. Le nom de Dandin, surtout, est riche en connotations diverses. L'étymologie habituellement reconnue du mot *dandin* en fait une «espèce de sot et de niais qui va regardant çà et là»[133]. Mais Dandin est aussi un nom propre, celui de Perrin Dendin, «un apoincteur des procès», et de Tenot Dendin, son fils, dans le chapitre XLI du *Tiers Livre* de Rabelais[134]. On sait que, l'année même de la création de *George Dandin*, Racine reprit ce nom pour le juge de ses *Plaideurs*.

De fait le protagoniste éponyme de la comédie de Molière, que la liste des acteurs désigne comme un «riche paysan»[135], se pose lui aussi en juge, mais de lui-même, dans un dédoublement du moi réitéré au fil des trois monologues du premier acte. C'est qu'il joue ici le rôle normalement dévolu au *tertium comparationis* du jugement de l'image, pour condamner le reflet de la figure du moi suscitée par le désir de paraître, que lui présente son

---

[132] *Ibid.*, I, 1, p. 466.
[133] Richelet, *Dictionnaire François*.
[134] Rabelais, *Le Tiers Livre*, [in] *Œuvres complètes*, éd. Mireille Huchon, avec la collaboration de François Moreau, Paris, Gallimard, 1994, p. 479.
[135] *George Dandin*, I, 1, p. 465.

miroir intérieur et dont il se désolidarise pour la rejeter dans le passé. Car ce dédoublement est tout d'abord un indice du temps écoulé. Le Dandin lucide, qui dit «je» et qui parle au présent, se distancie d'un autre lui-même qu'il interpelle constamment et qui est le Dandin aveuglé par l'amour-propre, celui qui a commis l'erreur originelle, celui qui a cru pouvoir être perçu comme un égal par les gentilshommes en s'alliant à eux. «Devenu là-dessus savant à [ses] dépens», George Dandin sait désormais que le mariage avec une demoiselle est «une sottise la plus grande du monde»[136] et qu'il est impossible à un paysan de s'élever au-dessus de sa condition. A une «sottise» irréparable dont le souvenir obsède la mémoire et qu'il n'en finit pas d'expier, s'oppose ainsi un savoir lucide, mais trop tard acquis.

Roger Chartier a montré dans une remarquable analyse de la pièce comment le dédoublement du protagoniste pouvait se lire en effet «comme l'expression dramatique d'un énoncé sur le fonctionnement de la société»[137]. Le premier Dandin est celui qui sait comment fonctionne le mécanisme de la détermination de l'identité sociale, celui à qui l'expérience a appris que l'être social est une construction du regard et de la conduite des autres ; le second est celui qui a cru, à tort, que le classement social dépendait de la seule volonté de l'individu et qu'il suffisait d'une alliance et d'un changement de nom, c'est-à-dire d'une modification des attributs de l'être social, pour imposer une représentation nouvelle de soi-même. A l'opposition des deux Dandin correspond donc l'opposition de deux perceptions contradictoires du classement social, l'une illusoire, l'autre fait d'expérience. Ce rappel s'adressait aussi du reste aux courtisans qui assistèrent à la représentation du 18 juillet 1668 et pour qui, à l'heure des recherches de noblesse ordonnées par Louis XIV, se posait de manière particulièrement aiguë la question du comment et du par qui est définie l'identité sociale. La comédie redisait ainsi à tous ceux qui se flattaient de leurs titres que leur volonté seule, même appuyée sur toute une gamme de signes visibles, ne suffisait pas à établir leur rang, mais que celui-ci dépendait «d'une reconnaissance donnée sur pièces par l'autorité du monarque, seul capable de dire quelle est la condition véritable de ses sujets»[138] ; ou, en termes clairs, que pour être désignés comme nobles authentiques il leur fallait fournir la preuve d'une noblesse d'au moins quatre

---

[136]   *Ibid.*, I, 1, p. 465, p. 466.
[137]   Roger Chartier, «De la fête de cour au public citadin», p. 187.
[138]   *Ibid.*, p. 197, p. 195. Comme le fait remarquer Roger Chartier, ces préoccupations ne pouvaient évidemment pas être celles du public en grande partie roturier et bourgeois du Palais-Royal. La pièce eut sans doute pour lui un sens différent. Jouant sur une autre loi du fonctionnement social, elle put paraître plaider sinon pour un immobilisme total de la société, du moins pour une limitation de la mobilité des conditions qui n'excluait peut-être pas des tentatives raisonnables d'élévation sociale (voir p. 197–8).

degrés. Et nul n'était à l'abri de ces vérifications et d'éventuels déclassements. Est-ce alors pour prouver son état que Monsieur de Sotenville étale ses titres et rappelle ses faits d'armes comme ceux de ses ancêtres devant Clitandre[139]? Mais, dans un clin d'œil complice à son public de cour, c'était d'états de service en réalité peu glorieux que Molière le faisait se targuer, puisque ni le siège de Montauban en 1621, ni la défense de Nancy en 1635 n'avaient été des occasions où la noblesse s'était particulièrement distinguée. Tandis que, sous la participation fictive de l'aïeul aux croisades, il lui était facile de saisir l'allusion aux faits et gestes du duc de la Feuillade, prêt à s'embarquer pour l'Orient[140], comme de retrouver dans les fanfaronnades du protagoniste la bravoure quelque peu ostentatoire du duc, dont Bussy fit un cruel portrait dans *L'Histoire amoureuse des Gaules* parue trois ans plus tôt.

Or il apparaît bientôt que le Dandin qui a voulu s'allier aux Sotenville dans un désir d'être perçu par eux comme un égal, est plus que l'effet d'un dédoublement temporel. Parce qu'il représente cette inclination du paysan à reconnaître sans la questionner la supériorité du gentilhomme, parce qu'il incarne cette partie de lui-même qui lui échappe et qui idolâtre des êtres qui l'humilient[141], il est le signe de la dualité essentielle du personnage, qui s'irrite de ce qu'il admire :

> La noblesse de soi est bonne, c'est une chose considérable assurément ; mais elle est accompagnée de tant de mauvaises circonstances, qu'il est très bon de ne s'y point frotter.[142]

---

[139] «Je m'appelle le baron de Sotenville. [...] Mon nom est connu à la cour, et j'eus l'honneur dans ma jeunesse de me signaler des premiers à l'arrière-ban de Nancy. [...] Monsieur, mon père Jean-Gilles de Sotenville eut la gloire d'assister en personne au grand siège de Montauban. [...] Et j'ai eu un aïeul, Bertrand de Sotenville, qui fut si considéré en son temps, que d'avoir permission de vendre tout son bien pour le voyage d'outre-mer» (*George Dandin*, I, V, p. 473).

[140] Selon Cizeron-Rival, «il est dit dans la Comédie de George-Dandin, [...] que Bertrand de Sottenville eut le crédit de vendre tout son bien pour faire le voyage d'outre-mer. Lors de la représentation de cette Piece, tout le monde fit l'application de cet endroit à M. de la Feuillade, qui en ce temps-là s'avisa de mener en Candie à ses dépens une centaine de Gentilshommes équipés pour combattre contre les Turcs, pendant le siege de cette Isle» (*Récréations Littéraires*, p. 2). Cette expédition quitta Marseille le 25 septembre 1668.

[141] Cette attitude méprisante des Sotenville envers celui qui n'est pour eux qu'un roturier indécrottable est à maint égard un exemple de la tyrannie de la noblesse dénoncée par le monarque dans ses *Mémoires* pour l'année 1661 («La tyrannie qu'elle [la noblesse] exerçait en quelques-unes de mes provinces sur ses vassaux et sur ses voisins, ne pouvait plus être soufferte ni réprimée que par des exemples de sévérité et de rigueur» (*Mémoires*, p. 47)).

[142] *George Dandin*, I, 1, p. 465.

Aussi, comme l'a suggéré Lionel Gossman, «on aurait tort de penser que des deux Dandin présents dans ces monologues, l'un se tient en dehors de la situation pour juger l'autre. Ils sont tous les deux dedans. Le George qui juge est le George plein de ressentiment – c'est lui qui cherche à "désabuser le père et la mère" – et le George qui est jugé est le George idolâtre. A aucun moment George Dandin ne se voit réellement tout entier, et il reste comiquement aveugle jusqu'à la fin – plutôt amère»[143].

Le paysan marié

Cette dualité ontologique du protagoniste, déjà sensible dans le dédou-blement linguistique des monologues et des apartés de la pièce selon un procédé hérité de la farce, se prolonge dans un jeu étymologique sur ses nom et prénom. Au George Dandin, soucieux d'élévation sociale, répond le titre de Monsieur de la Dandinière, «allongement de nom»[144] concédé par les Sotenville, qui extériorise et présente au regard d'autrui le désir de figuration d'un moi qui s'épuise dans l'être-vu. Titre faussement anoblissant toutefois puisqu'il ridiculise en fait celui qui le porte, à l'égal des titres de sieur de la Hannetonnyère et de monsieur de la Papillonnyère dans *La Farce du Poulier*[145]. Le George Dandin, lucide et fier de sa «bonne et franche pay-sannerie»[146], est tout entier, lui, dans son prénom George, dont Bernadette Rey-Flaud précise qu'il est le patronyme exemplaire du paysan dans la farce médiévale[147], conformément à son étymologie qui le désigne comme un «tra-vailleur de la terre». Aussi le prénom sert-il à souligner le bon sens du paysan qui a su s'enrichir et qui rappelle aux Sotenville que «[son] argent a servi à reboucher d'assez bons trous»[148]. Quant au nom même de Dandin, dont on a trop insisté sur le lien avec «sot» et «niais», il pourrait bien par analogie faire référence à l'infortune conjugale qui attend le protagoniste. En effet, toujours

---

[143] Lionel Gossman, *Men and Masks. A Study of Molière*, Baltimore, The John Hopkins Press, 1963, p. 162. C'est moi qui traduis.

[144] *George Dandin*, I, 4, p. 471. On se souvient que le bourgeois parisien qu'est Arnolphe voulait lui aussi donner dans la particule et se faisait appeler Monsieur de La Souche (*L'Ecole des femmes*, I, 1, [in] Molière, *Œuvres complètes*, I, p. 551). Ces railleries répétées de Molière à l'encontre des soi-disant nobles sont encore à replacer dans le contexte des édits royaux contre les usurpations de noblesse.

[145] Remarque faite par Bernadette Rey-Flaud dans *Molière et la farce*, Genève, Droz, 1996, p. 169.

[146] *George Dandin*, I, 1, p. 466.

[147] Comme dans *George le Veau* par exemple (Bernadette Rey-Flaud, *Molière et la farce*, p. 163).

[148] *George Dandin*, I, 4, p. 471.

selon Bernadette Rey-Flaud[149], le terme *dandin* connaît aussi un sens, attesté au XVIᵉ siècle, de « clochette » et de « pendentif »[150], qui l'apparente à celui du diminutif *dandrilles* utilisé pour désigner les parties naturelles de l'homme[151]. D'où l'appellation ancienne de *dando*, « cocu », employé comme patronyme dans la farce à l'instar de *dandin* pour désigner le mari trompé[152]. Les appellations de *dandin* et de *dando* souligneraient ainsi « l'infortune de l'homme condamné à porter ses génitoires en sautoir, soit l'époux symboliquement émasculé par sa femme »[153]. Face à lui, George le « paysan » découvre Dandin le « cocu », expiation, au même titre que son allongement ridicule de nom, de la sottise passée de son *alter ego*. Si l'on considère que cette sottise réside dans son mariage, l'objectivation des connotations de son patronyme ne peut être que l'avatar ultime des « mortifications », « déplaisirs » et « douleurs » du « paysan marié » que mentionne le livret de la fête[154].

Entre « paysan » et « marié » il y a une antinomie que le déroulement de la comédie va rendre de plus en plus perceptible. En tant que Monsieur de la Dandinière, George Dandin pouvait se croire véritablement marié à la fille d'un gentilhomme et en quelque sorte ennobli, voire anobli, lui-même. Or, ramené, comme il le sera sans cesse par sa femme et ses beaux-parents, à sa condition de paysan, il n'est plus que mal marié ; et le terme même est synonyme d'une incompatibilité d'humeurs comme d'états entre sa femme et lui, vite transformée en un déni de sa qualité de mari. Aussi avoue-t-il dès la première scène de la pièce :

> […] j'aurais bien mieux fait, tout riche que je suis, de m'allier en bonne et franche paysannerie que de prendre une femme qui se tient au-dessus de moi, s'offense de porter mon nom, et pense qu'avec tout mon bien je n'ai pas assez acheté la qualité de son mari.[155]

Cette dépossession de sa qualité de mari, que scande le rappel constant non seulement de sa paysannerie, mais encore de son infériorité sociale et morale, est ce que manifeste de plus en plus clairement l'intrigue d'Angélique avec le

---

[149] Bernadette Rey-Flaud, *Molière et la farce*, p. 165.

[150] Le *Dictionnaire de l'ancienne langue française* de Godefroy en donne la définition suivante : « Esquelles bestes a laine en avoit une qui avoit un dandin ou clochette pendue au col » (Paris, 1883 ; Kraus reprint, 1969).

[151] Lien que Cotgrave établit explicitement en définissant *dandrille* comme « a man privities ; or that which hangs dandling between his legs » (*A Dictionarie of the French and English Tongues*, Londres, 1650).

[152] Comme dans la *Farce nouvelle des femmes qui font baster leurs maris aux corneilles* (voir Bernadette Rey-Flaud, *Molière et la farce*, p. 166).

[153] Bernadette Rey-Flaud, *Molière et la farce*, p. 166.

[154] Livret du *Grand Divertissement royal de Versailles*, p. 451–461.

[155] *George Dandin*, I, 1, p. 466.

jeune courtisan Clitandre. N'a-t-elle pas du reste été annoncée par l'attitude des Sotenville envers leur gendre? Un premier entretien avec ses beaux-parents a ainsi appris à George Dandin qu'il «ne [doit] pas dire "ma femme", quand [il parle] de [leur] fille», pas plus qu'il ne doit les appeler eux-mêmes «belle-mère» ou «beau-père», même s'ils sont, eux, en droit de lui dire «notre gendre»[156]. C'est que, malgré la proximité de la parenté scellée par l'alliance matrimoniale entre eux (et que rappelle le lexique familial employé par Dandin, en signe de l'égalité à laquelle il pense avoir droit), l'échange entre supérieurs et inférieurs est et reste inégal. En effet, les premiers entendent seulement s'approprier la richesse des seconds sans leur accorder en échange la moindre reconnaissance, le moindre droit à l'honorabilité. Comme le reconnaît le protagoniste,

> L'alliance qu'ils font est petite avec nos personnes: c'est notre bien seul qu'ils épousent[157].

D'où leur insistance pour que le vocabulaire de cet échange social énonce la distance qu'ils cherchent à maintenir à l'intérieur même de l'alliance qui les rapproche[158]. Et si le qualificatif de «mari» continue toutefois d'être utilisé dans la pièce, l'article défini, puis indéfini, qui l'accompagne montre bien le clivage de plus en plus prononcé entre le protagoniste et une qualité qu'on lui refuse. Il est significatif qu'Angélique ne le reconnaisse comme «son» mari à la scène 6 du premier acte qu'afin de mieux nier la réalité de ses galanteries avec Clitandre[159]. En revanche, une fois l'adultère quasi consommé et connu de Dandin, Angélique accuse le divorce entre les deux époux en ramenant l'appellation à l'impersonnel dans la supplique qu'elle adresse à ses parents:

> [...] je ne puis plus souffrir un mari de la sorte.

> [...] je vous prie de me séparer d'un mari avec lequel je ne saurais plus vivre.[160]

Son mariage réduit à un «assemblage [...] avec un homme comme lui»[161], Dandin ne peut qu'entériner cette séparation effective en prononçant en aparté, au lieu des mots d'excuse et de soumission qu'on exige de lui, des paroles parodiques de la formule rituelle d'union et de la réunion conventionnelle des jeunes amants à la fin de la comédie:

---

[156] *Ibid.*, I, 4, p. 470, p. 469.

[157] *Ibid.*, I, 1, p. 466.

[158] Voir Roger Chartier, «*George Dandin*, ou la leçon de civilité», *R.H.L.F.*, 96e année, no 3, mai–juin 1996, p. 478.

[159] *George Dandin*, I, 1, p. 465.

[160] *Ibid.*, III, 7, p. 501, p. 502.

[161] *Ibid.*, III, 5, p. 495.

MONSIEUR DE SOTENVILLE : Madame, je vous prie de me pardonner.

GEORGE DANDIN : Madame, je vous prie de me pardonner.

MONSIEUR DE SOTENVILLE : L'extravagance que j'ai faite.

GEORGE DANDIN : L'extravagance que j'ai faite (*à part*) de vous épouser.[162]

A la quasi-consommation de l'adultère d'Angélique correspond donc «l'escouillage»[163] du paysan marié, qui assume enfin la pleine signification symbolique de son nom.

Le marié est un mal marié, aussi se voit-il dépossédé de cette qualité de mari qu'il a cru pouvoir acheter et dont il espérait qu'elle le rendrait l'égal des gentilshommes de son entourage. Mais son infortune conjugale lui révèle également que sa perception de la famille des Dandin comme d'une «race où il n'y a point de reproche»[164], lignage paysan certes, mais honorable, est elle aussi une illusion dont il va se trouver peu à peu dépossédé. Dès l'ouverture de la pièce George Dandin apprend que son mariage avec une «maison où le ventre anoblit»[165] fera de ses enfants futurs des gentilshommes, inscrits au lignage de son épouse, et que le nom des Dandin s'éteindra avec lui. C'est que, né paysan avec tout ce que cela comporte d'infériorité sociale[166], George Dandin ne peut devenir père; il ne peut tout au plus qu'être géniteur d'enfants qui lui seront en quelque sorte confisqués.

En outre, parce qu'il est né paysan et qu'il l'est resté malgré l'acquisition du titre de Monsieur de la Dandinière, il n'a pas incorporé – le pouvait-il d'ailleurs? – les codes qui régissent le comportement aristocratique de son temps. Sa conduite et ses propos trahissent à tout instant son manque inné de savoir-faire, son ignorance d'une civilité fondée en fait sur la capacité à se bien connaître et à savoir se bien classer dans la hiérarchie sociale :

---

[162] *Ibid.*, III, 8, p. 503. Remarque faite par Noël A. Peacock, «The Comic Ending of *George Dandin*», *French Studies*, n° 36 (2), avril 1982, p. 144–53.

[163] On me pardonnera ce barbarisme emprunté pour l'esprit à Bernadette Rey-Flaud.

[164] *George Dandin*, II, 2, p. 482.

[165] *Ibid.*, I, 4, p. 471. Sur ce point la comédie était aussi à l'écoute de l'actualité la plus brûlante. Dans l'article déjà cité, Roger Chartier rappelle en effet que la dispute autour de ces coutumes provinciales, et notamment champenoises, rejetées par les traitants en charge des vérifications, constitua l'une des préoccupations nobiliaires des années 1660 («De la fête de cour au public citadin», p. 196).

[166] Furetière donne pour étymologie du mot «roture» l'acte de «rompre la terre, pour dire la cultiver» et ajoute «ce soin qu'on a donné aux paysans les a distinguez des Nobles» (*Dictionnaire Universel*).

> Mon Dieu! notre gendre, que vous avez peu de civilité de ne pas saluer les gens quand vous les approchez!
>
> Encore! Est-il possible, notre gendre, que vous sachiez si peu votre monde, et qu'il n'y ait pas moyen de vous instruire de la manière qu'il faut vivre parmi les personnes de qualité?[167]

C'est pourquoi il doit apprendre qu'il lui convient de saluer en premier ceux à qui il s'adresse et «qu'il n'est pas respectueux d'appeler les gens par leur nom, et qu'à ceux qui sont au-dessus de nous il faut dire "monsieur" tout court» et non, en l'occurrence, Monsieur de Sotenville[168]. Comme le rappela Courtin dans son manuel de politesse et de civilité, la familiarité avec laquelle se comporte Dandin à l'égard des Sotenville, qui, pour être ses beaux-parents, n'en sont pas moins des aristocrates, n'est qu'une marque d'effronterie:

> D'égal à égal, si l'on se connoist beaucoup, la familiarité est une bienseance; si l'on se connoist peu, elle est une incivilité; & si l'on ne se connoist point du tout, elle ne sçauroit estre qu'une legereté d'esprit.
>
> D'inferieur à superieur, si l'on se connoist beaucoup, ou si l'on se connoist peu (à moins d'un commandement exprés) la familiarité est une effronterie; & si l'on ne se connoist point du tout, c'est une insolence & une brutalité.
>
> De superieur à inferieur, la familiarité est toûjours dans la bienseance, & elle est même obligeante pour l'inferieur qui la reçoit.[169]

Il est évident que Dandin est incapable de se repérer dans ce code qui n'est pas le sien, incapable de voir que «la légitimité ou l'incongruité des paroles et des conduites dépend, non de leur contenu intrinsèque, mais de l'écart (ou de l'identité) de position entre les interlocuteurs»[170]. En d'autres termes, il n'a pas compris que le langage devait respecter et intérioriser la hiérarchie sociale.

Dans l'esprit des contemporains, ce manque de savoir-faire des classes inférieures était reconnu comme proverbial. Furetière n'affirma-t-il pas en effet à l'article *civilité* de son *Dictionnaire* qu'«il n'y a que les paysans, les gens grossiers, qui manquent à la civilité»[171], dans une équivalence de «peuple» et de «vulgaire» au sens non pas étymologique de «*vulgus*», mais esthétique de «commun, ordinaire»? Richelet avait dit de «bas, trivial»[172].

---

[167] *George Dandin*, I, 4, p. 469.

[168] *Ibid.*, I, 4, p. 470.

[169] Courtin, *Nouveau traité de la civilité*, p. 17–8.

[170] Roger Chartier, «*George Dandin*, ou la leçon de civilité», p. 478.

[171] Furetière, *Dictionnaire Universel*.

[172] Richelet, *Dictionnaire François*.

Parce que Dandin est d'extraction paysanne, il appartient au peuple et cette appartenance est à la fois la cause, le signe et la conséquence de son peu de civilité[173]. Aussi est-ce au titre de type, voire de stéréotype, et non d'individu, qu'il est bafoué par ceux à qui il a déféré la fonction de juge et de possesseur de la vérité, en l'occurrence ses beaux-parents, qui, parce qu'ils sont, eux, gentilshommes, se posent en détenteurs d'un savoir-vivre dénié aux autres catégories sociales. De même sa possessivité à l'endroit d'Angélique, son autoritarisme, sa volonté de préserver la hiérarchie entre époux et la domination masculine révèlent l'absence de cette « honnêteté » qui distingue, aux yeux des contemporains de Molière, les Français de la belle société des autres peuples. Comme le déclare Angélique, le rôle que doit jouer le mari idéal est celui du « personnage d'un honnête homme qui est bien aise de voir sa femme considérée » et ne sait reconnaître dans sa conduite autre chose qu'un « divertissement », un « commerce avec les vivants »[174]. En d'autres termes, au lieu de qualifier de « galanterie » cette conduite prise en mauvaise part, ce qui sent à la fois son « peuple » et son « vieux », il devrait pratiquer cette belle galanterie du discours et des manières que revendiquent les jeunes et les mondains[175], et dont Angélique paraît se réclamer, pour faire figure de « mari galant », même si, dans l'esprit de sa femme, cette représentation se confond assurément avec celle du « mari à la mode », c'est-à-dire à la fois « cocu et content »[176].

L'insuffisance sociale de George Dandin ne se limite pas à une simple question de manières. Le paysan est aussi dépourvu de ce qui constitue l'essence même de l'éthique nobiliaire, à savoir le sens de l'honneur et la générosité, bassesse sociale étant alors synonyme de bassesse morale. Traité de « sot », de « coquin » et de « maraud » par Clitandre[177], il reste singulièrement passif malgré les exhortations de Monsieur de Sotenville à répondre à des propos aussi injurieux. Contraint de s'humilier, il finit même par mettre chapeau bas et par s'agenouiller pour présenter ses excuses à qui vient de l'insulter et de le cocufier. Quant à sa volonté de rendre publique son infortune conjugale, sans en tirer de satisfaction autre que celle de la déconvenue de ces nobles qu'il envie par ailleurs, elle témoigne elle aussi d'un consentement à l'humiliation et d'une indignité morale qui s'opposent au geste noble du

---

[173] Sur cette question de la représentation du peuple, voir Pierre Ronzeaud, *Peuple et re-présentations sous le règne de Louis XIV*, Aix, Publications de l'Université de Provence, 1988.

[174] *George Dandin*, II, 2, p. 482.

[175] Distinction établie par Alain Viala dans « Molière et le langage galant », p. 101.

[176] Voir *infra*, troisième partie, chapitre 8, p. 280–2.

[177] *George Dandin*, I, 5, p. 474.

désir de réparation par le sang[178]. Tout au plus Dandin envisagerait-il une
vengeance roturière «à bons coups de bâton». Mais «la gentilhommerie [lui]
tient les bras liés»[179]. C'est qu'obligé de se soumettre aux règles d'une classe
à laquelle il s'est allié mais qui le rejette dans sa paysannerie, Dandin ne peut
même pas agir comme un paysan et battre sa femme à sa guise, du moment
que ce désir de violence physique est justement l'indice de cette rusticité à
laquelle on cherche à le réduire.

Ayant failli au point d'honneur, George Dandin est tout autant insensible
à cette autre valeur noble par excellence, la générosité. Ainsi au pardon généreux d'une Angélique prise sur le fait et suppliante[180], il préfère la sauvegarde
égoïste de ses intérêts et l'exercice d'une justice rétributive assurée dans
l'humiliation de sa femme devant ses parents. A son «[m]ontrez-vous généreux», il répond par un «je suis inexorable»[181], en une inversion du «procédé
obligeant» demandé, qui l'élèverait moralement au rang de cette aristocratie
à laquelle il aspire. Au lieu de quoi «[son] procédé met tout le monde contre
[lui]»[182] et confirme définitivement la roture de ses origines et de ses aspirations. George Dandin est une nouvelle fois contraint au geste symbolique de
s'agenouiller devant un supérieur social, sa femme demoiselle ici, et forcé de
montrer du respect envers celle qui, dans son optique paysanne, lui en doit
comme à son seigneur et maître.

Au fil des trois actes de la comédie, George Dandin est donc sans cesse
ramené à sa paysannerie d'origine, mais envisagée de manière négative,
comme l'absence de toutes les valeurs qui constituent l'éthique nobiliaire. A
la fois violence physique (réelle ou imaginaire) et manque de civilité ou de
générosité, cette représentation du comportement ni «policé» ni «civilisé»
du protagoniste est une dépossession de cela seul qui lui restait, sa paysannerie, réduite au lieu commun d'une rusticité, produit de l'imaginaire des
classes dominantes. A l'aliénation intérieure du protagoniste écartelé entre
un «je» et un «tu» qu'il ressent comme étranger à lui-même, s'ajoute donc

---

[178] Gentilhomme, Monsieur de Sotenville, lui, s'écrie aussitôt : «Corbleu! je lui pas-
serais mon épée au travers du corps, à elle et au galant, si elle avait forfait à son
honneur» (*ibid.*, I, 4, p. 472), même si Molière souligne du reste la mauvaise foi du
personnage.

[179] *Ibid.*, I, 3, p. 468.

[180] Comme le fait remarquer Nathan Gross, la question de la sincérité du repentir
d'Angélique est accessoire. Elle ne modifie en rien le sens du comportement de
George Dandin (*From Gesture to Idea : Esthetics and Ethics in Molière's Comedy*, New
York, Columbia University Press, 1982, p. 130).

[181] *George Dandin*, III, 6, p. 498.

[182] *Ibid.*, I, 6, p. 476.

une double dépossession, celle de sa qualité de mari et celle de la dignité de son état social. Le regard et le jugement d'autrui le constituent en un «vous» où se perdent les deux composantes de son être objectif.

«Je» est un autre, ou le Barbouillé de la farce

Cette déconstruction de l'être du sujet se double parallèlement, dans le discours des autres personnages, de la formation d'un simulacre du moi, véritable être imaginaire qu'ils construisent par ruse pour se justifier, qu'il s'agisse des bavardages de Lubin à la scène 2 du premier acte[183], des remarques méprisantes de Clitandre à la scène 5 du même acte[184], ou encore de l'affabulation d'Angélique et de Claudine au dernier acte[185]. Dandin y est confronté à une image aliénante de lui-même, à un «il» dont il nie moins la perception que l'identification à son moi et devant lequel il reste passif, réduit à un silence impuissant. Mis perpétuellement au courant de ses infortunes par un bavard impénitent, comme Arnolphe dans L'Ecole des femmes, il est contraint de se voir sous les traits d'un mari jaloux et fantasque, aisément dupé, auquel sa propre tentative pour démasquer Angélique finira par donner corps et consistance. N'est-ce pas cette image en effet que réfléchit à la scène 7 du dernier acte le discours accusateur de celle-ci demandant raison à ses parents des actions «d'un mari à qui le vin et la jalousie ont troublé de telle sorte la cervelle, qu'il ne sait plus ce qu'il dit, ni ce qu'il fait»[186]? Confirmé dans un premier temps par la constatation de Claudine que «l'odeur du vin qu'il [Dandin] souffle est montée jusqu'à nous»[187], le simulacre suscité par cette accusation bouffonne reçoit une réalité objective dans le comportement des Sotenville, qui se reculent de dégoût devant l'«haleine empestée» du protagoniste:

> Retirez-vous: vous puez le vin à pleine bouche. [...] Fi! ne m'approchez pas: votre haleine est empestée.[188]

---

[183] «Le mari, à ce qu'ils disent, est un jaloux qui ne veut pas qu'on fasse l'amour à sa femme, et il ferait le diable à quatre si cela venait à ses oreilles» (ibid., I, 2, p. 467); «à cause de son mari, qui est fantasque» (ibid., p. 468).

[184] «Ce quelqu'un-là en a menti» (ibid., I, 5, p. 473); «C'est un coquin et un maraud» (ibid., p. 474).

[185] «Approchez, de grâce, et venez me faire raison de l'insolence la plus grande du monde d'un mari à qui le vin et la jalousie ont troublé de telle sorte la cervelle, qu'il ne sait plus ni ce qu'il dit ni ce qu'il fait [...]» (ibid., III, 7, p. 500).

[186] Ibid., III, 7, p. 500.

[187] Ibid., III, 7, p. 501.

[188] Ibid., III, 8, p. 501.

Le retour au «vous» de l'interpellation directe marque l'objectivation et l'acceptation par autrui de cet être de langage qui n'a en fait d'autre réalité que celle des mots qui l'énoncent.

Cette image aliénante de son moi en mari égoïste et brutal, crédule de surcroît (ne s'est-il pas laissé prendre par le faux suicide d'Angélique à la scène 6 ?), l'identifie au vilain berné de la farce gauloise, à ce mal marié invariablement trompé par une femme plus maligne que lui. George Dandin est explicitement devenu le type littéraire qui a présidé à sa conception. Plus précisément il est devenu ce Barbouillé dont Molière a écrit la farce quelques années plus tôt. D'où les contradictions que les critiques ont cru relever entre le George Dandin témoin lucide et parfaitement conscient, quoiqu'impuissant, des subterfuges de sa femme, des deux premiers actes de la pièce, et le George Dandin crédule et bafoué du dernier acte. Le premier est devenu l'objet de la comédie que les fourbes lui font jouer sous les traits du second et à laquelle il est contraint d'assister en spectateur passif. Et l'histoire exemplaire que le riche paysan proclamait être la sienne et qu'il présentait au premier acte comme une leçon à tirer d'une mauvaise appréciation du social,

> – Ah! [...] que mon mariage est une leçon bien parlante à tous les paysans qui veulent s'élever au-dessus de leur condition, et s'allier, comme j'ai fait, à la maison d'un gentilhomme![189] –

n'est plus que la plainte conventionnelle du mal marié sur la «méchanceté»[190] des femmes. L'individu George Dandin s'est métamorphosé en type dramatique. Loin de «confondre sa partie»[191], il est devenu ce «mari confondu» du sous-titre de la comédie, incarnation d'une fatalité à laquelle il cherchait à se soustraire.

Face à ce portrait de lui-même que se renvoient les autres, ou plutôt à ce double de son moi qui accède à l'existence malgré qu'il en ait et où il découvre ce qu'il fuit, notre homme est réduit à un mutisme dérisoire. Soit qu'il opte, comme au tout début, pour un silence calculé devant Lubin dans le but de se renseigner sur les progrès de son infortune conjugale. Soit que son propre discours soit constamment interrompu par l'agressivité linguistique d'autrui, comme dans les dernières scènes de la pièce, où les Sotenville l'accablent d'une série de reproches qui portent sur son droit non seulement à la parole mais encore à la possession de son identité[192]. A moins qu'ils ne

---

[189] *Ibid.* I, 1, p. 465.
[190] *Ibid.*, III, 8, p. 503.
[191] *Ibid.*, II, 6, p. 486.
[192] «GEORGE DANDIN: J'atteste le Ciel que j'étais dans la maison, et que .../MADAME DE SOTENVILLE: Taisez-vous, c'est une extravagance qui n'est pas supportable./GEORGE DANDIN: Que la foudre m'écrase tout à l'heure si...!/MON-

l'obligent à des énonciations véritablement aliénantes qui l'enferment dans leur propre discours. Dandin est ainsi contraint de répéter textuellement des mots qu'on lui dicte et qui avalisent la construction identitaire d'autrui[193]. De même que l'a été son silence, ses apartés sont alors un refuge qui lui permet d'échapper à cette contemplation hallucinée de son moi et de maintenir *in petto* la conscience de son être. Contrairement à Monsieur de Pourceaugnac, qui ignore jusqu'au bout le rôle de dupe qu'on cherche à lui faire jouer et qui part, à la fin, toujours persuadé d'avoir trouvé en Sbrigani, le maître fourbe, «le seul honnête homme de la ville»[194], George Dandin s'efforce de maintenir une distance critique à l'égard des constructions humiliantes que lui oppose autrui, et dont il n'ignore pas la duplicité.

Son dernier monologue le montre décidé à se replier sur lui-même et sur sa parole, abandonnant son projet d'éclaircissement des autres et de reconnaissance par eux de l'image du moi qui en dépendait:

> Ah! je le quitte maintenant, et je n'y vois plus de remède; lorsqu'on a, comme moi, épousé une méchante femme, le meilleur parti qu'on puisse prendre, c'est de s'aller jeter dans l'eau, la tête la première.[195]

De fait rien ne symbolise mieux cet isolement du protagoniste, sa volonté de séparation d'avec un monde où se dissout son moi, que son désir de mort par noyade à la fin. En se refermant sur lui, l'eau où il cherche à se précipiter marque la totale résorption par l'être de son image, la disparition du reflet offert au regard jugeant d'autrui. Phagocyté par l'image fictive de son moi qui a totalement absorbé son être-dans-le-monde, devenu le «on» indifférencié, sujet linguistique dépersonnalisant de ses dernières phrases, George Dandin choisit la fuite, mais une fuite définitive marquée par l'annihilation totale de

---

SIEUR DE SOTENVILLE: Ne nous rompez pas davantage la tête, et songez à demander pardon à votre femme» (*ibid.*, III, 7, p. 502).

[193] Comme à la scène 6 du premier acte, où il doit répéter, après Monsieur de Sotenville, des paroles d'excuse à Clitandre pour l'avoir injustement soupçonné: «GEORGE DANDIN: Je vous demande pardon. [...] Des mauvaises pensées que j'ai eues de vous. [...] C'est que je n'avais pas l'honneur de vous connaître. [...] Et je vous prie de croire. [...] Que je suis votre serviteur» (*ibid.*, p. 477) ou encore à la scène 7 du dernier acte, où il lui faut demander pardon à sa femme pour s'être mal conduit à son égard: «GEORGE DANDIN: Madame, je vous prie de me pardonner. [...] L'extravagance que j'ai faite. [...] Et je vous promets de mieux vivre à l'avenir» (*ibid.*, p. 503).

[194] *Monsieur de Pourceaugnac*, III, 5, p. 633.

[195] Sur ces problèmes d'impuissance linguistique du protagoniste, voir Ralph Albanese Jr, «Solipsisme et parole dans *George Dandin*», *Kentucky Romance Quarterly*, n° 27, 1980, p. 421–34.

l'être. L'obscurité qui enveloppe la scène au dernier acte de la pièce[196], comme la nuit tombait sur Versailles en cette soirée du 18 juillet 1668[197], viendrait en un sens traduire la nuit symbolique où se trouve Dandin, réduit, lui qui voulait, le matin même, «faire voir aux gens»[198], à ne plus «voir» lui-même[199]. Car, ironiquement, plus sa certitude et sa connaissance d'autrui se sont accrues, plus il s'est vu confronté à des images de moins en moins acceptables, de moins en moins conformes à son idée de lui-même.

Bien sûr, on ne saurait prendre totalement au sérieux cette décision «de s'aller jeter dans l'eau, la tête la première». De la part de George Dandin, elle pourrait bien n'être qu'une pose, moins un geste de désespoir sur le point d'être accompli que des paroles mimétiques, évocatrices d'une conduite dont la nature héroïque est susceptible de rendre dignité et respect de soi à un être moqué, bafoué, et s'estimant nié dans sa vérité, dans son être même. Qui plus est le personnage se trompe et révèle une nouvelle fois sa mauvaise assimilation du code culturel de la classe à laquelle il aspire. Comme le signale Noël Peacock[200], le modèle évoqué n'est qu'imparfaitement imité. Nul héros tragique, en effet, n'envisagerait la mort par noyade, tout juste bonne ... pour un croquant. L'acte envisagé est dévalué dans le moment même où sa possibilité est énoncée. George Dandin est et reste le personnage «Archi-comique» signalé par les contemporains[201].

D'autre part, si l'on considère (et je renvoie ici à la fine analyse donnée par Charles Mazouer des effets de sens de la co-présence de la pastorale et du texte comique[202]) que, lors de la représentation du *Grand Divertissement royal de Versailles*, le 18 juillet 1668, la comédie ne s'achevait point sur ces paroles mais était suivie d'une entrée de la troupe de Bacchus, dont les sectateurs chantaient les mérites de la dive bouteille, c'était sans doute dans le vin que George Dandin allait «noyer ses inquiétudes» et non dans le puits le plus

---

[196]   «Il faut que j'écoute, et me serve de l'obscurité qu'il fait» (*George Dandin*, III, 4, p. 494).

[197]   Montigny nota ainsi que «la nuict cependant s'estoit beaucoup avancée» (*La Feste de Versailles*, p. 10–1).

[198]   *George Dandin*, II, 8, p. 490.

[199]   *Ibid.*, III, 8, p. 503.

[200]   Noël A. Peacock, «The Comic Ending of *George Dandin*», *French Studies*, n° 36 (2), avril 1982, p. 144–53.

[201]   Robinet, lettre du 21 juillet 1668, [in] *Les Continuateurs de Loret*, III, p. 202.

[202]   Charles Mazouer, «*George Dandin* dans le *Grand Divertissement royal de Versailles* (1668)», publié dans «*Diversité c'est ma devise*». *Festschrift für Jürgen Grimm*, éd. F.R. Haussmann, C. Miething et M. Zimmermann, Paris-Seattle-Tübingen, Biblio 17, 1994, p. 315–29, repris dans *Molière/Trois comédies morales*, éd. Patrick Dandrey, Paris, Klincksieck, 1999, p. 89–98.

proche, à la différence des bergers de la pastorale, poussés, eux, par désespoir d'amour à vouloir vraiment mourir[203] :

> Enfin un de ses amis lui conseille de noyer dans le vin toutes ses inquié-
> tudes, et part avec lui pour joindre sa troupe, voyant venir toute la foule
> des bergers amoureux, qui à la manière des anciens bergers, commencent
> à célébrer par des chants et des danses le pouvoir de l'amour.[204]

Une nouvelle fois Molière offrait dans sa comédie le contrepoint d'un regard ironique aux conclusions sérieuses apportées par les grilles de lecture galante ou augustinienne du sentiment et de la personnalité. Une nouvelle fois il se servait du cadre festif de la représentation pour moduler le sens de la comédie représentée, pour gommer ce que cette comédie pouvait avoir aussi de trop âpre, de trop « rosse ».

4. Monsieur de Pourceaugnac, ou le refus du moi

Dans *Monsieur de Pourceaugnac*, Molière reprit en l'accentuant encore la peinture d'un protagoniste partagé entre la conscience d'une idée illusoire du moi et la vue des défauts et des tares morales et sociales de son être qu'il a choisi d'ignorer. Mais, à la différence de *George Dandin*, où le personnage se retrouve confronté à des simulacres du moi qui ne sont pas sans fonde-ment, dans *Monsieur de Pourceaugnac*, les figures dégradantes et multiples du moi suscitées par le discours d'autrui se révèlent être des représentations de moins en moins transparentes, voire de plus en plus fantastiques, de l'être, dans lesquelles se perdent non seulement le Limougeaud mais le public. En effet, qui est réellement Monsieur de Pourceaugnac? un gentilhomme de bonne souche ou un roturier sentant son droit? un étranger respectable ou un provincial naïf et ridicule? un riche prétendant ou une bête sauvage et lubrique? un innocent persécuté par des fourbes sans scrupules ou un intrus justement livré à la vindicte populaire? Même les identités les plus plausibles ne réussissent pas à coller à l'être du protagoniste. Et que dire alors des pures inventions que font circuler les fourbes de la pièce?

Affolé devant ce foisonnement d'identités aliénantes, qui viennent le traquer comme autant d'ennemis réels, car chacune est génératrice d'un

---

[203] « TIRCIS ET PHILENE : Puisqu'il nous faut languir en de tels déplaisirs, / Mettons fin en mourant à nos tristes soupirs » (Livret du *Grand Divertissement royal de Versailles*, p. 456).

[204] *Ibid.*, p. 457. Patrick Dandrey a vu dans ces quelques lignes du livret une allusion, transparente pour les spectateurs versaillais, au rôle traditionnel du vin dans la cure de la dépression (*Le Cas Argan*, p. 185).

scénario dramatique dans lequel il est contraint d'entrer, Monsieur de Pourceaugnac n'a de recours que dans une fuite qui lui permette d'échapper, en
échappant à ses persécuteurs, à la contemplation non désirée de lui-même[205].
Version dynamique en quelque sorte du repli statique sur soi auquel se voit
contraint George Dandin à la fin de la comédie de 1668. On trouve chez
Nicole une analyse critique de l'homme à la fois enclin à se connaître et à
ne se connaître pas, très proche de celle proposée par Molière dans ces deux
comédies-ballets:

> Ainsi comme il ne trouveroit pas mieux son compte hors de luy-même que
> dans luy-même, il y a bien de l'apparence que si la crainte de se voir tel
> qu'il est l'avoit fait sortir hors de soy, l'image de luy-même, qui luy seroit
> representée par tous les objets exterieurs, l'y feroient rentrer malgré qu'il
> en eust.[206]

Certes cette fuite se révèle illusoire, du moins tant que l'écart ne s'est pas
accru outre mesure entre l'être du moi et ses représentations extérieures.
Mais même au moment où elle devient enfin possible et où, affublé du
déguisement le plus improbable, il réussit à mettre son dessein à exécution,
Monsieur de Pourceaugnac n'en emporte pas moins avec lui l'image de ses
réelles insuffisances.

« Le seul nom de Pourceaugnac »[207]

C'est à dessein que Molière a retardé jusqu'à la scène 3 de l'acte I l'entrée
en scène de son protagoniste[208]. Ce délai lui permet en effet, par le biais des
descriptions verbales fournies par les autres personnages, de proposer une
première représentation de l'absent à partir de trois stéréotypes socio-culturels familiers des spectateurs de son temps[209]. Léonard de Pourceaugnac est

---

[205] Répliques comme didascalies mettent en effet en évidence ce constant désir de fuite
de la part du protagoniste: «*Monsieur de Pourceaugnac s'enfuit avec la chaise*» (*Monsieur de Pourceaugnac*, I, 16, p. 319 (éd. de 1734 seulement, tome V)); «Au secours!
au secours! Où *fuirai*-je? Je n'en puis plus» (*ibid.*, II, 8, p. 626); «Il faut donc que je
m'enfuie avec lui» (*ibid.*, III, 5, p. 633). C'est moi qui souligne.

[206] Nicole, *De la connoissance de soy-même*, p. 15–6.

[207] *Monsieur de Pourceaugnac*, I, 1, p. 594.

[208] Procédé également utilisé, on s'en souvient, dans *Tartuffe*, où le personnage
n'apparaît qu'à la scène 2 de l'acte II, une fois son image construite par les autres
personnages.

[209] J'entends par «stéréotype» «le produit d'une opinion toute faite qui continue
d'agir sur les mentalités collectives parce qu'il paraît entériné par l'usage, ou parce
qu'il est imposé par un consensus» (Pierre Ronzeaud, *Peuple et représentations sous le
règne de Louis XIV*, p. 404).

ainsi d'abord présenté comme «un Limosin»[210], plus tard accusé d'être un de ces «brutaux, ennemis de la gentillesse et du mérite des autres villes»[211], dans une surenchère satirique du provincial ridicule[212]. Grimarest fit d'ailleurs allusion dans sa *Vie de M. de Molière* à un possible modèle du personnage, mais sans toutefois préciser le nom de l'original:

> [...] le *Pourceaugnac* fut fait à l'occasion d'un Gentilhomme Limousin, qui un jour de spectacle, et dans une querelle qu'il eut sur le Theâtre avec les Comédiens, étala une partie du ridicule dont il étoit chargé. Il ne le porta pas loin; Molière pour se venger de ce Campagnard, le mit en son jour sur le Theâtre; & en fit un divertissement au goût du Peuple, qui se réjouit fort à cette piece.[213]

Vengeance qui, si l'anecdote est authentique, n'aurait alors été goûtée que par le public du Palais-Royal. Mais Monsieur de Pourceaugnac est aussi le riche parvenu, l'«avocat de Limoges»[214], anobli – à supposer qu'il l'ait véritablement été – par sa charge, et qui croit pouvoir suffisamment acheter par son argent le nom de prétendant de Julie, la fille d'Oronte:

> Votre père se moque-t-il de vouloir vous anger de son avocat de Limoges, Monsieur de Pourceaugnac, qu'il n'a vu de sa vie, et qui vient par le coche vous enlever à notre barbe? Faut-il que trois ou quatre mille écus de plus, sur la parole de votre oncle, lui fasse rejeter un amant qui vous agrée?[215]

Doublement intrus et étranger de surcroît, Monsieur de Pourceaugnac apparaît surtout comme celui qui vient troubler ces plaisirs de la vie et de l'amour que célèbrent la pièce et son prologue, et qui sont ceux que le roi offre à sa cour en cet automne de l'année 1669 à Chambord. Il est dès lors l'homme à exclure, la victime toute désignée d'une série de brimades afflictives bien dans l'esprit du rituel du charivari, auquel le destine son union mal

---

[210] *Ibid.*, I, 1, p. 594.

[211] *Ibid.*, III, 2, p. 630.

[212] Sur le type du provincial, voir Robert McBride, «Le Provincial dans la comédie de Molière», [in] *Les Provinciaux sous Louis XIV*, Marseille, n° 101, 2e trimestre, 1975, p. 149–52.

[213] Grimarest, *La Vie de M. de Moliere*, Paris, Jacques le Febvre, 1705, p. 255–6. Robinet avait déjà signalé dans sa gazette qu'«il [Molière] joue, autant bien qu'il se peut, / Ce Marquis de nouvelle fonte, / Dont, par hasard, à ce qu'on conte, L'Original est à Paris, / En colère autant que surpris / De s'y voir dépeint de la sorte» (lettre en vers à Madame, du 23 novembre 1669, [in] *Les Continuateurs de Loret*, III, p. 1080). D'après la *Gazette d'Amsterdam* du 13 mars 1670, bien d'autres rôles se seraient aussi prêtés à des applications.

[214] *Monsieur de Pourceaugnac*, I, 1, p. 594.

[215] *Ibid.*, I, 2, p. 594.

assortie avec une jeune fille[216]. Ou plutôt comme la bête, ainsi que le laisse
entendre le nom grotesque de Pourceaugnac qui «le déshumanise»[217] et qui,
symbole de la laideur physique du personnage, donne l'exacte mesure de la
répugnance qu'inspire aux jeunes gens le mariage projeté[218]. Mais Monsieur
de Pourceaugnac n'est pas une bête quelconque. Il est la bête sauvage des
grandes peurs collectives, l'animal ravisseur désigné dès le début de la pièce à
la vindicte populaire[219]. Aussi les machinations qui visent à l'éliminer pren-
dront-elles l'aspect d'une véritable traque, d'une chasse au cours de laquelle il
«donner[a] dans tous les panneaux qu'on lui présentera»[220].

Ce sont ces stéréotypes qu'évoque Nérine dans la première scène de la
pièce à partir du seul patronyme du protagoniste :

> Le seul nom de Monsieur de Pourceaugnac m'a mis dans une colère effroy-
> able. J'enrage de Monsieur de Pourceaugnac. Quand il n'y auroit que ce
> nom-là, Monsieur de Pourceaugnac, j'y brûlerai mes livres, ou je romprai
> ce mariage, et vous ne serez point Madame de Pourceaugnac. Pourceau-
> gnac! cela se peut-il souffrir?[221]

Confirmés, dans un premier temps, par le témoignage *de visu*, volontairement allusif pourtant, de Sbrigani à la scène suivante,

> – Pour sa figure, je ne veux point vous en parler : vous verrez de quel air la
> nature l'a desseinée, et si l'ajustement qui l'accompagne y répond comme
> il faut.[222] –

---

[216] Sur cet aspect de la pièce, voir Paul Gayrard, «*Monsieur de Pourceaugnac*, un charivari à la cour de Louis XIV», [in] *Le Charivari*, éd. Jacques Le Goff et Jean-Claude
Schmitt, Paris, La Haye, New York, Mouton, 1981, p. 309–11, ainsi que la critique
qu'en donne Patrick Dandrey dans *La Médecine et la maladie*, II. C'est aussi à ce
rituel que pourrait se rapporter la mascarade que les jeunes gens de la ville sont
dits, dans le livret de la pièce, avoir préparée pour honorer les noces de Sganarelle
et de Dorimène à la fin du *Mariage forcé* ([in] Molière, *Œuvres complètes*, I, p. 711).
Rappelons enfin que c'était également sur un charivari que s'était ouverte en 1657
la seconde partie du *Ballet des Plaisirs troublés*.

[217] Charles Mazouer, *Molière et ses comédies-ballets*, p. 188.

[218] Sur ce point, voir Jules Brody, «Esthétique et société chez Molière», [in] *Dramaturgie
et société*, éd. Jean Jacquot, Paris, Editions du C.N.R.S., 1968, p. 307–28.

[219] Ne vient-il pas en effet, au grand dam de Nérine, «par le coche vous [Julie] enlever
à notre barbe» (*Monsieur de Pourceaugnac*, I, 1, p. 594)?

[220] *Ibid.*, I, 2, p. 595. L'expression est à prendre ici au sens qu'elle a en vénerie de
«tomber dans les filets», ainsi que le rappelle Bernadette Rey-Flaud, qui associe le
schéma dramatique de la pièce au rite de la «chasse à la bête» (*Molière et la farce*,
p. 180–1). Furetière en donne la définition suivante : «une espece de filet qu'on met
sur le passage du gros ou menu gibier pour le prendre» (*Dictionnaire Universel*).

[221] *Monsieur de Pourceaugnac*, I,1, p. 594.

[222] *Ibid.*, I, 2, p. 595.

ils vont l'être ensuite par l'entrée sur scène de Monsieur de Pourceaugnac lui-même, dont la présentation physique donne immédiatement corps aux traits stéréotypés du portrait tracé par Nérine et Sbrigani. Or sa figure ne correspond-elle pas en tous points, comme le fait remarquer Bernadette Rey-Flaud, à la peinture conventionnelle de l'homme sauvage avec « cette physionomie, ces yeux rouges et hagards, cette grande barbe, cette habitude du corps, menue, grêle, noire et velue »[223]? Ce sont là en effet les signes indiscutables, pour les médecins qui l'examineront, de la « mélancolie hypocondriaque », maladie qui, on le sait, « fait dire ou faire des choses desraisonnables, jusqu'à faire faire des hurlements à ceux qui en sont atteints; & cette espece s'appelle *lycanthropie* »[224]. L'identité animale de Monsieur de Pourceaugnac n'est donc pas tant celle du pourceau que celle du loup-garou, être mi-homme, mi-bête, convaincu de démence sexuelle[225]. C'est d'ailleurs dans un sens vénérien qu'à l'acte suivant Oronte interprétera la maladie de son futur gendre en l'accusant d'être « un homme qui a ce que vous savez, et qui a été mis chez un médecin pour être pansé »[226].

Quant à l'« ajustement » qui accompagne cette figure grotesque, il est par son incongruité bouffonne la preuve de la vanité des prétentions sociales et mondaines de Monsieur de Pourceaugnac, et signale d'emblée l'exclusion de notre homme. Seul un provincial, ignorant des modes vestimentaires du beau monde de la capitale, porterait en effet

> un hault de chausse de damas rouge garny de dantelle, un justeaucorps de vellours bleu, garny d'or faux, un ceinturon à frange, des jaretieres vertes, un chapeau gris garny d'une plume verte, l'escharpe de taffetas vert une paire de gandz, une juppe de taffetas vert garny de dantelle et ung manteau de taffetas aurore[227]

---

[223] *Ibid.*, I, 8, p. 609.

[224] Furetière, *Dictionnaire Universel*. Cité par Bernadette Rey-Flaud, *Molière et la farce*, p. 182.

[225] Plusieurs critiques ont ici relevé la contradiction entre la description physique du protagoniste donnée par les médecins à l'acte I et l'image d'un être corpulent et rubicond évoquée par le nom de Pourceaugnac. D'autant plus que le protagoniste se déclare lui-même amateur de bonne chère: « PREMIER MEDECIN: Mangez-vous bien, Monsieur?/MONSIEUR DE POURCEAUGNAC: Oui, et bois encore mieux » (*Monsieur de Pourceaugnac*, I, 8, p. 607). Peut-être faut-il voir dans cette description le portrait à charge du dramaturge qui joua le rôle et qu'*Elomire Hypocondre* dépeint les « yeux enfoncez », le « visage blesme », avec un « corps qui n'a plus presque rien de vivant. Et qui n'est presque plus qu'un squelette mouvant » (Le Boulanger de Chalussay, *Elomire Hypocondre*, Paris, 1671, I, 3, p. 21).

[226] *Monsieur de Pourceaugnac*, II, 6, p. 622.

[227] Inventaire après décès, *fol.* 13 v°, [in] *Cent ans de recherches*, p. 567.

et appellerait cela se «mettre à la mode de la cour pour la campagne»[228]. N'est pas parisien qui veut. Déjà chez Rabelais, le Limousin était daubé pour ses velléités de parisianisme: «Tu es Lymosin, pour tout potaige. Et tu veulx icy contrefaire le Parisian», déclarait Pantagruel à un écolier contrefaisant la langue française[229].

Enfin le discours émaillé de termes juridiques tenu par le prétendu gentilhomme dans la pièce trahit la véritable origine sociale d'un personnage sentant la robe et la roture. Ce que Sbrigani s'empresse de relever: «Voilà en parler dans tous les termes, et l'on voit bien, Monsieur, que vous êtes du métier», «il faut bien, pour parler ainsi, que vous ayez étudié la pratique»[230]. Indicateur d'une appartenance socio-professionnelle, le jargon de métier auquel recourt instinctivement Monsieur de Pourceaugnac contrevient lui aussi aux règles de l'échange social et à l'éthique de l'honnêteté dont le protagoniste cherche à se réclamer. Méré ne constatait-il pas que

> Parmi tous les airs qu'on remarque, je n'en vois d'agréable que celui des Cours & du grand monde: de sorte que dans la vie ordinaire tout ce qui tient du métier, déplaît. Ce n'est pas qu'un galant homme ne doive rien dire de la plus-part des Arts, pourvû qu'il en parle en homme du monde, plûtôt qu'en artisan: mais c'est un malheur aux honnêtes-gens, que d'être pris à leur mine, ou à leur procedé, pour des gens de métier, & quand on a cette disgrace il s'en faut défaire, à quelque prix que ce soit […].[231]

« Miroir, petit miroir … »

A ces différentes images stéréotypées de son moi, qu'il récuse verbalement mais qu'il accrédite et individualise par son apparence et son comportement, Monsieur de Pourceaugnac tente vainement d'opposer une autre idée du moi, qui n'est pas toutefois celle de l'être authentique, mais «le vain phantôme qu'il s'en est formé»[232]. Limousin certes, mais ni «tortu, ou bossu», «homme d'esprit», «personne de condition», ce Pourceaugnac imaginaire a également bon air et sa physionomie a «quelque chose d'honnête … d'aimable … de gracieux … de doux … de majestueux … de franc … et de cordial»[233]. Autant d'attributs ornementaux de qualité et d'honorabilité qui témoignent

---

[228]   *Monsieur de Pourceaugnac*, I, 3, p. 599.
[229]   Rabelais, *Pantagruel*, chapitre VI, [in] *Œuvres complètes*, p. 234. Cité par Patrick Dandrey, *La Médecine et les médecins […]*, II, p. 225.
[230]   *Monsieur de Pourceaugnac*, II, 10, p. 626, p. 627.
[231]   Méré, Discours V, «Le Commerce du monde», [in] *Œuvres posthumes de M. le chevalier de Méré*, Paris, Jean & Michel Guignard, 1700, p. 203–4.
[232]   Nicole, *De la connoissance de soy-même*, p. 7.
[233]   *Monsieur de Pourceaugnac*, I, 3, p. 597, p. 598.

du pouvoir de figuration du désir du moi et de la nature chimérique de ses aspirations. Ainsi, malgré sa roture et tout grotesque qu'il est, Monsieur de Pourceaugnac s'imagine participer de la noblesse pour s'être titré écuyer[234] et se croit galant pour s'être vêtu à la mode supposée de la cour. Sa bassesse et sa petitesse ont disparu derrière ces objets extérieurs qui « grossi[ssent] » et « agrandi[ssent] » à sa vue, sinon à celle des autres, l'idée qu'il se fait de lui-même et répand au dehors[235].

De même que les précédents, ce nouveau portrait de Monsieur de Pourceaugnac apparaît comme constitutif d'une identité qui trouve en apparence la légitimation qui lui fait défaut dans le recours à un *tertium comparationis*, incarné ici par l'intrigant Sbrigani. Jouant face à Pourceaugnac le rôle d'un miroir réfléchissant, celui-ci lui renvoie l'image flattée qu'il se fait de son moi, à cela près qu'il devance le discours du protagoniste et formule à sa place les grands traits d'une figure du moi enfin aimable et désirable, qu'il propose à la réflexion de son jugement. Ce faisant, il s'offre en intercesseur dans la recherche de ce bien convoité que représente pour Monsieur de Pourceaugnac la participation à la noblesse et à son mode d'être, et s'acquiert par là la gratitude de son interlocuteur dont il démontre en même temps la naïveté et la crédulité à toute épreuve. Avec cette confirmation de l'épaisseur d'esprit du Limousin annoncée par Sbrigani lui-même au début de la comédie, l'actualisation et l'individualisation des stéréotypes de l'imaginaire collectif sont complètes.

Le goût que Julie prétendra avoir pour lui à l'acte II sera pour Monsieur de Pourceaugnac une confirmation supplémentaire du bien-fondé de cette représentation de son moi. Dès leur première rencontre, la jeune fille ne s'écrie-t-elle pas :

> On vient de me dire, mon père, que Monsieur de Pourceaugnac est arrivé. Ah! le voilà sans doute, et mon cœur me le dit. Qu'il est bien fait! qu'il a bon air! et que je suis contente d'avoir un tel époux![236]

Et, joignant le geste à la parole, de vouloir alors le « caresse[r] », sans que notre homme, persuadé de sa propre valeur, doute un seul instant de la sincérité de son geste, et se réjouisse plutôt de voir « comme nous lui plaisons »[237].

[234] Furetière précise que « escuyer » est le « titre qui marque la qualité de Gentilhomme, & qui est au dessous du Chevalier » (*Dictionnaire Universel*).

[235] Nicole, *La Logique*, p. 99.

[236] *Monsieur de Pourceaugnac*, II, 6, p. 621.

[237] *Ibid.*

Le dérèglement du miroir

C'est en fonction de ce portrait stéréotypé de Monsieur de Pourceaugnac qu'ils se forment dans leur esprit et que le comportement de celui-ci authentifie, que les autres personnages dont il dérange les plans passent à l'action. Et imaginent alors de créer une série d'êtres d'emprunt de plus en plus coupés de la réalité, de plus en plus fantastiques, mais visant tous, d'une part, à discréditer Monsieur de Pourceaugnac auprès de son futur beau-père, prisonnier jusque-là du faux portrait de son gendre diffusé par l'intéressé, et, d'autre part, à faire fuir le protagoniste lui-même en ébranlant sa confiance en une idée claire et solide de son moi. Dès la scène 8 de l'acte I, Pourceaugnac va se retrouver confronté à des images d'un moi qu'il ne reconnaît pas et dont il a la contemplation hallucinée, en une série de rencontres farcesques avec un autrui chargé de valider l'image nouvelle et de la superposer, voire de la substituer, au portrait de lui-même que son imagination lui représente. Mais cet autrui est, naturellement, lui aussi fictif. En effet, à l'exception des médecins de l'acte I, convaincus les premiers de la validité de l'image qu'ils lui présentent, le marchand flamand et les épouses languedocienne et picarde de l'acte II sont des masques que revêtent les fourbes de la pièce, en l'occurrence Sbrigani, Nérine et Lucette, pour mener à bien leur entreprise de substitution d'images.

Au total ce sont trois portraits de Monsieur de Pourceaugnac qui circulent à l'acte II de la comédie-ballet : le fou atteint de mélancolie hypocondriaque, le prétendant endetté coureur de dot et le polygame, « épouseur à toutes mains »[238] version limousine. Tous trois portraits dont le modèle n'est pas, bien entendu, Monsieur de Pourceaugnac, mais des stéréotypes littéraires et culturels dont l'écart grandissant par rapport au protagoniste est source de comique et de spectacle dans la pièce. Ce sont à proprement parler les « panneaux » que lui tendent les instigateurs de la chasse à la bête et dans lesquels, comme autant de miroirs aux alouettes où se réfléchit et se perd la figure de son moi, Monsieur de Pourceaugnac vient se prendre. D'abord montés de toutes pièces par Sbrigani ou par Eraste, légitimés ensuite par un personnage réel ou feint qui fait office d'étalon et de juge, ces portraits sont alors présentés soit à Pourceaugnac lui-même, soit à Oronte, son futur beau-père, soit enfin aux deux en même temps.

C'est ainsi qu'à la scène 8 de l'acte I, Pourceaugnac se retrouve face à face avec une image de son être physique qui lui découvre la vue des défauts qu'il a par amour-propre exclus de son idée du moi. Il n'est rien de moins acceptable en effet que « cette physionomie, ces yeux rouges et hagards, cette

---

[238] *Dom Juan*, I, 1, p. 33.

grande barbe, cette habitude du corps, menue, grêle, noire et velue»[239] que lui
renvoie le discours des médecins. Et il est inadmissible que cette apparence
soit rapportée par eux aux signes d'une folie particulièrement fâcheuse et que
toute tentative de dénégation de sa part[240] soit considérée comme la preuve
irréfutable de la maladie: «Bon, dire des injures. Voilà un diagnostic qui nous
manquait pour la confirmation de son mal»[241]. Les médecins ne sont pas
tant ici des imposteurs que des ignorants aveuglés par un savoir livresque et
coupables d'un *a-priori* du jugement, qui légitiment sans véritable examen
du modèle le portrait de Pourceaugnac en fou que cherche à faire circuler
Eraste. Aussi, pour leur échapper et se garantir d'un miroir qui ne répond plus
au désir de qualité du moi, Monsieur de Pourceaugnac est-il contraint une
première fois à la fuite.

L'acte II s'ouvre sur la «remise» à Oronte de ce faux portrait que, ne
connaissant pas son futur gendre, il accepte sans discuter, le tenant pour vrai.
Or c'est pour être aussitôt mis en présence d'un autre portrait de Pourceaugnac, tout aussi faux mais complémentaire, que lui propose Sbrigani déguisé
en marchand flamand, à savoir celui d'un coureur de dot, cherchant à se
marier pour éponger ses dettes. L'ordre de présentation du portrait s'est ici in-
versé et Monsieur de Pourceaugnac a été cette fois tenu à l'écart de la scène de
légitimation du faux portrait de son moi. La diffusion du portrait a précédé
la confrontation de l'image et du modèle. D'autre part, parallèlement à cette
construction de figures imaginaires du Limousin, dont le destinataire est
Oronte, s'est effectuée l'élaboration d'une image fictive de Julie en «coquette
achevée»[242], destinée, elle, à Pourceaugnac. Ce n'est qu'au moment où les
faux portraits des futurs époux sont pour ainsi dire finis que peut enfin avoir
lieu la rencontre de Monsieur de Pourceaugnac et d'Oronte[243], chacun ignorant parfois totalement le portrait de lui (ou de sa fille) qui s'est formé à son
insu dans l'esprit de son interlocuteur. Rencontre qui est non pas l'échange
coutumier de civilités entre deux étrangers mais une confrontation où se
renvoient des images du moi inacceptables, que viennent toutefois légitimer

[239]   *Monsieur de Pourceaugnac*, I, 8, p. 609.
[240]   «Parbleu! je ne suis pas malade. [...] Je vous dis que je me porte bien» (*ibid.*, I, 8,
        p. 611).
[241]   *Ibid.*, I, 8, p. 610.
[242]   «De vous dire que cette fille-là mène une vie déshonnête, cela serait un peu trop
        fort; cherchons, pour nous expliquer, quelques termes plus doux. Le mot de galante
        aussi n'est pas assez; celui de coquette achevée me semble propre à ce que nous
        voulons, et je m'en puis servir pour vous dire honnêtement ce qu'elle est» (*ibid.*,
        II, 4, p. 620). On aura remarqué la subtile distinction entre *coquette* et *galante*. Voir
        infra, troisième partie, chapitre 8, p. 279–80.
[243]   *Monsieur de Pourceaugnac*, II, 5 et 6.

à nouveau le comportement même du personnage dans le cas de Julie, toute en caresses pour son prétendu[244], ou l'apparition de nouveaux tiers dans le cas de Pourceaugnac. L'«affamé de femme»[245] qu'Oronte voit désormais en Monsieur de Pourceaugnac se transforme à la scène suivante, sous les accusations de Nérine et de Lucette déguisées respectivement en picarde et languedocienne, en une incarnation bouffonne d'un don Juan de province.

Il est significatif que ces portraits en apparence fantastiques du moi constituent en définitive la réalisation la plus outrée des craintes d'un père à l'égard du futur mari de sa fille, et renforcent en partie le motif de la «bête» ravisseuse élaboré à la première scène de la comédie-ballet. On comprend dès lors l'arrêt de mort – fantaisiste certes – prononcé contre l'indésirable à la fin de l'acte II[246]. Convaincu de fureur sexuelle, celui-ci doit être éliminé. Aussi n'a-t-il d'autre ressource une nouvelle fois que de «déguerp[ir]»[247], de «fuir», non plus simplement le lieu scénique, mais ce Paris où il est «assommé [...] assassiné de tous côtés»[248].

La nature vraie cachée

Pour échapper à cette multiplication d'images hallucinatoires de lui-même qui le bombardent littéralement de toutes parts, Monsieur de Pourceaugnac fuit. Mais, pour fuir, il prend, sans doute à l'instigation de Sbrigani, l'habit et «la mine [...] d'une femme de condition»[249], type social dont il s'applique également à singer les manières et le langage sous le regard critique du Napolitain[250]. Or ce travestissement grotesque s'il en est (n'oublions pas que notre homme porte une grande barbe), Sbrigani est appelé, une nouvelle fois, dans son rôle de miroir réfléchissant, à le juger et à le sanctionner :

---

[244]   «*Julie s'approche de M. de Pourceaugnac, le regarde d'un air languissant, et lui veut prendre la main*» (*ibid.*, II, 6, p. 621).

[245]   *Ibid.*, II, 5, p. 620.

[246]   Comme le répète l'avocat musicien de l'intermède, «*La polygamie est un cas/Est un cas pendable*» (*ibid.*, II, 11, p. 627–8).

[247]   *Ibid.*, II, 9, p. 626.

[248]   *Ibid.*, II, 10, p. 626.

[249]   *Monsieur de Pourceaugnac*, III, 2, p. 629.

[250]   Cette scène semble annoncer celle des *Fourberies de Scapin* où l'on voit Octave s'essayer sur les conseils de Scapin à la fermeté qu'il devra montrer devant son père : «SCAPIN : [...] Là, tâchez de vous composer par étude. Un peu de hardiesse, et songez à répondre résolument sur tout ce qu'il pourra vous dire. / OCTAVE : Je ferai du mieux que je pourrai. / SCAPIN : Çà, essayons un peu, pour vous accoutumer. Répétons un peu votre rôle et voyons si vous ferez bien. Allons. La mine résolue, la tête haute, les regards assurés. / OCTAVE : Comme cela ? / SCAPIN : Encore un peu davantage. / OCTAVE : Ainsi ? / SCAPIN : Bon» (*Les Fourberies de Scapin*, I, 4, [in] Molière, *Œuvres complètes*, II, p. 904–5).

Çà, voyons un peu comme vous ferez. Bon. [...] Fort bien. [...] Voilà qui va à merveille [...].[251]

Approbation hypocrite, bien sûr, que va toutefois confirmer à la scène suivante l'erreur (volontaire?) des Suisses qui, dans leur ivresse, prennent Monsieur de Pourceaugnac pour une femme et tentent de jouir des faveurs de la «belle». L'exempt, lui, en revanche, n'a aucun mal à percevoir le vrai visage du protagoniste sous le masque d'emprunt et refuse à plusieurs reprises à Monsieur de Pourceaugnac la légitimation recherchée:

> Ouais! voilà un visage qui ressemble bien à celui que l'on m'a dépeint. [...] Voilà un discours qui marque quelque chose [...]. Non, non: à votre mine et à vos discours, il faut que vous soyez ce Monsieur de Pourceaugnac que nous cherchons, qui se soit déguisé de la sorte.[252]

La nouvelle identité de Monsieur de Pourceaugnac est perçue pour ce qu'elle est, c'est-à-dire un simple déguisement, un travestissement, qui ne réussit pas à voiler l'être réel mal dissimulé sous le changement d'habit et de sexe.

Or le premier mouvement du protagoniste sur le point d'être reconnu, c'est de se renier lui-même: «Ce n'est pas moi, je vous assure»[253], s'em-presse-t-il d'affirmer devant l'exempt. A la dénégation tactique du coupable, désireux de nier l'évidence, s'ajoute ici la confusion de l'homme maintenant incertain de son moi. Car, au fil des identités successives qu'il a été contraint de revêtir dans la pièce[254], Monsieur de Pourceaugnac a peu à peu perdu son identité. De plus en plus dépaysé, égaré, il n'est plus ni bourgeois ni robin[255], sans pour autant être devenu le gentilhomme qu'il prétend être; il n'est plus provincial, sans pour autant avoir l'air et les manières de Paris ou de la cour. «Ennemi de soi-même», comme l'a noté Sbrigani[256], il a peu à peu dépouillé la figure de son être de tout trait identifiant réel ou fictif pour «vi[vre] dans l'entre-deux de l'hallucination, dans [un] univers inconsistant

---

[251] *Monsieur de Pourceaugnac*, III, 2, p. 630.

[252] *Ibid.*, III, 4, p. 632.

[253] *Ibid.*

[254] Cette succession de rôles, travestis ou pas, que Monsieur de Pourceaugnac n'est d'ailleurs pas le seul à jouer, rappelle par bien des côtés la composition séquentielle du ballet à entrées.

[255] Monsieur de Pourceaugnac s'est d'ailleurs employé lui-même à la scène 10 de l'acte II à renier sa formation juridique et le métier qui lui donne sa place réelle dans la société, pour revendiquer une gentilhommerie que personne ne lui reconnaît: «SBRIGANI: [...] et l'on voit bien, Monsieur, que vous êtes du métier./MONSIEUR DE POURCEAUGNAC: Moi, point du tout: je suis gentilhomme» (*Monsieur de Pourceaugnac*, p. 627).

[256] *Ibid.*, II, 1, p. 614.

du rêve et du caprice dont le divertissement bouffon a vocation de dessiner les contours »[257]. Le choix d'un déguisement aussi invraisemblable que celui d'une femme de condition parachève alors ce mouvement d'auto-destruction de l'être-au-monde du protagoniste.

Mais ce déguisement féminin, ce travestissement par l'artifice, s'il confirme la perte d'identité de Monsieur de Pourceaugnac, n'en révèle pas moins la nature véritable du personnage. En effet, dans les termes mêmes de Louis Marin, « le change est découverte, et, en fin de compte, la méconnaissance dans l'apparence est reconnaissance de la nature vraie cachée »[258]. Dans son désir de fuite et son recours au déguisement pour l'accomplir, déguisement dont il accepte le ridicule en pleine conscience, Monsieur de Pourceaugnac trahit sa peur instinctive de la mort, sa lâcheté, qu'il essaie de faire passer pour une honte raisonnée de la pendaison :

> Ce n'est pas tant la peur de la mort qui me fait fuir, que de ce qu'il est fâcheux à un gentilhomme d'être pendu, et qu'une preuve comme celle-là ferait tort à nos titres de noblesse.[259]

Preuve supplémentaire que sa gentilhommerie n'est qu'un « vain phantôme » du moi, la peur de la mort qui motive Pourceaugnac est aussi ce à quoi se réduit l'être essentiel du protagoniste, sous la bêtise perçue et exploitée par les autres personnages dès son entrée en scène. Sbrigani reconnaît ainsi :

> [...] et comme ses lumières sont fort petites, et son sens le plus borné du monde, je lui ai fait prendre une frayeur si grande de la sévérité de la justice de ce pays, et des apprêts qu'on faisait déjà pour sa mort, qu'il veut prendre la fuite.[260]

Emanation de la nature instinctive, réelle, vraie, cette plus primaire des pulsions vitales aide à établir la dernière identité de Monsieur de Pourceaugnac dans la pièce, celle qu'« a reconnu[e] »[261] véritablement l'exempt et qui survit à toutes les prétentions, à tous les essais de définition de l'être du moi, pour transparaître dans le travestissement le moins adapté.

Combiné de bêtise et de lâcheté, le dernier portrait de Monsieur de Pourceaugnac est du domaine de l'inconscient, de l'irrationnel. Vu sous de telles

---

[257] Patrick Dandrey, *Molière ou l'esthétique du ridicule*, p. 354.

[258] Louis Marin, *Des pouvoirs de l'image*, p. 54.

[259] *Monsieur de Pourceaugnac*, III, 2, p. 630. Lui pendu, ses parents auraient du mal à prouver l'authenticité de la noblesse de la famille des Pourceaugnac, les gentilshommes ayant, on le sait, droit à être décapités. Le contexte des réformations de la noblesse jetait là aussi un éclairage particulier sur des répliques en apparence anodines du protagoniste.

[260] *Ibid.*, III, 1, p. 628–9.

[261] *Ibid.*, III, 5, p. 633.

couleurs, le personnage n'a plus dorénavant d'individualité psychologique ni de fonction sociale à jouer. Moins déterminé à se replier sur lui-même et sur son image, comme George Dandin, qu'à fuir le lieu d'une prolifération incontrôlée de son être, il abandonne la scène. Le rituel charivarique de la pièce a non seulement réussi à chasser l'intrus, l'indésirable prétendant de Julie, il a aussi, pour mieux le circonvenir, démultiplié son moi en une série de formes aliénantes et de surcroît instables. A la fois tout et rien, Monsieur de Pourceaugnac voit littéralement son moi se désagréger. Dépouillé de l'idée illusoire du moi que lui présentait sa vanité, rejetant comme autant d'«artifice[s]»[262] les figures élaborées par l'intérêt cynique des jeunes amants et de leurs adjuvants, il finit par perdre tout contact avec une réalité devenue incompréhensible[263] et par ne plus savoir qui il est. Ou plutôt, il ne voit pas que, derrière ces constructions également vaines, se dissimulerait un moi profond, un *ça*, réduit à un instinct élémentaire et commun à tous. Leçon freudienne avant la lettre, que, dans son affolement et sa hâte à quitter une ville où «il pleut [...] des femmes et des lavements»[264], Monsieur de Pourceaugnac est incapable de saisir. De cette révélation de son être véritable, il ne remarque que les tours inexplicables qu'on lui joue.

Contrairement à George Dandin, qui semblait maintenir jusqu'au bout la conscience – égarée sans doute – d'une intégrité du moi intérieur, imperméable aux représentations que pouvait s'en former autrui, Monsieur de Pourceaugnac a vu non seulement l'idée de son moi mais son être lui-même se défaire au fur et à mesure que se multipliaient les portraits de plus en plus fantaisistes qui en circulaient dans le monde. Comme si ces constructions mensongères ne servaient qu'à mieux faire éclater la construction elle aussi mensongère d'un moi tout d'apparence et d'illusion, comme si l'accumulation finissait par être la marque du vide. Monsieur de Pourceaugnac n'a pas d'identité personnelle, il n'est tout au plus qu'une succession de réalités, pour ne pas dire de faux-semblants, inscrits dans un devenir.

5. Le spectacle d'«un pauvre malade tout seul»[265]

La dernière comédie-ballet de Molière vint toutefois rappeler qu'il était possible de satisfaire son amour-propre sans nécessairement projeter une image embellie ou agrandie de soi-même. En effet qu'y a-t-il de moins flatté que le

---

[262] *Ibid.*, III, 7, p. 635.
[263] «Je n'y comprends rien du tout», «Je ne connais rien à tout ceci» (*ibid.*, I, 9, p. 612; II, 7, p. 624).
[264] *Ibid.*, II, 10, p. 626.
[265] *Le Malade imaginaire*, I, 1, p. 1101.

portrait de lui-même en « infirme » et en « malade »[266] qu'Argan présente à son entourage et auquel il cherche à conformer jusqu'au moindre détail de son apparence physique et de son comportement ? A en juger d'après la description de son costume donnée dans l'édition Elzevier de 1674, il aurait offert au regard d'autrui l'image traditionnelle du malade avec gros bas, mules, mouchoir de cou et bonnet de nuit :

> *Argan* est vestu en malade, de gros bas, des mules, un haut-de-chausse estroit, une camisole rouge avec quelque galon ou dentelle, un mouchoir de cou à vieux passemens, negligemment attaché, un bonnet de nuit avec la coiffe à dentelle.[267]

En réalité, comme il transparaît du mémoire du tailleur Jean Baraillon, le costume réellement porté par Molière, qui tint le rôle sur scène en février 1673, aurait plutôt été celui d'un malade élégant. Si les parties du costume étaient bien les mêmes que celles énumérées par Elzevier, les tissus étaient de couleurs riches, où le pourpre, l'amarante et l'or se combinaient avec le gris, tandis que galon, dentelle et petit gris agrémentaient le bonnet et la camisole[268]. C'est ce costume qu'on retrouve à quelque chose près sur la gravure de Pierre Brissart figurant dans l'édition collective des œuvres de Molière de 1682 (voir **Fig. 8**)[269]. Etait-ce là une simple coquetterie d'acteur ou au contraire l'expression d'un réflexe involontaire de la part du protagoniste lui-même, incapable de consentir à une dégradation totale de l'apparence de son moi ? On peut hésiter. Au demeurant, Argan manifeste bien tous les signes du corps malade, ou plutôt du corps soigné par les médecins. Il prend médecine, marche avec un bâton, s'entoure d'oreillers et s'essouffle à vouloir courir. Convaincue par cela du bien-fondé de son idée pourtant chimérique du moi, Béline ne voit ainsi en lui qu'

---

[266] *Ibid.*, I, 5, p. 1107.

[267] *Le Malade imaginaire, Comedie en trois actes, Meslés de Danses & de Musique*, suivant la Copie imprimée à Paris, 1674. La description du costume y est précédée de la mention « La maniere dont châque personnage doit estre habillé » (p. A$_2$). On remarquera le contraste dans l'habillement avec le costume élégant porté par Argan sur la gravure réalisée par Le Pautre pour commémorer la représentation du *Malade imaginaire* à Versailles le 19 juillet 1674 ([in] André Félibien, *Les Divertissements de Versailles, donnez par le Roy [...] au retour de la conqueste de la Franche-Comté, en l'année MDCLXXIV* Paris, Imprimerie royale, 1676). Argan y apparaît en justaucorps, larges chausses, bas et souliers (voir **Fig. 7**).

[268] Voir *Documents sur* Le Malade imaginaire, éd. Edouard Thierry, Archives de la Comédie Française, Paris, Berger-Levrault, 1880, p. 208.

[269] Ces remarques s'inspirent de l'étude de Stephen V. Dock dans *Costume and Fashion in the Plays of Jean-Baptiste Poquelin Molière : a Seventeenth-Century Perspective*, Genève, Editions Slatkine, 1992.

un homme incommode à tout le monde, malpropre, dégoûtant, sans cesse un lavement ou une médecine dans le ventre, mouchant, toussant, crachant toujours, sans esprit, ennuyeux, de mauvaise humeur, fatiguant sans cesse les gens, et grondant jour et nuit servantes et valets.[270]

Certes Argan ne réussit pas toujours à coller parfaitement dans son comportement à son portrait de lui-même en malade. Il lui arrive par exemple d'élever la voix dans son emportement contre Toinette ou, dans sa hâte à se rendre au lieu d'aisance, d'oublier son bâton, comme le lui rappelle alors ironiquement sa servante: «Doucement, Monsieur: vous ne songez pas que vous êtes malade», «Tenez, Monsieur, vous ne songez pas que vous ne sauriez marcher sans bâton»[271]. Ne laisse-t-il pas même entendre, devant la cupidité de Monsieur Fleurant, son apothicaire, que son port du masque hypocondriaque pourrait relever d'un choix délibéré de sa part?

Ah! Monsieur Fleurant, tout doux, s'il vous plaît; si vous en usez comme cela, on ne voudra plus être malade: contentez-vous de quatre francs.[272]

Le moi et ses fantasmes

Cette idée du moi, qui lui fait présenter au monde une image non seulement de dégradation mais de besoin de protection et de totale dépendance, n'en est pas moins un fantasme de domination et d'omnipotence, en même temps qu'un désir de se sentir aimé ou du moins plaint en prétextant non pas mérite et grandeur mais faiblesse et impuissance. Voire un souci d'attirer l'attention comme ce gentilhomme, évoqué par Montaigne,

qui ne communiquoit sa vie que par les operations de son ventre; vous voyez chez luy, en montre, un ordre de bassins de sept ou huict jours; c'estoit son estude, ses discours; tout autre propos luy puoit.[273]

---

[270] *Le Malade imaginaire*, III, 12, p. 1167. De fait cette humeur et ce comportement d'Argan, tels que les décrit Béline, le caractérisent bien comme atrabilaire, même si la chaleur bilieuse et le comportement colérique qu'il se reconnaît lui-même («Tenez, mon frère, ne parlons point de cet homme-là davantage, car cela m'échauffe la bile, et vous me donneriez mon mal» (III, 3, p. 1156)) paraissent peu compatibles avec la tristesse attendue d'un mélancolique, sans parler de l'apparente contradiction entre l'agent naturel de la mélancolie, à savoir la bile noire, et l'humeur responsable, à ses propres yeux, des troubles de sa santé, c'est-à-dire la bile jaune. Pour toutes ces questions, je renvoie à l'ouvrage de Patrick Dandrey sur *Le «Cas» Argan. Molière ou la maladie imaginaire*.

[271] *Le Malade imaginaire*, I, 5, p. 1109; III, 1, p. 1150.

[272] *Ibid.*, I, 1, p. 1100.

[273] Montaigne, *Essais*, livre III, chapitre 9, «De la vanité», p. 922–3.

En s'érigeant en objet de pitié, voire de dégoût, Argan en cherche autant à régenter sa maisonnée qu'Orgon ou que Monsieur Jourdain. Si Nicole ou La Rochefoucauld, qui dénonçait cette «feinte soumission, dont on se sert pour soumettre les autres»[274], rapportaient bien cette conduite aux ressorts cachés de l'amour-propre, la critique moderne y a, elle, également vu la marque d'une insécurité fondamentale, la manifestation d'une pulsion élémentaire, à savoir la volonté inconsciente d'échapper à la peur de la mort en se réfugiant dans la maladie qui, parce qu'elle peut être envisagée comme guérissable, sert d'écran entre le protagoniste et sa mortalité[275]. N'est-ce pas justement cette volonté qui a poussé Argan, dans son désir de conservation de soi, à souhaiter un médecin pour gendre comme à s'entourer d'un Diafoirus et d'un Monsieur Purgon, qui, en soignant sa maladie, peuvent le guérir de la mort ?

> Ma raison est que, me voyant infirme et malade comme je suis, je veux me faire un gendre et des alliés médecins, afin de m'appuyer de bons secours contre ma maladie, d'avoir dans ma famille les sources des remèdes qui me sont nécessaires, et d'être à même des consultations et des ordonnances.[276]

Leur attitude conquérante à l'égard de la science médicale de même que leurs pouvoirs de guérison (contestables il est vrai) font d'eux des pièces maîtresses de la construction imaginaire d'Argan.

En effet, c'est à ces êtres en qui se projettent ses fantasmes[277] et que sa peur de la mort et de la maladie a constitués pour ainsi dire en «images en miroir [de lui-même], sortes d'*alter ego*» protecteurs[278], que le malade demande d'avaliser l'idée de son moi. Et, par souci intéressé de lui plaire, médecins, comme épouse du reste, se gardent bien de le détromper et acceptent d'assumer le rôle qui donnera à Argan l'illusion de son confort et de sa sécurité de malade. De fait, si Monsieur Purgon figure les pères tutélaires, car il est détenteur d'un pouvoir de vie et de mort qu'il doit à la confiance aveugle de son patient dans la médecine, Béline a tout, elle, de l'épouse maternelle et traite le malade en enfant gâté tout en encourageant son repli sur lui-même

---

274 La Rochefoucauld, *Maximes*, M254, p. 441.

275 Sur cet aspect de la pièce, voir Marc Fumaroli, «Aveuglement et désabusement dans *Le Malade imaginaire*», [in] *Vérité et illusion dans le théâtre au temps de la Renaissance*, éd. Marie-Thérèse Jones-Davies, Paris, Jean Touzot, 1983, p. 105–14 ; et Ralph Albanese, «*Le Malade imaginaire*, ou le jeu de la mort et du hasard», *XVIIᵉ siècle*, n° 154, 1987, p. 3–15.

276 *Le Malade imaginaire*, I, 5, p. 1107.

277 C'est ce qu'a très bien vu Christian Delmas dans un article consacré à «Molière et la comédie fantasmatique», *Littératures classiques*, supplément annuel, janvier 1993, p. 61–72.

278 Ralph Albanese, «*Le Malade imaginaire*», p. 8.

et sur ses besoins. Du moment qu'Argan joue la maladie, elle se charge de le materner en jouant la comédie de l'amour et de l'attention. Mais alors que les médecins et les apothicaires, sûrs de leur science, sont les premiers à croire à la réalité de leur image dans le monde[279] et se confondent avec la fonction attendue d'eux, la jeune femme se contente de mimer son rôle. Quant à Angélique, prisonnière elle aussi de la construction imaginaire de son père, elle se montre pour de bon fille attentionnée au point qu'Argan n'aura aucune peine à l'imaginer « ravie d'épouser ce qui est utile à la santé de son père »[280].

Argan, ou « comment être malade en dépit des gens et de la nature »[281]

Or ce spectacle de lui-même en « pauvre malade » qu'Argan veut présenter au monde et à sa famille est menacé par deux facteurs essentiels, sa propre constitution robuste et la présence de Toinette et de Béralde, à qui revient dans la comédie-ballet le rôle de contradicteur dévolu à Madame Jourdain et à Nicole dans *Le Bourgeois gentilhomme*. Ce sont eux en effet qui se chargent de désabuser Argan et de démolir l'édifice mensonger dont il s'est entouré en le confrontant avec un portrait, à leurs yeux, véritable de son moi puisqu'il ne leur paraît nullement démenti par la réalité. Ainsi Béralde, qui vient de voir Argan se lever avec vivacité de sa chaise, accueille ironiquement ce geste d'un « Ah! voilà qui est bien : je suis bien aise que la force vous revienne un peu, et que ma visite vous fasse du bien »[282]. C'est qu'il n'a aucun doute sur la bonne santé réelle de son frère et le lui déclare tout net :

> Est-il possible que vous serez toujours embéguiné de vos apothicaires et de vos médecins, et que vous vouliez être malade en dépit des gens et de la nature ?
>
> J'entends, mon frère, que je ne vois point d'homme qui soit moins malade que vous, et que je ne demanderais point une meilleure constitution que la vôtre.[283]

---

[279] Béralde décrit ainsi Monsieur Purgon comme « un homme tout médecin, depuis la tête jusqu'aux pieds; un homme qui croit à ses règles plus qu'à toutes les démonstrations des mathématiques, et qui croirait du crime à les vouloir examiner; qui ne voit rien d'obscur dans la médecine, rien de douteux, rien de difficile, et qui, avec une impétuosité de prévention, une roideur de confiance, une brutalité de sens commun et de raison, donne au travers des purgations et des saignées, et ne balance aucune chose » (*ibid.*, III, 3, p. 1153). Autant Argan est un malade imaginaire, autant Monsieur Purgon est en ce sens un médecin imaginaire.

[280] *Ibid.*, I, 5, p. 1107.

[281] *Ibid.*, III, 3, p. 1152.

[282] *Ibid.*, II, 9, p. 1147.

[283] *Ibid.*, III, 3, p. 1152.

Bonne santé doublée par ailleurs, selon lui, d'un excellent équilibre des humeurs. Et comme ce jugement n'est nulle part contredit dans la pièce par le diagnostic des médecins qui soignent le protagoniste, il semblerait dès lors que le délire hypocondriaque dont souffre Argan, même s'il dépasse le cadre de la simple idée fixe, ne puisse toutefois relever du champ des maladies atrabilaires et, donc, d'un déséquilibre humoral responsable de son obsession[284]. Il se ramènerait à une pure maladie de l'âme que, dans le cadre des théories médicales du XVIIe siècle, Béralde est bien sûr incapable de reconnaître, comme les médecins de soigner. Pour lui, Argan ne peut que bien se porter:

> Une grande marque que vous vous portez bien et que vous avez un corps parfaitement bien composé, c'est qu'avec tous les soins que vous avez pris, vous n'avez pu parvenir encore à gâter la bonté de votre tempérament, et que vous n'êtes point crevé de toutes les médecines qu'on vous a fait prendre.[285]

Et sa maladie est une maladie imaginaire, doublée d'une toquade médicale:

> Encore un coup, mon frère, est-il possible qu'il n'y ait pas moyen de vous guérir de la maladie des médecins, et que vous vouliez être, toute votre vie, enseveli dans leurs remèdes?[286]

Autre contradicteur, Toinette commence par nier, elle aussi, en la présence même d'Argan, le bien-fondé du portrait de son moi en malade pour lui substituer l'image d'un être bien portant mais crédule dont profitent médecins et apothicaires de tout poil:

> Ce Monsieur Fleurant-là et ce Monsieur Purgon s'égayent bien sur votre corps; ils ont en vous une bonne vache à lait; et je voudrais bien leur demander quel mal vous avez, pour vous faire tant de remèdes.[287]

Joué par les médecins à qui il joue le jeu de la maladie, Argan n'est plus qu'une dupe aux yeux de sa servante. Constatant toutefois l'inutilité de cette approche, Toinette opte alors pour une tactique différente qui consiste à donner cette fois à ce portrait d'Argan en malade, dont elle réfute par ailleurs la validité, une feinte approbation qui, parce qu'elle est la conclusion de

---

[284] Voir Patrick Dandrey, *Molière ou l'esthétique du ridicule*, p. 380. On se souvient que, dans *Monsieur de Pourceaugnac*, les médecins ont en revanche défini et nommé cette maladie dont le protagoniste leur paraît atteint, même si rien ne justifie leur diagnostic (voir *supra*, p. 179).

[285] *Le Malade imaginaire*, III, 3, p. 1152.

[286] *Ibid.*, III, 3, p. 1157.

[287] *Ibid.*, I, 2, p. 1102.

prémisses qui la contredisent, est en réalité chargée d'une ironie qu'Argan ne voit pas, ou que, du moins, il choisit de ne pas voir:

> Que voulez-vous dire avec votre bon visage? Monsieur là fort mauvais, et ce sont des impertinents qui vous ont dit qu'il était mieux. Il ne s'est jamais si mal porté.

> Il marche, dort, mange, et boit tout comme les autres; mais cela n'empêche pas qu'il ne soit fort malade.[288]

Poussant le jeu du flatteur encore plus loin et flattant l'amour-propre de son maître soudainement élevé au rang d'«illustre malade»[289], Toinette finit par confronter Argan à l'image inacceptable de son corps mutilé par ce savoir des médecins dont il espère le salut et dont elle dénonce les prétentions par le caractère irrationnel du diagnostic et de la cure recommandée:

> Me couper un bras, et me crever un œil, afin que l'autre se porte mieux? J'aime bien mieux qu'il ne se porte pas si bien. La belle opération, de me rendre borgne et manchot![290]

Démarche qui a pour but d'attirer l'attention d'Argan sur le diagnostic contradictoire des médecins[291], qui attribuent son mal à un dérèglement tantôt du foie, tantôt de la rate, pour ne pas dire du poumon, ainsi que sur l'absurdité d'un système médical où la cure finit par être pire que le mal[292].

---

[288] *Ibid.*, II, 3, p. 1129.

[289] *Ibid.*, III, 10, p. 1162.

[290] *Ibid.*, III, 8, p. 1165.

[291] La scène 6 de l'acte II de la pièce, qui voit les Diafoirus père et fils remettre en question le diagnostic de Monsieur Purgon, n'est d'ailleurs pas sans rappeler les scènes de la consultation médicale dans *L'Amour médecin* (II, 4 et 5), elles-mêmes un écho peut-être de la consultation houleuse entre les médecins Vallot, Guénaut, Daquin, Esprit, Yvelin et Du Saulcy, au chevet du jeune Louis XIV atteint de scarlatine à Calais en 1658 (Rapprochement fait par Patrick Dandrey dans *La Médecine et la maladie*, I, p. 341).

[292] Pour Robert McBride (*The Triumph of Ballet in Molière's Theatre*, Lewiston (New York)-Queenston (Ontario)-Lampeter, The Edwin Mellen Press, 1992, p. 322), cette scène remplit la même fonction que le second intermède de danseurs mores amenés par Béralde pour soulager les maux de son frère et faciliter la discussion sur le mariage d'Angélique: «Je vous amène ici un divertissement, que j'ai rencontré, qui dissipera votre chagrin, et vous rendra l'âme mieux disposée aux choses que nous avons à dire. Ce sont des Egyptiens, vêtus en Mores, qui font des danses mêlées de chansons, où je suis sûr que vous prendrez plaisir; et cela vaudra bien une ordonnance de Monsieur Purgon» (*Le Malade imaginaire*, II, 9, p. 1147).

«N'y a-t-il point quelque danger à contrefaire le mort ?»[293]

Mais ni cette image, ni celle tout aussi affolante d'un corps non plus secouru à l'excès mais abandonné par la médecine et les médecins[294] ne réussissent à désabuser Argan sur le fond de son erreur. Aussi, pour assurer malgré tout le bonheur d'Angélique et pour défendre les intérêts de la fortune familiale menacés par sa lubie, Toinette et Béralde prennent-ils la décision d'éclairer le protagoniste, non plus sur lui-même, mais sur la vraie nature de cet autrui que son idée erronée du moi a pour ainsi dire suscité pour le conforter dans cette idée même. Pour ce faire ils lui demandent d'actualiser l'image du moi que son portrait en malade a cherché désespérément à occulter, à exorciser en quelque sorte. Argan devra ainsi se «mett[re] tout étendu dans cette chaise, et contrefai[re] le mort»[295] devant son entourage. Selon Marc Fumaroli, cette contrefaçon, parce qu'elle est sans danger, serait alors pour Argan une manière, la seule en fait, de conjurer la peur à l'origine de sa folie hypocondriaque[296]. Quoiqu'il en soit, ce recours à la théâtralité et, donc, à l'artifice et à l'illusion s'avère le moyen d'une révélation de la vérité, d'un désabusement, partiel il est vrai, du protagoniste sur le compte des autres, sinon sur le sien propre. En effet ce portrait fallacieux du moi en corps mort est ce qui fait tomber le masque d'autrui et découvre le moi ou plutôt la passion de soi et de son intérêt se cachant derrière une réalité d'apparence qui n'était autre que le reflet du désir et de l'attente d'Argan. Si le portrait antérieur d'Angélique en fille attentionnée est le visage même de son «bon naturel»[297], Béline trahit, elle, la vraie nature de «[son] amitié» pour son mari[298].

L'habit fait le médecin

Désillusionné sur le compte de Béline et sur celui des médecins réels ou fictifs qui ont soit abandonné leur malade à son sort, soit tenté de le diminuer dans son être physique, Argan n'en a pas perdu pour autant ses illusions sur lui-même ou sur la médecine. C'est pourquoi, pour mieux «s'accommoder à

---

[293] *Ibid.*, III, 11, p. 1166.

[294] Monsieur Purgon vient de le condamner à tomber de maladie en maladie et de là «dans la privation de la vie» (*ibid.*, III, 5, p. 1159). En vouant ainsi son patient à la mort, le médecin cesse d'être un refuge pour devenir une menace. Comme l'a écrit Marc Fumaroli, «il n'est plus l'écran entre Argan et la mort, il est la mort même, le masque de Méduse» («Aveuglement et désabusement», p. 111). D'allié, il s'est transformé en adversaire.

[295] *Le Malade imaginaire*, III, 11, p. 1166.

[296] Voir Marc Fumaroli, *loc. cit.*

[297] *Le Malade imaginaire*, III, scène 14 et dernière, p. 1169.

[298] *Ibid.*, III, 12, p. 1168.

ses fantaisies»[299], Béralde lui propose comme une superposition de ces deux constructions imaginaires dans sa transformation effective en médecin, où culmine l'idée d'un moi en quelque sorte fétiche, rempart suprême contre la peur de la mort   et aussi de la maladie. Tel Monsieur Jourdain se reconnaissant aussitôt dans le personnage du mamamouchi où il trouve la réalisation la plus satisfaisante de ses visions de grandeur, Argan s'accepte sans trop de difficulté dans cette figure libératrice du moi, comme si un simple changement d'apparence suffisait à effectuer une transformation du moi, comme si le port de l'habit de médecin allait lui donner automatiquement le savoir:

> ARGAN: Mais il faut savoir bien parler latin, connaître les maladies, et les remèdes qu'il y faut faire.
>
> BERALDE: En recevant la robe et le bonnet de médecin, vous apprendrez tout cela, et vous serez après plus habile que vous ne voudrez.
>
> ARGAN: Quoi? l'on sait discourir sur les maladies quand on a cet habit-là?
>
> BERALDE: Oui. L'on n'a qu'à parler avec une robe et un bonnet, tout galimatias devient savant, et toute sottise devient raison.
>
> TOINETTE: Tenez, Monsieur, quand il n'y aurait que votre barbe, c'est déjà beaucoup, et la barbe fait plus de la moitié d'un médecin.[300]

Remarque moins absurde qu'il n'y paraît puisque, selon Pascal, ce sont bien les seuls symboles extérieurs de la science et du savoir que révèrent les hommes, égarés par cette puissance trompeuse qu'est l'imagination:

> Nos magistrats ont bien connu ce mystère. Leurs robes rouges, leurs hermines, dont ils s'emmaillotent en chats fourrés, les palais où ils jugent, les fleurs de lis, tout cet appareil auguste était fort nécessaire; et si les médecins n'avaient que des soutanes et des mules, et que les docteurs n'eussent des bonnets carrés et des robes trop amples de quatre parties, jamais ils n'auraient dupé le monde qui ne peut résister à cette montre si authentique. S'ils avaient la véritable justice et si les médecins avaient le vrai art de guérir, ils n'auraient que faire de bonnets carrés; la majesté de ces sciences serait assez vénérable d'elle-même. Mais n'ayant que des sciences imaginaires, il faut qu'ils prennent ces vains instruments qui frappent l'imagination à laquelle ils ont affaire; et par là, en effet, ils s'attirent

---

[299] *Ibid.*, III, scène 14 et dernière, p. 1171.
[300] *Ibid.*, III, 14, p. 1170. Du fait de leur ressemblance avec les vers chantés en 1658 par les onze docteurs de la cinquième entrée du *Ballet de l'Amour malade*, les paroles d'acclamation reprises par le chœur des médecins firent néanmoins d'Argan pour les spectateurs versaillais de 1674, moins un médecin qu'un «Docteur en Asnerie» ([in] *Benserade. Ballets pour Louis XIV*, I, p. 375).

le respect. Les seuls gens de guerre ne se sont pas déguisés de la sorte, parce qu'en effet leur part est plus essentielle, ils s'établissent par la force, les autres par grimace.[301]

Si l'idée du déguisement vient de Béralde, qui met surtout l'accent sur l'utilité qui peut en résulter pour Argan,

– BERALDE : Mais, mon frère, il me vient une pensée : faites-vous médecin vous-même. La commodité sera encore plus grande, d'avoir en vous tout ce qu'il vous faut. –

Toinette préfère, elle, insister sur l'immunité que ce changement d'état donne contre la maladie :

TOINETTE : Cela est vrai. Voilà le vrai moyen de vous guérir bientôt ; et il n'y a point de maladie si osée, que de se jouer à la personne d'un médecin.[302]

D'autant plus qu'Argan en recevra, avec la santé et la victoire sur ses démons personnels, un pouvoir indiscutable sur la vie d'autrui. Comme le lui répète à satiété le chœur,

Vivat, vivat, vivat, vivat, cent fois vivat,
Novus Doctor, qui tam bene parlat !
Mille, mille annis et manget et bibat,
Et seignet et tuat![303]

Faut-il en conclure avec Robert McBride que cette cérémonie médicale du dernier intermède rend la lubie d'Argan inoffensive[304] ? Replié sur un moi satisfait et désormais autonome car libéré du besoin des attentions de ses proches et des médecins, non seulement Argan ne troublera plus le bonheur familial, il trouvera en lui-même la garantie contre la mort que sa première représentation en malade lui avait fait espérer. Là où la raison et la médecine ont échoué, l'imagination a réussi.

Face à l'illusion sur soi entretenue par un bourgeois gentilhomme ou une comtesse provinciale, désireux de voir confirmée l'image magnifiée qu'ils s'étaient forgée de leur être sur la base de modèles sociaux et culturels valorisés par le siècle, Argan était venu incarner une autre forme d'illusion, faite de repli sur soi et sur une idée dépréciative du moi, où s'exorcisait cette peur de la mort qui contraignait ailleurs Monsieur de Pourceaugnac à une fuite

---

[301] Pascal, « Imagination », Pensées, n° 82, p. 1118.
[302] Le Malade imaginaire, III, 14, p. 1170.
[303] Ibid., troisième intermède, p. 1177.
[304] Robert McBride, The Triumph of Ballet, p. 323.

honteuse[305]. Or, derrière ces deux formes d'aveuglement, c'était une même hypertrophie du moi que Molière dépeignait par le biais de la représentation de défauts du jugement et d'erreurs de conduite, qui étaient réconfortants pour le protagoniste, car ils étaient une forme de compensation, imaginaire certes, de médiocrités ou d'impuissance bien réels, mais dont le discours et les manières des autres personnages faisaient éclater l'aberration et le ridicule.

En effet, si, d'un côté, parents et amis prenaient bien sur eux de médiatiser, d'avaliser, voire d'aduler ces représentations de soi imaginaires du protagoniste où se manifestaient sa faculté d'autosuggestion et son aveuglement sur lui-même, de l'autre ils n'hésitaient guère à leur opposer toute une gamme de simulacres autres, de portraits en charge qui dédoublaient son être représenté. Et qui trouvaient à s'incarner dans les jeux de rôle véritables qu'ils faisaient jouer à leur dupe dans des stratagèmes allant parfois jusqu'à la mascarade. Monsieur Jourdain revêtait l'habit turc, Argan celui d'un médecin et Monsieur de Pourceaugnac se déguisait en «femme de condition»[306]. Mystifications dans le cadre desquelles le protagoniste, transformé en marionnette manipulée corps et âme par les autres personnages, offrait à ces derniers comme aux spectateurs, en une sorte de dramaturgie parodique, la «comédie» de son aveuglement[307]. C'est donc par le biais de la théâtralisation d'un stratagème, «bourle» constituée en spectacle intérieur, qu'était révélée, dans les comédies-ballets, la nécessaire théâtralité de l'existence dans le monde, comme si le port d'un masque théâtral était seul à même de concrétiser le dédoublement du moi, condamné par ses passions et par son amour-propre, de même que par un égal désir de domination chez les autres, à ne paraître que sous les traits d'une *persona* dissimulant, caricaturant ou décomposant l'être de son moi. En d'autres termes la théâtralité entrait dans une tentative de démystification des illusions que non seulement le protagoniste, mais aussi chacun d'entre nous entretient sur le moi.

---

[305] Voir *supra*, p. 186–7.
[306] *Monsieur de Pourceaugnac*, III, 2, p. 629.
[307] «Les comédiens ont fait un petit intermède de la réception d'un médecin, avec des danses et de la musique; je veux que nous en prenions ensemble le divertissement, et que mon frère y fasse le premier personnage»; «Nous y pouvons aussi prendre chacun un personnage, et nous donner ainsi la comédie les uns aux autres» (*Le Malade imaginaire*, III, 14, p. 1171).

Chapitre 6 : Jeux de rôle

> Hé! mon Dieu! nos Français, si souvent redressés,
> Ne prendront-ils jamais un air de gens sensés,
> Ai-je dit, et faut-il sur nos défauts extrêmes
> Qu'en théâtre public nous nous jouions nous-mêmes,
> Et confirmions ainsi par des éclats de fous
> Ce que chez nos voisins on dit partout de nous?[1]

Les Fâcheux, donnés à Vaux-le-Vicomte le 17 août 1661, s'étaient ouverts sur le récit par Eraste d'une mésaventure survenue en sa présence au théâtre. La pièce qu'il était allé voir jouer avait à peine débuté qu'«un homme à grands canons»[2] était entré brusquement dans la salle et s'était installé à grand fracas sur la scène même, troublant la représentation par sa conversation bruyante et ses grandes manières. Ce personnage suffisant, exhibitionniste, à l'image des petits marquis épinglés plus tard dans *Le Misanthrope*, s'était alors donné en spectacle devant l'auditoire assemblé, dans un effet d'exagération d'un mode, sinon d'une mode, du comportement en société brocardé par les contemporains[3]. Ses pareils et lui n'avaient-ils pas de fait la réputation d'être en perpétuelle représentation dans un monde où triomphaient les apparences? Détournant sur sa personne l'attention des spectateurs, notre homme avait fini par éclipser la pièce représentée au point de devenir le spectacle lui-même, jouant deux rôles à la fois, celui de l'acteur dont il récitait avant lui les vers et celui d'un moi d'emprunt, fait d'affectation et de vanité, en rupture avec les normes du savoir-vivre et des bienséances, qu'Eraste reconnaissait comme étant l'image caricaturale du Français dans l'imaginaire collectif étranger. C'est qu'il incarnait un type dans lequel on se plaisait à voir l'abrégé des défauts d'une nation où, disait-on, le paraître tenait lieu de l'être. En effet, comme l'écrirait Béat de Muralt au XVIIIᵉ siècle,

---

[1] *Les Fâcheux*, I, 1, v. 21–6, p. 488.

[2] *Ibid.*, I, 1, v. 17, p. 488.

[3] De son propre aveu, Acaste ne se comportait pas différemment au théâtre: «Pour de l'esprit, j'en ai sans doute, et du bon goût/[...]/A faire aux nouveautés, dont je suis idolâtre,/Figure de savant, sur les bancs du théâtre,/Y décider en chef, et faire du fracas/A tous les beaux endroits qui méritent des has» (*Le Misanthrope*, III, 1, v. 791–6, p. 178).

Ce sont de jeunes gens de qualité, qui representent en abrégé ce que la Jeunesse, le Caractère François & la Cour ont de plus mauvais & de plus incommode. Pour se faire valoir & se mettre au dessus du reste des hommes, ils se mettent au dessus des Bienséances que le reste des hommes observent, & montrent en toute occasion de la hardiesse & du dédain. Ils affectent les Vices mêmes qu'ils n'ont point, plûtôt que de montrer les bonnes qualitez qu'ils pourroient avoir [...].[4]

Ce récit d'ouverture des *Fâcheux* est emblématique car il illustre à lui seul un thème particulièrement important dans les comédies-ballets de Molière, à savoir celui du théâtre et de la théâtralité. En effet porter sur un théâtre, dans le cadre d'une comédie elle-même jouée sur un théâtre, une conduite observable dans la fiction comme dans la réalité quotidienne ne revenait-il pas à souligner la théâtralité des comportements humains, dont l'artifice était volontairement souligné au lieu d'être dissimulé par une esthétique du naturel ? Et cela non seulement chez des Français, qui « se repaissent aisément d'Aparence [et] préferent le plaisir de paroitre à celui d'être réellement »[5], mais encore chez tous les hommes, également préoccupés de leur image, comme l'a montré le fonctionnement de la représentation du moi dans les pièces[6] ?

Pour La Rochefoucauld, les diverses occupations humaines n'étaient ainsi autre chose que la « danse des apparences »[7] produite sur la scène sociale par la vanité et l'affectation d'êtres vivant en permanence sous le regard d'autrui :

Dans toutes les professions, chacun affecte une mine et un extérieur, pour paraître ce qu'il veut qu'on le croie : ainsi on peut dire que le monde n'est composé que de mines.[8]

Les petits marquis du salon de Célimène en étaient l'illustration la plus frappante, eux qui, « l'âme bien satisfaite », détaillaient à qui voulait les

---

4 Muralt ajoutait : « Si ces sortes de Héros se forment, en ramassant de la Nation Fran-çoise ce qu'elle a de plus mauvais, ou de plus hardi, ils rendent à la Nation Fran-çoise avec usure ce qu'elle leur a prêté : c'est en partie en copiant les Petits-maitres que les gens qui ne voient point la Cour la copient, & que l'air de la Cour se répand par tout le Royaume » (*Lettres sur les Anglois et les François et sur les voiages*, s.l., 1725, p. 312–4).

5 Muralt, *Lettres*, p. 182.

6 Voir *supra*, chapitre 5.

7 Benedetta Papàsogli, *Le « Fond du cœur ». Figures de l'espace intérieur au XVIIᵉ siècle*, Paris, Champion, 2000, p. 58.

8 La Rochefoucauld, *Maximes*, M256, p. 442. Du sens donné pour *mine* « des gestes, des contenances, & des marques exterieures qui font connoistre ce qui est caché ou secret », on est ainsi passé au sens « des desguisements des fausses apparences » (Furetière, *Dictionnaire Universel*).

entendre les perfections imaginaires de leur personne et de leur état[9]. Mais Monsieur Jourdain en bourgeois gentilhomme ou Monsieur de Pourceaugnac en nobliau de province témoignaient tout autant de ce «plaisir de paroitre»[10] qui pousse le moi à substituer une image d'emprunt à son être réel. Ces simulacres du moi que présentait le théâtre de Molière étaient bien plus alors que les figures suscitées par le désir chez l'homme de manifester sa qualité jusque dans son apparence extérieure, dont Montaigne s'était moqué[11]. Ils étaient les rôles valorisants dans lesquels trouvait à s'extérioriser et à se matérialiser cette idée du moi, née de l'amour-propre, de la vanité ou de toute autre motivation de l'être, et qui masquait un moi véritable, si tant est qu'il existât, dont la vue était jugée insoutenable. A cet égard, une princesse d'Elide, ennemie de l'amour dans sa prétention à la maîtrise de soi et à l'indépendance[12], ou une Eriphile réglant ses désirs sur «les bruits fâcheux de la renommée»[13] différaient peu d'un Argan en malade imaginaire comme d'un Alceste réformateur du genre humain ou d'une comtesse d'Escabagnas en personne de qualité.

1. Personne, *persona*, personnage

Jouer le jeu

Certes le mot de rôle, qui suggère le théâtre et le jeu, peut donner l'idée d'une composition volontaire, d'une duplicité cynique, destinée à cacher les intentions véritables de l'individu jouant littéralement un personnage en contradiction avec son être réel, suivant l'exemple de Tartuffe, de Dom Juan jouant les dévots devant son père, ou encore d'Arsinoé, dont Célimène raille

---

[9]   *Le Misanthrope*, III, 1, v. 777, p. 178.

[10] Muralt, *Lettres*, p. 182.

[11] «J'en vois qui se transforment et se transsubstantient en autant de nouvelles figures et de nouveaux estres qu'ils entreprennent de charges, et qui se prelatent jusques au foye et aux intestins, et entreinent leur office jusques en leur garde-robe» (Montaigne, *Essais*, livre III, chapitre 10, «De mesnager sa volonté», p. 989).

[12] Ses déclarations sur «une passion qui n'est qu'erreur, que faiblesse et qu'emportement», pourraient ainsi n'être qu'une pose par laquelle la princesse s'aligne sur le discours stéréotypé et les positions des plus intransigeantes des Précieuses: «[je] ne veux point du tout me commettre à ces gens qui font les esclaves auprès de nous, pour devenir un jour nos tyrans» (*La Princesse d'Elide*, II, 1, p. 791); «je regarde l'hyménée ainsi que le trépas [...]. Me donner un mari, et me donner la mort, c'est une même chose» (*ibid.*, II, 4, p. 794).

[13] *Les Amants magnifiques*, IV, 4, p. 684. Voir *infra*, troisième partie, chapitre 7.

[...] cette mine modeste,
Et ce sage dehors que dément tout le reste.[14]

Ou alors celle d'une honnête dissimulation, forme de masque social où s'opère «un dédoublement contrôlé de soi» entre le lieu extérieur du corps, cette part de soi due aux autres, et l'espace intérieur où il s'appartient[15]. En effet, selon le conseil de Montaigne, ne faut-il pas

se reserver une arriere boutique toute nostre, toute franche, en laquelle nous establissons nostre vraye liberté et principale retraicte et solitude?[16]

La civilité mondaine prônée par Philinte, pour qui

[...] quand on est du monde, il faut bien que l'on rende
Quelques dehors civils que l'usage demande[17]

apparaissait alors comme un pur art du paraître, ou, pour citer Marc Fumaroli, «comme une dérivation théâtrale, un jeu civilisé qui interdit l'usage de la violence, et qui use de détours pour arriver à ses fins»[18]. Car, cachant le moi sans l'anéantir, elle n'était en fait elle aussi qu'un commerce d'amour-propre[19]. A moins qu'il ne s'agisse d'un détachement vis-à-vis de son être-dans-le-monde, qui n'est autre que la conscience lucide et ludique d'avoir affaire au théâtre du monde. Comme l'avait encore préconisé Montaigne,

Il faut jouer deuement nostre rolle, mais comme rolle d'un personnage emprunté. Du masque et de l'apparence il n'en faut pas faire une essence réelle, ny de l'estranger le propre. Nous ne sçavons pas distinguer la peau de la chemise. C'est assés de s'enfariner le visage, sans s'enfariner la poictrine.[20]

Ou que le suggérait le chevalier de Méré,

Je suis persuadé qu'en beaucoup d'occasions il n'est pas inutile de regarder ce qu'on fait comme une Comedie, & de s'imaginer qu'on joüe un personnage de theatre. Cette pensée empêche d'avoir rien trop à cœur, & donne ensuite une liberté de langage & d'action, qu'on n'a point, quand on est troublé de crainte & d'inquiétude.[21]

---

[14] *Le Misanthrope*, III, 4, v. 937–8, p. 184.

[15] Marco Baschera, *Théâtralité dans l'œuvre de Molière*, Tübingen, Biblio 17/Gunter Narr, 1998, p. 153.

[16] Montaigne, *Essais*, livre I, chapitre 39, «De la solitude», p. 235.

[17] *Le Misanthrope*, I, 1, v. 65–6, p. 144.

[18] Marc Fumaroli, «Microcosme comique et macrocosme solaire: Molière, Louis XIV et *L'Impromptu de Versailles*», p. 109.

[19] Nicole, *De la charité, et de l'amour-propre*, p. 162.

[20] Montaigne, *Essais*, livre III, chapitre 10, «De mesnager sa volonté», p. 989.

[21] Méré, Discours VI, «Suite du Commerce du monde», [in] *Œuvres posthumes*, p. 247.

Seule attitude raisonnable, le fait de se savoir jouer un rôle au lieu de s'identifier à lui marquait aussi chez Méré le désir de cette sérénité et de cet équilibre
intérieurs jugés indispensables au bonheur.

Le plus souvent, toutefois, le concept de rôle ne recouvre chez Molière
qu'une composition inconsciente qui vise à magnifier le protagoniste à ses
propres yeux et dont il attend, du commerce du monde et de la complaisance
intéressée d'autrui, la reconnaissance nécessaire à sa validité et à sa légitimité.
N'attend-il pas, en d'autres termes, que le personnage que lui fait jouer son
désir de substituer une idée valorisante du moi à son moi vrai et insupportable, soit pris pour l'être authentique? que le rôle s'efface en quelque sorte
dans une dénégation du processus même de figuration, comme si masque
et visage ne faisaient qu'un dans une coïncidence sans épaisseur, dans une
corrrespondance sans reste entre fiction et réalité? Le commerce du monde
est certes «une comédie, où l'on voit à toute heure des changemens de Scene
& d'Acteurs»[22], il est plus encore une comédie dont les acteurs s'emploient
constamment à passer pour de bons acteurs, ou plus exactement à ne pas
passer pour des acteurs, dans l'espoir que «ce spectacle» soit pris pour «une
vérité»[23].

Bons ou mauvais acteurs?

Dans son désir d'être bon acteur, Monsieur Jourdain s'enquiert alors sans
cesse de son exactitude à porter l'habit convenable, à avoir les discours, les
gestes, les comportements voulus par le rôle qu'il s'est choisi, et qui doivent
témoigner de son adaptation au rôle, et plus encore de son adoption par le
rôle. Mais, de même que ces autres mauvais acteurs que sont Monsieur de
Pourceaugnac ou la comtesse d'Escarbagnas, il n'a pas les qualités requises
pour être adopté par ce rôle qu'il cherche à s'approprier. Son manque de goût
vestimentaire, ses tentatives maladroites pour danser le menuet ou son inca-
pacité de comprendre les conventions musicales du monde auquel il aspire
montrent qu'il reste en fait foncièrement inadapté à son personnage. Sa question naïve «Pourquoi toujours des bergers?»[24] fait pendant aux remarques de
la comtesse provinciale décidée, contre l'usage du beau monde, à se passer
de livret pour le divertissement que lui donne le vicomte ou à n'y laisser
entrer personne[25]. Tout comme George Dandin demeure sourd aux leçons

---

[22]   Méré, «Le Commerce du monde», p. 217.
[23]   Rotrou, *Le Véritable saint Genest*, IV, 7, v. 1285–6, [in] *Théâtre du XVIIe siècle*, éd.
       Jacques Schérer, Paris, Gallimard, 1975, I, p. 988.
[24]   *Le Bourgeois gentilhomme*, I, 2, p. 717.
[25]   Voir *supra*, seconde partie, chapitre 5, p. 154.

de galanterie et de générosité véhiculées par les faits et gestes des bergers et des bergères qui croisent son chemin. Car ce sont justement les intermèdes, fenêtre sur un mode de vie galant et mondain, sinon l'appareil théâtral tout entier, qui mettent en évidence, par delà le ridicule de personnages mal joués, l'inadaptation foncière à ces personnages de nos protagonistes en mal de grandeur et de qualité.

Or c'est dans cette inadaptation que ces êtres révèlent le caractère théâtral, au sens d'artificiel et d'emprunté, de leur *persona*, et qu'ils se donnent justement pour ce qu'ils sont, c'est-à-dire des «personnages», des acteurs, qui ne sont pas ce qu'ils imitent et dont le masque dénoncé comme masque laisse voir le visage[26]. Madame de Sotenville fait ainsi remarquer à son gendre, qui, pour pouvoir contrôler son personnage de Monsieur de la Dandinière, doit disposer d'un répertoire de pratiques figuratives pour chacun de ses rapports possibles avec autrui, qu'il n'a pas encore maîtrisé les règles du jeu de sa nouvelle condition:

> Encore! Est-il possible, notre gendre, que vous sachiez si peu votre monde, et qu'il n'y ait pas moyen de vous instruire de la manière qu'il faut vivre parmi les personnes de qualité?[27]

Piètre acteur et laissant de surcroît la réalité de son infortune conjugale prendre le pas sur la réalisation de la fiction de son nouveau statut, Dandin ne parvient pas à s'identifier pleinement à son personnage; et entre le rôle qu'il essaie d'apprivoiser et l'image qu'il projette de lui-même apparaît un écart assimilé à un apprentissage raté, que ne sauraient cacher les habits les plus aristocratiques, d'autant plus que, visiblement démodés, ceux-ci sont au contraire le signe d'une mauvaise intelligence du rôle[28]. Autre pièce, même jeu: l'habit de mamamouchi, véritable accoutrement que, tout à son rôle de haut dignitaire turc, Monsieur Jourdain est seul à ne pas percevoir comme un déguisement, est pour son entourage le signe de son entrée définitive non seulement dans le monde de l'illusion, mais plus encore dans celui du théâtre[29]. Ni Madame Jourdain ni Lucile ne s'y trompent:

---

[26] Je rappelle la définition de *personnage* donnée par Furetière dans le *Dictionnaire Universel*: «du latin *persona*: se prend pour un masque ou un personnage de théâtre et de là on a employé le même mot pour marquer la dignité ou le rang que quelqu'un tient dans le monde».

[27] *George Dandin*, I, 4, p. 469.

[28] La fraise ne se portait plus en effet sous Louis XIV. Pour une description des habits de George Dandin, voir *supra*, première partie, chapitre 3, note 46, p. 87.

[29] Voir Georges Forestier, *Esthétique de l'identité dans le théâtre français (1550–1680). Le déguisement et ses avatars*, Genève, Droz, 1988, p. 558.

Qu'est-ce que c'est donc que cela? Quelle figure! Est-ce un momon que vous allez porter; et est-il temps d'aller en masque? Parlez donc, qu'est-ce que c'est que ceci?[30]

Comment, mon père, comme vous voilà fait! est-ce une comédie que vous jouez?[31]

Le comportement de ces protagonistes, leur état, leur être-dans-le-monde enfin n'est qu'un rôle qu'ils ne parviennent pas à jouer naturellement et dont ils ne réussissent pas, pour cette raison même, à faire oublier qu'il n'est qu'un rôle. Aussi Julie, qui se fait un spectacle des prétentions au bel air de la comtesse d'Escabagnas, n'hésitant pas par ailleurs à encourager son égarement pour mieux s'en divertir, ne voit-elle dans cette dernière qu'

> un aussi bon personnage qu'on en puisse mettre sur le théâtre. Le petit voyage qu'elle a fait à Paris l'a ramenée dans Angoulême plus achevée qu'elle n'était. L'approche de l'air de la cour a donné à son ridicule de nouveaux agréments, et sa sottise tous les jours ne fait que croître et embellir.[32]

Tout en signalant l'une de ces ruptures d'illusion qui émaillent la pièce, cette raillerie dénonce dans la conduite de la comtesse un art mal assimilé et donc la dimension fictionnelle du personnage qu'elle joue. Le décalage entre la représentation de soi imaginaire de la comtesse et la réalité de sa «performance» a ainsi fait de son «entêtement» de qualité, de parisianisme et de bel air galant, non seulement un mauvais rôle, pour n'être pas adapté au talent – médiocre – de son actrice, mais encore un rôle dont la théâtralité est perçue comme telle.

Si, comme l'a écrit Matthijs Engelberts, «le "commerce" [du monde] requiert le jeu de rôle», il punit par la sanction de la théâtralisation celui qui ne se conforme pas à ce savoir-faire social[33], qu'il s'agisse de révéler le délire d'imagination de bourgeois gentilshommes, comtesses provinciales et autres malades imaginaires, entraînés à se jouer à eux-mêmes leur propre personnage[34], ou de souligner l'extravagance du comportement d'un Alceste déterminé à ne pas jouer le jeu de la sociabilité et dès lors accusé de «donne[r] la comédie»[35].

---

[30] *Le Bourgeois gentilhomme*, V, 1, p. 772.

[31] *Le Bourgeois gentilhomme*, V, 5, p. 776.

[32] *La Comtesse d'Escarbagnas*, scène 1, p. 955.

[33] Matthijs Engelberts, «La feinte, ciment de la société: le jeu de rôle chez Molière», [in] *Molière et le jeu*, p. 194.

[34] Voir *supra*, seconde partie, chapitre 5.

[35] *Le Misanthrope*, I, 1, v. 106, p. 107. On consultera à ce sujet l'article de Marc Fumaroli sur «Au miroir du *Misanthrope*: "le commerce des honnestes gens"», publié dans *Comédie Française*, n° 131–132, sept.–oct. 1984, p. 42–9, repris dans *Molière/Trois comédies morales*, p. 189–201.

Boudant la scène des portraits, celui-ci se trouve ainsi jouer le même rôle que le spectateur évoqué par Dorante dans *La Critique de l'Ecole des femmes*:

> Je vis l'autre jour sur le théâtre un de nos amis, qui se rendit ridicule par-là. Il écouta toute la pièce avec un sérieux le plus sombre du monde; et tout ce qui égayait les autres ridait son front. A tous les éclats de rire, il haussait les épaules, et regardait le parterre en pitié; et quelquefois aussi le regardant avec dépit, il lui disait tout haut: «Ris donc, parterre, ris donc». Ce fut une seconde comédie, que le chagrin de notre ami. Il la donna en galant homme à toute l'assemblée, et chacun demeura d'accord qu'on ne pouvait pas mieux jouer qu'il fit.[36]

Le véritable imposteur n'est donc pas celui qui joue, comme le laisserait entendre la remarque de Cléonte dans *Le Bourgeois gentilhomme*[37], mais celui qui joue mal son rôle.

Au risque de s'exclure, ou de la nécessité du bon rôle

Pour le chevalier de Méré, qui jugeait ce talent d'être bon acteur fort néces-saire aux personnes du monde, tout en reconnaissant en même temps qu'il était fort rare, il fallait jouer son rôle avec «esprit» et «justesse»[38], et savoir se «transformer par la souplesse du genie, comme l'occasion le demande»[39]. Car c'est dans une adaptation au monde, dans une appropriation de sa conduite à ses situations et à ses êtres, qu'on pouvait trouver le moyen d'être bon acteur et de se confondre avec un rôle dont Méré rappelait qu'il n'y en a «presque point de si mal-heureux [...], qu'on ne lui puisse donner quelque sorte d'agrément, lorsqu'on fait tout ce qui se peut pour le bien jouer»[40]. Refuser de s'adapter, de «s'accommoder», c'est-à-dire en définitive refuser de feindre, c'était nuire à la cohésion sociale, à la bonne marche des échanges sociaux, menacée par la libre expression et manifestation des intérêts person-nels.

D'autre part, il fallait aussi, selon lui, s'adapter à soi-même, c'est-à-dire jouer le rôle qui convenait à son caractère et à sa condition, le rôle qui collait en quelque sorte avec ce que l'on était capable de faire et dont les «qualités [...] doivent avoir un certain rapport et une certaine union avec nos qualités

---

[36] *L'Ecole des femmes*, scène 5, p. 653.
[37] *Le Bourgeois gentilhomme*, III, 12, p. 754–5.
[38] «C'est un talent fort rare que d'être bon Acteur dans la vie, il faut bien de l'esprit & de la justesse pour en trouver la perfection» (Méré, «Suite du Commerce du monde», p. 245).
[39] *Ibid.*, p. 246.
[40] Méré, «Suite du Commerce du monde», p. 247–8.

naturelles»[41]. A vrai dire «jou[er] le personnage d'un autre», c'était passer pour «comédien», et passer pour comédien, voire pour «bouffon» ou «histrion», surtout si l'on jouait à charge[42], c'était courir le risque de se voir exclu du jeu social, ou du moins ridiculisé. Ce que l'honnête homme savait, lui, éviter car,

> si l'honnesteté s'éloigne generalement de toute sorte d'affectation, elle fuit encore avec plus de soin celle qui tend à se signaler par des qualitez ou des manieres qui ne conviennent point à nostre estat & à nostre profession ; parce qu'elle sçait que l'amour propre des autres hommes, qui en est toûjours choqué, ne manque jamais de la tourner en ridicule [...].[43]

Comme si tout l'édifice social n'était en définitive fondé que sur la peur du ridicule et sur les ruses inventées par l'amour-propre pour y échapper. Le ridicule n'étant perçu que dans le regard et le rire d'autrui, seule l'exposition au grand jour du commerce du monde devait pouvoir contraindre un chacun de changer de visage et de rôle pour éviter de s'exposer de la sorte à la risée universelle[44].

La sanction du ridicule et plus encore de l'exclusion frappe nombre de ces personnages moliéresques, que l'on a vu mauvais acteurs de rôles mal adaptés. Aveugles sur eux-mêmes, un bourgeois gentilhomme ou une comtesse de province sont incapables de voir que, sous le regard critique des autres protagonistes, leur idée du moi n'est plus que dissonance par rapport à la raison et à la nature. L'image flattée de leur être, ou du moins qu'ils croient telle, est devenue une image grotesque, déformée, du moi qui, dans leur désir d'y coller dans leur apparence, leurs manières et leur dire, les pousse à des conduites affectées ou extravagantes dans lesquelles les autres ne voient que disconvenance et ridicule. De fait, «il y a longtemps que», pour Madame Jourdain, «[les] façons de faire [de son mari] donnent à rire à tout le monde»[45]. Et ce rire, qu'il soit euphorique comme dans les comédies-ballets de la prétention nobiliaire, ou satirique comme dans *Le Misanthrope*, n'en classe pas moins comme marginaux ceux qui en sont les victimes. Mais, dans leur aveuglement sur eux-mêmes, ces personnages se révèlent incapables de changer de posture et de sortir du rôle choisi, au rebours de ce que, rendu lucide par le regard décapant des autres amours-propres, leur intérêt bien com-

[41] La Rochefoucauld, *Réflexions diverses*, Réflexion III, « De l'air et des manières », [in] *Œuvres complètes*, p. 512.
[42] Méré, Lettre CXXVIII, A M.*** sur Voiture, [in] *Œuvres complètes*, éd. Charles-H. Boudhors, Paris, Editions Fernand Roches, 1930, I, p. 153.
[43] Nicole, *De la charité, et de l'amour propre*, p. 138.
[44] Sur cette question, voir Pierre Force, *Molière ou le prix des choses*, p. 114–9.
[45] *Le Bourgeois gentilhomme*, III, 3, p. 736.

pris aurait dû les contraindre à faire. Au risque de s'exclure précisément ... si, dans l'esprit du Carnaval, les autres personnages ne choisissaient pas plutôt, comme dans *Le Bourgeois gentilhomme* ou *Le Malade imaginaire*, de « s'ajuster aux visions » du protagoniste[46], de « s'accommoder à ses fantaisies »[47], dans des mascarades où ils se donnaient en même temps le plaisir du jeu et de la mystification.

Or, pour un Monsieur Jourdain et un Argan ainsi « récupérés » dans des dénouements qui leur donnent lieu de croire que « tout le monde [est devenu] raisonnable »[48], combien de Sganarelle, de Monsieur de Pourceaugnac ou de George Dandin marginalisés, rejetés, mis hors jeu en quelque sorte, pour s'être montrés piètres acteurs, pour avoir même voulu, dans le cas du dernier, déjouer les règles du jeu en refusant aux autres le droit de porter le masque de leur propre rôle social et mondain[49] ? Quant à la comtesse d'Escarbagnas, tout aussi mauvaise interprète qu'eux de son rôle de « personne de qualité », ne se retrouve-t-elle pas de même à la fois la risée de la petite cour qu'elle a cherché à créer autour d'elle et la spectatrice marginalisée du divertissement que paraît lui offrir le vicomte à la fin, mais qui s'adresse en fait à une autre, maîtrisant, elle, de toute évidence les subtilités de l'emploi[50] ? Tout comme en est également exclu – volontairement certes – Monsieur Harpin, que le refus de se prêter aux désirs de la maîtresse des lieux et donc de jouer le jeu social du *galant homme* ne peut que situer en dehors de l'espace ludique :

> Moi, morbleu ! prendre place ! cherchez vos benêts à vos pieds. Je vous laisse, Madame la Comtesse, à Monsieur le Vicomte, et ce sera à lui que j'envoyerai tantôt vos lettres. Voilà ma scène faite, voilà mon rôle joué. Serviteur à la compagnie.[51]

Emblématique lui aussi de ces jeux d'inclusion et d'exclusion, le *Ballet des nations* qui concluait, à la cour du moins[52], la comédie-ballet du *Bourgeois gentilhomme*, mettait en scène divers cas de figure du positionnement de l'individu dans une interpolation de la métaphore spatiale et de la signification sociale. S'y opposaient, sous le regard de la cour, comme de Monsieur Jourdain et de Dorante, des bourgeois mal dans leur peau et de galants Poitevins, les uns

---

[46] *Le Bourgeois gentilhomme*, V, 6, p. 778.

[47] *Le Malade imaginaire*, III, 14, p. 1171.

[48] *Le Bourgeois gentilhomme*, V, 6, p. 778.

[49] Je renvoie ici à l'article d'Irène Roy, « George Dandin : théâtre et jeu de société », in *Molière et le jeu*, p. 285–97.

[50] Voir *supra*, seconde partie, chapitre 5, p. 159–60.

[51] *La Comtesse d'Escarbagnas*, scène dernière, p. 971.

[52] Sur la reprise ou non de ce ballet sur la scène publique, voir *supra*, première partie, chapitre 3, p. 96.

ridiculisés, les autres au contraire proposés en exemple. Parce qu'ils étaient incapables, malgré qu'ils en eussent, de s'intégrer à l'univers du divertissement aristocratique, le «vieux bourgeois babillard» et sa famille, qui entendaient se mêler aux personnes du bel air, se voyaient au contraire réduits, au beau milieu des rires suscités par leurs récriminations inconsidérées, à

> [...] être placé[s] au sommet
> De la salle, où l'on met
> Les gens de Lantriguet[53]

avant de choisir, de leur propre gré, de s'exclure de l'espace mondain :

> Allons, mon mignon, mon fils,
> Regagnons notre logis,
> Et sortons de ce taudis,
> Où l'on ne peut être assis.[54]

A l'autre extrémité de l'échelle sociale, et au centre de l'espace ludique, les six Français «vêtus galamment à la poitevine», qui prenaient part au ballet proprement dit[55], venaient, eux, montrer une aisance et une intégration parfaites dans la grâce de leur danse et l'élégance sans excès de leur habit, qui étaient les signes de leur maîtrise d'un code galant érigé en mode idéal de comportement social. Parce qu'il mettait ainsi en place toute une hiérarchie de figures représentatives, dont certaines finissaient par être rejetées tandis que les autres étaient érigées en modèles, le *Ballet des nations* pouvait passer pour une métaphore des difficultés de la sociabilité et de l'intégration du moi dans la vie sociale. A la confusion et au chaos du début, causés par des personnages sortant de leur rôle, succédaient des êtres en accord avec eux-mêmes et avec le monde, qui rétablissaient l'ordre et l'harmonie un temps menacés. Comme l'a fait remarquer Emmanuel Bury, cette célébration d'une vision mondaine de la société rejoignait alors, dans une conjonction de la voix sociale et de la nature, le triomphe du schéma pastoral des amours accomplies que venait de marquer le dénouement de la comédie[56]. Idéologiquement nécessaire, le divertissement final du *Bourgeois gentilhomme* permettait de généraliser à l'ensemble de la société les jeux de rôle auxquels s'étaient livrés les protagonistes de la pièce.

---

[53] *Le Bourgeois gentilhomme*, 1ère entrée du *Ballet des nations*, p. 781.

[54] *Ibid.*, p. 782–3.

[55] *Ibid.*, 5ème entrée du *Ballet des nations*, p. 787. Ces bergers étaient habillés «à la poitevine» pour rappeler que le menuet, sur l'air duquel ils dansaient et qui était devenu représentatif du goût et des habitudes des Français, était en fait originaire du Poitou.

[56] Emmanuel Bury, *Littérature et politesse*, p. 126.

2. « Où est donc ce moi ? »[57]

Tout rôle social, fût-il même bien joué (et il l'était rarement), toute idée du moi n'était pourtant jamais que la copie d'un modèle ; et par ce qu'elle supposait d'inauthenticité, de violation du principe d'appropriation des mœurs aux caractères, cette copie ne pouvait être que condamnable. En effet

> il n'y a point de mediocre original, qui ne vaille mieux que la meilleure copie ; Il est necessaire pour la richesse & pour l'ornement du monde, qu'il y ait des hommes de toutes sortes de caracteres ; il faut que chacun se perfectionne dans le sien, sans jamais travailler à copier celuy d'autruy ; & il y a des gens de toutes sortes de conditions qui se sont rendus ridicules par cette mauvaise imitation.[58]

La Rochefoucauld avait de même dénoncé ce travers propre aux contemporains :

> Ils n'ont rien de fixe dans leurs manières ni dans leurs sentiments ; au lieu d'être en effet ce qu'ils veulent paraître, ils cherchent à paraître ce qu'ils ne sont pas. Chacun veut être un autre, et n'être plus ce qu'il est : ils cherchent une contenance hors d'eux-mêmes, et un autre esprit que le leur ; ils prennent des tons et des manières au hasard ; ils en font l'expérience sur eux, sans considérer que ce qui convient à quelques-uns ne convient pas à tout le monde, qu'il n'y a point de règle générale pour les tons et pour les manières, et qu'il n'y a point de bonnes copies.[59]

et condamné un mimétisme nuisant au naturel :

> [...] on aime à imiter ; on imite souvent, même sans s'en apercevoir, et on néglige ses propres biens pour des biens étrangers, qui d'ordinaire ne nous conviennent pas.[60]

Aveuglés par un amour immodéré d'eux-mêmes, ou plutôt d'une certaine idée d'eux-mêmes, un bourgeois gentilhomme, une comtesse d'Escarbagnas ou un Monsieur de Pourceaugnac ne voient pas que, même avec tous ses défauts, leur moi authentique – ou perçu comme tel – est néanmoins préférable à ce « vain phantôme », formé de tout ce que leur imagination leur a représenté comme désirable.

Mais ce moi existe-t-il ? Que cachent les interminables replis du cœur humain ? Pour Nicole, c'était dans le rapport à Dieu que devait se chercher

---

[57] Pascal, *Pensées*, n° 306, p. 1165.
[58] Callières, *Du bon, et du mauvais Usage*, p. 121.
[59] La Rochefoucauld, *Réflexions diverses*, Réflexion III, « De l'air et des manières », p. 511.
[60] *Ibid.*

cette vérité de l'être, dans la conscience de soi, dans la connaissance générale de la créature corrompue, comme dans celle, plus particulière, que chacun devait avoir de ses propres défauts ; et plus encore dans la considération que plus on est proche de Dieu, plus on est proche de soi, même si force était de reconnaître alors qu'

> Il y a toûjours dans le cœur de l'homme, tant qu'il est en cette vie, des abîmes impenetrables à toutes ses recherches. Et c'est mesme une partie de la connoissance qu'on peut avoir de soy-mesme, que de bien comprendre que l'on ne se connoist pas avec assurance dans ce qui paroist mesme de plus essentiel & de plus important.
>
> Car on ne connoist jamais avec certitude ce qu'on appelle le fond du cœur, ou cette premiere pente de l'âme qui fait qu'elle est ou à Dieu, ou à la creature.[61]

Il n'en fallait pas moins « se connaître soi-même », car, d'après Pascal, « quand cela ne servirait pas à trouver le vrai, cela au moins sert à régler sa vie »[62].

Pour les tenants d'une psychologie profane, en revanche, la vérité de soi était plutôt à chercher dans un rapport d'authenticité intérieure, dans la nécessité de « savoir discerner ce qui est bon en général, et ce qui nous est propre, et suivre alors avec raison la pente naturelle qui nous porte vers les choses qui nous plaisent »[63]. Et dans cette référence à la « nature », comment ne pas entendre les déclarations d'Agnès, que sa pente naturelle et son amour pour Horace guident, dans L'Ecole des Femmes, vers l'être approprié à son âge, à son caractère, à son tempérament (au sens moderne s'entend) ? Comment ne pas retrouver aussi le parcours inscrit dans les œuvres galantes de Molière, qui montrent en de jeunes princesses fières et « insensibles » des êtres en quête de leur moi réel qu'elles ne découvrent, ou plutôt qu'elles n'élaborent qu'au fil d'aventures sentimentales, dans une maîtrise à la fois des instincts de la nature et des impulsions de leur nature, et dans un rejet des images fallacieuses et trompeuses du moi imposées par la coutume ou la mode ? Comment ne pas voir enfin les revirements de toutes ces bergères de la pastorale qui, à l'image de la Cloris du Grand Divertissement royal de Versailles, apprennent à transcender dans la souffrance et l'amour le « tyrannique honneur » qui tient leur âme « en esclave asservie »[64] ? Le vrai moi apparaît donc comme le fruit d'une conquête sur une « nature » intérieure et sur l'artifice d'idéaux étrangers[65].

---

[61] Nicole, De la connoissance de soy-même, p. 139–40.

[62] Pascal, Pensées, n° 81, p. 1104.

[63] La Rochefoucauld, Réflexions diverses, Réflexion XIII, « Du faux », p. 524.

[64] « Plainte en musique », Le Grand Divertissement royal de Versailles, p. 456.

[65] Ces remarques rejoignent les analyses de Patrick Dandrey dans Molière ou l'esthétique du ridicule, p. 267–340.

Il est, selon l'expression de Patrick Dandrey, le résultat d'une édification de
soi dans « l'élaboration d'un naturel devenu seconde nature »[66].

Certes, dans les comédies-ballets de la prétention nobiliaire, ce vrai moi
ne se laisse pas si facilement atteindre. Du moins pour le protagoniste central, dont le moi, tout entier dans sa représentation, semble s'être aliéné. Il
n'est plus que ce qu'il montre. Il n'est plus que l'idée de son moi. En d'autres
termes la représentation a absorbé sans reste le représenté. Mais les pièces opposent toutefois à ce protagoniste illusionné sur lui-même des personnages
qui semblent avoir trouvé un certain équilibre dans l'acceptation de leur
moi et de ses insuffisances réelles ou supposées. Face à Monsieur Jourdain,
mauvais acteur d'un rôle qui ne lui convient pas, face à Dorante, figure de
la noblesse ignoble et du galant homme dévoyé[67], Cléonte vient donner le
modèle d'un personnage vrai, d'un homme vrai, dans ses actes, ses paroles et
son être. Aussi, à Monsieur Jourdain qui lui demande s'il est gentilhomme, le
jeune homme ne peut-il que répondre

> que toute imposture est indigne d'un honnête homme, et qu'il y a de la
> lâcheté à déguiser ce que le Ciel nous a fait naître, à se parer aux yeux du
> monde d'un titre dérobé, à se vouloir donner pour ce qu'on n'est pas. Je
> suis né de parents, sans doute, qui ont tenu des charges honorables. Je me
> suis acquis dans les armes l'honneur de six ans de services, et je me trouve
> assez de bien pour tenir dans le monde un rang assez passable. Mais, avec
> tout cela, je ne veux point me donner un nom où d'autres en ma place
> croiraient pouvoir prétendre, et je vous dirai franchement que je ne suis
> point gentilhomme.[68]

En acceptant d'être lui-même, socialement, moralement, physiquement,
Cléonte a su acquérir l'aisance et la grâce de l'honnête homme[69], voire du
parfait galant homme[70], dans une exacte coïncidence du naturel et du social.
Ce qui, pour Patrick Dandrey, revient à montrer que, polies par les grâces
d'une civilité toute « naturelle », l'individualité, la subjectivité ont leur place
dans la vie sociale, que, sans avoir à se renier elles-mêmes, elles trouvent au
contraire à l'enrichir[71]. Aussi Cléonte s'attire-t-il l'estime de tous ceux qui
sont à même de reconnaître une valeur humaine faisant fi des oripeaux du
paraître. Pour Madame Jourdain, il est tout simplement « un homme qui [lui]

---

[66] Patrick Dandrey, *Molière ou l'esthétique du ridicule*, p. 316.
[67] Voir *infra*, troisième partie, chapitre 8, p. 291.
[68] *Le Bourgeois gentilhomme*, III, 12, p. 754–5.
[69] C'est ainsi qu'il se qualifie lui-même et qu'il est par ailleurs désigné, sans titre, dans
      la liste des acteurs.
[70] Comme le présente Dorante à Dorimène, « c'est un fort galant homme et qui mérite
      que l'on s'intéresse pour lui » (*ibid.*, V, 2, p. 773).
[71] Patrick Dandrey, *Molière ou l'esthétique du ridicule*, p. 250.

revient»[72]. Dans *La Comtesse d'Escarbagnas* les personnages de Julie et du vicomte sont d'autres de ces êtres capables d'opposer à l'affectation du principal protagoniste l'élégance d'une conduite toute en spontanéité et naturel apparents. Tout angoumois qu'ils sont, et sans avoir fait le voyage de Paris, tout comme Cléonte n'a pas fait celui de la cour, ils savent néanmoins se montrer spirituels et railleurs, et offrir le modèle de cette maîtrise de soi aisée et aimable qui définissait pour le chevalier de Méré un idéal d'honnêteté universel, valable en tout temps et en tout lieu[73]. Combiné de «bienséance universelle», d'«appropriation relative» et de «naturel maîtrisé», cet idéal était, comme le fait justement remarquer Patrick Dandrey, la seule antidote possible au ridicule[74].

L'histoire littéraire a fait de Molière un peintre de caractères. Certes les écrits mêmes du dramaturge y invitaient le critique, sans parler du titre non équivoque de certaines de ses pièces, qui servait non seulement à désigner mais à fixer le personnage éponyme en lui donnant l'unité d'un caractère. Mais il est apparu qu'à l'idée d'un moi identifiable et catégorisable se superposait aussi dans les œuvres une démultiplication de ce moi en une «diversité presque infinie» de portraits, comme si la notion de caractère se révélait insuffisante à elle seule pour rendre compte de la complexité de la nature humaine. Car aux données de la tradition savante s'ajoutaient de toute évidence les récentes découvertes de moralistes préparant l'avènement d'une nouvelle anthropologie. En effet, ce n'était plus tant l'unité stable et repérable d'un moi catégorisé une fois pour toutes qu'on découvrait, mais un perpétuel ajustement à un rôle déterminé par les circonstances, une perpétuelle transformation de l'être-vu sous l'impulsion de l'intérêt, de la passion ou de l'amour-propre. Et ce rôle, ou plutôt ces rôles successifs adoptés au fil d'une existence étaient des illusions marquées au sceau de l'inadaptation, de la dissonance, non seulement par rapport à la raison et à la nature, mais aussi par rapport à un code social privilégiant l'aisance et le naturel.

---

[72] *Le Bourgeois gentilhomme*, III, 7, p. 747. Je renvoie ici à l'analyse donnée par Pierre Ronzeaud dans «Pour une lecture non galante des comédies de Molière», [in] *Mythe et Histoire dans le Théâtre classique. Hommage à Christian Delmas*, éd. Fanny Népote-Desmarres, avec la collaboration de Jean-Philippe Grosperrin, Paris, Honoré Champion, 2002, p. 329–30.

[73] «Je voudrois que pour se rendre l'honnêteté naturelle, on ne l'aimât pas moins dans le fond d'un desert, qu'au milieu de la Cour, & qu'on l'eût incessamment devant les yeux ; car plus elle est naturelle, plus elle plaît ; & c'est la principale cause de la bienséance, que de faire d'un air agréable ce qui nous est naturel» (Méré, Discours I, «De la vraïe Honnêteté», [in] *Œuvres posthumes*, p. 16).

[74] Patrick Dandrey, *loc. cit.*

La mise en scène du théâtre du monde, ou plutôt du spectacle du monde, dans l'œuvre de Molière s'approfondissait ainsi en une vision de la nature humaine très proche du discours d'un Nicole ou d'un La Rochefoucauld. Mais, loin de déboucher sur une condamnation des jeux de rôle sociaux, cette vision se chargeait d'une portée civilisatrice pour montrer, le plus souvent par défaut, il est vrai, le besoin d'adopter dans le monde une *persona* harmonieuse, de jouer un rôle bien compris, qui était la condition nécessaire non seulement d'une intégration réussie dans la société mais encore d'un épanouissement personnel et d'un pas dans la quête du bonheur. Plus qu'une mise en scène du théâtre du monde, le théâtre de Molière était une «école du monde», et accessoirement de la cour, où étaient enseignées les leçons des théoriciens de la civilité et, plus généralement, celles des tenants d'une éthique du savoir-vivre et du savoir-plaire[75]. Là aussi comédies et comédies-ballets ne différaient que par l'éclairage particulier que ces leçons recevaient dans les secondes des contrastes et des enrichissements apportés par les intermèdes. Comme elles s'opposaient également par la présence signifiante au spectacle de cour d'un auditoire qui servait de modèle et de référence aux constructions identitaires des pièces, ainsi que d'un monarque donné comme le seul vrai juge de la validité de jeux fallacieux sur l'être et le paraître qui étaient aussi ceux des courtisans, et qui opposait la stabilité éminente de son moi au moi déséquilibré de protagonistes en mal de reconnaissance. Ne s'accordait-on pas à dire de lui:

> C'est un roi de tous les côtés: nul emploi ne l'abaisse, aucune action ne le défigure; il est toujours lui-même, et partout on le reconnaît.[76]

---

[75]   Emmanuel Bury, *Littérature et politesse*, p. 111.
[76]   Livret du *Grand Divertissement royal de Versailles*, p. 451.

L'ACCORD
GALANT

A la jonction entre espace social et espaces littéraires, la problématique de la galanterie fut elle aussi au centre de débats contemporains sur l'art d'aimer et de plaire, dont la littérature de cour, par définition une littérature de divertissement, se fit souvent l'écho, mais sans que la question fût traitée par Molière autrement qu'avec enjouement et détachement – ce qui était d'ailleurs dans l'esprit même de la galanterie. Si, d'un côté, comme on l'a vu plus haut[1], la galanterie était une esthétique et tenait au spectacle et à son rêve de fusion des arts et des genres, de l'autre elle était une éthique et tenait aux thèmes abordés dans les textes. Or esthétiquement comme moralement parlant, les comédies-ballets furent au cœur de la galanterie.

Divertissements mêlés de comédie, de musique et de danse, et où se confondaient les registres et les tons les plus divers, les comédies-ballets furent de toute évidence des variations sur la formule de l'œuvre mixte. Mais certaines inscrivirent également dans leur texte même une discussion de la question galante, qui, au-delà de la problématique amoureuse, engageait une réflexion d'ensemble sur la sociabilité. Ainsi les comédies dites «galantes» de *La Princesse d'Elide* et des *Amants magnifiques*[2], de même que la banale histoire d'amours contrariées du *Sicilien, ou l'Amour peintre* et la tragédie-ballet mythologique de *Psyché*, analysaient dans les termes de l'idiome de Tendre, héritier des formes anciennes de l'art d'aimer, le thème de la découverte d'un moi et d'une sensibilité. Elles contribuaient en outre par leur exploration des schèmes de la fausse et de la vraie galanterie à approfondir la réflexion sur le rôle d'images codées du moi dans la représentation de soi-même, qui traverse toute l'œuvre de Molière. A une visée satirique, ou du moins ironique, révélatrice d'un souci constant de distanciation, s'ajoutait indéniablement chez le dramaturge une volonté de promouvoir ses propres découvertes sur le terrain miné de la thématique galante de la séduction.

Les comédies-ballets s'organisèrent en fait par rapport à des essais de définition concurrents de ce que pouvait bien être la galanterie. Leur composition s'échelonnant au fil des querelles qui en marquèrent pendant plus d'une décennie le travail d'élaboration et de théorisation, elles ne purent qu'être ouvertes aux polémiques faisant rage entre les divers groupes et ten-

---

[1] Voir *supra*, première partie, chapitre 1, p. 41 *et sq*.

[2] La relation officielle des *Plaisirs de l'île enchantée* mettait la première au rang des «festes galantes», tandis que l'avant-propos du livret du *Divertissement royal* de Saint-Germain-en-Laye rangeait la seconde parmi les «galanteries».

dances. La première querelle dans les années 1650 avait été une querelle sur une question d'origine. Partisans de Voiture et partisans de Sarasin avaient débattu qui des deux poètes devait être considéré comme le fondateur de la galanterie, l'initiateur du véritable modèle galant[3]. Les seconds, soutenus par ceux qui s'étaient assuré le pouvoir au lendemain de la Fronde, les Mazarin, les Foucquet surtout, l'avaient emporté. En écrivant *Les Fâcheux* pour le surintendant en 1661, Molière montrait son adhésion à un discours qui définissait l'esthétique au goût du jour. Œuvre mixte, novatrice, donc bien dans ce goût qui prônait l'invention et la nouveauté, la première de ses comédies-ballets témoignait du positionnement littéraire mais aussi social du dramaturge, appelé à collaborer à un spectacle où figurait en bonne place Paul Pellisson lui-même, le promoteur du modèle sarasinien et le secrétaire privé de Foucquet[4]. L'appropriation du divertissement par Louis XIV[5], qui fit arrêter son surintendant dans les semaines qui suivirent la fête de Vaux, n'était-elle pas alors indicatrice en un sens de la volonté du monarque de reprendre à son compte l'image du parfait *galant'uomo* véhiculée par l'éloge de Foucquet ?

Moins de trois ans plus tard, la galanterie avait conquis la cour ; elle était devenue la norme, et une norme qui plus est dominante. Le travail de légitimation était en grande partie achevé. Il ne fut plus question dès lors pour Molière dans *La Princesse d'Elide* que d'en montrer la réalisation la plus parfaite, la plus achevée, au sein d'un espace où fêtes et genres nouveaux tels la comédie-ballet en concrétisaient le triomphe. Pourtant, face à cette norme, allaient bientôt se manifester un clivage et une attaque. En effet, dans un retournement humoristique du modèle, apparurent, comme dans *L'Histoire amoureuse des Gaules*, publiée en 1665, des contre-modèles joyeux ou satiriques, voire licencieux et carrément orduriers, et par contrecoup des critiques parfois virulentes de la galanterie elle-même. Et ses détracteurs de l'accuser alors qui de mièvrerie, qui surtout de libertinage, tandis que pour soutenir la vraie galanterie, le pouvoir royal se faisait le censeur de ces versions dégradées du modèle et envoyait Bussy-Rabutin à la Bastille, avant de l'exiler sur ses terres l'année suivante. Rien d'étonnant aussi à ce que Molière, toujours à l'écoute de ce qui pouvait intéresser son public, eût cherché à son tour à se situer par rapport à ces querelles entre partisans et adversaires de la galanterie, ou qu'il se fût efforcé en s'alignant sur la position officielle du pouvoir de délimiter l'espace de la vraie galanterie, d'en marquer les limites

---

[3]   On se reportera ici à *L'Esthétique galante. Paul Pellisson*. Discours sur les Œuvres de Monsieur Sarasin *et autres textes*, éd. Emmanuelle Mortgat, Claudine Nédelec et Alain Viala, Toulouse, S.L.C., 1989.

[4]   C'était à lui qu'était revenue entre autres la tâche d'écrire le prologue à la louange du roi.

[5]   Voir *infra*, chapitre 9, p. 298 *et sq.*

conquises sur les espaces limitrophes. En témoigne la mise en scène dans *Le Sicilien, George Dandin, Les Amants magnifiques* et *Le Bourgeois gentilhomme* de toute une gamme de possibles versions du modèle tant dans son acception masculine que féminine.

Dans la perspective adoptée par l'auteur de cour, fournisseur attitré de divertissements à la gloire de la monarchie et du royaume, l'esthétique et le social étaient ainsi inextricablement liés et le social lui-même finissait par déboucher sur le politique. De fait l'affirmation des valeurs du public mondain et courtisan qui assistait au spectacle s'accompagna souvent de visées politiques nationalistes. A l'heure où étaient proclamées, au besoin par les armes, la supériorité du roi de France sur tous les autres rois de la terre, ainsi que celle de la nation française sur l'ensemble du monde connu, l'affirmation d'une spécificité française de la galanterie contribuait, elle aussi, à construire l'hégémonie de la France en revendiquant pour elle l'héritage culturel de l'Antiquité et en diffusant un modèle de comportement raffiné, synonyme d'un épanouissement de l'être.

Or, en revenant dans *Le Malade imaginaire* au modèle initial de galanterie, modèle qui avait fait le succès des *Fâcheux* en 1661 mais qui commençait alors à passer de mode, Molière se situait curieusement en porte-à-faux par rapport à l'évolution du goût et des choix de la cour et de son roi, plus soucieux désormais de pompe, de musique et de grand spectacle. Simple coïncidence? Le monarque ne demanda pas à voir une comédie-ballet pour le Carnaval de 1673, mais un opéra.

Chapitre 7 : Jeux d'espace, jeux d'amour[1]

Les trois comédies-ballets de *La Princesse d'Elide*, du *Sicilien, ou l'Amour peintre* et des *Amants magnifiques*, ainsi que la tragédie-ballet de *Psyché*, reprirent un thème familier des comédies de Molière, celui de la découverte de l'amour et de l'invention du moi à la faveur de l'expérience sentimentale. C'était, sur un mode badin et enjoué, le thème des deux *Ecoles*. Dans le cadre d'une Elide et d'une Thessalie mythiques, ou d'une Sicile de fantaisie, l'héroïne, sous les espèces de l'insensible, voire de la précieuse, ou de l'ingénue, y faisait l'apprentissage de l'amour, de ses peines et de ses joies, sous le regard de soupirants qui, par leur comportement et leurs manières, déclinaient tous les modes et toutes les modes du galant et de la galanterie.

Un même schéma fut adopté dans ces quatre pièces, qui s'organisèrent autour d'une représentation topographique du sentiment se réclamant plus ou moins explicitement du modèle cartographique de Tendre. L'éducation sentimentale de la princesse d'Elide dans *Les Plaisirs de l'île enchantée*, comme, à un degré moindre, celle d'Eriphile dans *Les Amants magnifiques*, avait ainsi été pensée sous la forme d'un itinéraire spatial modelé sur les configurations allégoriques de la carte insérée dans *La Clélie* par Mademoiselle de Scudéry, et d'autres topographies romanesques bien connues des contemporains[2]. Bien que déterminant, ce modèle de représentation du sentiment ne rend compte qu'imparfaitement toutefois de la complexe interaction des espaces intérieurs et extérieurs dans les comédies-ballets. En effet la géographie physique et mentale de la sensibilité empruntait également, par la médiation des décors et des lieux, au concept du paysage état d'âme. «Le paysage est un

---

[1] Je reprends ici deux développements qui ont trouvé place ailleurs : «Jeux d'espace, jeux d'amour dans *La Princesse d'Elide*», *Le Nouveau Moliériste*, n° 6, à paraître; «La Symbolique du décor dans la tragédie-ballet de 1671», [in] *Les Métamorphoses de Psyché* (actes du colloque de Valenciennes, décembre 2003), éd. Carine Barbafieri et Chris Rauseo, *Lez Valenciennes*, n° 35, 2005, p. 127–41.

[2] Outre la carte de Tendre de *La Clélie* (1654) et sa deuxième version de 1659, circulaient entre autres la carte du royaume de Coquetterie, devant illustrer l'*Histoire du Temps, ou Relation du royaume de Coquetterie* de l'abbé d'Aubignac (1654), la carte de l'Empire des Précieuses, figurant dans le premier tome du *Recueil de Sercy* (1658), ou encore la carte du royaume d'Amour en l'île de Cythère, décrite par Tristan L'Hermitte et parue dans le second tome du *Recueil de Sercy* (1659).

état de l'âme», écrirait bien après Amiel, et bocages, forêts et déserts affreux
de symboliser alors les désirs et les affres des personnages selon une topique
commune au bucolique, au pastoral et à la bergerie, et présente dans l'imaginaire de la retraite[3]. S'y ajoutait aussi toute la symbolique associée à l'idée
d'espace clos, fût-il jardin ou palais, lieux aristocratiques par excellence,
consacrés aux plaisirs et au loisir mondain, qui voyait Molière renouer avec
la tradition des palais enchantés des poètes italiens[4], comme avec celle des
îles d'amour imaginaires, également en vogue dans les premières années du
règne de Louis XIV[5].

Or, soit par le fait d'intégrer spatialement l'espace réel de la représentation dans le décor, comme dans *La Princesse d'Elide* et dans *George Dandin*,
où c'était le domaine même de Versailles qui fermait la perspective[6], soit par
le fait d'évoquer la demeure royale par la représentation scénique du palais
enchanté de l'Amour dans *Psyché* ou celle des jardins du château de Saint-
Germain dans *Les Amants magnifiques*[7], Molière et Vigarani firent également
de ce paysage un hommage courtisan rendu à la représentation imaginaire du
prince et de son lieu sous les espèces d'un *locus amœnus* politisé à une époque
où, précédant leur aménagement effectif, se développait le genre littéraire
nouveau de la description du palais ou du jardin royal[8]. Les comédies-ballets
participaient elles aussi de cette stratégie qui visait à construire et à installer
leurs simulacres dans une littérature à effet.

---

[3]   Sur l'imaginaire de la retraite au XVIIe siècle, voir Bernard Beugnot, *Le Discours de la
      retraite*, Paris, PUF, 1996.
[4]   Et notamment du palais d'Alcine décrit par l'Arioste aux chants VI, VII et VIII du
      Roland furieux.
[5]   Mademoiselle de Montpensier fit ainsi paraître en 1659 une *Relation de l'Isle ima-
      ginaire*, qui fut suivie, entre autres, du récit par l'abbé Tallemant en 1663–1664 de
      deux *Voyages de l'Isle d'Amour*, et de la nouvelle allégorique du *Pays d'Amour* de
      Louis Moreri en 1665.
[6]   Voir *supra*, première partie, chapitre 2, p. 60–3.
[7]   Voir *supra*, première partie, chapitre 2, p. 64.
[8]   C'est des années 1660–1670 que date en effet toute une série de publications initiée
      en quelque sorte par *Le Songe de Vaux* de La Fontaine (dont des fragments parurent
      en 1665 et 1671), et notamment *La Promenade de S. Germain* de Louis le Laboureur
      (Paris, Guillaume de Luyne, 1669), *La Promenade de Versailles* de Mademoiselle de
      Scudéry (Paris, Claude Barbin, 1669), *La Promenade de S. Cloud* de Gabriel Guéret
      (1669), *La Description de toutes les Grottes, Rochers et Fontaines du Chasteau Royal de
      Versailles, maison du Soleil et de la Ménagerie* de Claude Denis, rédigée vers 1672–75
      mais restée manuscrite, ou encore la *Description sommaire du Chasteau de Versailles*
      de Félibien (Paris, Guillaume Desprez, 1674). *Les Amours de Psiché et de Cupidon* de
      La Fontaine (Paris, Claude Barbin, 1669) incluaient de même une évocation du parc
      de Versailles. Pour une étude de ces textes, voir Gérard Sabatier, *Versailles ou la figure
      du roi*, Paris, Editions Albin Michel, 1999, p. 442–54.

1. Itinéraires tendres d'une princesse « ennemie de l'amour »[9]

La Princesse d'Elide fit partie, on le sait, de ces fêtes « peu communes »[10] que Louis XIV donna à Versailles au printemps 1664, dans le but non avoué d'éclipser la fête splendide offerte par Foucquet à Vaux-le-Vicomte trois ans plus tôt. Par sa composition comme par sa thématique, elle ressortissait à l'aura de galanterie qui marqua le déroulement des journées festives versaillaises. Entre le plaisir valorisé que figuraient les jeux guerriers de la première journée des *Plaisirs de l'île enchantée* et le plaisir condamné et rejeté de la troisième journée, symbolisé par la destruction du palais de la magicienne Alcine, la comédie de Molière offrait en quelque sorte l'avers positif d'une forme de plaisir dont le ballet du dernier jour allait constituer l'envers négatif. Ne déclinait-elle pas le thème de la découverte de l'amour et de l'apprentissage de soi chez des êtres trouvant dans l'expérience d'émotions contrôlées le moyen d'un perfectionnement et d'un accomplissement de l'image du moi ? De plus, avec le transfert, pour ces fêtes, de divertissements jusqu'alors urbains[11] dans un décor champêtre imité de *L'Astrée*, cet itinéraire émotionnel et sentimental de personnages en quête de leur moi authentique, qui était aussi celui des courtisans appelés à se déplacer dans l'espace versaillais au cours de ces trois journées, était placé dès le début sous le signe d'une image « arcadienne » ludique, où bergerie, rêve chevaleresque[12] et appel au plaisir – sublimé – et à l'amour s'entrecroisaient dans le cadre d'un jardin de délices, où l'art rivalisait avec la nature pour le plus grand contentement des sens.

Au cœur de cet espace et continuellement visible de tous, se dressait le château royal, lieu de la présence du prince, de son pouvoir et de sa puissance, mais toutefois lieu privé de son divertissement et de ses plaisirs par opposition à l'espace public du palais du Louvre, tout entier consacré à l'Etat

---

[9]   Livret des *Plaisirs de l'île enchantée*, p. 237.

[10] *Les Plaisirs de l'île enchantée*, p. 751.

[11] C'est à Paris, au Louvre, voire aux Tuileries ou encore place des Vosges, qu'avaient traditionnellement eu lieu les grandes fêtes monarchiques des Bourbons, comme les carrousels de 1612 et de 1662, les réjouissances pour le mariage de Louis XIV et de Marie-Thérèse, couronnées par l'opéra et ballet d'*Hercule amoureux* en 1662, etc.

[12] C'est dans l'*Arcadie* de Sir Philip Sidney qu'on trouve pour la première fois ce mélange de pastorale et de roman de chevalerie. Publiée à Londres en 1590, l'œuvre fut traduite en français dès 1624/25 par Jean Baudouin. Sur les métamorphoses du mythe arcadien, voir Françoise Duvignaud, *Terre mythique, terre fantasmée. L'Arcadie*, Paris, L'Harmattan, 1994. Selon le critique, ce côté ludique de l'image arcadienne, qui tient essentiellement à son utilisation sur le mode du divertissement, est nouveau au XVIIᵉ siècle.

et à la gloire du souverain[13]. En 1664, à l'aube des grands travaux d'aménagement de Le Vau et de Mansart, la maison de campagne aménagée par Louis XIII (voir **Fig. 4**) n'était pas encore le château merveilleux qu'évoquerait le palais enchanté de l'Amour dans *Psyché* en 1671. De fait la seule construction magique de cette fête des *Plaisirs de l'île enchantée* était bien plutôt le palais d'Alcine, voué à la destruction car mis au service de la satisfaction d'appétits charnels et représentatif d'un excès et d'une perversion du plaisir et de l'amour que toute la fête condamnait. Point de fuite des regards, le château constituait un repère à la fois spatial et symbolique par rapport auquel acteurs et spectateurs allaient définir leur progression dans l'espace comme dans l'imaginaire de la fête. Comme les courtisans, eux-mêmes obligés par l'ordonnance de la fête de suivre un parcours qui les éloignait du château avant de les y reconduire, au terme d'une leçon politique sur la place du divertissement et du plaisir (y compris amoureux) dans les affaires de l'Etat, la princesse d'Elide s'écartait du palais de son père dans un geste de refus de ce qu'il représentait, avant d'amorcer un lent mouvement de retour correspondant à une éducation sentimentale en tous points conforme au modèle tendre.

Du palais du prince au jardin de la femme

C'est en réalité sur un double mouvement de pénétration et de sortie de l'espace clos de la fête et du palais que s'ouvre la comédie de Molière. D'un côté, et cela dès le temps pré-dramatique, la jeune princesse a cherché à s'éloigner du palais du prince Iphitas, son père, figuré par la demeure réelle du monarque, dans un rejet non seulement du monde et du bruit, mais aussi des jeux de la galanterie imposés par l'autorité paternelle et royale. La raison n'en est-elle pas que le prince,

> souhaitant que la princesse sa fille se résolût à aimer et à penser au mariage qui était fort contre son inclination, avait fait venir à sa cour les Princes d'Ithaque, de Messène et de Pyle; afin que dans l'exercice de la chasse qu'elle aimait fort, et dans d'autres jeux, comme des courses de chars et semblables magnificences, quelqu'un de ces Princes pût lui plaire et devenir son époux.[14]

Cette indifférence aux occupations habituelles du loisir mondain manifestée par la princesse recouvrait en fait une volonté de préserver son indépendance, voire cette ambition dominatrice que le code tendre voyait dans le

---

[13] Comme Colbert le déclara à Louis XIV dans une lettre du 28 septembre 1665: «Cette maison regarde bien plus le plaisir et le divertissement de Votre Majesté que sa gloire» (cité par Louis Marin, *Le Portrait du roi*, p. 223).

[14] *La Princesse d'Elide*, «Argument» de l'acte I, p. 775.

refus de l'amour par la femme. La princesse n'était insensible que pour mieux exercer son pouvoir sur ses divers soupirants[15].

D'un autre côté, amoureux de la princesse, le prince d'Ithaque, qui a quitté son île natale pour se rendre en Elide, vient d'être reçu au palais d'Iphitas, pénétrant ainsi un espace qu'«ennemie de l'amour»[16], la jeune fille lui a abandonné dans un geste de fuite. Comme il s'en explique à Arbate, son gouverneur:

> Et tu sais quel orgueil, sous des traits si charmants,
> Arme contre l'amour ses jeunes sentiments,
> Et comment elle fuit, en cette illustre fête,
> Cette foule d'amants qui briguent sa conquête.[17]

Pourtant le prince pénètre cet espace sans adopter le code de conduite galante qui lui est approprié et auquel se conforment les autres soupirants de la princesse. En effet, il renonce à lui faire sa cour et évite de lui parler d'amour comme de participer aux jeux d'adresse organisés par Iphitas, se contentant de rechercher le silence et la solitude pour s'y adonner à de conventionnelles rêveries qui trahissent ses sentiments[18]. Observateur perspicace, son gouverneur n'a-t-il pas remarqué que

> Ce silence rêveur, dont la sombre habitude
> Vous fait à tous moments chercher la solitude,
> Ces longs soupirs que laisse échapper votre cœur,
> Et ces fixes regards si chargés de langueur
> Disent beaucoup sans doute à des gens de mon âge.[19]

---

15 Voir Jean-Michel Pelous, *Amour précieux. Amour galant (1654–1675). Essai sur la représentation de l'amour dans la littérature et la société mondaine*, Paris, Klincksieck, 1980, p. 242–3.

16 Livret des *Plaisirs de l'île enchantée*, p. 237.

17 *La Princesse d'Elide*, I, 1, v. 51–4, p. 777.

18 Riches de la double tradition de la pastorale et de la *vaghezza* pétrarquisante, ces rêveries du jeune prince apparaissent ainsi à la fois comme la conséquence et le signe d'un «désordre de l'amour», ou plus exactement d'une «surprise de l'amour», qui ravit l'être à lui-même et le révèle à autrui. De plus, comme le fait remarquer Bernard Beugnot, «la distance au monde que devait assurer le geste de retraite dans la solitude s'annihile dans une proximité à soi qui interdit toute réflexion. L'état de rêverie est une forme de la possession amoureuse» («Entre nature et culture: la rêverie classique», *Saggi e ricerche di letteratura francese*, n° 24, 1985, repris sous le titre de «Poétique de la rêverie», [in] *La Mémoire du texte. Essais de poétique classique*, Paris, Champion, 1994, p. 389).

19 *La Princesse d'Elide*, I, 1, v. 1–5, p. 776.

Et Arbate de s'étonner alors à bon droit de cette conduite à ses yeux inauthentique (bien que, peut-être, seule authentique en fait) et de railler un «amour/qui fuit tous les moyens de se produire au jour»[20].

Dans sa quête de «retraites tranquilles»[21], la princesse, elle, a trouvé refuge d'abord dans la «forêt touffue»[22] de la chasse, dont le caractère sauvage symbolise son orgueil de vierge chasseresse[23], puis dans un *locus amœnus* reconnaissable à ses arbres, à sa source et à son gazon[24], où s'accroche sa réflexion:

> Oui, j'aime à demeurer dans ces paisibles lieux;
> On n'y découvre rien qui n'enchante les yeux;
> Et de tous nos palais la savante structure
> Cède aux simples beautés qu'y forme la nature.
> Ces arbres, ces rochers, cette eau, ces gazons frais
> Ont pour moi des appas à ne lasser jamais.[25]

Il est à noter toutefois que la princesse, et pour cause, rejette la rêverie amoureuse qui y est souvent associée et à laquelle se livre le prince d'Ithaque. On remarquera de plus que sa retraite est conçue comme étant à la limite de l'espace contrôlé par l'autorité du roi père puisque c'est «aux portes d'Élis» que se situe cette «belle et vaste solitude»[26]. Ne définit-elle pas un espace de

---

[20] *Ibid.*, I, 1, v. 103–4, p. 778.

[21] *Ibid.*, II, 1, v. 333, p. 790.

[22] *Ibid.*, I, 2, v. 202, p. 782.

[23] «Comme une autre Diane elle hante les bois» (*ibid.*, I, 1, v. 72, p. 778). Dans la comédie d'Augustin Moreto, *El Desden con el desden*, dont Molière reprit le sujet, la princesse est même prénommée Diana, ce qui a pour effet de rendre encore plus transparent le symbolisme spatial de la pièce. On remarquera aussi que l'habit porté par Armande Béjart dans le rôle de la princesse («une juppe de taffetas coulleur de citron, garnie de guipures, huict corps de differentes garnitures et un petit corps en broderie or et argent fin» (*fol.* 18v°, [in] *Cent ans de recherches sur Molière*, p. 571)) s'inspirait des costumes de chasseresse portés dans le ballet de cour. Une Diane accompagnée de ses nymphes était du reste apparue dans le *Ballet des arts* en janvier 1663 pour faire le récit de la Chasse. Quoique nettement antérieur à cette période, un dessin pour l'habit de Diane dans le *Ballet des nymphes bocagères de la forêt sacrée* (1627) permet néanmoins de se faire une idée du genre de costume porté sur scène par la déesse (dessin conservé au Theatre Museum, Victoria & Albert Museum, Londres).

[24] Sur le lieu de plaisance, voir E.M. Curtius, «The Ideal Landscape», [in] *European Literature and the Latin Middle Ages*, traduit par W.R. Trask, Princeton, N.J., Princeton University Press, 1990, p. 183–202. Utilisé par Virgile dans sa description des Champs Elysées (*Enéide*, VI, 638), le terme *amœnus* revient constamment dans son œuvre pour qualifier la belle nature.

[25] *La Princesse d'Elide*, II, 1, v. 327–32, p. 790.

[26] *Ibid.*, II, 1, v. 336, v. 338, p. 790.

liberté intérieur, celui que défend la princesse dans son refus de l'amour et du mariage souhaité par son père, ainsi que dans sa volonté de métamorphoser une distance géographique extérieure en distance morale intérieure ? Aussi ce geste de séparation, peut-être acceptable en temps ordinaire, est-il à présent jugé sinon subversif, du moins discourtois et, de fait, condamné par Aglante, sa cousine, comme étant «hors de temps»[27]. La princesse ne saurait, sans contrevenir à tous les usages, se dispenser d'assister à des divertissements organisés en son honneur.

Le lieu de plaisance élu comme refuge par la princesse et dont sont exclus ses trois soupirants, les princes d'Ithaque, de Pyle et de Messène, pourrait bien alors, malgré son caractère ouvert et naturel de «vaste solitude» dans la pièce, fonctionner comme un *hortus conclusus*, espace, lui, artificiel et construit, et enclos d'une enceinte infranchissable, lieu de la Vierge, de la femme interdite, qui s'y retire et s'y récrée[28]. Le *Roman de la rose* et le *Songe de Poliphile* en avaient depuis longtemps popularisé l'image. C'est ainsi qu'au second acte de *El Desden con el desden*, la pièce espagnole dont Molière s'inspira, Moreto, l'auteur, place son héroïne dans un beau jardin fleuri, enclos de hauts murs, où, légèrement vêtue, elle se livre au plaisir du chant en compagnie de ses femmes, tandis que le comte d'Urgel et Polilla, qui se sont introduits dans le jardin par effraction, y circulent et en admirent les beautés. Il s'agit en fait d'une fausse effraction car, désireuse de séduire le comte qui feint l'indifférence à son égard, la princesse l'a autorisée et rendue possible en laissant ouverte la porte du jardin, mais son capital symbolique reste intact. Ayant permis, même indirectement, l'accès au jardin, l'héroïne rend inévitable sa propre chute. C'est dans ce sens, je pense, qu'il faut entendre la réflexion de la princesse d'Elide à l'approche de son père et des trois princes étrangers à la scène 3 de l'acte II de la comédie-ballet :

> O Ciel ! Que prétend-il faire en me les amenant ? Aurait-il résolu ma perte, et voudrait-il bien me forcer au choix de quelqu'un d'eux ?[29]

Avatar de Polilla et intermédiaire, comme lui, entre la princesse et l'un de ses soupirants (en l'occurrence le prince d'Ithaque), le bouffon Moron apparaît comme le médiateur de ces deux espaces fermés l'un à l'autre. Il est en effet, à l'exclusion du roi père, le seul protagoniste masculin de la pièce à pouvoir circuler librement entre les deux. Et c'est bien parce qu'il est le représentant du monde de la cour et de l'espace extérieur, que Moron assume

---

[27]   *Ibid.*, II, 1, v. 340, p. 790.
[28]   Sur ce concept du jardin clos, voir Louis Marin, «Le Jardin de Julie», [in] *Lectures traversières*, Paris, Editions Albin Michel, 1992, p. 63–87.
[29]   *La Princesse d'Elide*, II, 3, p. 793.

à la prière des confidentes de la princesse le rôle d'avocat de l'espace métaphorique de l'amour dont le dehors est synonyme:

> Viens, approche, Moron, viens nous aider à défendre l'Amour contre les
> sentiments de la Princesse.[30]

Mais les paroles sont impuissantes contre la résolution de la princesse retran-
chée dans un lieu géographique à l'image de son for[t] intérieur d'insensibilité à l'amour. Aussi tout le jeu des principaux acteurs de l'intrigue va-t-il
consister à lui faire quitter sa retraite et à la faire rentrer dans l'espace public
de la fête et de la galanterie dans l'espoir de lui faire abandonner son espace
privé de liberté intérieure.

Une nouvelle carte de Tendre

Dès la scène 4 de l'acte II, le prince Iphitas, accompagné des princes de Pyle,
de Messène et d'Ithaque, envahit la solitude de sa fille pour assumer à son
tour le rôle d'intermédiaire et la faire sortir de son espace géographique afin
qu'elle renonce par là à son espace métaphorique. Cependant il ne peut le
faire qu'en niant le rapprochement précisément opéré par la princesse entre
espace géographique et espace métaphorique:

> [...] si ton cœur demeure insensible, je n'entreprendrai point de le forcer.
> Mais au moins sois *complaisante* aux civilités qu'on te rend, et ne m'oblige
> point à faire les excuses de ta froideur. Traite ces princes avec l'*estime* que
> tu leur dois, reçois avec *reconnaissance* les témoignages de leur zèle, et
> viens voir cette course où leur adresse va paraître.[31]

Mais la sortie de l'un ne peut qu'entraîner la perte, à plus ou moins brève
échéance, de l'autre. Il est significatif que les sentiments demandés par le
prince d'Elide à sa fille, à savoir complaisance, estime, reconnaissance, soient
justement des étapes, voire des hauts lieux de ces parcours sentimentaux
tracés par la carte de Mademoiselle de Scudéry (voir **Fig. 9**). Arrachée à
sa retraite et contrainte à la complaisance, la princesse n'en arriverait pas
moins par des routes sûres à Estime et à Reconnaissance, les capitales, avec
Inclination, de l'espace de Tendre, et donc à des sentiments plus propices
à l'accomplissement du désir du roi père. Le texte dramatique articule, à
l'instar de la carte, des pratiques spatialisantes qui prescrivent des actions et
déterminent un itinéraire émotionnel et sentimental. D'où évidemment la
volonté d'inertie de la princesse. Il faudra le dédain feint du prince d'Ithaque
pour que, piquée de cette indifférence, elle résolve d'elle-même d'entrer dans

---

[30] *Ibid.*, II, 2, p. 792.
[31] *Ibid.*, II, 4, p. 794. C'est moi qui souligne.

l'espace de la fête dans l'espoir de conquérir l'espace métaphorique de l'autre, de « soumettre un peu ce cœur qui tranche tant du brave »[32], en reprenant ainsi à son compte le dessein de sortie de l'espace géographique protecteur[33]. Ce sera donc en définitive de son plein gré, et non plus simplement par obéissance filiale, que la princesse quittera sa retraite, forte, toutefois, de l'assurance de conserver son espace intérieur métaphorique. « Allons, je vous réponds de moi »[34], promet-elle à ses compagnes.

Cette résolution de conquête amoureuse se marque tout naturellement dans un premier temps par le choix d'un trajet spatial lui permettant de rejoindre le prince d'Ithaque dans le parc[35], alors que celui-ci cherche précisément à s'éloigner d'elle. De fait, et il n'y a là rien d'étonnant non plus, le stratagème amoureux adopté par le jeune prince est lui aussi conçu en termes spatiaux. C'est, effectivement, par le choix d'un chemin qui évite de croiser la route de la princesse[36], que, sur les conseils de Moron, il s'est résolu à marquer sa nouvelle indifférence.

C'est à tort, semble-t-il, que la princesse s'imaginait pouvoir contrôler son progrès spatial une fois sortie de sa retraite. Son cheminement de retour au palais va en effet se doubler d'un parcours affectif inéluctable, qui n'est pas toutefois celui suggéré par le prince son père, mais celui déterminé par le stratagème d'indifférence feinte du prince d'Ithaque, et qui la mènera de Dépit en Jalousie, de Jalousie en Inquiétude, et d'Inquiétude en Désespoir[37]. Emotions nouvelles qui scandent la lutte qui s'installe dans son âme entre le sentiment qu'elle éprouve et le refus qu'elle y oppose, et qui la rapprochent de plus en plus du palais et de l'aveu. D'où la surprise épouvantée, sinon la souffrance, de la princesse, pour qui cet aveu de l'amour auquel elle se voit contrainte est aussi une révélation de soi à soi-même, la découverte d'une

---

32   *Ibid.*, II, 4, p. 795.

33   « Je n'avais pas beaucoup d'envie de me trouver à cette course ; mais j'y veux aller exprès » (*ibid.*, II, 4, p. 795).

34   *Ibid.*, II, 4, p. 795.

35   « Prenons cette route pour revenir à leur rencontre » (*ibid.*, III, 1, p. 799).

36   « Cependant promenez-vous ici dans ces petites routes, sans faire aucun semblant d'avoir envie de la joindre » (*ibid.*, III, 2, p. 800).

37   « Je vous avoue que cela m'a donné de l'émotion, et que je souhaiterais fort de trouver les moyens de châtier cette hauteur » (*ibid.*, II, 4, p. 795) ; « Cet orgueil me confond, et j'ai un tel dépit, que je ne me sens pas » (*ibid.*, III, 4, p. 803) ; « Ah ! Ce m'est un dépit à me désespérer, qu'une autre ait l'avantage de soumettre ce cœur que je voulais soumettre » (*ibid.*, IV, 2, p. 809) ; « De quelle émotion inconnue sens-je mon cœur atteint, et quelle inquiétude secrète est venue troubler tout d'un coup la tranquillité de mon âme ? » (*ibid.*, IV, 6, p. 811) ; « Jamais vous n'avez vu un emportement plus brusque que le sien » (*ibid.*, V, 1, p. 814).

personnalité qu'elle étouffait sous un masque d'indifférence. Car c'est à la
faveur de l'expérience amoureuse que, comme Psyché ou la princesse Eriphile
des *Amants magnifiques*, la princesse d'Elide fait l'apprentissage de sa sensibilité et de son moi authentique[38] :

> De quelle émotion inconnue sens-je mon cœur atteint, et quelle inquié-
> tude secrète est venue troubler tout d'un coup la tranquillité de mon âme?
> Ne serait-ce point aussi ce qu'on vient de me dire! et, sans en rien savoir,
> n'aimerais-je point ce jeune prince? Ah! si cela était, je serais personne à
> me désespérer; mais il est impossible que cela soit, et je vois bien que je ne
> puis pas l'aimer. Quoi? je serais capable de cette lâcheté! J'ai vu toute la
> terre à mes pieds avec la plus grande insensibilité du monde; les respects,
> les hommages et les soumissions n'ont jamais pu toucher mon âme, et la
> fierté et le dédain en auraient triomphé! J'ai méprisé tous ceux qui m'ont
> aimée, et j'aimerais le seul qui me méprise! Non, non, je sais bien que je
> ne l'aime pas. Il n'y a pas de raison à cela. Mais si ce n'est pas de l'amour
> que ce que je sens maintenant, qu'est-ce donc que ce peut être?[39]

Or que sont ces émotions successives éprouvées par la princesse sinon
les étapes topographiques bien connues qui jalonnent le voyage sentimental
de l'être décrit par plus d'un roman allégorique contemporain? Le narrateur
du *Premier Voyage de l'île d'amour*, paru l'année même des *Plaisirs de l'île enchantée*, explorait ainsi ces lieux métaphoriques et promenait sa douleur du
village d'Inquiétude au palais de Jalousie en manquant de se noyer dans le
lac de Désespoir, avant d'atteindre, en écartant Dépit, au palais du Vrai Plaisir
où il conduisait sa bien aimée. Le rapprochement avec ce lieu de délices,
décrit comme il se doit en termes de *locus amœnus* rattachant la tradition du
lieu de plaisance à celle du jardin d'amour, où, au milieu d'un éternel printemps,

---

[38] Sur la pièce comme comédie d'apprentissage, voir Patrick Dandrey, *Molière ou l'esthétique du ridicule*, p. 327 *et sq.*

[39] *La Princesse d'Elide*, IV, 6, p. 811. On rapprochera ces paroles de la princesse, où
se mêlent pudeur, refus d'aimer, souci de sa réputation, etc., de celles prononcées
par Alcidiane après la rencontre de Polexandre dans le roman de Gomberville:
«Qui peut causer l'estrange changement que je remarque en moy? Seroi-je bien ou
malade, ou insensée, sans le cognoistre? Depuis quelque temps, je suis mal par tout
ou je suis. Si je marche, aussi tost je suis lasse, & si je me repose je me lasse encore
davantage. Les lieux qui m'ont esté chers, me sont desagreables. La chasse m'est
odieuse, la Conversation m'importune; & les livres bien-aimez, où j'ay tousiours
rencontré mon repos & ma joye, ne peuvent rien pour le soulagement de mon
mal. [...] Je suis la seule qui souffre, sans connoistre ce que je souffre» (Gomberville, *La premiere partie de Polexandre*, n^lle éd., Paris, Augustin Courbé, 1638, livre V,
p. 937–8).

> Mille endroits écartez font mille antres sauvages,
> Où regnent les Plaisirs, les Ris, les Badinages;
> Les rameaux enlassez en bannissent le jour;
> Ces antres de tout temps sont sacrez à l'Amour[40]

n'en faisait que mieux ressortir la perversion initiale par la princesse du paysage idéal.

Retour au château

Ce parcours à la fois géographique et métaphorique s'achève lorsqu'à «demi désespérée», la princesse se résout à «all[er] trouver le Roi son père»[41], prête à tout pour empêcher la prétendue alliance entre le prince d'Ithaque et une de ses cousines, inventée par le jeune homme pour forcer ses sentiments. L'aveu de l'amour, c'est-à-dire la perte de l'espace intérieur, ne peut prendre place qu'au lieu du prince, au cœur même de l'espace géographique public qui lui appartient, puisqu'il est, par ses implications, la conformité à ses désirs, l'acceptation volontaire de ce devoir d'Etat qu'est, pour une princesse héritière, son consentement à l'amour (et au mariage qui en découle). D'où la rentrée de la princesse dans l'univers de la fête et des plaisirs au dernier acte de la comédie.

Alors seulement peuvent fusionner le monde pastoral des intermèdes qui, en mode éclaté, ont offert «un moyen et un modèle de comportement supérieur pour les héros de l'action principale»[42] en chantant l'amour idéal, d'abord en l'absence, puis en présence de la princesse, première destinatrice de cette image exemplaire[43], et le monde de la cour dont celle-ci a fini par reconnaître le code et les lois. Comme l'annonce la bergère Philis à la scène 4 de l'acte V,

> [...] tous les pasteurs et toutes les bergères en témoignent leur joie par des danses et des chansons; et si ce n'est point un spectacle que vous méprisiez, vous allez voir l'allégresse publique se répandre jusques ici.[44]

---

[40] *Le Premier Voyage de l'Isle d'Amour*, [in] *Recueil de quelques pieces nouvelles et galantes*, Cologne, Pierre du Marteau, 1667, p. 35.

[41] *La Princesse d'Elide*, «Argument» de l'acte V, p. 813.

[42] Fanny Népote-Desmarres, «Molière, auteur pastoral? Aperçu sur quelques rapports avec la politique de Louis XIV», *Littératures classiques*, n° 11, 1989, p. 252. C'est de cette étude que s'inspirent les remarques suivantes.

[43] Les bergères Clymène et Philis viennent ainsi affirmer dans le cinquième intermède que, malgré les tourments et les larmes versées, «[...] il n'est point de passion plus belle,/Et que ne pas aimer, c'est renoncer au jour» (*La Princesse d'Elide*, p. 812).

[44] *Ibid.*, V, 4, p. 817–8.

Le ballet champêtre vient consacrer l'accomplissement amoureux jusqu'au centre de l'espace public. Mais parce que le pastoral en tant qu'accomplissement de la situation amoureuse ne peut se concrétiser que dans la soumission, même si elle est intériorisée et voulue, de la princesse aux désirs du prince son père, cette concrétisation est donnée comme nécessairement dépendante de l'intervention d'une autorité extérieure qui le régule et le sanctionne, à savoir la volonté du prince[45]. Car c'est bien le prince Iphitas qui a, dans un premier temps, demandé la participation de sa fille à ces divertissements qu'il n'a organisés que dans le but de faire naître un sentiment que toute la fête célèbre et que, dans sa sagesse (ou sa parfaite connaissance du code tendre), il a escompté. C'est lui aussi qui ose nommer ce sentiment que la princesse tente de maintenir dans le domaine du non-dit, et qui en tire la conséquence qui s'impose :

> Va, va, ma fille, avoue franchement la chose : le mérite de ce prince t'a fait ouvrir les yeux, et tu l'aimes enfin, quoi que tu puisses dire.

> Si bien donc, ma fille, que tu veux bien accepter ce prince pour époux ?[46]

La comédie de Molière avait ainsi donné le spectacle de la conversion d'une insensible au terme d'un parcours sans surprises, codifié par la littérature romanesque de l'époque. Or, dans une interpénétration de l'univers de la fiction et du monde de la cour, si l'heureuse conclusion des amours de la princesse d'Elide et du prince d'Ithaque pouvait en un sens servir de leçon de conduite aux courtisans assistant à la représentation, comme le fit remarquer, non sans humour, Marigny dans sa *Relation* des *Plaisirs de l'île enchantée*[47], l'image fictive d'une découverte du moi et de la sensibilité était dans un autre sens la réalité de l'expérience vécue par le monarque et les courtisans. Le «cadeau» galant aux dames que constituaient les trois journées des *Plaisirs* était aussi une leçon d'amour et de galanterie que vivaient dans leur corps les acteurs et les spectateurs de la fête.

---

[45] Voir Fanny Népote-Desmarres, «Molière, auteur pastoral ?», p. 256.

[46] *La Princesse d'Elide*, V, 4, p. 816, p. 817.

[47] «Toute l'assemblée sortit charmée de ce divertissement : les dames avouèrent de bonne foi que l'on avoit découvert dans la comédie le véritable moyen de les ramener à la raison, lorsqu'elles font les difficiles et les farouches ; les cavaliers jurèrent de se servir plutôt de cet expédient que de se pendre de désespoir pour la plus belle Anaxarète de la terre» (Marigny, *Relation des divertissements que le Roi a donnés aux Reines dans le parc de Versailles*, p. 258).

2. Paysages état d'âme dans *Les Amants magnifiques*

Les différents décors utilisés ou évoqués dans *Les Amants magnifiques* vinrent symboliser cette progressive prise de conscience de l'amour dans un paysage idéalisé, dont les composantes entretenaient un rapport analogique avec la sensibilité des protagonistes. De la même manière que celle de *La Princesse d'Elide*, l'intrigue de la seconde comédie-ballet galante de Molière combina, autour d'une banale rivalité sentimentale, la représentation de jeux galants prolongeant l'idée de divertissement de la fête royale elle-même avec un cadre évocateur servant de toile de fond à l'analyse d'états d'âme tourmentés. Pour une fois ce ne fut pas aux pâturages de l'Arcadie idyllico-sentimentale telle qu'elle fut (ré-)inventée par les fêtes de cour au XVIIᵉ siècle, mais au paysage mixte de l'ancienne vallée de Tempé, «verdoyant Païsage [...] en vüe du Fleuve Pénée»[48], jadis décrit par Pline l'Ancien, que le dramaturge eut recours:

> Dans ce trajet [du Pénée] se trouve la vallée de Tempé, longue de 5.000 pas, large d'environ un jugère et demi [...], bordée à droite et à gauche de montagnes à pentes douces, et qui s'élèvent à perte de vue; là, à travers un bois verdoyant, coule le Pénée aux cailloux verdâtres, aux rives tapissées de gazon, et égayé par les concerts des oiseaux.[49]

Ce paysage contrasté présentait l'avantage sur la terre arcadienne de pouvoir associer le motif du *locus amœnus* avec ses eaux et ses prairies à celui du *locus terribilis* de la forêt sauvage[50], motifs opposés que Molière sut mettre au service d'une représentation de l'intériorité affective de ses deux principaux protagonistes selon une topique héritée des récits médiévaux, dont les parcours agençaient des lieux emblématiques de cheminements intérieurs.

Aux deux premiers actes de la pièce, la forêt et les bois (dont on sait qu'ils marquaient le chaos, l'égarement psychologique du héros, tant dans *La Divine comédie* que dans *Le Songe de Poliphile*) sont le lieu où se réfugient tour à tour Sostrate et la princesse Eriphile, l'un, pour «tout seul, pendant une

---

[48] «Les Magnificences du Divertissement qui a esté pris par Leurs Majestez, pendant le Carnaval», *La Gazette*, nº 22, 21 février 1670, p. 174.

[49] Pline l'Ancien, *Histoire naturelle de Pline*, livre IV, xv (viii), tr. par Emile Littré, Paris, J.J. Dubochet, Le Chevalier et cⁱᵉ, éd., Garnier frères, libr., 1850–1851, I (1851), p. 188.

[50] Dans les *Dioscures* (36), Théocrite avait le premier associé ces deux motifs dans sa description du pays des Brébyces, qu'il plaçait du reste en Bithynie. D'autre part, l'image d'un paysage tout en douceur tel qu'il se dessinait dans *L'Astrée* et autres évocations fantasmées de l'Arcadie ne correspondait guère à la réalité géographique grecque de cette région centrale du Péloponnèse, avant tout cadre grandiose et farouche laissant peu de place à de mols pâturages.

fête, [...] rêver parmi des arbres» dans une «secrète mélancolie» et «humeur sombre»[51], l'autre, pour «s'entretenir avec ses pensées»[52]. Aussi la forêt commence-t-elle par s'identifier, dans la représentation, au for intérieur, au repli de l'âme et à la solitude chez deux êtres en proie à un amour jugé impossible du fait de la différence de leurs conditions, et prisonniers d'une image du couple construite par les traditions et les coutumes sociales. Au «respect inviolable où ses beaux yeux assujettissent toute la violence de [son] ardeur»[53], que marque l'amant roturier, doublement contraint au silence car Eriphile est à la fois femme et princesse, correspondent chez l'héroïne la «pudeur»[54] certes, mais plus encore le sens de la gloire et de ce qu'elle croit se devoir à elle-même:

> Mais il est des états, [...] où il n'est pas honnête de vouloir tout ce qu'on peut faire; il y a des chagrins à se mettre au-dessus de toutes choses, et les bruits fâcheux de la renommée vous font trop acheter le plaisir que l'on trouve à contenter son inclination.[55]

C'était là un dilemme déjà exploré en 1650 par Corneille dans *Don Sanche d'Aragon*[56], pièce qui, on le sait, faisait partie du répertoire du théâtre du Palais-Royal. Eriphile et Sostrate retrouvent néanmoins tous deux, dans le silence et l'obscurité des bois qui leur servent de retraite[57], une plénitude intérieure que menace l'exposition au grand jour d'une vie de cour synonyme d'une division de l'être et de la perte de la maîtrise de soi.

Mais la forêt (sous «la Figure d'vne vaste Forest»[58]) est aussi le lieu de l'aveu réciproque des deux amants à la scène 4 de l'acte IV[59], c'est-à-dire de la

---

[51] *Les Amants magnifiques*, I, 1, p. 650.

[52] *Ibid.*, I, 5, p. 659.

[53] *Ibid.*, I, 1, p. 652.

[54] *Ibid.*, 1, 2, p. 657.

[55] *Ibid.*, IV, 4, p. 684.

[56] Doña Isabelle confiait ainsi à Blanche que «[...] mon âme pour lui, quoiqu'ardemment pressée, / Ne saurait se permettre une indigne pensée, / Et je mourrais encore avant que m'accorder / Ce qu'en secret mon cœur ose me demander» (Corneille, *Don Sanche d'Aragon*, II, 1, v. 433–6, [in] *Œuvres complètes*, éd. Georges Couton, Paris, Gallimard, 1980–1987, II (1984), p. 574).

[57] On retrouve ce motif dans une des odes de Jean de Bussières: «Il me semble déja que l'ombre / Qui vous dérobe à la clarté / Par son aimable obscurité / Dissipe mon humeur plus sombre: / Que le sentiment de mon mal / Trouve son remede fatal / Dans l'absence de la lumiere» (*Les Descriptions poëtiques*, ode VII, «Les Forests. Ode. Aimer la Solitude», éd. Geoffrey R. Hope, Tübingen, Biblio 17, 1990, p. 26).

[58] «Les Magnificences du Divertissement», p. 177. Ce changement de décor eut lieu après la scène 2 de l'acte IV.

[59] L'aveu est en un sens la forme que prend, dans la comédie-ballet, la rencontre avec l'aimée à laquelle aboutit la quête du héros chez Francesco Colonna.

manifestation de ce désir réprimé par des conventions sociales intériorisées et dont le sanglier furieux qui vient menacer la vie d'Aristione à l'acte suivant pourrait bien être le symbole. Celui-ci ne représente-t-il pas en quelque sorte la violence de la nature, voire l'abandon à des émotions et à des passions élémentaires potentiellement destructrices de l'être et du monde? Or c'est justement cette violence, cette irruption de la nature dans le monde policé mais artificiel des conventions et des devoirs, qui contribue en définitive à l'établissement d'un nouvel ordre, plus heureux et plus authentique[60], celui où les princesses peuvent épouser des soldats de basse naissance mais au cœur généreux. Car la forêt est enfin le lieu des épreuves, de l'exploit héroïque, le lieu où se manifestent le courage et la bravoure du chevalier au service de la dame sans défense, puisque c'est là qu'en pleine logique courtoise Sostrate tue le sanglier qui menace Aristione.

Paradoxalement, c'est la pastorale et son décor d'«vn charmant Berceau de Vigne»[61], *locus amœnus* qu'on devine propice à l'amour et auquel Vigarani donna pour la circonstance la forme d'un verger héritée du roman courtois médiéval[62], qui, dans le divertissement du troisième intermède, sont venus révéler la vérité cachée de l'action dramatique en aidant à la décoder. Les émois des bergers et des bergères ne montrent-ils pas, dans un autre registre certes[63], que l'amour finit toujours par triompher des obstacles et que la leçon de la nature doit toujours être entendue? Les vers de Caliste évoquent l'existence d'une nature non corrompue où l'instinct ne saurait tromper:

> Hélas! petits oiseaux, que vous êtes heureux
>   De ne sentir nulle contrainte,
>   Et de pouvoir suivre sans crainte
> Les doux emportements de vos cœurs amoureux![64]

---

[60]   Voir Jacques Guicharnaud, «Les trois niveaux critiques des *Amants magnifiques*», [in] *Molière: Stage and Study. Essays in Honour of W.G. Moore*, éd. William D. Howarth et Merlin Thomas, Oxford, Clarendon Press, 1973, p. 21–42.

[61]   «Les Magnificences du Divertissement», p. 175.

[62]   La *Gazette* décrit ainsi le théâtre comme bordé des deux côtés de vases d'orangers et de grenadiers («Les Magnificences du Divertissement», p. 175), arbres rares, certes, et signes de richesse et de munificence, mais aussi symboliques d'amour et d'union, et plus particulièrement pour les seconds, de fertilité.

[63]   Dédoublement structurel qui s'apparente en un sens à la «structure du double registre» que Jean Rousset a perçue dans les comédies de Marivaux (voir *Forme et signification. Essais sur les structures littéraires de Corneille à Claudel*, Paris, Librairie José Corti, 1962, p. 45–64).

[64]   *Les Amants magnifiques*, troisième intermède, p. 669. Voir l'analyse qu'en donne Jürgen Grimm, *Molière en son temps*, Tübingen, Biblio 17, 1993, p. 84.

Les contraintes héroïques que se sont imposées Sostrate et la princesse, de même que les conventions artificielles du monde pastoral avec leur soumission authentique de l'homme et leur indifférence feinte de la femme, ne tiennent pas devant la toute-puissance d'un sentiment que semble favoriser une nature harmonieuse où tout proclame le thème horatien du *carpe diem*. Après un aveu rendu inéluctable par la violence de sentiments réprimés viendront l'union et l'acceptation de ces raisons du cœur.

C'est donc d'une manière inverse à celle utilisée dans le *Grand Divertissement royal* de Versailles que fonctionnait le pastoral dans *Les Amants magnifiques*. Perdue en 1668, la leçon gardait toute sa valeur en 1670. En effet, alors que les bergères s'étaient laissé toucher par le spectacle du suicide de leurs amants, George Dandin refusait de pardonner à Angélique (que le repentir de celle-ci fût sincère ou non ne change rien à la question). Il restait inflexible, résolûment sourd à la leçon des intermèdes pastoraux. Dans le monde de la farce, il n'y avait place ni pour l'amour ni pour la générosité[65]. Dans celui de la comédie galante, en revanche, la bergère finissait par prendre «pitié» de son amoureux et par céder à ses avances, tout comme la princesse se montrait, par «pitié» aussi, sensible à l'amour de Sostrate, même s'il fallait une intervention extérieure de la Providence pour qu'elle consentît enfin à le prendre pour époux.

L'aventure sentimentale d'Eriphile et de Sostrate prenait fin dans un décor d'architecture, consacré non pas au service du prince, comme le château où étaient retournés les protagonistes de *La Princesse d'Elide*, mais au culte de la divinité[66]. Et de même que la *persona* d'Iphitas avait été le masque du souverain qui participait aux *Plaisirs de l'île enchantée*, derrière l'Apollon que célébraient les Jeux Pythiens des *Amants magnifiques* se profilait la personne du monarque réel, dont tout le divertissement célébrait le pouvoir et qui aurait dû en tenir le rôle dans le dernier intermède[67]. C'était sous son égide qu'étaient ramenées à la réalité du monde idéalisé de la cour les potentialités destructrices évoquées dans la pièce.

---

[65] Voir Helen M.C. Purkis, «Les Intermèdes musicaux de *George Dandin*», *Baroque*, n° 5, 1972, p. 63–9. Mauvais lecteur de la carte de Tendre, Dandin ne voit pas que la «reconnaissance», parce qu'elle est un mobile puissant de la psychologie de l'amour, pourrait le mener là où ont échoué l'«estime» et l'«inclination»; il ne voit pas qu'elle est, elle aussi, une voie d'accès aux femmes.

[66] «Le théâtre est une grande salle, en manière d'amphithéâtre, ouverte d'une grande arcade dans le fond, au-dessus de laquelle est une tribune fermée d'un rideau; et dans l'éloignement paraît un autel pour le sacrifice» (*Les Amants magnifiques*, sixième intermède, p. 689–90).

[67] Voir *infra*, troisième partie, chapitre 9, p. 305–7.

3. Aux confins du Tendre : *Psyché*, ou la découverte de l'amour

Molière reprit pour les plaisirs de Louis XIV en 1671 ce thème de la découverte de l'amour et de l'apprentissage de soi qu'il avait exploré sur le mode de la pastorale galante à l'antique dans *La Princesse d'Elide* et *Les Amants magnifiques*, mais en le greffant, cette fois, sur la fable mythologique des amours de Psyché et de Cupidon[68], séduit sans doute par son potentiel spectaculaire. Perdant toute signification ésotérique[69], le schéma mythique connu d'une transgression initiale, suivie d'une punition, de remords, d'épreuves et d'une réconciliation finale[70], fut mis au service de l'aventure de l'édification de soi dans le plaisir et la peine, et d'un progrès sentimental menant de l'amour-propre à l'amour. La surprise de l'amour s'en trouvait comme surmultipliée puisqu'il s'agissait dorénavant de la surprise de l'Amour en personne. Mais, dans la tragédie-ballet de 1671, l'interrogation s'était déplacée de l'apparence physique de Cupidon à sa nature, car, à la différence de la fable originelle, et pour des raisons de commodité scénique[71], l'Amour était ici visible, encore qu'incognito, sous la forme tout humaine d'un beau jeune homme, élégam-

---

[68] Cette fable, qui apparut tardivement au IIe siècle après J.-C., et tout d'abord sur des monuments figurés, fut transmise par un seul document, *Les Métamorphoses* d'Apulée, plus connues sous le titre de *L'Ane d'Or*.

[69] Alors qu'elle avait été insérée dans l'ouvrage d'Apulée sous la forme d'un conte milésien, c'est-à-dire comme fiction divertissante, la fable avait ainsi, dès l'époque de sa récupération littéraire, été interprétée de deux manières, presque complémentaires : l'une en faisait un apologue moral, l'allégorie d'une éducation sentimentale dans le plaisir et la peine, et l'autre la figuration emblématique d'une purification de l'âme déchue, désireuse de s'unir au divin. Quasi oubliée au Moyen Age, malgré la lecture proposée par Fulgence dans le troisième livre de ses *Mythologies*, elle avait été redécouverte à la Renaissance. Peinte, dessinée, gravée, narrée, elle avait aussi fourni des sujets à l'art dramatique et musical. Sa vogue se poursuivit au XVIIe siècle, mais dans la plupart des cas, elle perdit de sa valeur philosophique ou allégorique pour n'être plus que le support de comparaisons hyperboliques ou l'occasion de développements romanesques, quand elle ne servit pas sur scène de prétexte à des décors somptueux. Deux ballets avaient notamment été dansés à la cour de France, le *Ballet de la Reine, tiré de la Fable de Psyché* en 1619, et le *Ballet de Psyché, ou la puissance de l'Amour* en 1656. En 1669 elle offrit à La Fontaine dans ses *Amours de Psyché et de Cupidon* un sujet lui permettant d'allier badinage galant et émotion sensible dans une évocation emblématique de la conquête du bonheur.

[70] Ce schéma n'est d'ailleurs pas particulier à la fable de Psyché puisqu'on le retrouve dans nombre de mythes apparentés, comme celui d'Andromède par exemple.

[71] Ce subterfuge avait déjà été utilisé en 1640 par Calderón dans *Ni Amor se libra de Amor* (et notamment à l'acte I, scène 14 et à l'acte III, scène 18), où il prêtait ces vers au dieu, « en habit de gala » : « J'ai pris la forme humaine et je viens ici sans mon arc et mon carquois, afin que nul attribut ne me fasse reconnaître » (cité par Henry

ment «ajusté» et, bien entendu, dépourvu de ses attributs traditionnels, arc, ailes, flèches et autres carquois[72]. N'entendait-il pas en outre ne respecter le jeu de l'amant constant, qu'il détaillait à Zéphyre et à Psyché[73], que pour mieux camoufler, sous le couvert de services, son pouvoir d'enchantement? Comme l'a écrit Éric Méchoulan, «l'Amour [...] ne charme qu'autant que lui-même enchante»[74].

Loin d'être un simple cadre au déroulement de l'initiation à l'amour de l'héroïne, les décors multiples et somptueux de la tragédie-ballet révélaient au contraire une instrumentalisation de la scène fonctionnant sur une série d'oppositions des lieux, des temps, des situations. L'itinéraire sentimental de Psyché était ainsi marqué par une double opposition spatiale, un passage du séjour terrestre de sa famille et de ses aïeux aux palais célestes de sa nouvelle famille, avec deux pôles intermédiaires, le haut des rochers où se trouvait le palais de l'Amour et le bas des Enfers occupé par le palais infernal de Pluton[75]. Deux mouvements directionnels se dessinaient dès lors, l'un ascendant, non seulement vers le haut mais aussi vers la lumière et l'éclat, qui était celui de l'amour et du bonheur que procurait la jouissance de cet amour, l'autre descendant, vers le bas et la nuit, qui était celui des épreuves, du malheur,

---

Le Maître, *Essai sur le mythe de Psyché dans la littérature française des origines à 1890*, Paris, Boivin & Cie, 1946, p. 142).

[72] Aucun dessin ni description n'ont survécu du costume porté par Baron pour la représentation de *Psyché* aux Tuileries en janvier 1671. Sans doute était-il habillé en courtisan de la cour de Louis XIV, à moins qu'il n'eût porté un costume à l'antique comme celui conçu par Henry Gissey pour l'un des suivants de l'Amour dans l'intermède de l'acte III (voir Jérôme de La Gorce, «Les Costumes d'Henry Gissey pour les représentations de *Psyché*», p. 39–52). Le frontispice gravé par Pierre Brissart pour l'édition de 1682 de la pièce, qui représente un petit Cupidon ailé s'envolant après la révélation de son identité à Psyché à l'acte IV, ne correspond donc nullement à la réalité (voir Fig. 10). En revanche, dans le prologue, l'Amour dont le rôle était tenu par le petit La Thorillière, alors âgé de onze ans, avait encore la figure habituelle d'un jeune enfant.

[73] «Je veux vous acquérir, mais c'est par mes services, / Par des soins assidus, et par des vœux constants, / Par les amoureux sacrifices / De tout ce que je suis, / De tout ce que je puis, / Sans que l'éclat du rang pour moi vous sollicite, / Sans que de mon pouvoir je me fasse un mérite; / Et, bien que souverain dans cet heureux séjour, / Je ne vous veux, Psyché, devoir qu'à mon amour» (*Psyché*, III, 3, v. 1145–53, p. 859).

[74] Eric Méchoulan, *Le Corps imprimé. Essai sur le silence en littérature*, Montréal, Editions Balzac, 1999, p. 202.

[75] Opposition déjà présente dans *Les Amours de Psyché et de Cupidon* de La Fontaine. Voir à ce sujet l'étude d'Yves Giraud, «Un mythe lafontainien: *Psyché*», *Studi di letteratura francese*, vol. 230–XVI, Florence, Olschki, 1990, p. 48–63, repris dans *La Fontaine. Œuvres galantes*, éd. Patrick Dandrey, collection Parcours Critique, Paris, Klincksieck, 1996, p. 189–201.

et aussi de l'apprentissage de soi. Les variations de la luminosité du décor qui accompagnaient le progrès spatial et émotionnel de Psyché ponctuaient les transformations physiques (et vestimentaires) de la jeune fille à l'image des variations de sa foi dans le dieu qu'elle apprenait peu à peu à aimer d'un amour vrai. Enfin l'opposition de deux lieux, également clos, lieu d'agrément ou lieu d'horreur, venait concrétiser l'alternance de plaisir et de peine qui scandait sa lente édification de soi. Palais enchanté et «solitude» désolée, lieux aux marges de l'espace public et synonymes de repli sur le moi, fonctionnaient comme des décors et des espaces intérieurs, des figures concrètes et codées d'une affectivité qu'ils traduisaient et reflétaient. D'autre part, dans le motif du palais merveilleux comme lieu de délices et séjour voué au bonheur, se cristallisaient non seulement le plus connu des *topoi* de la littérature d'amour mais aussi le rêve de cette architecture romanesque féerique qui continuait d'habiter la demeure noble au XVIIᵉ siècle et qu'on retrouvait dans les réalisations de Versailles et de Vaux[76].

Le saut dans l'inconnu

C'est au fil d'un parcours long et accidenté, dont les étapes symboliques, matérialisées par les effets de scène, sont à interpréter comme autant de variations sur les hauts lieux de la topographie tendre en vogue alors dans les salons parisiens, que va s'effectuer l'initiation à l'amour de Psyché dans la pièce. Au lever du rideau, la jeune fille, qui s'est refusée à tous ses prétendants, n'a en fait que peu exploré le pays de Tendre, dont elle ne connaît que deux routes de terre, l'une conduisant de Nouvelle-Amitié à Tendre-sur-Estime, et l'autre menant à Tendre-sur-Reconnaissance en passant par Complaisance :

> J'ai senti de l'estime et de la complaisance,
> De l'amitié, de la reconnaissance[77].

Jamais elle ne s'est embarquée sur ce fleuve d'Inclination qui l'aurait emmenée au-delà de la Mer dangereuse, dans les Terres inconnues situées au haut de la carte de Mademoiselle de Scudéry (voir **Fig. 9**). Or, ce que la tragédie-ballet de Molière met en scène dans ce « je ne sais quel feu que je ne connais pas », que ressent l'héroïne à la vue de l'Amour[78], c'est justement cet

---

[76]   Loret n'écrivit-il pas « O Romans, qui représentez / Tant de beaux Palais enchantez, / Arioste, Amadis, le Tasse, / Hé dites-moy, tous trois, de grace, / Et vous aussi, Monsieur Maugis, / Fîtes-vous, jamais, des Logis / A celuy de Vaux, comparables ? / Confond-il pas toutes vos fables ? » (lettre du 20 août 1661, [in] *La Muze historique*, III, p. 393).

[77]   *Psyché*, III, 3, v. 1054–5, p. 857.

[78]   *Ibid.*, III, 3, v. 1053, p. 857.

embarquement et cette découverte d'un nouveau continent encore inexploré, dont ses sentiments passés (répertoriés, eux, sur la carte) auront contribué à tracer les limites extérieures. Et l'embrasement subit de ses veines, dont le caractère inconnu est vécu sur le mode du charme, du «je ne sais quoi», «incompréhensible» et «inexplicable»[79],

> – Mais je n'ai point encor senti ce que je sens.
> Je ne sais ce que c'est, mais je sais qu'il me charme,[80] –

aura pour premier effet de lui faire bouleverser les conventions sociales et ce même code tendre en la contraignant à un aveu inouï, comme pour compenser son non-savoir par un excès d'analyse et de paroles. Car les règles dictées par la raison et la morale qui régissent le jeu de la sociabilité amoureuse ne sont plus de mise dans le domaine d'une intimité amoureuse placée sous le signe du désir et de l'émotion[81]. Le faîte du rocher où Psyché est exposée à l'acte II, comme les eaux qui lui barrent ensuite à plusieurs reprises la route, qu'il s'agisse du «bord sauvage d'un grand fleuve où elle se veut précipiter»[82], ou de la «mer toute de feu, dont les flots sont dans une perpétuelle agitation» des Enfers[83], sont là pour symboliser, sous les couleurs du mythe, les accidents de cet au-delà de la représentation, le saut dans l'inconnu[84].

Hauteurs métaphoriques

Quels sont donc ces étapes et ces effets de mise en scène qui vont conduire Psyché d'une indifférence tranquille à la passion la plus vive? Le premier acte de la tragédie-ballet s'ouvre sur la représentation d'un lieu terrestre, dont l'architecture marque la prise de possession et la maîtrise par l'homme de la

---

[79] Le P. Bouhours, V^e entretien, *Les Entretiens d'Ariste et d'Eugène*, Paris, Sébastien Mabre-Cramoisy, 1671, p. 239.

[80] *Psyché*, III, 3, v. 1058-9, p. 857.

[81] C'est ce qu'indiquent les sens «interdits» de Psyché et le «trouble» où elle se voit et que partage d'ailleurs Cupidon (*ibid.*, III, 3, v. 1067, v. 1075, p. 857). Dans son *Voyageur fortuné dans les Indes du Couchant, ou l'Amant heureux. Contenant la découuerte des Terres inconnuës qui sont au delà des trois villes de Tendre*, Somaize écrivait à propos de la Mer dangereuse qu'«on y sent quelquefois un certain vent qu'on appelle *Emotion*; quand il donne, il fait admirablement bon s'embarquer, car vous voguez d'une vitesse surprenante» ([in] *Recueil de Sercy*, Paris, 1658, I, p. 4). Les villes de *Caresse, Baiser, Embrassement, Jouissance* ne sont plus alors qu'à portée d'encablure.

[82] *Psyché*, IV, 3, p. 871.

[83] *Ibid.*, quatrième intermède, p. 874.

[84] Ne figurent-ils pas aussi la frontière avec l'Autre Monde que l'héroïne doit franchir pour parvenir au séjour de la félicité? C'est cette fonction que remplissaient la «forêt obscure», la «rivière ténébreuse», ou encore le «val périlleux» dans *Le Songe de Poliphile*.

nature qu'il a façonnée à sa mesure. Ainsi, alors que, pour la représentation aux Tuileries en janvier 1671, le roi et sa cour n'avaient vu sur scène qu'

> une grande allée de cyprès, où l'on découvre, des deux côtés, des tombeaux superbes des anciens rois de la famille de Psyché[85]

six mois plus tard, les spectateurs du Palais-Royal purent, eux, admirer

> une grande ville, où l'on découvre, des deux côtés, des palais et des maisons de différents ordres d'architecture.[86]

N'était-ce pas là, et de façon plus patente, l'exact pendant terrestre de la révélation, au dernier intermède, d'un ciel peuplé de divinités et de constructions architecturales ? Le livret nous apprend en effet qu'à ce moment

> Le théâtre se change et représente le Ciel. Le grand palais de Jupiter descend et laisse voir dans l'éloignement, par trois suites de perspective, les autres palais des Dieux du Ciel les plus puissants.[87]

Au bonheur – éphémère – d'insensibilité à l'amour et d'orgueil dans sa beauté que connaît Psyché au milieu des siens s'opposent le bonheur – éternel – de ses noces avec l'Amour et son ascension au ciel après l'apprentissage de l'amour vrai.

Entre les deux s'élèvent deux éminences escarpées qui sont autant de paliers de ce parcours de l'héroïne compris comme une lente conquête de la perfection de soi et des sentiments éprouvés. Tout d'abord, le haut des rochers où la jeune fille est exposée[88], début de sa démarche initiatique et de sa montée vers le palais de l'Amour, dont l'occupant est décrit, dans l'ignorance du sentiment qu'il incarne, comme

> Un monstre dont on a la vue empoisonnée,
> Un serpent qui répand son venin en tous lieux,
> Et trouble dans sa rage et la terre et les cieux.[89]

Car la peur se mêle inévitablement à l'attente de quelque chose d'inconnu. Pour accéder à ce palais, Psyché doit se dépouiller de ses premiers avantages et pour ainsi dire mourir au monde. Aussi, comme le fait remarquer Bernard

---

[85] Livret de *Psyché*, [in] Molière, *Œuvres complètes*, II, p. 803.
[86] *Psyché*, I, 1, p. 827.
[87] Livret de *Psyché*, p. 811. Le texte de la pièce imprimée ne décrit pas ce dernier décor. On peut toutefois supposer qu'il ne différait guère de celui monté par Vigarani aux Tuileries.
[88] « La scène change en des rochers affreux » (Livret de *Psyché*, premier intermède, p. 804).
[89] *Psyché*, I, 5, v. 530–2, p. 840.

Beugnot[90], cette exposition de l'héroïne sur son rocher s'apparente-t-elle à une cérémonie de vêture, à un rite d'entrée en religion, avec tout l'appareil funèbre qui symbolise la mort au monde[91]. On lit dans le livret :

> Une troupe de personnes affligées y viennent déplorer sa disgrâce. Une partie de cette troupe désolée témoigne sa pitié par des plaintes touchantes et par des concerts lugubres, et l'autre exprime sa désolation par toutes les marques du plus violent désespoir.[92]

Mais cette rupture avec le monde, que soulignent les éléments de la mise en scène et du décor, se révèle être une première purification et, en fait, une entrée dans une retraite amoureuse. La « grotte effroyable »[93] le cède au temple de l'amour vers lequel Psyché est enlevée, poursuivant ainsi son ascension :

> Le théâtre se change en une cour magnifique, coupée, dans le fond, par un grand vestibule, qui est soutenu par des colonnes extrêmement enrichies. On voit au travers de ce vestibule un palais pompeux et brillant, que l'Amour a destiné pour Psyché.[94]

Ce palais enchanté, qui finira par s'évanouir deux actes plus loin, symbolise, lui, le bonheur, mais un bonheur temporaire, précaire, et un amour encore imparfait car simplement reçu et non pas conquis :

> Cœur ingrat, tu n'avais qu'un feu mal allumé ;
> Et l'on ne peut vouloir, du moment que l'on aime,
> Que ce que veut l'objet aimé.[95]

De fait, Psyché ne chérit toujours qu'elle-même et ses plaisirs. N'est-il pas vrai que, dans ce palais, tout la sert, tout lui parle d'amour et du pouvoir de

---

[90]   Bernard Beugnot, *Le Discours de la retraite*, p. 187.
[91]   Christian Delmas me signale ici que, malgré la « pompe funèbre » qui l'accompagne (*Psyché*, I, 5, v. 527, p. 840), Psyché est dans doute en habits de noces. Ce qu'en l'absence de témoignages précis, laisserait toutefois supposer la description donnée dans l'*Inventaire après décès de Molière* du premier costume porté par Armande Béjart, qui jouait le rôle (voir *infra*, p. 248). D'ailleurs le monstre qu'attend Psyché n'a-t-il pas été présenté comme son époux ? A titre de comparaison, rappelons qu'en 1650 Corneille envisageait le personnage d'Andromède, exposée sur son rocher, comme vêtu d'habits de noces, et que La Fontaine avait également revêtu son héroïne d'habits « lugubres » qui étaient aussi des habits nuptiaux (« Quoique son habit fût de deuil, c'était aussi un habit de noces, chargé de diamants en beaucoup d'endroits », *Les Amours de Psyché et de Cupidon*, [in] *Œuvres diverses*, p. 191, p. 208).
[92]   Livret de *Psyché*, *loc. cit.*
[93]   *Psyché*, premier intermède, p. 840.
[94]   Livret de *Psyché*, second intermède, p. 805–6.
[95]   *Psyché*, IV, 4, v. 1373–5, p. 871.

ses charmes, à l'exemple de ces « petits Amours » et de ces « jeunes Zéphirs »
exhortés par Cupidon à

> Montre[r] tous à l'envi ce qu'à voir ma princesse
> Vous avez senti d'allégresse.[96]

Dans *Les Amours de Psyché et de Cupidon*, La Fontaine avait même imaginé un
narcissisme plus extrême encore de l'héroïne, en lui faisant contempler son
image dans un palais qui la lui renvoyait de toutes parts :

> Parmi cette diversité d'objets, rien ne plut tant à la belle que de rencontrer
> partout son portrait, ou bien sa statue, ou quelque autre ouvrage de cette
> nature. Il semblait que ce palais fût un temple, et Psyché la déesse à qui
> il était consacré. Mais de peur que le même objet se présentant si souvent
> à elle ne lui devînt ennuyeux, les fées l'avaient diversifié […]. Dans une
> chambre, elle était représentée en amazone ; dans une autre, en Nymphe,
> en bergère, en chasseresse, en grecque, en persane, en mille façons diffé-
> rentes et si agréables que la belle eut la curiosité de les éprouver, un jour
> l'une, un autre jour l'autre […]. Cela se passait toujours avec beaucoup de
> satisfaction de sa part, force louanges de la part des Nymphes, un plaisir
> extrême de la part du monstre, c'est-à-dire de son époux […].[97]

Ce n'est qu'en se déprenant d'elle-même, qu'en s'oubliant que Psyché pourra
véritablement faire l'expérience de l'Amour, le vivre au lieu de chercher simplement à le connaître par un questionnement sur lui-même[98]. Une nouvelle
purification s'impose. Aussi, avant que son ascension ne puisse se poursuivre,
vont s'intercaler d'autres épreuves déterminant un mouvement directionnel
inverse.

Fictions de chute

Pour avoir voulu apprendre l'identité de son amant, désir doublement répréhensible car lié tout à la fois à la curiosité et à la soif de connaître, comme au
doute, à la vanité et à l'orgueil de paraître[99], Psyché se retrouve précipitée sur
la terre, au moment où disparaît le palais de l'Amour :

---

[96] *Ibid.*, III, 3, v. 1216–7, p. 861.

[97] La Fontaine, *Les Amours de Psyché et de Cupidon*, p. 145–6. Pour une analyse d'en-
      semble de l'œuvre, voir la remarquable étude de Boris Donné, *La Fontaine et la
      poétique du songe*, 1995.

[98] Comme s'il était illusoire de chercher à la fois à vivre l'amour et à le connaître, à en
      posséder le savoir, suivant une erreur entretenue confusément par la culture tendre.
      Voir Eric Méchoulan, *Le Corps imprimé*, p. 205.

[99] Autre amante d'un dieu, Sémélé éprouve le même doute à l'égard de Jupiter et hé-
      site sur sa nature, divine, humaine ou de magicien. Comme Psyché, elle demande à
      être éclaircie de ce doute par une preuve infaillible. D'où les reproches de Momus :

> Psyché se trouve seule au milieu d'une vaste campagne, et sur le bord sauvage d'une grande rivière.[100]

Symbole spatial de la transgression, cette chute de l'héroïne, telle Eve chassée du Paradis, a des accents bibliques. De fait on peut considérer que ce mouvement descendant, qui s'inscrit dans la pièce pour souligner des épreuves conçues comme expiations, a commencé dès le premier intermède. La « solitude » et les « rochers affreux »[101] du décor y étaient déjà les symboles d'une punition de l'orgueil de sa beauté, de son *hubris*

> – Cette gloire était sans seconde,
> L'éclat s'en répandait jusqu'aux deux bouts du monde ;
> Tout ce qu'il a de rois semblaient faits pour m'aimer ;
>   Tous leurs sujets me prenant pour déesse,
>   Commençaient à m'accoutumer
>   Aux encens qu'ils m'offraient sans cesse ; –

et de son insensibilité à l'amour,

> – Leurs soupirs me suivaient sans qu'il m'en coûtât rien ;
> Mon âme restait libre en captivant tant d'âmes,
>   Et j'étais, parmi tant de flammes,
> Reine de tous les cœurs, et maîtresse du mien.
>   O Ciel ! m'auriez-vous fait un crime
>   De cette insensibilité ?[102] –

tout en étant les signes de la cruauté des dieux, de la jalouse rage d'une Vénus vexée dans son amour-propre et sa vanité.

« Voir sans bruit en secret Jupiter amoureux, / C'est trop peu pour l'honneur d'une amante orgueilleuse ; / Sa flame est une flame illustre, ambitieuse ; / Alors qu'un Dieu nous aime on peut estre indiscret, / Et l'orgueil d'un tel choix ne veut pas le secret. / En effet ce seroit perdre toute sa gloire, / De vaincre un si grand Dieu, sans vanter sa victoire, / Estre aimé selon vous n'est pas le plus grand bien : / Un triomphe ignoré vous le comptez pour rien » (Boyer, *Les Amours de Jupiter et de Semelé*, V, 2, p. 80). Comme Psyché encore, elle ne cherche, par désir de gloire, à connaître l'identité de son amant divin que pour mieux l'afficher.

[100] Livret de *Psyché*, Argument du quatrième acte, scène troisième, p. 809.

[101] *Ibid.*, premier intermède, p. 804.

[102] *Psyché*, II, 3, v. 789–94, v. 795–9, p. 849. Eric Méchoulan fait ici remarquer (*Le Corps imprimé*, p. 193) que la puissance de Psyché tient en fait non seulement à sa beauté, mais à sa non-observance des codes du Tendre, puisque toute sa personne semble promettre des choses, que bien sûr son cœur ne tiendra pas : « Et le charme qu'elle a pour attirer les cœurs, / C'est un air en tout temps désarmé de rigueurs, / Des regards caressants que la bouche seconde, / Un souris chargé de douceurs / Qui tend les bras à tout le monde, / Et ne vous promet que faveurs » (*Psyché*, I, 1, v. 274–9, p. 830–1).

La campagne désolée où se retrouve Psyché chassée du paradis de l'amour en punition de sa curiosité et de son doute, n'est qu'une étape intermédiaire d'une descente qui se poursuit dans la nuit des Enfers, où l'attend la dernière des épreuves imposées par Vénus dans la fable originelle[103], et la seule représentée ici sur scène. Psyché doit lui en rapporter une boîte appartenant à Proserpine et dite contenir un « trésor de beauté divine »[104]. Dans la souffrance que lui causent les tourments infligés par la déesse et qu'avive encore la douleur de sa séparation d'avec l'Amour[105], mais qu'elle endure patiemment dans l'espoir de trouver un jour grâce à ses yeux, la jeune fille en vient peu à peu à cette abnégation, à cet oubli d'elle-même qui est la marque du véritable amour :

> Amant, que j'aime encor cent fois plus que ma vie,
>   Et qui brises de si beaux nœuds.
>   Ne me fuis plus, et souffre que j'espère
>   Que tu pourras un jour rabaisser l'œil sur moi,
>   Qu'à force de souffrir j'aurai de quoi te plaire,
>   De quoi me rengager ta foi.[106]

Or, par curiosité encore, par vanité aussi car poussée par le désir de réparer sa propre beauté ravagée par les peines subies, Psyché ouvre la boîte dans un geste qui rappelle celui de cette autre figure emblématique de la curiosité que fut Pandore. A cette nouvelle transgression répond immédiatement un nouveau châtiment, une nouvelle descente, cette fois-ci dans la nuit de l'évanouissement et d'une mort inévitable :

> Ouvrons. Quelles vapeurs m'offusquent le cerveau,
>   Et que vois-je sortir de cette boîte ouverte ?
>   Amour, si ta pitié ne s'oppose à ma perte,
>   Pour ne revivre plus je descends au tombeau.[107]

Symbole d'un arrachement définitif à soi-même, cette perte de connaissance, sinon de la vie, parallèle à la fausse mort du début, va être le prélude à sa réconciliation avec l'Amour et à son ascension au ciel de l'amour et du bonheur parfaits. A travers le mélange des plaisirs et des peines, et une

---

[103] Avant de se procurer la boîte de Proserpine, Psyché dut d'abord, dans le récit d'Apulée, séparer en tas une multitude de grains divers, puis rapporter la laine de moutons mangeurs d'hommes, et enfin chercher de l'eau du Styx.

[104] *Psyché*, V, 3, v. 1817, p. 879.

[105] « [...] et, dans ce dur ennui, / La souffrance la plus mortelle / Dont m'accable à toute heure un renaissant trépas, / Est celle de ne le voir pas » (*ibid.*, V, 1, v. 1686–9, p. 875).

[106] *Ibid.*, V, 3, v. 1803–8, p. 878.

[107] *Ibid.*, V, 3, v. 1827–30, p. 879.

oscillation périodique entre bonheur et malheur, caractérisée par des élévations et des retombées spatiales de palais en «déserts» et «solitudes», Psyché a été progressivement instruite dans le domaine du sentiment amoureux et de la connaissance de soi.

Locus amœnus et locus terribilis

Cette opposition de deux mouvements directionnels et de deux états d'âme se marque scénographiquement par le recours à deux types de décor contrastés évoquant des lieux bien connus de l'imagerie allégorique, le paysage d'agrément ou *locus amœnus* et le paysage d'effroi ou *locus terribilis*, qui représentent les registres extrêmes du paysage fermé. Certes le palais enchanté, séparé du monde (aux confins à la fois de la sociabilité et de la solitude), remplace ici le plus souvent le *locus amœnus* traditionnel et son cadre stéréotypé de verdure, d'ombre et d'eau vive[108], encore que celui-ci soit présent au début de l'acte IV sous sa forme apprivoisée, construite et artificielle du jardin avec ses fleurs, ses fruits et sa statuaire :

> Le théâtre devient un jardin superbe et charmant. On y voit des berceaux de verdure soutenus par des Termes d'or, et décorés de vases d'orangers, et d'arbres de toutes sortes de fruits. Le milieu du théâtre est rempli des fleurs les plus belles et les plus rares, environnées de haies de buis. On découvre dans l'enfoncement plusieurs dômes de rocailles ornés de coquillages, de fontaines et de statues; et toute cette agréable vue se termine par un magnifique palais.[109]

Lieux également clos et propices à la jouissance du bonheur de l'âme et des sens, le jardin et plus encore le palais évoquent en outre la notion de temple en ce qu'ils proposent un asile, une retraite tout entière consacrée à l'exploration du sentiment amoureux. Comme l'a constaté Bernard Beugnot, le bonheur que Psyché y goûte «tient à la fois à l'unicité immobile et close du lieu et à la variété infinie des plaisirs que chaque jour renouvelle»[110]. Si solitude il y a, elle est partagée et assumée sur le mode du bonheur.

Par contraste, l'«effroyable solitude» et la «vaste campagne»[111] désolée où se retrouve l'héroïne au deuxième et quatrième actes de la pièce se définissent

---

[108] Sans être représenté sur scène, celui-ci est évoqué toutefois dans la description de son domaine par l'Amour: «Vous y verrez des bois et des prairies / Contester sur leurs agréments / Avec l'or et les pierreries» (*ibid.*, III, 3, v. 1157–9, p. 859).

[109] Livret de *Psyché*, argument du quatrième acte, p. 808.

[110] Bernard Beugnot, *Le Discours de la retraite*, p. 148. Aglaure lui envie ainsi «ce prince qui [...] / [...] / de nouveaux plaisirs vous comble à tous moments» (*Psyché*, IV, 2, v. 1405–7, p. 866).

[111] Livret de *Psyché*, premier intermède, p. 804; argument du quatrième acte, scène troisième, p. 809.

non pas par leur caractère protecteur mais par leur âpreté. Avatars du paysage d'effroi dont ils reproduisent les caractéristiques avec leur étendue vide, leurs rochers affreux et, pour le décor du Palais-Royal, leur grotte effroyable aperçue dans l'éloignement[112], ils sont le lieu de la solitude forcée, du désespoir et de la souffrance, mais aussi celui de la pénitence, l'endroit où Psyché peut se replier sur elle-même et apprendre à se connaître et à connaître l'amour en l'absence même de l'aimé. Il est significatif que chacun de ces changements de décor soit suivi d'un monologue introspectif de l'héroïne où s'expriment à chaque fois une reconnaissance et un repentir de la faute commise[113].

Loin de n'être qu'extérieurs, ces paysages état d'âme sont au contraire l'inscription dans un espace physique d'une vérité d'ordre moral, celle de la formation progressive d'une sensibilité à la recherche de la perfection de l'amour. Moments statiques d'une quête conçue en termes alternés d'ascension et de chute, ils sont des lieux où viennent s'inscrire des signes affectifs partagés entre des modes contraires, tantôt ouverts à la sociabilité et à la galanterie, comme la grande ville du premier acte, tantôt repliés sur le cercle d'une intimité heureuse de bonheur amoureux, mais toujours menacée par l'extérieur, à l'image du palais de Cupidon, tantôt refermés sur une introspection douloureuse, telle la solitude du quatrième acte.

C'est, de même, à l'intérieur d'espaces contrastés que s'accomplissent, chez La Fontaine, la formation de Psyché et la purification de l'amour. Aux palais merveilleux s'opposent aussi, dans *Les Amours de Psyché et de Cupidon*, les paysages de parcs et de forêts et les solitudes sauvages. Or, dans cette œuvre voulue galante et donc en prise sur la vie mondaine, domine en fait toute une symbolique du refuge et de la fermeture[114], qui place le déploiement des sentiments amoureux dans des espaces situés en retrait des normes sociales de la cour et, paradoxalement, à l'écart même du palais de l'Amour, dont la richesse et la somptuosité sont vues nourrir, chez Psyché, la vanité et l'amour de soi. Ainsi que Cupidon le révèle à son amante,

> Si vous aimiez, vous chercheriez le silence et la solitude avec plus de soin que vous ne les évitez maintenant. Vous chercheriez les antres sauvages […].[115]

---

[112] «La scène est changée en des rochers affreux, et fait voir en éloignement une grotte effroyable» (*Psyché*, premier intermède, p. 840).

[113] Voir II, 3 ; III, 2 ; IV, 4 ; V, 1.

[114] Sur ce thème voir Bernard Beugnot, «L'Idée de retraite dans l'œuvre de La Fontaine», *C.A.I.E.F.*, 1974, n° 26, p. 131–42, repris dans *La Fontaine. Œuvres galantes*, p. 173–80.

[115] *Les Amours de Psyché et de Cupidon*, p. 148.

Espaces de rêverie pastorale, moments de réflexion et de retour sur soi, où Psyché entretient la nature de sa passion, de ses doutes et de sa peine[116], ces décors inspirés de *L'Astrée*[117] abritent deux grottes symétriques mais de sens contraire qui circonscrivent l'éducation sentimentale de l'héroïne. A une première grotte, somme toute plaisante, où a lieu la rencontre de Cupidon et de la jeune femme, qui a encore tout à apprendre de l'amour, répond une seconde grotte, «antre effroyable» caché au plus profond de la forêt[118], véritable *locus terribilis* où se réfugie Psyché pour expier ses fautes telle une Madeleine repentante: l'une, grotte d'une intimité incomplète, malheureuse, car débouchant sur l'infraction et la rupture, l'autre, grotte d'une intimité accomplie, heureuse, puisque c'est là que finissent par se retrouver les amants séparés. Entre temps Psyché mais aussi Cupidon ont appris à aimer[119].

Jeux de lumière

Le contraste entre ces espaces et ces décors instrumentalisés se renforce d'effets de lumière, eux aussi symboliques de la démarche initiatique de l'héroïne, contrainte par sa quête de passer par des moments d'obscurité croissante traduisant les variations de sa foi en l'Amour, comme si le décor s'illuminait ou non du regard de Cupidon, selon le pouvoir qu'elle lui reconnaissait[120]. Ainsi l'embrasement d'amour que Psyché ressent au troisième acte à la vue du dieu

---

[116] «Elle parlait, étant seule, *Ainsi qu'en usent les amants/Dans les vers et dans les romans;/*allait rêver au bord des fontaines, se plaindre aux rochers, consulter les antres sauvages: c'était où son mari l'attendait. Il n'y eut chose dans la nature qu'elle n'entretînt de sa passion» (*Les Amours de Psyché et de Cupidon*, p. 153); «Ce n'était pas seulement au vieillard qu'elle parlait de sa passion: elle demandait quelquefois conseil aux choses inanimées; elle importunait les arbres et les rochers» (*ibid.*, p. 202).

[117] Je renvoie ici aux analyses de Jean-Pierre Collinet, «La Fontaine et la pastorale», [in] *Le Genre pastoral en Europe du XVᵉ au XVIIIᵉ siècle*, publications de l'Université de Saint-Etienne, 1980, p. 349–62, repris dans *La Fontaine et quelques autres*, Genève, Droz, 1992, p. 129–42, et de Boris Donné, *La Fontaine et la poétique du songe*, p. 148–62.

[118] *Les Amours de Psyché et de Cupidon*, p. 247.

[119] Sur cette symbolique de l'espace lafontainien, voir Jean Rousset, «*Psyché* ou le génie de l'artificiel», [in] *Renaissance, Maniérisme, Baroque*, Paris, Librairie J. Vrin, 1972, p. 179–86, repris dans *La Fontaine. Œuvres galantes*, p. 181–8.

[120] Voir Christian Delmas, «Mythologie et magie (1666–1671)», *Revue d'Histoire du Théâtre*, n° 3, 1973, repris dans *Mythologie et Mythe dans le théâtre français (1650–1676)*, p. 94.

> – A peine je vous vois, que mes frayeurs cessées
> Laissent évanouir l'image du trépas,
> Et que je sens couler dans mes veines glacées
> Un je ne sais quel feu que je ne connais pas.[121] –

(la lampe et le poignard du récit originel ont ici été intériorisés[122]) n'a d'égal que l'éclat lumineux du décor :

> Tout rit, tout brille, tout éclate,
> Dans ces jardins, dans ces appartements,
>   Dont les pompeux ameublements
>   N'ont rien qui n'enchante et ne flatte.[123]

De fait Psyché est tout autant séduite par les merveilles du palais qui l'entoure et qui, dans les termes mêmes de Christian Delmas, « respire ainsi la présence et l'attention invisibles de Cupidon »[124], que par le regard du dieu qui s'exerce sur elle et la charme littéralement dès leur première rencontre[125], effets de scène et métamorphose sentimentale de l'héroïne étant au même titre des émanations et des illustrations de son pouvoir. C'est alors aussi que sa propre beauté resplendit de son plus bel éclat :

> Allons voir cependant ces jardins, ce palais,
> Où vous ne verrez rien que votre éclat n'efface.[126]

Eclat que rehaussent encore l'or et l'argent de ses habits, décrits dans l'inventaire après décès de Molière comme « concistans en une juppe de toile d'or garnie de trois dantelles d'argent avecq un corps en broderie et garni d'un tonnelet et manches d'or et d'argent fin »[127].

Or, au moindre doute envers le dieu de l'Amour soupçonné d'imposture magique[128], cet éclat de sa beauté s'assombrit à l'image du « noir chagrin » qui s'empare de son âme :

---

[121]   *Psyché*, III, 3, v. 1050–3, p. 856–7.

[122]   Les deux motifs sont en revanche conservés chez La Fontaine.

[123]   *Psyché*, III, 2, v. 1000–2, p. 855.

[124]   Christian Delmas, « Mythologie et magie », *loc. cit.*

[125]   « Plus j'ai les yeux sur vous, plus je m'en sens charmer », avoue-t-elle (*Psyché*, III, 3, v. 1061, p. 857). Les deux sens du verbe relevés par Furetière, à savoir « faire quelque effet merveilleux par la puissance des charmes ou du Demon » et « dire ou faire quelque chose de merveilleux, de surprenant, plaire extraordinairement » semblent ici s'appliquer également (*Dictionnaire Universel*).

[126]   *Psyché*, III, 3, v. 1212–3, p. 860–1.

[127]   *Fol. 17vᵒ*, [in] *Cent ans de recherches*, p. 570.

[128]   Doute insinué en elle par ses sœurs jalouses. Comme le lui suggère Aglaure, Cupidon « Peut-être à tant d'amour mêle un peu d'imposture ; / Peut-être ce palais n'est qu'un enchantement, / Et ces lambris dorés, ces amas de richesses / Dont il

> Mais d'où vient qu'un triste nuage
> Semble offusquer l'éclat de ces beaux yeux?[129]

Et le décor lui-même s'évanouit comme une simple illusion des sens au moment précisément où Psyché s'entête dans sa volonté de savoir qui elle aime[130]. A la disparition du décor, cadre de ses amours avec Cupidon, à la disparition du dieu lui-même, auxquelles succède l'obscurité déchirée de lueurs de feu des Enfers, répond une altération plus marquée de la beauté de l'héroïne, signe du désespoir qui la tient et ruine de toute possibilité de reconquérir l'Amour:

> Mais ce que j'ai souffert m'a trop défigurée,
>   Pour rappeler un tel espoir;
> L'œil abattu, triste, désespérée,
> Languissante, et décolorée,
>   De quoi puis-je me prévaloir.[131]

D'où aussi les habits de deuil dont elle est à présent revêtue, et notamment cette «juppe de toille d'argent dont le devant garny de plusieurs dantelles d'argent fin avecq une mante de crespe garny de pareille dantelle»[132], et ce bouquet de plumes noires qui la coiffe. Le contraste n'en est que plus marqué avec les habits de noces dont Psyché était précédemment revêtue.

Dans le texte de La Fontaine, cette noirceur symbolique s'étend jusqu'au visage même de la jeune fille, car celle-ci, qui n'est pas tombée comme morte en ouvrant la boîte de Proserpine, s'est vue en revanche enveloppée d'«une fumée noire et pénétrante qui se répandit en moins d'un moment par tout le visage de notre héroïne, et sur une partie de son sein», la transformant en «More»[133]. Aussi est-ce dans cette perte qu'elle croit irrémédiable de sa beauté corporelle qu'elle peut enfin apprendre l'humilité, prélude à sa réconciliation finale avec l'Amour qui aura lieu dans la grotte où elle se cache. A elle main-

---

achète vos tendresses, / Dès qu'il sera lassé de souffrir vos caresses, / Disparaîtront en un moment. / Vous savez comme nous ce que peuvent les charmes» (*Psyché*, IV, 2, v. 1409–15, p. 866).

[129] *Ibid.*, IV, 3, v. 1445–6, p. 868.

[130] Selon Christian Delmas («Mythologie et magie», p. 87), cette soudaine disparition n'est pas sans rappeler celle du jardin enchanté, témoin des amours de Jupiter et de Sémélé, que Junon, à l'acte III, scène 4 de la pièce de Boyer, fait disparaître pour désillusionner la jeune fille sur l'identité de son amant. Celle-ci s'exclamait: «Ah surprise mortelle. / J'ay pris pour Jupiter un fourbe un infidelle» (Boyer, *Les Amours de Jupiter et de Semelé*, III, 4, p. 53).

[131] *Psyché*, V, 3, v. 1809–13, p. 878.

[132] *Fol. 17v°–fol. 18*, [in] *Cent ans de recherches*, p. 570.

[133] *Les Amours de Psyché et de Cupidon*, p. 245, p. 246.

tenant de se rendre invisible et de se cacher en une inversion des rôles qui fera de Cupidon, à son tour, un poursuivant et un suppliant. Prédite bien entendu en termes symboliques de lumière[134],

> – Puisse, et bientôt, l'Amour vous enlever aux Cieux,
>   Vous y mettre à côté des Dieux,
> Et, rallumant un feu qui ne se puisse éteindre,
> Affranchir à jamais l'éclat de vos beaux yeux
> D'augmenter le jour en ces lieux ![135] –

la réconciliation de Psyché et de l'Amour dans la tragédie-ballet de Molière rend à l'amante du dieu tout l'éclat de sa beauté, concrétisé par une nouvelle toilette, « de moire verte et argent, garnye de dantelle fausse avecq le corps en broderie, le tonnellet et les manches garnis d'or et d'argent fin »[136], dans un décor resplendissant de lumière qui prélude à son apothéose.

4. De la nécessité de la raillerie dans les jeux les plus doux

Ainsi s'achevait sur la scène des Tuileries l'éducation sentimentale de Psyché au terme d'un parcours qui faisait de la « fable de nourrice » d'Apulée[137], dans laquelle les commentateurs anciens avaient cru voir une allégorie du voyage de l'âme en quête du divin, une exploration dans le registre tendre des émois du cœur d'une jeune personne trop longtemps insensible à l'amour. Or cette exploration paraît, à vrai dire, bien désinvolte. Certes le ton galant du divertissement impliquait de fait l'enjouement, la raillerie fine et spirituelle. La Fontaine avait, on le sait, convoqué explicitement galanterie et raillerie dans la préface de ses *Amours de Psyché et de Cupidon* :

> Mon principal but est toujours de plaire ; pour en venir là, je considère le goût du siècle. Or, après plusieurs expériences, il m'a semblé que ce goût se porte au galant et à la plaisanterie : non que l'on méprise les passions ; bien

---

[134] Remarque faite par John Lapp, « Magic and Metamorphosis in Corneille's Machine Plays », [in] *The Brazen Tower*, Saratoga, Anma Libri, 1977, p. 167–76.

[135] *Psyché*, V, 2, v. 1794–8, p. 878.

[136] A moins qu'il ne s'agisse de la « juppe de taffetas d'Angletterre bleu, garny de quatre dantelles d'argent fin », l'inventaire après décès faisant en effet mention de quatre jupes différentes (*fol.* 18, [in] *Cent ans de recherches*, p. 570).

[137] Macrobe, *Le Songe de Scipion*, I, ii, 7. Cité par Henry Le Maître, *Essai sur le mythe de Psyché*, p. 27. C'est Apulée qui fournit en fait la version populaire de l'histoire de Psyché, qui fut réduite au Moyen Age à l'idée simple d'une jeune fille épousant un prince charmant, ou à celle d'un bonheur qui ne dure que tant qu'une curiosité indiscrète n'aura pas rompu le charme.

loin de cela, quand on ne les trouve pas dans un roman, dans un poème, dans une pièce de théâtre, on se plaint de leur absence; mais dans un conte comme celui-ci, qui est plein de merveilleux, à la vérité, mais d'un merveilleux accompagné de badineries, et propre à amuser des enfants, il a fallu badiner depuis le commencement jusqu'à la fin; il a fallu chercher du galant et de la plaisanterie.[138]

Mais ce ton n'était peut-être aussi chez Molière que le voile d'un détachement critique, d'une dénonciation «des conventions spiritualistes d'un genre artificiel»[139]. Le dramaturge ne s'était-il pas déjà servi dans *La Princesse d'Elide* et *Les Amants magnifiques* de personnages de bouffons ou de «plaisants de cour», pour faire un contrepoint humoristique, voire franchement burlesque, à la voix des princes et ramener à la mesure de la scène comique les tendresses galantes? C'étaient ainsi les réflexions et l'expérience sentimentale de Moron dans les intermèdes pastoraux de *La Princesse d'Elide* qui lui avaient permis de dédramatiser la «peinture du moi en émoi» dans la comédie[140]. Comparées à celles d'Aristomène ou de Théocle à la princesse, les déclarations d'amour du personnage à la bergère Philis n'étaient plus que bouffonnes[141], tout comme son refus terre-à-terre de se tuer par chagrin d'amour contrastait avec l'univers d'artifices du Tendre, dont son rival Tircis épelait les conventions:

> MORON: Voilà qui est fait. Je te veux montrer que je me sais tuer quand je veux.
>
> TIRCIS *chante*:
>
> Ah! quelle douceur extrême,
> De mourir pour ce qu'on aime! (*bis*)
>
> MORON: C'est un plaisir que vous aurez quand vous voudrez.
>
> TIRCIS *chante*:
> Courage, Moron! meurs promptement
> En généreux amant.
>
> MORON: Je vous prie de vous mêler de vos affaires, et de me laisser tuer à ma fantaisie. Allons, je vais faire honte à tous les amants. Tiens, je ne suis pas homme à faire tant de façons. Vois ce poignard. Prends bien garde comme je vais me percer le cœur. (*Se riant de Tircis.*) Je suis votre serviteur: quelque niais.[142]

---

[138] *Les Amours de Psyché et de Cupidon*, p. 121–2.
[139] Christian Delmas, «La mode des pièces à machines». A paraître.
[140] Patrick Dandrey, *loc. cit.*
[141] *La Princesse d'Elide*, second intermède, scène 1, p. 788.
[142] *Ibid.*, quatrième intermède, scène 2, p. 806.

De même Molière maintint sans cesse à distance d'amusement, dans *Psyché*, l'aventure de l'édification dans le plaisir et la peine de l'héroïne, par le recours à un personnage portant un regard narquois sur la réalité et dont la lucidité toujours en éveil empêchait que la compassion n'opérât et rendait le spectateur le plus souvent insensible à la tragédie. De fait s'agissait-il encore d'une tragédie ? La constante raillerie de ce personnage, la tonalité à la limite du burlesque de certains épisodes ne tendaient-ils pas plutôt à faire du spectacle d'amants émus ou souffrants un spectacle comique ? Rappelons du reste que le sous-titre du livret qualifiait l'œuvre non pas de « tragédie-ballet », mais de « tragi-comédie et ballet », catégorisation générique amenée sans doute par la considération des tribulations qui faisaient le fond d'une histoire dont, de l'avis même de La Fontaine, les personnages demandaient « quelque chose de galant » et les aventures « quelque chose d'héroïque et de relevé »[143].

Zéphyr reprenait ainsi auprès de Cupidon le rôle ironique de Moron et de Clitidas dans les deux autres comédies galantes, rôle qui était aussi celui joué par Mercure auprès de Jupiter dans *Amphitryon*[144]. Ne raillait-il pas à l'acte III la nouvelle apparence du dieu de l'Amour et sa soudaine décision de « grandir »,

> – Fort bien, vous ne pouvez mieux faire,
> Et vous entrez dans un mystère
> Qui ne demande rien d'enfant.[145] –

comme il se moquait élégamment du dépit de l'immortelle Vénus de voir son fils vieillir ?

> Bien que les disputes des ans
> Ne doivent point régner parmi des Immortelles,
> Votre mère Vénus est de l'humeur des belles,
> Qui n'aiment point de grands enfants.[146]

Et si l'on considère l'accès de jalouse rage de la déesse dans le prologue de la pièce, n'était-ce pas alors le ressort même de l'action, la punition de l'*hubris* supposée de Psyché, qui était ramené à la dimension terre-à-terre d'une vengeance de coquette outragée dans ses prétentions ? Sans compter que la réticence de son fils à lui obéir tenait surtout du souci comique de ménager sa réputation auprès des mortels[147].

---

[143] *Les Amours de Psyché et de Cupidon*, p. 121.
[144] Molière interpréta d'ailleurs les trois rôles.
[145] *Psyché*, III, 1, v. 967–9, p. 854.
[146] *Ibid.*, III, 1, v. 972–5, p. 854.
[147] « Et vous ne croiriez point le mal et les sottises / Que l'on dit de moi chaque jour » (« Prologue », *ibid.*, v. 161–2, p. 827).

Il est évident que Molière chercha à la fois à prendre ses distances par rapport au récit premier et à railler l'idiome tendre dans lequel continuait de se penser l'aventure amoureuse, tout comme, pour Jean-Michel Pelous[148], le «schisme galant» avait tenté de renouveler l'invention en installant face à cette «orthodoxie amoureuse» de l'amour sérieux un art du contrepoint fait d'enjouement, de badinage, d'ironie, et non dépourvu de sensualisme. Aussi, comme pour mieux souligner la part de critique et d'ironie qui devait être faite dans la pièce, le dernier intermède de *Psyché* mettait-il en scène le dieu Môme à qui était prêtée «une chanson enjouée sur le sujet et les avantages de la raillerie»:

> La raillerie est nécessaire
> Dans les jeux les plus doux.
> Sans la douceur que l'on goûte à médire,
> On trouve peu de plaisirs sans ennui:
> Rien n'est si plaisant que de rire,
> Quand on rit aux dépens d'autrui.[149]

Cet effet de distance ne pouvait que modifier du tout au tout le sens du voyage sentimental de l'héroïne. De fait les tribulations de la jeune fille proposaient en définitive moins un nouveau tracé du pays de Tendre, une nouvelle lecture de l'espace des relations amoureuses, qu'elles ne déclinaient une leçon essentielle de la vieille sagesse des nations, telle qu'elle s'incarnait entre autres dans les contes bleus auxquels l'histoire de Psyché avait fini par être associée, à savoir qu'

> On ne peut aimer sans peines,
> Il est peu de douces chaînes,
> A tout moment on se sent alarmer;[150]

mais aussi que nul n'échappe au pouvoir de l'amour:

> Chantons, répétons, tour à tour,
> Qu'il n'est point d'âme si cruelle
> Qui tôt ou tard ne se rende à l'Amour.[151]

C'était sur une note semblable que s'était achevé en 1664 le sixième intermède de *La Princesse d'Elide*:

---

[148] Voir son *Amour précieux, amour galant.*
[149] *Psyché*, dernier intermède, v. 2101–6, p. 887.
[150] *Ibid.*, dernier intermède, v. 2070–2, p. 886.
[151] *Ibid.*, dernier intermède, v. 2043–5, p. 885.

> Usez mieux, ô beautés fières,
> Du pouvoir de tout charmer;
> Aimez, aimables bergères:
> Nos cœurs sont faits pour aimer.
> Quelque fort qu'on s'en défende,
> Il y faut venir un jour:
> Il n'est rien qui ne se rende
> Aux doux charmes de l'Amour.[152]

Tragédie-ballet et comédie-ballet se concluaient, comme elles s'étaient également ouvertes[153], sur une exhortation familière à l'amour qui faisait de l'action de la pièce une démonstration par l'exemple des vérités exprimées, ainsi que sur une glorification de la passion bien dans le ton des divertissements habituels de la cour de Louis XIV dans les années 1663–1673. Placé sous les auspices d'un épicurisme assez vague où se confondaient plaisir, amour et recherche du bonheur, ce « nouvel art d'aimer »[154] s'accommodait fort bien du *carpe diem* et d'une conception plus sensuelle de l'amour. Hôtes de la fête galante, Amours, Jeux, Ris et Plaisirs allaient désormais de compagnie et définissaient une conception du sentiment où aimer n'était plus synonyme de souffrir, mais mode naturel de l'être au sein d'une nature harmonieuse et policée d'où étaient absentes Tristesse et Vieillesse[155].

5. Versailles ou le palais enchanté de l'amour

Plus encore que dans *La Princesse d'Elide* ou *Les Amants magnifiques*, Molière célébrait dans *Psyché* le raffinement et les plaisirs que faisait régner autour de lui le jeune monarque:

---

[152] *La Princesse d'Elide*, sixième intermède, p. 818.

[153] « Quand l'amour à vos yeux offre un choix agréable, / Jeunes beautés, laissez-vous enflammer; / Moquez-vous d'affecter cet orgueil indomptable / Dont on vous dit qu'il est beau de s'armer: / Dans l'âge où l'on est aimable, / Rien n'est si beau que d'aimer » (*ibid.*, premier intermède, scène 1, p. 771; « Est-on sage / Dans le bel âge, / Est-on sage / De n'aimer pas? / Que sans cesse / L'on se presse / De goûter les plaisirs ici-bas: / La sagesse / De la jeunesse, / C'est de savoir jouir de ses appas » (« Prologue », *Psyché*, v. 31–40, p. 823).

[154] Cette expression est empruntée à Alain Génétiot, *Poétique du loisir mondain, de Voiture à La Fontaine*, Paris, Honoré Champion, 1997, p. 265.

[155] Dans le *Ballet de la Nuit* (1653), Vénus les chassait en ces termes: « Fuyez bien loin ennemis de la joye, / Tristes objets, faut-il que l'on vous voye / Parmy tout ce qu'Amour a d'aymable & de doux? » ([in] *Benserade. Ballets pour Louis XIV*, I, p. 117).

Nous goûtons une paix profonde;
Les plus doux jeux sont ici-bas;
On doit ce repos plein d'appas
    Au plus grand roi du monde.[156]

Auteur de cette «pastorale politique»[157], Louis XIV était le dieu qui rendait possible l'existence des jeux et de l'amour par le repos qu'il octroyait à son peuple et qu'il se donnait à lui-même. Marque de l'*otium* et de la retraite à la campagne, la fête galante organisée dans les jardins du prince représentait l'épitomé de cette civilisation du loisir et des plaisirs qui pouvait s'épanouir sous son règne heureux. Le retour de l'âge d'or, annoncé comme imminent lors de la première journée des *Plaisirs de l'île enchantée*, avait donc bien eu lieu.

Mais Louis XIV était aussi véritablement le dieu qui faisait aimer et dont le pouvoir de séduction était à l'image de sa propre sensibilité. Car l'amour des sujets pour leur roi était d'abord un attachement érotisé, sexualisé, à sa propre personne, à son corps privé[158]. Benserade avait déjà dit en 1656 du personnage qu'incarnait le jeune Louis XIV dans le *Ballet de Psyché, ou la puissance de l'Amour*:

De toutes les Beautez il est environné,
Et toutes les Beautez ne se peuvent deffendre
    De tascher au moins à luy rendre
    Cet amour qu'il leur a donné.[159]

Et si l'on considère enfin que Louis était également le magicien dont le regard faisait exister les merveilles que les courtisans découvraient à chaque pas, le roi et le dieu de l'Amour se confondaient dans l'évocation d'une même puissance infinie et irrésistible, et qui ne se satisfaisait que dans une obéissance immédiate. Louis Marin a bien montré dans *Le Portrait du roi* comment «c'est au moment où il [le roi] voit qu'il fait voir tout ce qui est à voir»[160] et que, dans le récit de la fête, le regard de son œil crée *ex nihilo* le spectacle qui frappe les spectateurs d'étonnement et d'admiration, comme s'il suffisait que le roi prît place pour que ce qui était à voir accédât à la vision et dès lors à l'existence[161].

---

[156] «Prologue», *Psyché*, v. 7–10, p. 822.

[157] L'expression est de Bernard Beugnot, *Le Discours de la retraite*, p. 118.

[158] Sur ce sujet, voir José Gil, *Métamorphoses du corps*, Paris, Éditions de la Différence, 1985.

[159] *Ballet de Psyché, ou la puissance de l'Amour*, [in] Benserade. *Ballets pour Louis XIV*, I, p. 295.

[160] Louis Marin, *Le Portrait du roi*, p. 246.

[161] D'où cette notation de la dernière journée des *Divertissements* donnés à Versailles pendant l'été 1674: «Leurs Majestés étant arrivées au bassin d'Apollon, toute la cour commença de voir plus distinctement la beauté de ces feux qui environnaient le canal» (Félibien, *Les Divertissements de Versailles*, p. 157). Cité par Louis Marin, *Le Portrait du roi*, p. 247.

De fait l'exhortation de Vulcain aux Cyclopes dans le second intermède
de la tragédie-ballet

> – Servez bien un dieu si charmant :
> Il se plaît dans l'empressement.
> Que chacun pour lui s'intéresse,
> N'oubliez rien des soins qu'il faut :
>   Quand l'Amour presse,
> On n'a jamais fait assez tôt[162] –

semblait bien prolonger dans la fiction, par une « mise en abyme » du sur-
gissement même du décor de la fête royale, la conception d'un monarque
autoritariste, désireux de voir ses désirs réalisés aussitôt qu'exprimés[163]. Et
de même que Vulcain « forg[eait] » par son art « mille brillants attraits, / Pour
orner un palais »[164], que l'Amour destinait à Psyché, Louis XIV faisait, par
l'effet d'un pouvoir au-delà de la nature humaine, lui aussi apparaître un
palais merveilleux dans les jardins de Versailles, qui était tout entier consacré
au délassement et aux plaisirs du prince :

> Ce Palais [de Trianon] fut regardé d'abord de tout le monde comme un
> enchantement : Car n'ayant esté commencé qu'à la fin de l'Hyver, il se
> trouva fait au Printemps, comme s'il fust sorty de terre avec les fleurs des
> Jardins qui l'accompagnent, & qui en mesme temps parurent disposez tels
> qu'ils sont aujourd'huy, & remplis de toutes sortes de Fleurs, d'Orangers,
> & d'arbrisseaux verts.[165]

---

[162] *Psyché*, second intermède, v. 917–22, p. 852.

[163] On connaît la déclaration de l'acteur Molière dans *L'Impromptu de Versailles* : « Les
rois n'aiment rien tant qu'une prompte obéissance, et ne se plaisent point du tout
à trouver des obstacles. [...] Ils veulent des plaisirs qui ne se fassent point attendre ;
et les moins préparés leur sont toujours les plus agréables » (scène 1, p. 677).

[164] *Psyché*, II, 5, v. 902–3, p. 852.

[165] Félibien, *Description sommaire du Chasteau de Versailles*, Paris, Guillaume Desprez,
1674, p. 104–5. Ce premier Trianon était entièrement décoré de plaques, de vases
et d'ornements de faïence bleue et blanche, dont l'éclat, joint à celui des plombs
dorés des combles, eux aussi de porcelaine, de la toiture, était éblouissant (voir
Fig. 11). Quant au jardin, printanier toute l'année, conçu par Le Bouteux, ce
n'étaient que jasmins d'Espagne, tulipes, anémones, giroflées et pots de ces orangers dont Foucquet avait voulu agrémenter Vaux-le-Vicomte et que Louis XIV fit
placer dans sa propre Orangerie après l'arrestation du surintendant. De fait Vaux
n'avait-il pas été lui aussi une « maison de plaisir », édifiée certes par « l'industrie des
hommes », mais sortie comme « en un instant » là « où auparavant rien n'arrêtait
[les] regards » (Paul Pellisson, *Discours sur les Œuvres de Monsieur Sarasin*, [in] *L'Esthétique galante*, éd. Alain Viala, Emmanuelle Mortgat et Claudine Nédelec, Toulouse,
S.L.C., 1989, p. 60–1) ? Sur l'histoire du Trianon, voir Pierre de Nolhac, *La Création
de Versailles*, Versailles, Librairie L. Bernard, 1901.

Sorti de terre comme par enchantement, à la façon de ce « Château tout de Porcelaine » que Sans Parangon faisait paraître en 1698 dans le conte du sieur de Preschac[166], le Trianon était le lieu où l'art comme la nature elle-même se mettaient au service de ses désirs :

> L'on pourroit dire de Trianon, que les Graces & les Amours qui forment ce qu'il y a de parfait dans les plus beaux & les plus magnifiques ouvrages de l'Art, & mesme qui donnent l'accomplissement à ceux de la Nature, ont esté les seuls Architectes de ce lieu, & qu'ils ont voulu en faire leur demeure.[167]

Ainsi Versailles, signe certes d'une volonté de prestige, rencontrait-il dans le déploiement de sa féerie architecturale les merveilles du palais enchanté de l'Amour et, par-delà, la formule même du château merveilleux, uni à la nature et exalté par son décor, qui, depuis *Amadis de Gaule* et le palais d'Apolidon[168], hantait l'imagination des puissants. Même si la tragédie-ballet de *Psyché* ne fut pas représentée à Versailles, mais aux Tulleries, en plein cœur de Paris, ce sont bien Versailles, dont les jardins avec leurs bosquets et leurs bassins furent le lieu de la fête royale, et ce rêve romanesque qui s'incarnait en lui, qu'évoquaient les décors architecturaux des second et troisième intermèdes de la tragédie-ballet de 1671[169].

---

166 « Sans Parangon se trouva à l'autre bout du canal, lorsque Belle-gloire lui tint ce langage ; et comme il avoit une attention particuliere à tout ce qui pouvoit plaire à cette Princesse, il sauta à terre, & ayant frapé trois fois de sa baguete, il parut tout d'un coup un Château tout de Porcelaine, entouré d'un parterre rempli de jasmin avec une infinité de petits jets d'eau, & le tout ensemble faisoit le plus agréable effet qu'il fut possible de voir » (*Contes moins contes que les autres. Sans Parangon et la Reine des fées*, éd. de Paris, C^{nie} des Libraires associés, 1724, p. 52–3). C'est bien en effet le caractère féerique de la naissance du premier Trianon, dit justement Trianon de porcelaine, qu'illustra en 1698 cet épisode du conte du sieur de Preschac.

167 Félibien, *Description sommaire du Chasteau de Versailles*, p. 105.

168 Après avoir trouvé le bonheur dans l'Isle Ferme avec sa bien-aimée Grimanesa, Apolidon y avait fait construire un château merveilleux, conçu pour mettre à l'épreuve le visiteur et écarter les amants indignes. C'est là qu'au IVe livre Amadis et Oriane abritaient leur amour. Déjà en lui-même une variation sur plusieurs retraites homériques (demeure de Circé, grotte de Calypso), ce château allait servir de modèle pour tous les palais enchantés des poètes italiens de la Renaissance, et notamment pour ceux d'Alcine et d'Armide.

169 Voir *supra*, p. 241, p. 245. Rappelons que La Fontaine avait également choisi les jardins de Versailles pour cadre de ses *Amours de Psyché et de Cupidon*, bien qu'il eût préféré remplacer la description du château en construction par la référence romanesque attendue : « Je vous en ferais la description si j'étais plus savant dans l'architecture que je ne suis. A ce défaut, vous aurez recours au palais d'Apollidon, ou bien à celui d'Armide ; ce m'est tout un » (p. 146–7).

Dans *Les Amants magnifiques* le décor du quatrième intermède avait, de
la même manière, évoqué l'image d'un monde enchanté où se rencontraient
réalité et mythologie, et dont le jardin de rêve, mêlant nature et culture dans
son esthétique rocaille, offrait tous les plaisirs des sens :

> Au quatrième Interméde, cette Décoration se changeoit, soudainement,
> en une Grote d'Architecture, tres-magnifique, aboutisssant à une grande
> Perspective de Cascades, dans un Jardin qui avoit tous les embellissemens
> des plus delicieux.[170]

Autant que les célèbres grottes du domaine royal de Saint-Germain-en-Laye,
dont le château, comparé par Le Laboureur au palais du Soleil, fut, plus
encore peut-être que Versailles, au début du règne, le lieu de tous les plaisirs,
l'allusion désignait une autre réalisation quasi magique des jardins versaillais,
la grotte consacrée à Téthys, à laquelle on parvenait au bout d'un parcours
tout entier voué à l'eau[171].

Or ce que tendait à montrer cette interpénétration du décor théâtral et
du château réel, fût-il Versailles ou Saint-Germain, évidente dans les mises en
scènes des opéras lullystes[172], comme dans celles des œuvres de cour galantes
de Molière, c'est que la demeure royale ne pouvait se penser et se réaliser qu'à
travers cette représentation fantasmatique, en une sorte de féerie architecturale où s'accrochait l'imagination. On allait la retrouver dans les gouaches
de J. Cotelle, et notamment dans celle intitulée «Bosquet de Versailles» qui
figura dans *La Colonnade* (v. 1690). Autant et peut-être plus encore que l'éclat

---

[170] «Les Magnificences du Divertissement», p. 175–6.

[171] Il fallait notamment passer par la Pyramide d'eau et les bassins des Couronnes.

[172] Pour la première de *Thésée* devant le roi à Saint-Germain en janvier 1675, le décor
conçu par Vigarani pour le prologue « represent[ait] les Jardins & la Façade du Palais
de Versailles», dans une superposition explicite du domaine royal et du paysage
imaginaire, bien que, sur le frontispice gravé du livret, le château apparaisse seul
en arrière-plan de conventionnels portiques à colonnes situés de chaque côté de la
scène (*Thésée. Tragedie en musique. Ornée d'Entrées de Ballet, de Machines, & de Changements de Theatre*, Paris, Christophe Ballard, 1675, n.p.). Et, en janvier 1676, ce
furent le château, les terrasses et les jardins de Saint-Germain que Vigarani fit reproduire sur la toile de fond du décor pour le finale d'*Atys*, dont Louis XIV eut encore
la primeur à Saint-Germain. Certes le texte du livret ne porte aucune indication de
lieu réel («Le Theatre change & represente des Jardins agreables» (*Atys, Tragedie en
musique ornée d'Entrées de Ballet, de Machines, & de Changements de Theatre*, Paris,
Christophe Ballard, 1676, p. 57)) ; mais la vue de jardins étagés en terrasses à la fois
sur le frontispice gravé du livret et sur un dessin quelque peu différent conservé au
Nationalmuseum de Stockholm ne pouvait guère laisser de doute sur le paysage
évoqué. Je renvoie ici à l'article de Jérôme de La Gorce, «Jardins et décors d'opéras
français sous Louis XIV», [in] *Jardins d'opéra*, Bibliothèque-Musée de l'Opéra, 1995,
p. 4–21.

du faste, c'étaient la séduction du merveilleux et le charme de la galanterie que cherchait à produire l'imaginaire monarchique.

L'espace tel qu'il était utilisé dans *La Princesse d'Elide* et *Les Amants magnifiques*, ainsi que dans la tragédie-ballet de *Psyché*, était un espace complexe. Cadre à la fois extérieur et intériorisé de l'action dramatique, il était aussi celui non seulement de l'intimité amoureuse, mais encore celui d'une aire de jeu où se déployaient des stratégies multiples, qui étaient le fait de protagonistes maîtres des jeux de l'amour[173]. Le rôle directeur, tenu dans les comédies d'intrigue à l'italienne par des valets fourbes[174], était ici assumé par un personnage détenant l'autorité, qu'il s'agisse du prince Iphitas, père de la princesse d'Elide, de la princesse Aristione des *Amants magnifiques* ou encore de la Vénus de *Psyché*. Avatar du valet, le fou ou «plaisant de cour», dont les tentatives maladroites pour circonvenir l'héroïne, comme dans *La Princesse d'Elide*, avaient constitué une contre-image de cette autorité, ne pouvait plus désormais le remplir. Les initiatives, voire les stratagèmes, des galants eux-mêmes, qui, dans *La Princesse d'Elide*, avaient avec succès déterminé le jeu amoureux, finissaient même par être voués à l'échec pareillement aux machinations d'Iphicrate et de Timoclès dans *Les Amants magnifiques*.

Or ces jeux d'amour prolongeaient dans l'intrigue des pièces la notion de divertissement et d'abandon aux plaisirs qui présidait à la fête royale, elle aussi circonscrite dans un espace clos et codifié, et placée sous le signe du bon vouloir et de la magie toute puissante du prince, qui trouvait symboliquement à s'incarner dans l'image du château merveilleux en retrait du monde et tout entier consacré aux joies de l'amour et de l'*otium* galant. Incarnation parfois littérale de ces espaces enchantés que furent, dans l'imaginaire romanesque, le château d'Apollidon, les jardins d'Armide ou l'île d'Alcine, Versailles apparaissait bien dans la fiction moliéresque comme une forme symbolique de toute «une fantasmatique du pouvoir d'Etat»[175]. La représentation galante de l'amour y servait en effet à une représentation du monarque et de son lieu, qui faisait de l'un «le plus grand Roy de la terre»[176] et de l'autre un séjour de «délices», voué au bonheur, l'«un des plus beaux lieux qui [fût] au monde»[177].

---

[173] La communication de Sophie Rollin sur «Les Jeux galants dans *La Princesse d'Elide* et *Les Amants magnifiques*» au colloque «Molière et la fête», Pézenas, juin 2003, m'a permis de préciser ici des notions abordées dans des articles précédents (publiée dans les actes, Pézenas, Dolmens, 2005, p. 263–84).

[174] *Les Fourberies de Scapin*, bien sûr, mais aussi *Monsieur de Pourceaugnac*.

[175] Louis Marin, *Le Portrait du roi*, p. 224.

[176] Félibien, *Description sommaire du Chasteau de Versailles*, p. 4.

[177] *Ibid.*

Chapitre 8: Vraie ou fausse galanterie ?[1]

Cette idée d'une révélation à soi-même et à l'amour n'était pas le fait exclusif des personnages féminins des comédies-ballets ou des tragédies-ballets galantes. Les protagonistes masculins des pièces de Molière participaient aussi d'un même mouvement d'accomplissement du moi à la faveur de l'expérience sentimentale. Car c'était au contact des femmes, figures centrales de la mondanité au XVIIe siècle, que pouvait seul s'achever un processus éducatif fondé sur la maîtrise de l'agrément et de l'art de plaire, et destiné surtout aux hommes. Pour Mademoiselle de Scudéry en effet,

> il faut que la nature mette du moins dans l'esprit, et dans la personne de ceux qui doivent avoir l'air galant, une certaine disposition à le recevoir : il faut de plus que le grand commerce du monde, et du monde de la Cour, aide encore à le donner : et il faut aussi que la conversation des femmes le donne aux hommes : car je soutiens qu'il n'y en a jamais eu qui ait eu l'air galant, qui ait fui l'entretien des personnes de mon sexe : et si j'ose dire tout ce que je pense, je dirai encore qu'il faut même qu'un homme ait eu du moins une fois en sa vie, quelque légère inclination amoureuse, pour acquérir parfaitement l'air galant.[2]

Mais alors que l'éducation d'une princesse d'Elide ou d'une Psyché empruntait, par la médiation des espaces, au code tendre ou courtois, avant d'être repensée dans les termes de ce qu'Alain Génétiot a appelé le « nouvel art d'aimer »[3], favorable au *carpe diem* et à l'amour sensuel, le parcours suivi par le jeune prince d'Ithaque dans *La Princesse d'Elide* et par Adraste dans *Le*

---

[1] Ce chapitre est tiré de deux articles précédents : « Espace et pouvoir dans *Les Plaisirs de l'île enchantée* », *Seventeenth-Century French Studies*, n° 23, 2001, p. 121–38 ; « Figures de la galanterie dans *Le Sicilien* de Molière », [in] *Le Salon et la Scène. Comédie et mondanité au XVIIe siècle*, actes du colloque de Valenciennes, juin 2002, parus dans *Littératures classiques*, n° 58, printemps 2006, p. 89–103.

[2] Mademoiselle de Scudéry, « De l'air galant », [in] *« De l'Air Galant » et autres conversations (1653–1684). Pour une étude de l'archive galante*, éd. Delphine Denis, Paris, Champion, 1998, p. 51–2. Cette discussion fut insérée dans l'*Histoire de Sapho* au tome X de son roman d'*Artamène ou le grand Cyrus*, publié en 1653 (la citation est tirée de l'édition de 1656, p. 881–904). Elle fut reprise avec quelques modifications en 1684 dans le tome I de ses *Conversations nouvelles*.

[3] Voir *supra*, chapitre 7, p. 254.

Sicilien, ou l'Amour peintre permit, lui, d'opposer des modes, contrastés dans le temps et l'espace, d'une éthique galante aux contours changeants. C'est qu'en vint à se définir peu à peu au fil des rôles et des pièces, et par opposition à une série de versions dégradées dont il convenait de la distinguer, une conception d'une galanterie à la française dont le roi était le modèle et que l'ensemble de la nation offrait en exemple au reste de l'Europe.

De la mauvaise galanterie d'un libertinage des mœurs, à la bonne galanterie de manières agréables et enjouées, de l'ancienne galanterie de la chevalerie, puis des tournois et des courses de bague, à celle, plus récente, des assiduités et des régales, analysée par Chapelain dans son dialogue *De la lecture des vieux romans*, du simple rituel de sociabilité à un sentiment véritable engageant l'être tout entier, tel qu'il fut évoqué par Méré dans son discours des *Agréments*, la gamme des possibles était variée et témoignait de la parfaite connaissance par Molière des positions culturelles de son temps[4]. Mais elle témoignait aussi de la manière dont des valeurs associées à l'origine à des effets de distinction sociale pouvaient s'y retrouver liées à l'affirmation de la puissance et de l'hégémonie françaises en Europe, et aider à définir une conception de la royauté à la fois absolutiste et impérialiste.

1. Du «prince accompli»[5] au «Maure de qualité»[6]

C'est à une éducation du prince et de sa cour qu'invitèrent tout d'abord les comédies-ballets galantes de Molière, qu'il convient pour cela d'envisager au côté des carrousels et autres jeux chevaleresques auxquels s'adonna Louis XIV dans les premières années de son règne personnel. Bien sûr, dans un élargissement progressif de la perspective, le miroir du prince fut aussi un miroir tendu au moindre de ses sujets. Au-delà des figures de pouvoir, la leçon touchait l'ensemble de la nation. Mais ce fut cependant au prix d'un déplacement de la signification même du terme de galanterie, au moment justement

---

4   On consultera sur cette question les nombreux articles d'Alain Viala, et plus particulièrement «Le Naturel galant», [in] *Nature et culture à l'âge classique (XVIe–XVIIe siècles)*, actes de la journée d'étude du Centre de recherches «Idées, thèmes et formes 1580–1789, 25 mars 1996», éd. Christian Delmas et Françoise Gevrey, Toulouse, Presses du Mirail, 1997, p. 61–76, et «L'Esprit galant», [in] *L'Esprit en France au XVIIe siècle*, actes du 28e congrès de la NASSCFL, éd. François Lagarde, Tübingen, Biblio 17, 1997, p. 53–74, ainsi que les ouvrages de Delphine Denis, *Le Parnasse galant. Institution d'une catégorie littéraire au XVIIe siècle*, Paris, Champion, 2001, et «*De l'Air Galant*» *et autres conversations (1653–1684)*, précédemment cité.
5   *La Princesse d'Elide*, I, 1, v. 44, p. 777.
6   *Ballet des Muses*, [in] *Benserade. Ballets pour Louis XIV*, II, p. 778.

où le désir de plaire au cœur de son éthique (et de son esthétique) transposait l'ancien code de prouesse guerrière en un idéal de raffinement des manières et du comportement, susceptible néanmoins d'être taxé de légèreté.

«Les Plaisirs de l'île enchantée», ou l'en-deçà du plaisir

Voyant le prince d'Ithaque amoureux, son gouverneur Arbate s'écriait dans *La Princesse d'Elide*:

> Je vous trouvais bien fait, l'air grand, et l'âme fière;
> Votre cœur, votre adresse, éclataient chaque jour:
> Mais je m'inquiétais de ne voir point d'amour;
> Et puisque les langueurs d'une plaie invincible
> Nous montrent que votre âme à ses traits est sensible,
> Je triomphe, et mon cœur, d'allégresse rempli,
> Vous regarde à présent comme un prince accompli.[7]

Réflexion que, trois mois plus tôt, Benserade avait prêtée au personnage incarné par le roi dans le *Ballet des amours déguisés*:

> Quand il est question de former un Héros,
> A le rendre parfait trois choses contribüent,
> [...]
> Chacune y met la main, le polit, & l'éleve,
> La Nature & la Gloire ont-elles commencé?
>   L'Amour acheve.[8]

C'était, en effet, non dans le refus des émois du cœur, mais dans la maîtrise des impulsions naturelles du moi que le prince accompli pouvait réconcilier désir de gloire et quête de la femme aimée. L'amour n'était pas un égarement de jeunesse sur lequel il convenait de fermer les yeux et que l'adulte laisserait loin derrière lui, il était aussi nécessaire que l'élan héroïque à l'accomplissement de l'image royale.

C'était bien entendu dans la figure exemplaire au centre de l'espace courtisan que s'incarnait cet idéal de perfection énoncé dans l'espace scénique. Monarque réel, galant et héroïque, Louis XIV était ce prince accompli qu'Arbate croyait reconnaître dans le personnage fictif du jeune prince d'Ithaque. Là aussi la fiction prolongeait et dédoublait la réalité. Comme les deux autres journées des *Plaisirs de l'île enchantée*, la seconde journée contribuait à tracer les traits du portrait idéal du prince, qui étaient ceux du monarque organisateur et destinataire de la fête. Chaque étape du parcours festif, chaque divertissement offert aux courtisans, en déclinant une forme licite ou non

---

[7] *La Princesse d'Elide*, I, 1, v. 38–44, p. 777.
[8] *Les Amours déguisez, Ballet du Roi*, [in] *Benserade. Ballets pour Louis XIV*, II, p. 671–2.

du plaisir, était le lieu de la démonstration de la possession d'une qualité ou de l'absence d'un défaut chez le prince qui les gouvernait. Les courses du premier jour avaient ainsi exalté des valeurs héroïques que seule l'image pacifique du roi véhiculée par la littérature encomiastique du temps[9] empêchait de s'accomplir ailleurs que dans l'arène des jeux guerriers. Les vers de Benserade «Pour le Roi, représentant Roger» avaient proclamé dans une fusion de la personne et de la *persona*.

> De ce cœur généreux c'est l'ordinaire emploi
> D'agir plus volontiers pour autrui que pour soi;
> Là principalement sa force est occupée:
>
> Il efface l'éclat des héros anciens,
> N'a que l'honneur en vue, et ne tire l'épée
> Que pour des intérêts qui ne sont pas les siens.[10]

La comédie-ballet écrite par Molière pour le second jour venait humaniser par l'amour et la galanterie ce que ces valeurs héroïques pouvaient avoir de trop sévère. L'une le rendrait aimable autant que les autres le rendaient terrible. Enfin la destruction du palais d'Alcine, le dernier jour, rappela les excès à éviter d'une galanterie pervertie en sensualité débridée. Comme le marquait toute la configuration de l'espace festif (voir **Fig. 12**), qui semblait isoler sur une île[11] et repousser toujours plus loin du château, jusqu'aux limites mêmes de cet espace, le lieu et le temps de l'abandon aux plaisirs les plus captivants, cet abandon ne se produisait pas. Parvenus au bout de l'Allée Royale, ni Louis XIV ni sa cour ne franchissaient le pas géographique et moral qui les séparait des «erreurs»[12] dont Alcine et son palais étaient le symbole. L'appel de la magicienne à la reine mère, dont la piété et la désapprobation des mœurs de la nouvelle cour étaient connues, restait sans réponse[13]. Et avec la destruction du palais enchanté, le danger d'un sentiment se pervertissant dans un dérèglement des sens apparaissait comme définitivement conjuré.

---

[9] Voir Nicole Ferrier-Caverivière, *L'Image de Louis XIV dans la littérature française de 1660 à 1715*, Paris, PUF, 1981.

[10] *Les Plaisirs*, p. 754.

[11] Celle apparue au beau milieu du Bassin des Cygnes, qui, dans le réaménagement des jardins et du parc en 1668, deviendrait le Bassin d'Apollon.

[12] *Les Plaisirs*, p. 823.

[13] «[...] mais je n'ose penser/Que jusqu'à nous défendre on la vît s'abaisser:/De nos douces erreurs elle peut être instruite,/Et rien n'est plus contraire à sa rare conduite./Son zèle si connu pour le culte des Dieux/Doit rendre à sa vertu nos respects odieux» (*ibid.*).

Le déplacement de «rond» en «rond»[14], de plaisir en plaisir, des courtisans au cours des trois journées festives versaillaises était donc un itinéraire d'initiation, une progression dans la représentation du moi du prince, une découverte graduelle d'une image de perfection qui se précisait et se complétait au fil du temps et de l'espace. Combiné de valeurs héroïques et sentimentales, la représentation idéale du prince, qui trouvait une image dédoublée et enchâssée de lui-même dans le prince accompli qu'Arbate appelait de ses vœux, achevait de se perfectionner dans le raffinement de cette sensibilité au contact de l'éthique galante d'un loisir mondain dont il était le plus sûr garant. Car Louis XIV était non seulement le jeune Euryale, il se profilait également derrière Iphitas, le prince galant et magnifique, dont les divertissements étaient ceux que lui-même offrait à sa cour et dont le palais aperçu au point de fuite de la perspective évoquait son propre château[15], la comédie tout entière s'organisant en quelque sorte autour d'une représentation démultipliée, éclatée du monarque, à la fois support, spectateur et juge de cette représentation.

Sostrate, ou la galanterie des vieux âges

Molière continua d'approfondir dans *Les Amants magnifiques* la notion d'une galanterie à l'usage des princes, que pouvaient compromettre autant la perversion de la sensibilité en satisfaction charnelle que sa transformation en un code formel de la séduction, d'où tout sentiment était banni. Alors que *Les Plaisirs de l'île enchantée* avaient rappelé les dangers d'un abandon total à l'empire des sens, cette nouvelle comédie-ballet mettait en scène dans les personnages des princes Iphicrate et Timoclès l'inadéquation d'une conception purement ostentatoire de la galanterie. On y voyait en effet les deux rivaux pour la main de la princesse Eriphile faire leur cour en s'efforçant d'appliquer à la lettre les règles et conventions diverses de l'amour mondain. Comme en réponse à Cathos et à Magdelon, qui s'étaient déclarées choquées dans *Les Précieuses ridicules* du «procédé irrégulier» de leurs amants qui, «tout à fait incongrus en galanterie», voulaient «débuter d'abord par le mariage», et avaient affirmé qu'«en bonne galanterie»[16],

---

[14]   Chacun des trois spectacles principaux des journées se déroula en effet dans un lieu circulaire, clos, qui lui servit de cadre et de décor, comme pour mieux traduire visuellement la transformation des jardins et du château de Versailles en île allégorique. C'est ce que mirent fortement en évidence les gravures d'Israel Silvestre pour la relation officielle.

[15]   Du moins sur la gravure d'Israel Silvestre réalisée pour la relation des *Plaisirs de l'île enchantée*. Voir *supra*, première partie, chapitre 2, p. 62–3.

[16]   *Les Précieuses ridicules*, scène 4, [in] *Œuvres complètes*, I, p. 269, p. 268, p. 268.

> Il faut qu'un amant, pour être agréable, sache débiter les beaux senti-
> ments, pousser le doux, le tendre et le passionné, et que sa recherche soit
> dans les formes.[17]

Timoclès s'appliquait sérieusement, mais vainement, à suivre les principes
énoncés par les deux cousines:

> Madame, je ne suis point pour me flatter, j'ai fait ce que j'ai pu pour toucher
> le cœur de la princesse Eriphile, et je m'y suis pris, que je crois, de toutes les
> tendres manières dont un amant se peut servir, je lui ai fait des hommages
> soumis de tous mes vœux, j'ai montré des assiduités, j'ai rendu des soins
> chaque jour, j'ai fait chanter ma passion aux voix les plus touchantes, et j'ai
> fait exprimer en vers aux plumes les plus délicates, je me suis plaint de mon
> martyre en des termes passionnés, j'ai fait dire à mes yeux, aussi bien qu'à
> ma bouche, le désespoir de mon amour, j'ai poussé, à ses pieds, des soupirs
> languissants, j'ai même répandu des larmes; mais tout cela inutilement, et je
> n'ai point connu qu'elle ait dans l'âme aucun ressentiment de mon ardeur.[18]

Ce qui s'appelait jouer au parfait amant.

Plus cynique, ou plus adroit, Iphicrate préférait flatter la mère pour obtenir la main de la fille, dont l'indifférence à son égard n'était que trop marquée. Mais c'était au prix d'une contamination du discours galant par une
notion de contrat qui, «repos[ant] sur la réciprocité et le calcul [d']intérêts
bien compris», était tout le contraire de l'amour et ressortissait bien plutôt
à l'amour-propre par ce que cette habileté manœuvrière sous-entendait
d'attention à la satisfaction de soi et de son image[19]. La Rochefoucauld avait
défini, on le sait, l'amour-propre comme «l'amour de soi-même et de toutes
choses pour soi»[20]. Aussi Iphicrate faisait-il, sans en cacher d'ailleurs les mo-
tivations, une cour assidue à la princesse Aristione:

> Pour moi, Madame, connaissant son indifférence et le peu de cas qu'elle
> fait des devoirs qu'on lui rend, je n'ai voulu perdre auprès d'elle ni plaintes,
> ni soupirs, ni larmes. Je sais qu'elle est toute soumise à vos volontés, et que
> ce n'est que de votre main seule qu'elle voudra prendre un époux. Aussi
> n'est-ce qu'à vous que je m'adresse pour l'obtenir, à vous plutôt qu'à elle
> que je rends tous mes soins et tous mes hommages.[21]

---

[17] *Ibid.*, Comme le fait remarquer Roger Duchêne, les deux pecques provinciales ne
      voient d'ailleurs pas que la galanterie n'est pas un code des rapports sentimentaux
      en vue du mariage, mais en dehors de lui («Précieuses ou Galantes ridicules?», [in]
      *Thèmes et genres littéraires aux XVIIe et XVIIIe siècles. Mélanges en l'honneur de Jacques
      Truchet*, éd. Nicole Ferrier-Caverivière, Paris, P.U.F., 1992, p. 357–65).

[18] *Les Amants magnifiques*, I, 2, p. 655.

[19] Alain Génétiot, *Poétique du loisir mondain*, p. 254, p. 227.

[20] La Rochefoucauld, *Maximes*, MS1, p. 489.

[21] *Les Amants magnifiques*, I, 2, p. 656.

Conduite dont se moquait Aristione :

> Prince, le compliment est d'un amant adroit, et vous avez entendu dire
> qu'il fallait cajoler les mères pour obtenir les filles ; mais, ici, par malheur,
> tout cela devient inutile, et je me suis engagée à laisser le choix tout entier
> à l'inclination de ma fille.[22]

D'autant plus que, dans une inversion du type de la mère coquette, la princesse revendiquait avec joie et fierté son statut maternel :

> Mon Dieu ! Prince, je ne donne point dans tous ces galimatias où donnent
> la plupart des femmes ; je veux être mère, parce que je la suis, et ce serait
> en vain que je ne la voudrais pas être.[23]

C'était sur la base de pareils principes qu'Iphicrate et Timoclès se dépen-
saient en fêtes en tous genres qui apparentaient leur conduite à cette galanterie moderne qu'avait déplorée Chapelain, parce qu'elle

> ne prouve [sa passion] que par des coquetteries et des assiduités ou, au
> plus, que par des collations, des musiques et des courses de bague.[24]

Galanterie en définitive facile et superficielle, dont Méré devait lui aussi dénoncer les faux brillants dans son discours des *Agréments* en 1677 :

> L'autre [la galanterie la plus commune] paroist dans les habits, dans les
> modes, dans les Bals, dans les Carrousels, dans les courses de Bague, &
> dans les aventures d'amour & de guerre. Les jeunes personnes qui n'ont
> pas encore de goust, aiment bien cette galanterie, qui n'est pas difficile, &
> qu'on peut acquerir sans estre fort honneste homme.[25]

Marque d'une absence d'engagement, sinon d'un amour feint, comme dans
le cas d'Iphicrate, la galanterie telle que la pratiquaient les princes rivaux courait le risque de se réduire à une pure forme sans contenu véridique. Comme
le rappela La Rochefoucauld,

> Ce qui se trouve le moins dans la galanterie, c'est de l'amour.[26]

Proche parente du mensonge, cette « galanterie sans amour »[27] se retrouvait
de surcroît associée chez Iphicrate à la supercherie la plus cynique puisqu'on

---

[22]   *Ibid.*

[23]   *Ibid.*, p. 656–7.

[24]   Chapelain, *De la lecture des vieux romans*, [in] *Opuscules critiques*, éd. Alfred C.
       Hunter, Paris, STFM/Droz, 1936, p. 239.

[25]   Méré, *Les Agremens. Discours de Monsieur le Chevalier de Méré*, Paris, Denys Thierry &
       Claude Barbin, 1677, p. 120.

[26]   La Rochefoucauld, *Maximes*, M402, p. 460.

[27]   Mademoiselle de Scudéry, « De l'air galant », p. 51.

sait que pour mieux circonvenir Aristione, celui-ci n'hésitait pas, avec l'aide d'Anaxarque, l'astrologue, à monter de toutes pièces le stratagème de l'apparition de la prétendue Vénus, qui devait servir à le désigner comme libérateur de la princesse mère et par là même comme futur époux d'Eriphile[28].

Aux princes et à leur mise en pratique de «l'art de plaire aux dames pour s'en faire aimer»[29], dont il apparaît vite qu'elle aboutissait à un échec, Molière opposa le comportement de Sostrate, qui préférait se réfugier dans un silence respectueux et tremblant, marque d'un amour sincère et véritable, mais «sans méthode et sans art»[30]. Or, si l'on considère que Sostrate alliait à cet amour non seulement bravoure et prouesses guerrières[31], mais aussi le service héroïque de la femme, en tuant le sanglier qui chargeait la princesse sans défense[32], c'était une autre conception de la galanterie qui se dessinait ici, plus proche de celle qui, au dire de Chapelain, s'était manifestée au temps de la chevalerie. Pour ce dernier, en effet,

> combien noble est la galanterie qui prouve sa passion par la recherche des dangers, par du sang et par des victoires.[33]

Si «les yeux et les oreilles rencontr[aient] moins de satisfaction», car la dame était alors moins flattée qu'adorée et servie au prix du sang, «l'esprit et le cœur la rencontr[aient] toute entière»; et «au lieu de paroles, on ne lui donn[ait] que des «effets»[34]. Contrairement aux princes qui ne payaient jamais de leur personne et se contentaient d'engager artistes et astrologues de tout poil pour agir à leur place, Sostrate, lui, agissait et sauvait Aristione, et montrait que «de bons coups d'épée» valent toujours mieux que «de beaux pas de danse»[35]! Comme l'a fait remarquer Jacques Guicharnaud, c'est là qu'est la vraie obligation envers autrui, dans le devoir de protection et de sauvegarde, et non dans le don de régales frivoles[36]. La vraie galanterie est avant

---

[28] *Les Amants magnifiques*, IV, 3, p. 682–3.
[29] Chapelain, *De la lecture des vieux romans*, p. 238.
[30] *Ibid.*
[31] Clitidas faisait ainsi le portrait à l'acte I d'un Sostrate «qui n'a craint ni Brennus, ni tous les Gaulois et dont le bras a si glorieusement contribué à nous défaire de ce déluge de barbares qui ravageait la Grèce» (*Les Amants magnifiques*, I, I, p. 651).
[32] L'adresse et le courage manifesté à la chasse n'étant qu'une forme plus quotidienne de la valeur guerrière.
[33] Chapelain, «De la lecture des vieux romans», p. 239. Comme le signale Alain Viala, on retrouve ici l'acception ancienne du terme *galant*, celle d'un homme brave, courageux et valeureux, conservée dans l'anglais *gallant* («Le Naturel galant», p. 69).
[34] Chapelain, «De la lecture des vieux romans», p. 238–9.
[35] *Ibid.*, p. 239.
[36] Jacques Guicharnaud, «Les Trois niveaux critiques», p. 38.

tout l'exercice actif d'une vertu héroïque et non le luxe ostentatoire d'oisifs sans mérite. Et comment mieux symboliser ces valeurs martiales que par la «danse héroïque», sans doute une pyrrhique, que venaient danser Apollon et son cortège de six jeunes gens dans le dernier intermède des *Amants magnifiques*[37]?

Sostrate n'était pas prince car, contrairement à l'obscur cavalier Carlos, aimé de Doña Isabelle, qui, dans la pièce de Corneille, se révélait être Don Sanche, roi d'Aragon, il restait jusqu'au bout un simple général d'armée. Mais les vertus qui s'incarnaient en lui étaient au suprême degré celles du monarque qui assistait à la représentation. Cela avait été la leçon des *Plaisirs de l'île enchantée*, de même que celle de l'entrée de Turcs et de Maures du *Ballet des Muses*, pour laquelle Molière composa sa comédie du *Sicilien, ou l'Amour peintre* dans l'hiver 1667. Telle qu'elle s'incarnait en Louis XIV, la nouvelle éthique galante n'était en rupture ni avec le discours sérieux de l'amour ni avec le culte des valeurs héroïques. Galanterie «galante» et galanterie «des vieux âges» ne s'excluaient pas.

Le plus galant des Maures français

Dans la quatorzième entrée du *Ballet des Muses*, Louis XIV avait dansé sous les traits d'un «Maure de qualité», personnage dans lequel avait été offerte à l'admiration des spectateurs de cour une figure nationale idéalisée, quintessence de vertus, où fusionnaient à la fois le naturel galant des Français (j'y reviendrai) et les caractéristiques fictives du stéréotype du Maure galant véhiculées par la littérature romanesque[38]. Benserade faisait dire au personnage interprété par le roi:

---

[37] *Les Amants magnifiques*, sixième intermède, p. 691.

[38] Disons toutefois que, par esprit ludique, les ballets de cour avaient fini par dévaloriser quelque peu ce personnage et par en faire un type figé, immuable, celui de l'étranger aimable et amoureux, dont les vers pour les personnages soulignaient à l'envi la constance en amour, l'adresse aux jeux de Vénus, tout comme l'ingéniosité badine. Voir notamment ceux du *Ballet de l'Amour de ce temps* (1620): «Si nous sommes tout noir d'habit et de visage,/Ne nous regardez point d'un regard dedaigneux;/Nous n'en sçavons pas moins l'art d'amour et l'usage/Sont ceux de nostre teint qui l'entendent le mieux» ([in] *Ballets et mascarades de cour de Henri III à Louis XIV (1581–1652)*, éd. Paul Lacroix, reproduit en fac-similé dans Genève, Slatkine rpts, 1968, II, p. 256); ou encore ceux de la *Bouffonnerie ou mascarade du poinct du jour* (vers 1640): «Ils conservent toujours le titre de constans» (*ibid.*, VI, p. 9). D'autres ballets, comme le *Ballet dansé en la présence du Roy en la ville de Bourdeaux* en 1620, en avaient plutôt fait des cavaliers, habiles aux jeux chevaleresques (*ibid.*, II, p. 246).

Sur un chemin si noble il efface en allant
Tout ce que les ZEGRIS, & les ABENCERRAGES
Ces illustres Courages
Firent de plus galant.[39]

Alors que les chansons de gestes les avaient représentés comme des païens grossiers et cruels, depuis la *Diana* de Montemayor, traduite en français dès 1592, les Maures passaient en revanche pour galants de ce côté-ci des Pyrénées. L'œuvre espagnole n'avait-elle pas en effet montré comment

> la courtoisie, et service des dames estoient en eux entierement : jamais Abencerrage ne servit dame de laquelle il ne feust favorisé, ny dame ne se teint digne de ce nom qu'elle n'eust un Abencerrage pour serviteur.[40]

Les *Guerres Civiles de Grenade* de Perez de Hita avaient confirmé leur réputation de chevaliers et d'amants accomplis, au point que, dans son dialogue sur la question de savoir *S'il faut qu'un jeune homme soit amoureux*, Sarrasin jugeait bon de prêter ces paroles à Chapelain :

> Or ces tournois qui pendant la Paix estoient une image de la guerre, n'ont eu jamais pour objet que l'Amour des Dames, & comme ils sont passez en Europe avec les Mores, aussi chez les Mores, l'Amour les avoit-il inventez ; [...] Il est vray que pour ce qui regarde ces Festes, le reste des Européens fut long-temps avant que de pouvoir arriver à la politesse des Mores, avant que le bal, les serenades, les courses de bague, les combats à la barriere, & le reste de la gallanterie éclatante, fust venuë au point où nostre Cour l'a veuë du temps de la Duchesse de Valentinois. [...] J'acheveray cet endroit apres avoir dit, que Ferdinand & Isabelle ne conquirent le Royaume de Grenade, que lors que le Roy Chico en eut chassé les Abencerrages, c'est à dire l'Amour ; les Cavaliers de cette race estant les plus braves & les plus amoureux des Afriquains, & la renommée les ayant élevez à une si haute estime de galanterie, qu'on publioit que jamais Abencerrage n'avoit servy de Dame à Grenade sans en estre favorisé, & que jamais Dame ne s'estoit creuë digne de ce nom, qu'elle n'eust eu un Abencerrage pour serviteur. C'est ce qu'en dit le More Abindarasse dans la Diane de Monte-Mayor [...].[41]

---

[39] *Ballet des Muses*, p. 803.
[40] Ed. de Paris, Toussainct du Bray, 1611, f° 237, r°. Cité par Marcel Paquot, *Les Etrangers dans les divertissements de la cour*, p. 45.
[41] Sarrasin, «S'il faut qu'un jeune homme soit amoureux», [in] *Les Œuvres de Monsieur Sarasin*, Paris, Estienne Loyson, 1673, p. 230–1.

Si cette haute idée de la galanterie était effectivement passée des Maures aux Espagnols, ainsi que l'affirmait encore Madame de Motteville[42], son ascendance espagnole expliquait alors en partie que Louis XIV pût apparaître comme le moderne représentant de cette première forme, héroïque, de galanterie. Ne prit-il pas le nom de Roger dans *Les Plaisirs de l'île enchantée*, dont le déroulement suivit un canevas tiré de l'Arioste[43] ? Ne renouvela-t-il pas la pratique des carrousels, forme ludique des tournois d'antan, dans les premières années de son règne ? Mais le monarque incarnait également une autre forme, plus typiquement française, de galanterie, et cette forme ne serait en fait autre chose pour Méré que la « parfaite honnesteté »[44]. Par ses prouesses guerrières et son adresse aux courses de bague et autres carrousels, tout comme par son art de plaire aux femmes par ses attentions flatteuses et sa libéralité, par l'agrément et le raffinement de ses manières enfin, Louis XIV portait à leur perfection les qualités requises de l'une comme de l'autre. Au point que le relationniste du *Second Regale fait par le Roy, au Duc de Buckingham* au château de Versailles, en septembre 1670, put écrire de la « splendeur » et de la « galanterie » du roi de France qu'elles « le distingu[ai]ent, aussi bien que sa Püissance, de tous les autres Princes de la Chrestienté »[45].

2. « Les vrays François imitent tout, surmontent tout, triomphent de tout »[46]

Or, dans sa récente acception, la parfaite galanterie était autant le fait du monarque français que du moindre de ses sujets. Sur la trame romanesque, mais banale, d'une intrigue à l'italienne toute en ruses, déguisements et enlèvement, la comédie-ballet du *Sicilien, ou l'Amour peintre* enchâssée dans le *Ballet des Muses* vint ainsi greffer une exploration et une mise en scène à l'échelle

---

[42] La mémorialiste s'attarde ainsi sur la « haute idée de la galanterie que les Espagnols avoient apprise des Mores » (*Mémoires pour servir à l'Histoire d'Anne d'Autriche*, Amsterdam, François Changuion, 1723, I, p. 14).

[43] On remarquera toutefois que, malgré la référence chevaleresque, Louis XIV y était costumé à l'antique (ce qui avait été également le cas pour les carrousels de 1656 et de 1662).

[44] « & je croy que la bonne galanterie n'est autre chose que la parfaite honnesteté, accompagnée des vrais Agrémens en tout ce qu'elle fait ou qu'elle dit, & d'une manière noble & delicate » (Méré, *Les Agremens*, p. 122–3). Méré ne reconnaît en revanche aux Maures que la forme la plus commune de galanterie, celle des « aventures d'amour & de guerre » (*ibid.*, p. 120).

[45] *La Gazette*, n° 112, 19 septembre 1670, p. 820.

[46] C'est le titre d'un ballet dansé par le prince de Condé en 1627.

du quotidien de ces valeurs et de pratiques galantes dont était revendiquée la spécificité française. Séduite par les manières aisées du gentilhomme français amoureux d'elle, Isidore déclarait :

> Tout cela sent la nation ; et toujours Messieurs les Français ont un fonds de *galanterie* qui se répand partout.[47]

D'emblée ce qui aurait pu n'être qu'un mode et une mode du comportement, était donné comme une caractéristique innée du génie national français. Car l'amant de la jeune Grecque n'était pas seulement galant. Il était aussi français. Ou plutôt il était galant parce qu'il était français. De plus cette galanterie si naturelle aux Français qu'elle en était devenue une seconde nature était en réalité spécifiquement française. Isidore ajoutait :

> [...] et l'on doit demeurer d'accord que les Français ont quelque chose en eux de poli, de galant, que n'ont point les autres nations.[48]

Prérogative notable et présentée comme exclusive du peuple français, la galanterie aurait même été la contribution originale de la France à la civilisation universelle. Sorel n'avait-il pas déclaré en 1644 dans ses *Lois de la galanterie* :

> Nous, Maistres souverains de la Galanterie, [...] Avons arresté qu'aucune autre Nation que la Françoise ne se doit attribuer l'honneur d'en observer excellemment les preceptes, et que c'est dans Paris, ville capitale en toutes façons, qu'il en faut chercher la source.[49]

Poussant encore plus loin l'appropriation nationaliste de la notion, Caseneuve n'hésitait pas du reste, dans ses *Origines de la langue françoise*, à rapprocher étymologiquement *galanterie* de *gallus* et *gaulois* :

> Puisque J.-César Scaliger & Vossius tiennent que *Gaillard* est formé de *Gallus* ; à-cause de la hardiesse & de l'agilité ou belle humeur des Gaulois ou François ; il me sera bien permis de dire que *Galand* & *Galanterie* viennent de même origine : d'autant que la *Galanterie*, c'est-à-dire la civilité, la courtoisie, & tout ce qui peut être compris sous le nom d'*Urbanité*, sont des qualités que les François possèdent par éminence, par l'aveu même des Nations étrangères.[50]

---

[47] *Le Sicilien, ou l'Amour peintre*, scène 11, [in] *Œuvres complètes*, II, p. 339. C'est moi qui souligne.

[48] *Ibid.*, scène 13, p. 341. Le père Rapin dirait également dans ses *Reflexions sur la Poetique de ce temps* que « nostre nation [...] est naturellement galante » (éd. de Paris, François Muguet, 1675, p. 122).

[49] Sorel, *Les Loix de la galanterie*, éd. de Paris, Auguste Aubry, 1855, p. 1.

[50] Caseneuve, *Les Origines de la langue françoise*, [in] Ménage, *Dictionnaire étymologique, ou Origines de la langue françoise*, nouvelle édition revue et augmentée, Paris, chez J. Anisson, 1694, p. 54.

En outre, le décor sicilien de la pièce – et le contexte plus général de la mascarade de Turcs et de Maures du *Ballet des Muses* dans lequel elle s'enchâssait – permettait d'inscrire cette exploration du sémantisme ambivalent de la galanterie dans le cadre d'une comparaison entre nations. Façon de flatter l'orgueil national, de dire bien sûr que les Français étaient de meilleurs amants que les autres, ce que le divertissement de cour avait toujours proclamé[51], mais plus encore d'affirmer l'exclusivité française du vrai modèle de la galanterie, par opposition à son antécédent italien[52] et au modèle rival qui se faisait jour alors en Espagne, notamment avec Gracián[53]. Façon aussi d'apporter la dernière touche à l'exaltation de la grandeur et de la supériorité nationales entreprise par les treize autres entrées d'un ballet tout entier consacré à la glorification de la mission régénératrice de la monarchie française. L'argument du *Ballet des Muses* n'avait-il pas annoncé une *translatio studii* au profit du royaume ?

> Les Muses charmées de la glorieuse reputation de nostre Monarque, & du soin que sa Majesté prend de faire fleurir tous les Arts dans l'étenduë de son Empire ; quittent le Parnasse pour venir à sa Cour.[54]

Aussi les quatorze entrées dont se composait le ballet venaient-elles associer le choix d'une Muse et d'un art ou d'une esthétique à la célébration des réalisations nationales dans ce domaine. La France y était invariablement montrée

---

[51] Voir entre autres les vers du *Ballet des Nations*, [in] *Ballets et mascarades de cour*, VI, p. 236–7.

[52] Il s'agit bien entendu du *Livre du courtisan* de Baldassare Castiglione (Venise, 1528), traduit par Gabriel Chappuis en 1580, ainsi que du *Galatée* de Giovanni della Casa (Venise, 1558), traduit par Jean du Peyrat Sarladoys en 1562, et de la *Civile Conversation* de Stefano Guazzo (Brescia, 1574), dont deux traductions parurent en 1579, l'une de François de Belleforest, l'autre de Gabriel Chappuis.

[53] *L'Homme de cour* (Huesca, 1647), traduit en 1684 par Amelot de la Houssaie ; *L'Homme universel* (Huesca, 1646), traduit par le P. Joseph de Courbeville en 1723 ; ou *Le Héros* (Huesca, 1637), traduit par Gervaise en 1645, sont parmi ses ouvrages les plus influents. Je renvoie ici à deux études d'Alain Viala, «Les Signes Galants : A Historical Reevaluation of *Galanterie*», *Yale French Studies*, n° 92, 1997, p. 11–29, et «Galanterie française», [in] *Problèmes interculturels en Europe (15ᵉ–17ᵉ siècles)*, éd. E. Baumgartner, Adelin Fiorato et Augustin Redondo, Paris, P.S.N., 1999, p. 115–27.

[54] Benserade, *Ballet des Muses*, p. 735. Faut-il voir ici de la part de Louis XIV et de ses propagandistes une volonté consciente de détourner au profit de la monarchie une thématique déjà exploitée, on le sait, par les thuriféraires de Foucquet ? *Le Songe de Vaux* de La Fontaine développait aussi en effet une *translatio musarum*, qui voyait les Muses quitter l'Hélicon pour se transporter dans les salons de Vaux, tandis que Foucquet lui-même se substituait à Apollon pour encourager l'émulation entre les divers arts qu'elles représentaient.

l'emporter sur l'Antiquité et les autres nations de la terre. Le roi surpassait tous les Alexandre et Cyrus de l'Histoire et, de l'avis même du marquis de La Fuentes, il éclipsait les véritables *hidalgos* dans son rôle d'Espagnol[55]. Quant à Molière lui-même, il était dit «celuy de tous nos Poëtes, qui dans ce genre d'écrire peut le plus justement se comparer aux anciens»[56]. Rien d'étonnant alors à ce que sa comédie du *Sicilien, ou l'Amour peintre*, qui fit la matière de la quatorzième entrée, relevât aussi du même dessein encomiastique, en même temps qu'elle satisfaisait au goût de l'exotisme montré depuis toujours par le ballet de cour. Par l'intermédiaire du personnage d'Adraste, la pièce servait ainsi de prétexte à un éloge complexe de la galanterie, à la fois en tant que modèle de comportement social et en tant que mode de relation amoureuse entre les sexes, tous deux également rapportés à un tempérament national. A la veille d'opérations militaires visant à consolider l'hégémonie du pays en Europe, pareille prétention ne pouvait qu'avoir une valeur polémique[57].

Dans la cinquième et avant-dernière entrée du ballet qui concluait les fêtes de Chambord à l'automne 1670, Molière développa tout aussi explicitement cette idée d'une galanterie spécifiquement française en la rapportant à un thème habituel des divertissements de cour, celui d'une supériorité des Français sur les autres peuples de la terre. En effet, depuis le début du siècle, les ballets dits «des nations» avaient périodiquement affirmé la suprématie française dans des domaines aussi variés que possible, qui empruntaient leurs stéréotypes à l'imaginaire collectif du temps; et ce qui avait commencé comme un simple divertissement exploitant les préjugés d'un auditoire aristocratique et parisien avait fini, sous Richelieu, par être mis au service d'une manipulation de l'opinion et par contribuer à la formulation d'une philosophie politique dont les deux facettes étaient impérialisme et absolutisme[58].

---

[55] Le résident vénitien, Marc Antonio Giustinian, écrivit le 15 février 1667 que Louis XIV «si mostrò in quella danza si erudito, e nel battere il castagne il si franco, che il Signor Ambasciator La Fiuntez assicurò non havere veduto in Spagna chi avansi questa Maestà nella gratia e nella maestria di ballare» («Dispacci degl'ambasciatori veneziani. Marc Antonio Giustinian. 6 Luglio 1666–22 Febbrajo 1667»,139, BnF, Ms fonds italien 1862, f° 225).

[56] Benserade, *Ballet des Muses*, entrée de Thalie et de la Comédie, p. 738 (Molière avait composé *La Pastorale comique* qui s'y enchâssait).

[57] La Guerre dite de Dévolution éclata en effet au printemps suivant avec la campagne de Flandre. Entreprise à la mort de Philippe IV d'Espagne pour faire valoir les droits de la reine Marie-Thérèse sur les Pays-Bas, cette guerre éclair se termina en 1668 au traité d'Aix-la-Chapelle, par lequel l'Espagne cédait à la France douze places sur la frontière du Nord.

[58] Sur le «ballet des nations», voir mon propre article, «Dance and Ritual: the *Ballet des Nations* at the Court of Louis XIII», *Renaissance Studies*, n° 9 (4), 1995, p. 395–403.

D'ailleurs appelé *Ballet des nations* dans le livret, le divertissement final du *Bourgeois gentilhomme* combinait l'affirmation de cette hégémonie avec l'évocation d'une qualité non plus uniquement réservée à des privilégiés de la naissance[59], mais plus largement répandue dans le pays. Comme l'a souligné Alain Viala[60], les personnages galants du ballet ne sont pas des nobles parisiens, mais « six autres Français [...] vêtus galamment à la poitevine, trois en hommes et trois en femmes »[61]. Exclusivité française, la galanterie avait cessé d'être le fait d'une minorité pour s'ouvrir à la nation tout entière. De fait, tout comme celles de la vraie honnêteté, « ses manieres [...] ne sont-elles pas plus des Cours que des Deserts »[62].

Or ainsi universalisée (je n'ose dire démocratisée), la galanterie à la française ne pouvait manquer d'apparaître, moins comme inspirée par des valeurs chevalesques ou mondaines, que comme l'expression de qualités naturelles du cœur et de l'esprit. C'est bien dans ce sens qu'elle avait constitué le ressort et l'enjeu principal de la comédie-ballet du *Sicilien, ou l'Amour peintre*, où le cadre d'une Sicile de fantaisie servit de toile de fond à l'expression d'un code de l'élégance des manières et du langage, d'un art du savoir-dire et du savoir-vivre, mais aussi et surtout du savoir-aimer.

3. *Le Sicilien*, ou l'école de la galanterie

Deux hommes, une femme. Le schéma du *Sicilien* était banal. Molière s'en était déjà servi dans les deux *Ecoles*. Mais la rivalité du barbon jaloux et de l'amant aimable et entreprenant fut pour lui l'occasion d'opposer non plus seulement des façons différentes d'aimer, mais encore des représentations différentes de soi dans son rapport à autrui et à soi-même, et surtout des pratiques sociales différentes. C'est, en effet, en fonction des diverses modalités d'une galanterie à l'usage désormais de la ville (et de la province), qu'allaient se modeler le discours et le comportement des personnages masculins – et féminins – dans la pièce, incarnations tour à tour d'un refus explicite des

---

[59] Ce qui était en quelque sorte encore le cas du *Sicilien, ou l'Amour peintre*, puisqu'Adraste y était présenté comme « gentilhomme » dans les *dramatis personae*.

[60] « Un défaut [...] qui ne cause ni douleur ni destruction », [in] *Mythe et Histoire dans le théâtre classique. Hommage à Christian Delmas*, éd. Fanny Népote-Desmarres, avec la collaboration de J.-Ph. Grosperrin, Toulouse, S.L.C./Champion, 2002, p. 337–48.

[61] Molière, *Le Bourgeois gentilhomme*, 5ème entrée du ballet, p. 787. Certes l'habit poitevin des six danseurs s'expliquait aussi par le fait qu'on croyait le menuet originaire du Poitou (voir *supra*, seconde partie, chapitre 6, p. 208).

[62] Méré, Discours II, « Suite de la vraïe Honnêteté », [in] *Œuvres posthumes*, p. 70.

schèmes galants, de leur sens négatif de libertinage de la débauche, comme de leur sens positif de belle galanterie des manières et de désir de plaire.

Un « monstre haï de tout le monde »[63]

Comme tous ses pareils, avatars de Sganarelle, le Sicilien Dom Pèdre n'a avec la femme aimée que des rapports de sujet à objet. La relation est à sens unique. Esclave achetée, puis affranchie, Isidore n'a d'existence et de personnalité que par rapport à un maître qui ne renonce à cette qualité que pour prendre celle, tout aussi tyrannique, de mari. Aussi se plaint-elle de n'avoir rien à gagner

> si vous changez mon esclavage en un autre beaucoup plus rude [...] si vous ne me laissez jouir d'aucune liberté, et me fatiguez, comme on voit, d'une garde continuelle.[64]

« Héros du même »[65] et, partant, incapable de reconnaître en l'autre un sujet avec des désirs et des pensées propres, Dom Pèdre n'envisage la jeune femme que comme sa chose, comme une extension de sa propre personne :

> Mon amour vous veut toute à moi; sa délicatesse s'offense d'un souris, d'un regard qu'on vous peut arracher; et tous les soins qu'on me voit prendre ne sont que pour fermer tout accès aux galants, et m'assurer la possession d'un cœur dont je ne puis souffrir qu'on me vole la moindre chose.[66]

D'où le vocabulaire non seulement de domination, mais également de possession, marque d'une volonté de se réserver jusqu'au moindre regard,

---

[63] *Le Sicilien, ou l'Amour peintre*, scène 18, p. 344.

[64] *Ibid.*, scène 6, p. 332.

[65] Pierre Force, *Molière ou Le Prix des choses*, p. 34.

[66] *Le Sicilien, ou l'Amour peintre, loc. cit.* Le Sganarelle du *Mariage forcé* n'envisageait de même le mariage que comme un rapport de possession illimitée du corps de la femme : « Vous ne serez plus en droit de me rien refuser; et je pourrai faire avec vous tout ce qu'il me plaira, sans que personne s'en scandalise. Vous allez être à moi depuis la tête jusqu'aux pieds, et je serai maître de tout » (*Le Mariage forcé*, scène 3, p. 720). On rapprochera ce comportement de celui du Sganarelle de *L'Amour médecin*, qui, voulant, en père possessif, garder sa fille unique pour lui, refusait tout bonnement de la marier, ainsi qu'il s'en expliquait : « A-t-on jamais rien vu de plus tyrannique que cette coutume où l'on veut assujettir les pères ? rien de plus impertinent et de plus ridicule que d'amasser du bien avec de grands travaux, et élever une fille avec beaucoup de soin et de tendresse, pour se dépouiller de l'un et de l'autre entre les mains d'un homme qui ne nous touche de rien ? » (*L'Amour médecin*, I, 5, p. 103).

jusqu'au moindre sourire de la femme aimée, marque aussi d'une volonté de contrôler l'image que celle-ci peut bien présenter d'elle-même au monde :

> Je serai fort ravi qu'on ne vous trouve point si belle, et vous m'obligerez de n'affecter point tant de la paraître à d'autres yeux.[67]

D'où alors le vocabulaire et la quasi-réalité de l'enfermement et de la surveillance constante d'Isidore, qui se dit «fatigu[ée] [...] d'une garde continuelle»[68]. Quelle meilleure façon, en effet, de contrôler cette image que d'en être soi-même toujours le premier, sinon le seul et unique, témoin ?

A ce comportement obsessionnel Dom Pèdre donne un nom, la jalousie, passion dont l'excès rattache le personnage à un type familier de la scène comique, celui du jaloux incommode, dépourvu ici de la profondeur tragique d'un Arnolphe ou d'un Alceste. Celle-ci n'est plus qu'un travers ridicule qui le constitue en fâcheux et auquel le ramène constamment le jugement des autres. Pour Adraste Dom Pèdre n'est ainsi qu'un «incommode jaloux», un «jaloux maudit», un «fâcheux jaloux», pour Climène, qu'un «jaloux [...] monstre haï de tout le monde»[69]. Or cette représentation du moi en jaloux, construite par les autres avant même que le protagoniste n'apparaisse sur scène, Dom Pèdre se l'approprie et s'y identifie totalement.

> Oui, jaloux de ces choses-là, mais jaloux comme un tigre, et, si voulez, comme un diable,[70]

admet-il face à Isidore en soulignant à quel point cette représentation du moi se situe encore au-dessous de l'idée que lui-même s'en fait. C'est cette image qui lui est de nouveau opposée, à la scène 15, sous la figure de cet *alter ego* que représente le simulacre visible du «mari furieux» (qui n'est autre qu'Adraste déguisé), poursuivant d'une jalousie «incroyable» en sa sœur Climène[71], elle aussi déguisée, sa prétendue femme :

---

[67] *Le Sicilien*, scène 6, p. 332.

[68] *Ibid.*

[69] *Ibid.*, scène 2, p. 326 ; scène 4, p. 329 ; scène 5, p. 330 ; scène 18, p. 344.

[70] *Ibid.*, scène 6, p. 332.

[71] Dans le livret du *Ballet des Muses*, ce personnage est remplacé par celui de l'esclave Zaïde. L'élément turc semble du reste avoir été davantage prononcé dans les représentations à la cour de la comédie-ballet. Outre le nom de Zaïde porté par la prétendue femme d'Adraste, c'étaient trois musiciens turcs qui, à la scène 1, donnaient une sérénade à Isidore, de même que c'était un esclave turc qui chantait devant elle la passion d'Adraste à la scène 6. Dans l'édition de la pièce, la nationalité des trois musiciens n'est pas précisée et c'est Hali qui, vêtu en Espagnol, chante l'air «D'un cœur ardent» à la scène 8.

Sa jalousie est incroyable, et passe, dans ses mouvements, tout ce qu'on peut imaginer. Il va jusques à vouloir que je sois toujours voilée.[72]

Ne faut-il pas, dès lors, voir dans le personnage de Climène voilée une extériorisation du fantasme de l'enfermement total de la femme, de sa soustraction totale aux regards des autres, par lequel le jaloux marque sa hantise de la possibilité d'un rapport non contrôlé au monde de l'objet aimé? Manifestation bien évidemment moins d'un amour vrai de l'autre que d'un amour immodéré de soi-même. La Rochefoucauld n'avait-il pas déjà reconnu qu'

il y a dans la jalousie plus d'amour-propre que d'amour?[73]

De fait Courtin montrerait en 1674 dans son *Traité de la jalousie* comment ce n'est point de «l'amour veritable», qui «recherche [le] bien [de l'autre], comme le sien propre», que vient la jalousie, mais de «l'amour brutal», sentiment à la fois bas et sensuel, qui «ne regarde que la possession de l'objet, auquel se rapporte cette passion, & non pas l'objet même». Et Courtin de préciser «qu'on l'aime pour son interêt, & non pas pour celuy de la chose aimée»[74].

Si la question pouvait néanmoins se poser – et elle le fut – de savoir si un amant a le droit d'être jaloux ou non, le mari jaloux, dont «la jalousie est un droit reconnu, un privilège sanctionné par les lois de l'honneur conjugal»[75], porte, lui, la responsabilité de toutes les injustices dont l'institution du mariage est tenue pour coupable envers les femmes: manque de liberté et d'indépendance, retrait du monde et de ses plaisirs, soumission, voire asservissement total et d'autant plus intolérable à la volonté du mari qu'il n'a le plus souvent pas été librement consenti[76]. En revanche les fureurs de l'amant jaloux peuvent passer pour une authentique preuve d'amour. Pour la Clymène des *Fâcheux*, en effet,

---

[72] *Le Sicilien, ou l'Amour peintre*, scène 14, p. 342.

[73] La Rochefoucauld, *Maximes*, M324, p. 451.

[74] Courtin, *Traité de la Jalousie*, p. 67.

[75] Voir Jean-Michel Pelous, *Amour précieux. Amour galant*, p. 256.

[76] Angélique épelait en un sens dans *George Dandin* les doléances de toutes ses consœurs: «Car pour moi, je vous déclare que mon dessein n'est pas de renoncer au monde, et de m'enterrer toute vive dans un mari. Comment? Parce qu'un homme s'avise de nous épouser, il faut d'abord que toutes choses soient finies pour nous, et que nous rompions tout commerce avec les vivants? C'est une chose merveilleuse que cette tyrannie de Messieurs les maris, et je les trouve bons de vouloir qu'on soit morte à tous les divertissements, et qu'on ne vive que pour eux» (*George Dandin*, II, 2, p. 482).

> C'est aimer froidement que n'être point jaloux ;
> Et je veux qu'un amant, pour me prouver sa flamme,
> Sur d'éternels soupçons laisse flotter son âme,
> Et par de prompts transports donne un signe éclatant
> De l'estime qu'il fait de celle qu'il prétend.[77]

Certes. Mais ces fureurs n'en contreviennent pas moins à la première des lois du code tendre comme de l'esthétique galante. L'homme galant et à plus forte raison l'amant ne doivent-ils pas avant tout chercher à plaire et à être agréables ? Ne doivent-ils pas de même marquer soumission et respect envers la femme aimée plutôt que risquer de l'offenser par des soupçons sans fondement ? Orphise répliquait ainsi à Clymène :

> Fi ! ne me parlez point, pour être amants, Clymène,
> De ces gens dont l'amour est fait comme la haine,
> Et qui, pour tous respects et toute offre de vœux,
> Ne s'appliquent jamais qu'à se rendre fâcheux ;
> Dont l'âme, que sans cesse un noir transport anime,
> Des moindres actions cherche à nous faire un crime,
> En soumet l'innocence à son aveuglement,
> Et veut sur un coup d'œil un éclaircissement ;
> [...]
> Moi, je veux des amants que le respect inspire,
> Et leur soumission marque mieux notre empire.[78]

Ridicule et importun, l'amant jaloux est de fait incapable d'aimer. Loin de procurer le bonheur, il se tourmente lui-même et rend autrui malheureux.

Mari en puissance et jaloux, Dom Pèdre n'a rien de l'amant mais tout, au contraire, du tyran domestique. Aussi passe-t-il pour un « brutal » aux yeux des autres personnages de la pièce[79]. Aveuglé par sa frénésie possessive, il se méprend sur le principe même du fonctionnement du code tendre. En effet vouloir user de contrainte et d'asservissement pour se faire aimer, c'est ne pas voir que l'amour ne se gagne que « par la douceur et par la complaisance »[80], et qu'il convient non pas de « gêne[r] » et de « soupçon[ner] » la femme aimée[81], mais de lui plaire et de la flatter. Et l'on comprend qu'Isidore, parfaitement au fait des distinctions à la mode, ait tôt fait de ramener à son contraire cette jalousie que le barbon légitime à tort en « excès d'amour » :

---

[77] *Les Fâcheux*, II, 4, v. 442–6, p. 507.
[78] *Ibid.*, v. 415–32, p. 506–7.
[79] *Le Sicilien, ou l'Amour peintre*, scène 4, p. 329.
[80] *Ibid.*, scène 18, p. 344.
[81] *Ibid.*, scène 6, p. 332.

Si c'est votre façon d'aimer, je vous prie de me haïr.[82]

D'autant plus que celui-ci ne cherche qu'à enfermer et qu'à soustraire sa personne aux regards du monde, alors que le véritable amant qu'est Adraste

> souhaite [...] d'en pouvoir représenter les grâces, aux yeux de tout le monde, aussi grandes qu'il les peut voir.[83]

Souhait concrétisé autant par le portrait que le jeune homme est prétendument venu faire d'elle que par sa libération effective à la fin de la pièce. Dès lors, exclu de l'espace tendre, dont il a tenté de renverser à son profit les étapes de «soumission» et d'«obéissance», Dom Pèdre n'a aucun droit à cette «reconnaissance» à laquelle aboutit l'un des parcours tracés par la carte de Mademoiselle de Scudéry et à laquelle il prétend néanmoins. «Vous reconnaissez peu ce que vous me devez»[84], constate-t-il sans comprendre que faire d'une esclave sa femme, et ce même par amour, ne saurait de soi constituer un droit à la reconnaissance, une «obligation». La reconnaissance et l'amour ne se monnayent pas. Ce ne sont pas des valeurs marchandes, mais des dons librement consentis.

A supposer qu'il eût été exempt de toute jalousie, Dom Pèdre ne pouvait, d'autre part, en sa qualité de mari futur, échapper à la réprobation attachée à cet état dans l'échelle des valeurs mondaines qu'à force de complaisances envers Isidore. Or non seulement il s'en est montré incapable, il a de surcroît accumulé des vexations qui lui ont valu l'inimitié de la jeune femme et risquent justement de lui attirer le genre de disgrâce que ses précautions ont pour but d'éviter. Comme le lui explique Isidore,

> Pour moi, je vous l'avoue, si j'étais galant d'une femme qui fût au pouvoir de quelqu'un, je mettrais toute mon étude à rendre ce quelqu'un jaloux, et l'obliger à veiller nuit et jour celle que je voudrais gagner. C'est un admirable moyen d'avancer ses affaires, et l'on ne tarde guère à profiter du chagrin et de la colère que donne à l'esprit d'une femme la contrainte et la servitude.[85]

Car la contrainte et la servitude exacerbent l'esprit de vengeance, redoublent la coquetterie naturelle aux femmes, qui sont «toujours bien aise[s] d'être aimée[s]»[86], et font de toute «honnête femme» une «galante» en puissance[87],

---

82 *Ibid.*, scène 6, p. 332.
83 *Ibid.*, scène 11, p. 337.
84 *Ibid.*, scène 6, p. 332.
85 *Ibid.*
86 *Ibid.*, scène 6, p. 331.
87 George Dandin croit ainsi pouvoir souligner la responsabilité d'Angélique dans le manège de Clitandre autour d'elle: «Quoi qu'on en puisse dire, les galants n'obsè-

au sens dévalorisant que prend le substantif, de femme «dans l'habitude d'avoir des commerces d'amour»[88].

Le «mari à la mode»

A ce mari jaloux, «monstre haï de tout le monde», dont Dom Pèdre est le type, Isidore oppose en quelques traits rapides l'image en tous points contraire du mari ou de l'amant idéal, qu'elle se représente soucieux d'accorder une pleine liberté et une confiance entière à sa femme ou à sa maîtresse, en même temps qu'heureux de la voir «trouvé[e] fort aimable» et «aimé[e] de tout le monde»[89]. C'est à quelque chose près le portrait que trace Dorimène du mari «galant homme» et sachant «comme il faut vivre» dans *Le Mariage forcé*:

> Nous n'aurons jamais aucun démêlé ensemble, et je ne vous contraindrai point dans vos actions, comme j'espère que, de votre côté, vous ne me contraindrez point dans les miennes; car, pour moi, je tiens qu'il faut avoir une complaisance mutuelle, et qu'on ne se doit point marier pour se faire enrager l'un l'autre. Enfin nous vivrons, étant mariés, comme deux personnes qui savent leur monde. Aucun soupçon jaloux ne nous troublera la cervelle; et c'est assez que vous serez assuré de ma fidélité, comme je serai persuadée de la vôtre.[90]

C'est aussi celui du «personnage d'un honnête homme qui est bien aise de voir sa femme considérée» qu'évoque Angélique face à un Dandin abasourdi dans le *Grand Divertissement royal* de Versailles[91]. Mais là où Dorimène et Angélique voient surtout l'occasion de galanteries libertines dans le cadre d'un mariage de complaisance, Isidore envisage un rapport basé sur un attachement réciproque et entretenu par un désir commun de plaire par prévenance et par complaisance à l'égard de l'autre. Le «mari à la mode» que Dorimène et Angélique appellent de leurs vœux, car «il souffre tout, voit tout, & ne se

---

dent jamais que quand on le veut bien. Il y a un certain air doucereux qui les attire, ainsi que le miel fait les mouches; et les honnêtes femmes ont des manières qui les savent chasser d'abord» (*George Dandin*, II, 2, p. 482).

[88] On lit dans le *Dictionnaire de l'Académie françoise*: «On dit qu'une femme est galante, pour dire, qu'elle est dans l'habitude d'avoir des commerces d'amour». Dans *Monsieur de Pourceaugnac*, les caresses et les cajoleries prodiguées par Julie envers le Limousin pour le dégoûter de son mariage sont accueillies par un «Tudieu, quelle galante!» (*Monsieur de Pourceaugnac*, II, 6, p. 621). Richelet cite justement ce passage de la pièce à l'appui de sa définition du substantif comme une «[é]veillée, égrillarde» (*Dictionnaire françois*).

[89] *Le Sicilien, ou l'Amour peintre*, scène 6, p. 332 et p. 331.

[90] *Le Mariage forcé*, scène 2, p. 720–1.

[91] *George Dandin, loc. cit.*

plaint de rien»[92], ne ressemble qu'en apparence à l'idéal défini par Isidore et qu'incarne manifestement Adraste. Que celui-ci n'ait aucune peine à faire la conquête de la jeune femme montre bien que cet idéal est le seul archétype masculin acceptable, sinon viable, du fait de son adaptation aux linéaments de cette nature féminine, universelle et éternelle dont elle s'est réclamée:

> Quelque mine qu'on fasse, on est toujours bien aise d'être aimée: ces hommages à nos appas ne sont jamais pour nous déplaire. Quoi qu'on en puisse dire, la grande ambition des femmes est, croyez-moi, d'inspirer de l'amour. Tous les soins qu'elles prennent ne sont que pour cela; et l'on n'en voit point de si fière qui ne s'applaudisse en son cœur des conquêtes que font ses yeux.[93]

C'est à partir de ce fond commun de coquetterie et de vanité innées qu'Isidore se construit une représentation de son moi et de son état de femme qui la distingue d'Angélique et de Dorimène. Face à des maris ou futurs maris, jaloux de leur autorité et de leurs droits, celles-ci énoncent des prétentions, à bien des égards justifiées, à l'indépendance et à la liberté, au titre d'un «je» individuel, pensant et sensible, qui se projette dans le modèle extérieur d'un type social positif, celui de la «femme galante»[94], défini par ses qualités «sociables». Type qui n'est autre que le portrait de la parfaite maîtresse de maison chez qui galanterie est synonyme de politesse et de civilité:

> J'aime le jeu, les visites, les assemblées, les cadeaux et les promenades, en un mot, toutes les choses de plaisir, et vous devez être ravi d'avoir une femme de mon humeur.[95]

Mais l'outrance de leurs revendications a surtout pour effet de susciter immédiatement l'image d'un autre type social, négatif cette fois, celui de la «galante»[96], au sens sinon de courtisane, du moins de coquette, qui vient se

---

[92] Poisson, *Les Femmes coquettes*, I, 1, [in] *Les Œuvres de M'. Poisson*, Paris, Jean Ribou, 1679, p. 5.

[93] *Le Sicilien, ou l'Amour peintre*, scène 6, p. 331. Angélique avoue de même ne se «scandalise[r] point qu'on [la] trouve bien faite, et cela [lui] fait du plaisir» (*George Dandin*, II, 2, p. 482).

[94] Furetière précise qu'«On dit aussi au feminin, une femme *galante*, qui sçait vivre, qui sçait bien choisir & recevoir son monde» (*Dictionnaire Universel*). Déplaçant l'adjectif, le *Dictionnaire de l'Académie françoise* lui donne le sens de «civil, sociable, de bonne compagnie, de conversation agreable», tant au féminin qu'au masculin.

[95] *Le Mariage forcé*, scène 2, p. 720.

[96] Pour le *Dictionnaire de l'Académie françoise*, «On dit, d'Une femme coquette, qu'*Elle est galante*»; tandis que pour Furetière, «au feminin, quand on dit, C'est une *Galante*, on entend toûjours une Courtisane» (*Dictionnaire Universel*).

substituer pour autrui à cette idée valorisée du moi à laquelle elles cherchent à s'identifier. Ne lit-on pas dans le livret du *Mariage forcé*:

> [...] et là-dessus elle lui conte la manière dont elle prétend vivre avec lui, qui sera proprement la naïve peinture d'une coquette achevée.[97]

Seule Angélique paraît être consciente de cette dérive de son image et tente de la contenir en prétendant ne pas être «capable de quelque chose de pis»[98]. En revanche, Isidore se réfugie, elle, derrière l'appartenance à une communauté dont elle n'entend en rien se distinguer. Ses désirs et ses pensées sont ceux des «femmes», d'«elles», de «nous», voire d'un «on» universel, non soumis au dictat variable dans le temps et l'espace de modes du comportement. La conduite d'Isidore se veut être celle de toute femme normale, naturelle, ni «coquette», ni «galante», ni même «honnête femme», catégories artificielles qui supposent toujours une altération du moi véritable ainsi catégorisé.

De même, refusant cette autre forme de mensonge qu'est la flatterie inhérente au langage de l'amour, et plus encore au discours galant de l'amour, avec son jeu sur les signifiants linguistiques, elle exige d'Adraste, déguisé en peintre pour pouvoir s'introduire dans la maison de Dom Pèdre, qu'il peigne d'elle un portrait authentique:

> Je ne suis pas comme ces femmes qui veulent, en se faisant peindre, des portraits qui ne sont point elles, et ne sont point satisfaites du peintre s'il ne les fait toujours plus belles que le jour. Il faudrait, pour les contenter, ne faire qu'un portrait pour toutes; car toutes demandent les mêmes choses: un teint tout de lis et de roses, un nez bien fait, une petite bouche, et de grands yeux vifs, bien fendus, et surtout le visage pas plus gros que le poing, l'eussent-elles d'un pied de large. Pour moi, je vous demande un portrait qui soit moi, et qui n'oblige point à demander qui c'est.[99]

---

[97] Livret du *Mariage forcé*, [in] Molière, *Œuvres complètes*, I, p. 708. Dans son désir de «remplir les vuides de la galanterie», la comtesse d'Escarbagnas se voit aussi qualifier de «coquette» par Monsieur Harpin (*La Comtesse d'Escarbagnas*, scène 8, p. 970).

[98] *George Dandin*, II, 2, p. 483.

[99] *Le Sicilien, ou l'Amour peintre*, scène 11, p. 338. Sorel se moqua souvent de cette mode des portraits extravagants. On lit à propos des peintres amoureux, dans sa *Description de l'Isle de Portraiture et de la Ville des Portraits* (1659), que «ceux [les portraits] de leurs maîtresses étoient les plus grandes flatteries qu'on se pouvoit imaginer. Il ne s'en trouvoit jamais aucune qui eût quelque imperfection; elles étoient toutes des nymphes & des déesses: les plus vives couleurs étoient employées pour peindre leurs visages & toutes les parties de leurs corps; & dans les éloges qu'ils en faisoient par écrit, ils leur donnoient la figure & la ressemblance de tout ce qu'il y avoit de plus apparent & de plus beau dans la nature, prenant leurs yeux pour des soleils ou pour quelques autres astres, leur bouche pour des branches de corail, &

C'est là exprimer un goût pour le naturel et la transparence qui ne l'empê-
chera pas toutefois à la fin de la pièce de revêtir, « sous le voile de Climène »[100],
un masque qui altère et subvertit son identité.

« Galant homme » ou « homme galant » ?

Adraste, en qui s'incarne cet idéal masculin dont Isidore a suscité l'image par
antiphrase face à Dom Pèdre, à la scène 6 de la pièce, apparaît en définitive
moins comme adapté à un éternel féminin, tissu de coquetterie et de vanité,
qu'en prise directe sur la réalité mondaine et salonnière de son temps. Son
comportement à l'égard de la jeune femme révèle en lui non seulement
un « galant homme », au sens de « civil, sociable, de bonne compagnie, de
conversation agreable »[101], que prend couramment l'adjectif, mais plus encore
un « homme galant », celui dont on dit qu'il « cherche » – et réussit d'ailleurs –
« à plaire aux Dames »[102]. Ne sont-ce pas ses manières agréables, flatteuses et
enjouées, autant, à vrai dire, que la sincérité de ses sentiments, qui vont faire
la conquête d'Isidore ?

Aussi Dom Pèdre cherche-t-il à neutraliser ce rival dangereux en le ramenant à la version négative, dévalorisante, de cette galanterie qu'il incarne.
Pour lui, en effet, Adraste n'est autre qu'un « galant », c'est-à-dire un homme
à bonnes fortunes, un séducteur. Le *Dictionnaire de l'Académie* dirait du galant
qu'il est « celuy qui fait l'amour à une femme mariée, ou à une fille qu'il n'a
pas dessein d'espouser ». A l'éloge que fait Isidore de la bonne galanterie des
manières, qui la séduit en Adraste[103], Dom Pèdre réplique par une critique de

---

leurs dents pour des filets de perles ; tellement qu'on en pouvoit faire des portraits
aussi fantasques que celui du berger extravagant, bien que ceux à qui ces façons
de parler étoient ordinaires, s'en servissent dans leurs pensées les plus sérieuses »
([in] *Voyages imaginaires, songes, visions et romans cabalistiques,* éd. Charles-Georges-
Thomas Garnier, Amsterdam, 1787–1789, XXVI (1788), p. 353).

[100] *Le Sicilien,* scène 17, p. 343.
[101] *Dictionnaire de l'Académie françoise.*
[102] *Ibid.* De même, pour Thomas Corneille, « On dit, *c'est un homme galant,* pour dire
qu'il a de la bonne grace, et qu'il cherche à plaire aux Dames par ses manieres
complaisantes et honnestes » (*Remarques sur la langue françoise de Monsieur de Vaugelas utiles à ceux qui veulent bien parler et bien escrire* (1687), [in] *Commentaires sur
les* Remarques *de Vaugelas par La Mothe Le Vayer, Scipion Dupleix, Ménage, Bouhours,
Conrart, Chapelain, Patru, Thomas Corneille, Cassagne, Andry de Boisregard et l'Académie française,* éd. Jeanne Streicher, Paris, Droz, 1936, II, p. 794). Pour toutes ces
questions de définition, on se reportera à l'ouvrage de Delphine Denis, *Le Parnasse
galant,* p. 95–103, d'où sont tirées certaines de ces citations.
[103] « [...] ce gentilhomme me paraît le plus civil du monde [...]. C'est qu'ils savent
qu'on plaît aux dames par ces choses » (*Le Sicilien, ou l'Amour peintre,* scène 13,
p. 341).

la mauvaise galanterie de ce badinage artificiel, réduit à un jeu dangereux, qu'il subodore dans le jeune homme:

> Oui; mais ils ont cela de mauvais, qu'ils s'émancipent un peu trop, et s'attachent, en étourdis, à conter des fleurettes à tout ce qu'ils rencontrent.[104]

Car de «l'art de conter fleurette» aux femmes au libertinage, il n'y a qu'un pas vite franchi. C'est d'ailleurs bien dans ce sens qu'Isidore avait envisagé plus haut l'homme entreprenant qui saurait exploiter l'esprit de vengeance d'une femme renfermée et contrainte:

> Pour moi, je vous l'avoue, si j'étais *galant* d'une femme qui fût au pouvoir de quelqu'un, je mettrais toute mon étude à rendre ce quelqu'un jaloux, et l'obliger à veiller nuit et jour celle que je voudrais gagner. C'est un admirable moyen d'avancer ses affaires, et l'on ne tarde guère à profiter du chagrin et de la colère que donne à l'esprit d'une femme la contrainte et la servitude.[105]

Pour Dom Pèdre, l'art de plaire peut et finit par être mis au service de la débauche, comme le montraient les écrits de Bussy-Rabutin et notamment son *Histoire amoureuse des Gaules* parue en 1665. Aussi Adraste n'est-il pas loin d'être à ses yeux ce «galant chercheur de pucelage» évoqué par La Fontaine[106]. C'est que l'«homme galant», que le barbon réprouve en lui, en est clairement venu à définir un type d'homme dont Andry de Boisregard dirait, dans un déplacement sémantique du syntagme, qu'il «a de certaines passions qu'il ne devroit point avoir»[107] et que *L'Encyclopédie* rapprocherait ouvertement du petit-maître et de l'homme à bonnes fortunes[108].

Amour tendre, amour galant, amour coquet

Or Adraste est plus qu'un galant. Il est véritablement un «amoureux», un «amant», au sens que revêt le terme à l'époque, car c'est bien d'amour qu'il aime Isidore[109]. Mais parce que cet amour, «tendre» dans son principe, se

---

[104] *Ibid.*
[105] *Ibid.*, scène 6, p. 332. C'est moi qui souligne.
[106] C'est ce que prétend Voltaire dans l'article «Galant» de l'*Encyclopédie* (Paris, 1757, VII, p. 427).
[107] *Reflexions sur l'usage present de la langue françoise, ou Remarques nouvelles et critiques touchant la politesse du langage*, Laurent d'Houry, 1688, p. 237.
[108] *L'Encyclopédie, loc. cit.*
[109] La liste des personnages le désigne comme: «ADRASTE, gentilhomme français, amant d'Isidore» (*Le Sicilien, ou l'Amour peintre*, p. 325). Richelet donne d'ailleurs comme premier sens de *galant*, «Amant, celui qui aime une Dame, & qui en est aimé» (*Dictionnaire françois*).

donne en même temps pour «galant», cette dualité laisse espérer une fusion en sa personne des pôles habituellement opposés du mari et de l'amant, personnages dont on sait que Mademoiselle Molière avait naguère souligné les réactions inconséquentes :

> C'est une chose étrange qu'une petite cérémonie soit capable de nous ôter toutes nos belles qualités, et qu'un mari et un galant regardent la même personne avec des yeux si différents.[110]

Ce sont donc deux archétypes culturels qui vont être convoqués pour aider le protagoniste à dire son amour et à se représenter à autrui comme amant : d'un côté l'image de l'amant «tendre», de l'autre celle de l'amant «galant»[111]. En effet, si Adraste paraît plutôt adopter, face à Isidore, un modèle «galant» de comportement, fait de manières badines et enjouées, l'expression de ses sentiments devant son serviteur Hali à la scène 2 relève, elle, au contraire, d'un autre modèle, celui de l'amour «tendre». Il n'est alors question que de peine, de souffrance et de soupirs. «Aussi ne crois-je pas qu'on puisse voir personne qui sente dans son cœur la peine que je sens»[112], se lamente-t-il, persuadé de ce fait que seul «quelque chose de tendre et de passionné, quelque chose qui m'entretienne dans une douce rêverie»[113] peut convenir comme morceau musical pour la sérénade qu'il offre à la jeune femme.

A ce mode langoureux, somme toute assez triste, Hali préfère opposer un autre mode, plus joyeux, plus approprié au modèle galant, au sens péjoratif cette fois, de l'amour, envisagé sous sa forme facile et superficielle d'«Amour Coquet»[114], du nom de ce prince du royaume de Coquetterie, lointain avatar d'Hylas, dont les deux plus fidèles soldats ne sont autres que Bon-temps et Belle-humeur. De fait, tandis que

> deux bergers amoureux, tous remplis de langueur, [...] sur le bémol, viennent séparément faire leurs plaintes dans un bois, [...] là-dessus vient un berger joyeux, avec un bécarre admirable, qui se moque de leur faiblesse.[115]

N'est-ce pas là, comme l'a signalé Jean-Michel Pelous[116], le programme amoureux de Térame dans *La Clélie*, dont on nous dit qu'il aurait inventé, avec une façon toutefois de «prester [son cœur] au lieu de le donner»,

---

[110] *L'Impromptu de Versailles*, scène 1, p. 678.
[111] Remarque faite par Jean-Michel Pelous, *Amour précieux. Amour galant*, p. 149.
[112] *Le Sicilien, ou l'Amour peintre*, scène 2, p. 326.
[113] *Ibid.*, p. 327.
[114] Aubignac, *Histoire du Temps, ou Relation du Royaume de Coquetterie*, Paris, Charles de Sercy, 1654.
[115] *Le Sicilien, ou l'Amour peintre, loc. cit.* Pour une analyse du contenu musical de cette scène, voir Charles Mazouer, *Molière et ses comédies-ballets*, p. 121, p. 124.
[116] Jean-Michel Pelous, *loc. cit.*

l'art de se passer de soupirs, de plaintes, & de larmes; à employer les jeux, les graces, & les ris à leur place, pour persuader sa passion?[117]

Maître et valet entretiennent ainsi deux conceptions contraires de l'amour, que prolonge un contraste musical entre deux modes fondamentaux pour l'expression des sentiments, un mode mineur plaintif et tendre et un mode majeur gai et joyeux[118], par lequel Molière choisit d'exprimer dans *Le Sicilien* une distanciation ironique à l'égard du tendre qu'il avait déjà marquée dans les intermèdes pastoraux de *La Princesse d'Elide.*

De l'amant tendre, Adraste possède naturellement les vertus essentielles de la complaisance, de la soumission et de la constance, respectivement première, seconde et dernière étapes du parcours conduisant à Tendre-sur-Estime, tracé par la carte de Tendre. Aussi ne prétend-il pas posséder la femme aimée, mais se mettre lui-même à son service et dans sa dépendance:

> Je vous aime plus que tout ce que l'on peut aimer, et je n'ai point d'autre pensée, d'autre but, d'autre passion, que d'être à vous toute ma vie.[119]

A la possession tyrannique de l'autre envisagée par Dom Pèdre, Adraste substitue la dépossession de soi et l'ouverture à l'autre. De l'amant tendre, le jeune homme subit également l'épreuve nécessaire et douloureuse de l'incertitude sur les sentiments de l'aimée, bien que cette ignorance soit ici entièrement due à des circonstances extérieures – à savoir l'enfermement et la surveillance constante d'Isidore par Dom Pèdre – et non à un quelconque refus de l'aveu de la part de la femme. D'où sa plainte:

> [...] mais ne pouvoir trouver aucune occasion de parler à ce qu'on adore, ne pouvoir savoir d'une belle si l'amour qu'inspirent ses yeux est pour lui plaire ou lui déplaire, c'est la plus fâcheuse, à mon gré, de toutes les inquiétudes.[120]

---

[117] Mademoiselle de Scudéry, *La Clelie*, 3ᵉ partie, livre 3, Paris, Augustin Courbé, 1658, p. 1371.

[118] Contraste manifeste également dans d'autres entrées du *Ballet des Muses*, et notamment dans la troisième entrée dont la *Pastorale comique* constituait l'essentiel. On notera ainsi le contraste à la fois textuel et musical entre la treizième scène, où Filène et Lycas, rebutés par Iris, chantent ensemble leur désespoir, et la quatorzième scène, qui «est d'un jeune berger enjoué, qui, venant consoler Filène et Lycas, chante. Ah! Quelle folie / De quitter la vie / Pour une beauté / Dont on est rebuté» (*La Pastorale comique*, [in] *Œuvres complètes*, II, p. 275). Voir Charles Mazouer, *Molière et ses comédies-ballets*, p. 120–2.

[119] *Le Sicilien, ou l'Amour peintre*, scène 12, p. 340.

[120] *Ibid.*, scène 2, p. 326.

L'échange de regards auquel les jeunes gens en sont réduits ne suffit pas à dissiper cette ignorance, car

> comment reconnaître que, chacun de notre côté, nous ayons comme il faut expliqué ce langage? Et que sais-je, après tout, si elle entend bien tout ce que mes regards lui disent? et si les siens me disent ce que je crois parfois entendre?[121]

Les jeux d'obscurité et de lumière du décor ponctuent dans la pièce l'incertitude où sont les personnages sur les autres autant que sur eux-mêmes[122], comme à la nuit totale de l'incertitude succède le jour de la révélation de l'amour partagé. Ainsi c'est sur le silence et la nuit que s'est levé le rideau:

> Il fait noir comme dans un four: le ciel s'est habillé ce soir en Scaramouche et je ne vois pas une étoile qui montre le bout de son nez.[123]

Adraste en est alors réduit aux spéculations sur les sentiments d'Isidore à son égard. En revanche, avec le lever du jour viendra la mise à exécution de son plan et, avec le jour qui grandit de plus en plus, l'aveu de la jeune femme, bientôt suivi de son consentement à son enlèvement.

Cependant, sa leçon bien comprise, Adraste adopte en présence d'Isidore des manières qui, pour Dom Pèdre et peut-être aussi pour Isidore elle-même, occultent l'amant au profit du galant. Celle-ci ne reconnaît-elle pas en effet que

> Tout cela sent la nation; et toujours Messieurs les Français ont un fonds de galanterie qui se répand partout?[124]

Aussi le jeune homme se croit-il obligé de préciser à mots couverts qu'

> on ne se trompe guère à ces sortes de choses; et vous avez l'esprit trop éclairé pour ne pas voir de quelle source partent les choses qu'on vous dit[125]

de peur qu'Isidore ne ramène à une forme typée de comportement social, déterminée de surcroît par un caractère national, l'expression d'une sensibilité individuelle et authentique. Adraste ne joue pas la comédie de l'amour. Il est véritablement amoureux. Car le monde régi par la passion peut être un monde de faux semblants, «un espace en trompe l'œil», où les êtres se masquent derrière des représentations de soi construites à coup d'emprunts

---

[121] *Ibid.*
[122] Remarque faite par Bernadette Rey-Flaud, *Molière et la farce,* p. 131.
[123] *Le Sicilien, ou l'Amour peintre,* scène 1, p. 325.
[124] *Ibid.,* scène 11, p. 339.
[125] *Ibid.*

et de références à des images culturelles auxquelles le moi aspire et finit par s'identifier.

Dans le personnage d'Adraste, se réconciliaient donc galanterie des manières et authenticité d'un amour tendre, forme achevée d'un rituel de sociabilité et contenu émotionnel véritable, au point que les contemporains auraient pu croire que « ce qui se trouve [le plus] dans la galanterie, c'est de l'amour ». Comme Sostrate l'avait emporté sur les amants magnifiques, comme Louis XIV surpassait les Maures galants, le jeune gentilhomme français triomphait du Sicilien Dom Pèdre et autres Italiens, dont la jalousie et l'emportement des manières passaient pour des traits nationaux, déterminés par l'ardeur du climat. Dans *L'Europe galante*, Houdar de la Motte dirait en effet de l'Italien en 1697 qu'il est « jaloux, fin & violent »[126]. En revanche, mariant des qualités souvent jugées contradictoires, Adraste savait être à la fois un amant tendre et un galant homme. Chez lui la constance, la profondeur et la sincérité d'un sentiment généreux allaient de pair avec la galanterie des manières, dans un démenti formel apporté à ceux qui, comme Dom Pèdre, confondaient galanterie et superficialité, galanterie et libertinage, et qui, à l'instar du librettiste de *L'Europe galante*, dépeignaient volontiers le Français comme « volage, indiscret & coquet » ou en faisaient un débauché sur le modèle des interlocuteurs de Bussy[127]. Sous les traits d'Adraste, le gentilhomme français du règne de Louis XIV témoignait en réalité d'un état de perfection de l'éthique sociale de la nation sous l'égide d'un souverain lui aussi présenté comme accompli.

4. « Une galerie de personnages "en défauts de galanterie" »[128]

Après avoir de la sorte dégagé le versant positif de l'art de plaire, Molière revint sur la question galante dans *Le Bourgeois gentilhomme* pour délimiter, cette fois, l'espace de la vraie galanterie en la distinguant de versions dégradées qui la réduisaient à un simple *apparaître*, à une maîtrise plus au moins réussie de signes sociaux d'apparence qui n'engageaient pas l'être. De Monsieur Jourdain à Dorante, les protagonistes de la comédie-ballet de 1670 étaient en effet, malgré leurs prétentions, de faux galants dont les actions et

---

[126] Houdar de la Motte, « Avis », *L'Europe galante*, Paris, Christophe Ballard, 1697, p. 8.

[127] *Ibid*. L'Espagnol était, lui, décrit comme « fidèle & romanesque ».

[128] Alain Viala, « Un défaut […] qui ne cause ni douleur ni destruction », p. 340. Les remarques suivantes doivent beaucoup à cette étude ainsi qu'à l'article de Roger Duchêne sur « Bourgeois gentilhomme ou bourgeois galant ? », [in] *Création et recréation. Un dialogue entre Littérature et Histoire. Mélanges offerts à Marie-Odile Sweetser*, éd. Claire Gaudiani, Tübingen, Gunter Narr, 1993, p. 105–10.

la conduite révélaient le défaut d'une qualité à laquelle leur naissance, ou à défaut leur richesse, pouvaient faire croire. C'est du moins ce qu'affirmait ironiquement Sorel dans une revue plaisante des *Lois de la Galanterie* :

> Nous n'entendons point qu'aucun soit si hardy de pretendre en Galanterie, s'il ne vient d'une race fort relevee en noblesse et en honneurs, et s'il n'a l'esprit excellent, ou s'il n'a beaucoup de richesses qui brillent aux yeux du Monde pour l'esblouyr et l'empescher de voir ses defauts.[129]

Devoir-paraître ou devoir-être ?

Riche, à défaut d'être noble, Monsieur Jourdain peut donc se croire autorisé à jouer au galant et suivre, comme à la lettre, sans s'apercevoir de l'ironie du conseil, les prescriptions de Sorel détaillant les qualités et les comportements requis pour mériter le titre de galant. Aussi a-t-il tôt fait de troquer un petit déshabillé « galant » pour « le plus bel habit de cour, et le mieux assorti »[130], et où ne manquent surtout ni plumes ni rubans[131], avant de se vêtir à la turque, car « la grande reigle […], c'est d[e] changer souvent [d'habits] et de les avoir tousjours le plus à la mode qu'il se pourra »[132] ; aussi accepte-t-il d'avoir « un concert de musique chez [lui] tous les mercredis ou tous les jeudis »[133], de même qu'il s'emploie à faire donner collation et ballet en sa maison à une femme de qualité[134] ; aussi enfin veut-il s'initier à la littérature et apprendre

---

[129] Sorel, *Les Loix de la Galanterie*, loi II, p. 2.

[130] *Le Bourgeois gentilhomme*, II, 5, p. 732.

[131] Selon l'inventaire après décès, cet habit du bourgeois que porta Molière à la scène comprenait « un chappeau garny de plumes aurore et vert », ainsi que « des chausses de brocard musque garnis de rubans verts et aurore » (*fol. 13 v°*, [in] *Cent ans de recherches*, p. 567), ces mêmes rubans sans doute que Sorel recommandait à ses galants : « Il y a de certaines petites choses qui coustent peu, et neantmoins parent extremement un homme, faisant connoistre qu'il est entierement dans la Galanterie, […] comme par exemple […] d'avoir aussi au devant des chausses sept ou huict des beaux rubans satinez, et des couleurs les plus esclatantes qui se voyent » (*Les Loix de la Galanterie*, loi XI, p. 17).

[132] *Ibid.*, loi X, p. 12–3.

[133] *Le Bourgeois gentilhomme*, II, 1, p. 720. Voir la loi XIII. Dans *Les Précieuses ridicules*, Mascarille, qui lui aussi jouait au galant, faisait « querir des violons » pour faire danser l'assemblée (scène 11, p. 282).

[134] Voir la loi XIV : « Nul ne peut estre dit vray Galand, qui de sa vie n'a donné le Bal ni la Musique ; et si l'on n'est pas entierement porté à ces recreations, ceux qui n'aiment ny à danser ny à oüir chanter, pour lourdauts qu'ils soient, paroistront assez en donnant une collation, laquelle sera tousjours bien ordonnee si l'on prend conseil de quelque illustre Traiteur, et sans qu'il soit besoin de se donner autre peine que de lui ouvrir son cabinet pour y prendre ce qui sera necessaire aux frais » (*Les Loix de la Galanterie*, p. 23).

comment tourner «d'une manière galante» un compliment à une dame (car, en honnête homme qui se respecte, il sait qu'il doit «loüer tousjours ce beau sexe»[135]), pour pouvoir «laisser tomber à ses pieds» ce petit billet de sa composition tout comme d'autres sortaient de leurs poches sonnets et épigrammes diverses[136].

Mais le respect de ces lois ne peut lui donner tout au plus qu'une fausse galanterie, une galanterie tout entière d'apparences, pour ne pas dire d'ostentation, une galanterie enfin sans honnêteté, ni esprit. De fait, comme le recommanderait Méré dans ses *Discours*,

> quand on pense à se rendre honnête-homme, en observant un fort honnête homme, on ne se doit pas attacher à des choses peu considerables, je veux dire, à prendre sa mine, ou sa voix, ou sa démarche, il faut imiter & surpasser, si l'on peut, les vrais avantages qui le distinguent.[137]

Or Monsieur Jourdain s'attache précisément à «des choses peu considérables», à de purs signes sociaux, tels que les arborent de surcroît de mauvais modèles. Qui plus est, les défauts mêmes du bourgeois, qu'avec toute sa richesse il ne parvient pas à faire oublier, l'empêchent d'atteindre à autre chose qu'à un semblant de galanterie, car il n'est jusqu'à cet apparaître même auquel se réduit la fausse galanterie à laquelle il aspire qui ne soit maladroitement imité. S'il a bien su s'entourer de maîtres d'armes, de maîtres de musique et de maîtres à danser, qui tentent de lui enseigner les rudiments de leur art, il ne s'est pas inquiété de trouver ce «Maître d'honnêteté»[138], aussi rare du reste que la vraie honnêteté elle-même, qui lui aurait enseigné la qualité tant désirée.

Monsieur Jourdain n'est donc pas galant; il n'accède ni à la vraie galanterie ni non plus du reste à cette fausse galanterie qu'il singe dans son comportement, sans voir le ridicule de ses manières exagérées, et sans voir non plus que se vanter d'être galant, c'est justement montrer qu'on ne l'est point, car la galanterie est une chose

> si précieuse, que ce seroit être bien présomptueux, que d'avoüer seulement qu'on s'en tient capable.[139]

---

[135]   *Ibid.*, loi XV, p. 25–6.
[136]   *Le Bourgeois gentilhomme*, II, 4, p. 730, p. 729. Mascarille récitait, lui, aux Précieuses un impromptu … qu'il avait fait la veille (*Les Précieuses ridicules*, scène 9).
[137]   Méré, «De la vraïe Honnêteté», p. 7.
[138]   *Ibid.*
[139]   *Ibid.*, p. 6.

Une «galanterie sans amour»?

Face à Monsieur Jourdain, Dorante, qui a bien, lui, le rang, les manières et l'esprit requis pour être galant, n'en pèche pas moins lui aussi contre la bonne galanterie, car celle-ci demande, en plus d'une «heureuse naissance» et d'une «excellente éducation»[140], une «parfaite honnesteté»[141]. Or il apparaît vite que Dorante n'a du galant que le brillant[142], qu'il n'en a ni la probité, ni le sens de l'honneur, ni le respect de la parole. S'autorisant de la permission accordée, semble-t-il, par Sorel «aux adroits de se servir de la bourse de leurs associez pour fournir à plusieurs despenses où l'on croira qu'ils auront la meilleure part»[143], il détourne à son profit les cadeaux offerts à Dorimène par Monsieur Jourdain, qu'il s'agisse du diamant, de la collation ou du petit ballet de la fin. Il a aussi emprunté au bourgeois de quoi paraître avec avantage dans le monde et se contente de le repayer de mots au grand dam de Madame Jourdain, pour qui le comte n'est qu'«un enjôleux»[144], un profiteur sans scrupules. Qu'en grand seigneur désargenté qu'il est, Dorante soit le débiteur d'un bourgeois dont il exploite la vanité, il n'y avait peut-être pas dans les années 1660–1670 de quoi être surpris ni même choqué. Dom Juan circonvenait lui aussi Monsieur Dimanche par des manières enjôleuses. Que le comte abuse en revanche de la bonne foi de Dorimène, persuadée qu'il se ruine pour elle[145], voilà qui était plus grave. Qu'en outre, il puisse chercher à l'épouser afin que son argent à elle aussi «serv[e] à reboucher d'assez bons trous»[146], rabaissait encore le personnage. Qu'était-il alors sinon un homme à bonnes fortunes, un Lovelace non seulement adroit mais de surcroît intéressé?

Réduite aux signes de l'apparaître, cette galanterie sans honnêteté était aussi apparemment une galanterie sans amour. Certes, même pervertie, elle restait en-deçà du libertinage, sinon de la débauche, de la mauvaise galanterie telle qu'avait pu l'incarner Dom Juan, mais aussi Clitandre dans

---

[140] *Ibid.*, p. 5.

[141] Méré, «Les Agremens», p. 123.

[142] Je rappelle la définition donnée par Méré dans sa *Première Conversation*: «un galant homme n'est autre chose qu'un honneste homme un peu plus brillant ou plus enjoüé qu'à son ordinaire, et qui sçait faire ensorte que tout luy sied bien» ([in] *Les Œuvres complètes du Chevalier de Méré*, I, p. 20).

[143] *Les Loix de la Galanterie*, loi XIV, p. 23.

[144] *Le Bourgeois gentilhomme*, III, 4, p. 743.

[145] «Les dépenses que je vous vois faire pour moi m'inquiètent par deux raisons: l'une qu'elles m'engagent plus que je ne voudrais; et l'autre, que je suis sûre, sans vous déplaire, que vous ne les faites point que vous ne vous incommodiez; et je ne veux point cela» (*ibid.*, III, 15, p. 758).

[146] *George Dandin*, I, 4, p. 471.

George Dandin, ce «damoiseau poli»[147] dont le manège autour d'Angélique aboutissait à une aventure amoureuse illégitime qualifiée de «galanterie» par le mari[148]. Clitandre était justement ce *galant* hardi et entreprenant dont plus d'un mari ou futur mari cherchait à se garantir dans le théâtre de Molière et qu'un Arnolphe ou un Dom Pèdre voulaient à tout prix voir dans le blondin tournant autour de leur pupille.

Cherchez le galant

Le seul protagoniste du *Bourgeois gentilhomme* à mériter, semble-t-il, le titre de «fort galant homme»[149] est Cléonte, le jeune amoureux quelque peu naïf et impulsif de Lucile, qui, sans avoir l'«heureuse naissance» jugée indispensable par Méré[150], n'en a pas moins le cœur noble et l'esprit droit. Aussi refuse-t-il de se prétendre gentilhomme même si ses parents «ont tenu des charges honorables», affirmation qui laisse toutefois entendre à mots couverts que Cléonte pourrait bien être issu de la noblesse de robe. N'y a-t-il pas en effet «de la lâcheté à déguiser ce que le Ciel nous a fait naître, à se parer aux yeux du monde d'un titre dérobé, à se vouloir donner pour ce qu'on n'est pas»? Et «toute imposture [n']est[-elle pas] indigne d'un honnête homme»[151]? Du moment qu'il se contente en définitive de ce qu'il est, Cléonte possède donc cette «honnesteté» foncière exigée par Méré et, plus généralement, les qualités personnelles constitutives de la bonne galanterie. Mais il n'en a pas le brillant, ces agréments de la mondanité, que Dorante, lui, maîtrise parfaitement. Qu'à cela ne tienne. Le mérite que tous lui reconnaissent, parce qu'il est justement composé de cette «sagesse» et de cette «vertu» qui, pour le maître de philosophie, «nous distingue parfaitement les uns des autres»[152], était peut-être aux yeux de Molière, comme le veut Pierre Ronzeaud[153], la seule et unique source d'effets légitimes de distinction, la condition nécessaire à l'harmonie du corps social poursuivie par le bon gouvernement[154].

---

147   *Ibid.*, I, 2, p. 467.
148   *Ibid.*, II, 2, p. 482.
149   *Le Bourgeois gentilhomme*, V, 2, p. 773.
150   Méré, «De la vraïe Honnêteté», p. 5.
151   *Le Bourgeois gentilhomme*, III, 12, p. 754.
152   *Ibid.*, II, 3, p. 725.
153   Pierre Ronzeaud, «Pour une lecture non galante des comédies de Molière», p. 326–30.
154   C'est par le biais d'une référence aux théories platoniciennes et orphiques sur la musique et la danse que cette union des hommes sur fond de concorde et d'harmonie est évoquée à l'acte I dans le discours des maîtres (*Le Bourgeois gentilhomme*, I, 2, p. 716–7). Voir Pierre Ronzeaud, *loc. cit.*

A vrai dire ce n'était pas sur scène qu'il fallait chercher en octobre 1670 le modèle véritable du galant homme, mais plutôt parmi l'assistance choisie de la comédie-ballet, ou du moins dans l'image idéale que les divertissements de cour projetaient des courtisans dépeints régulièrement en bergers arcadiens ou poitevins, et dont le souverain lui-même était dans la réalité la parfaite incarnation. Si l'on en juge d'après un plan tardif de Chambord attribué à François d'Orbay[155], l'emplacement peu spacieux choisi très certainement pour la représentation du *Bourgeois gentilhomme* (comme pour celle de *Monsieur de Pouceaugnac* l'année précédente), dans l'un des quatre bras de la croix qui entoure le grand escalier central du château[156], accentuait le caractère intimiste de cette tentative pour délimiter l'espace de la vraie galanterie. Ni ambassadeurs ni résidents étrangers n'avaient d'ailleurs été invités[157]. Entre gens de bonne compagnie, de simples indices suffisaient. De plus c'était cette faculté même de reconnaissance des signes qui traduisait l'appartenance au groupe et en assurait la cohésion. Comme *La Princesse d'Elide*, comme *Les Amants magnifiques*, la comédie-ballet du *Bourgeois gentilhomme* s'ouvrait sur un extérieur qui lui donnait tout son sens.

En effet, c'était dans les courtisans et plus encore dans le monarque présent au milieu d'eux qu'était vue et dite s'incarner la vraie galanterie, cet idéal de conduite et de goût que dessinait comme « en creux » dans la comédie-ballet le spectacle de faux galants égarés sur la voie de l'excès ou du défaut. Seule, dès lors, la présence d'intermèdes, instaurant un lien explicite entre cour et galanterie, permettait aux spectateurs de se reconnaître dans la figure idéalisée du galant homme revendiquée comme typiquement française, et dont, après les entrées du *Ballet des Muses*, le *Ballet des nations* délimitait les contours. Privée de son finale, comme elle allait finir par l'être à la ville, la comédie-ballet perdrait la référence à un extérieur donné à la fois comme support et comme critère d'évaluation d'une sociabilité à la recherche de sa perfection, tandis que se réduirait à une simple satire sociale ce qui était en fait le lieu d'échanges complexes entre la scène et la salle.

---

[155] BnF, Estampes, fonds Robert de Cotte, Va 432, 2728.

[156] C'est là qu'en 1669 Vigarani avait « fai[t] dresser en peu de jours un petit théâtre [de caractère] galant », dont il se montrait fort satisfait (cité par Jérôme de la Gorce, *Jean-Baptiste Lully*, p. 518).

[157] L'Anglais Francis Vernon signale ainsi à son correspondant que « Wee have soe little news now the Court is at Chambourg that it is scarce worth the trouble of a letter » (lettre du 8/18 octobre 1670, The National Archives, Kew, State Papers 78/130, feuillet 168). L'ambassadeur de Sa Gracieuse Majesté fut en revanche invité à Saint-Germain pour les reprises du *Bourgeois gentilhomme* et des *Amants magnifiques* en novembre de la même année (Francis Vernon, lettre du 12/22 novembre 1670, *ibid.*, feuillet 209).

Moins l'objet d'une démonstration théorique que celui d'élaborations successives et ambivalentes de la notion au fil des pièces, la galanterie dans les comédies-ballets de Molière était donc de l'ordre d'une interrogation sur l'*ethos*, qui rattachait une réflexion sur des modes de comportement mondains, conduite sur le ton de l'«enjouement», à des considérations plus générales sur la nature de l'homme. Cette interrogation me paraît avoir rempli une double fonction, une fonction simultanément d'exclusion et d'inclusion. D'un côté, selon que cette «esthétisation du social» paraissait recentrée sur le lieu d'un divertissement encore conçu comme privé, la galanterie renvoyait, par le biais d'une satire de la société, à des effets de distinction, synonymes de divisions du corps social ; de l'autre, selon qu'elle était au contraire étendue à l'ensemble de la nation, elle était mise au service d'affirmations de la suprématie de la nation française dans le cadre d'une harmonie et d'une cohésion reconstituées du corps social autour de son roi, non seulement le premier gentilhomme du royaume mais encore le plus galant. Médiatisé par la fête royale, ce qui avait été à l'origine un débat d'éthique et de goût mis au service d'un procès de civilisation en était venu à obéir aussi à une logique de propagande. Le pouvoir politique avait en partie capté à des fins consensuelles et hégémoniques des valeurs «civiles» qui étaient déjà en elles-mêmes une appropriation par le discours des honnêtes gens de notions esthétiques.

La prise de position de Molière en faveur de la vraie galanterie n'était donc pas idéologiquement innocente. Elle équivalait à vouloir se situer du côté des mondains et de la cour, à vouloir en adopter les valeurs et épouser les querelles, dans une application à la lettre de cette grande règle du jeu littéraire et social : plaire. Pour Molière, la galanterie était aussi une affaire de choix stratégique et d'image d'auteur.

EN GUISE DE CONCLUSION ...

Chapitre 9: Treize pièces en quête d'auteur[1]

Œuvres mixtes, où danse, musique et discours comique entrèrent à parts qui ne furent pas toujours égales, œuvres de cour conçues sur ordre et selon les directives du monarque[2], et où la notion même de divertissement impliquait la participation créatrice de l'assistance, seule à même de composer ces morceaux réunis en un tout cohérent, les comédies-ballets de Molière obligent à repenser la question de leur auteur. En effet, si l'on admet avec Furetière que l'auteur est effectivement celui qui « a créé ou produit quelque chose », et en particulier « le premier Inventeur de quelque chose »[3], qui de Molière, de ses collaborateurs, ou de Louis XIV doit être considéré en définitive comme le véritable auteur des comédies-ballets? Est-ce Molière seul parce qu'il écrivit, dirigea et joua les œuvres proprement dites? Est-ce plutôt le tandem Molière et Lully, les deux Baptiste comme on les appelait alors, aidés de Vigarani, de Beauchamps et d'autres encore, équipe de collaborateurs dissolvant dans son collectif l'identité individuelle des artistes responsables? ou bien encore est-ce le roi lui-même parce qu'il commandita la fête et inspira la ligne générale du spectacle où s'enchâssèrent les comédies-ballets, privant alors le dramaturge de l'*inventio* et le ramenant au rang de simple exécutant de ses volontés? N'aurait-il pas eu en effet l'idée du canevas romanesque des *Plaisirs de l'île enchantée*? Ne choisit-il pas aussi le sujet des *Amants magnifiques*[4]? N'imposa-t-il pas enfin la composition du *Ballet des Ballets*[5]? Et Molière ne joua-t-il pas le jeu en lui renvoyant sans cesse dans ses œuvres l'image de sa toute-puissance,

---

[1] Ce chapitre est tiré de trois articles précédemment parus, à savoir « Le Roi, l'astrologue, le bouffon et le poète, figures de la création dans *Les Amants magnifiques* de Molière », *Seventeenth-Century French Studies*, n° 18, 1996, p. 121–31, « Figures de l'auteur dans les comédies-ballets de Molière », [in] *Molière et la fête*, actes du colloque de Pézenas, juin 2001, éd. Jean Emelina, Pézenas, 2003, p. 157–72, et « Stratégies princières, stratégies moliéresques », [in] Molière, *Œuvres complètes*, éd. et tr. par Nobuko Akiyama, Kyoto, Editions Rinsen, 2001, VIII, p. 386–406.

[2] A l'exception bien sûr du *Malade imaginaire* et des *Fâcheux*, écrits l'un pour la ville, l'autre pour Foucquet.

[3] Furetière, *Dictionnaire Universel*.

[4] « Avant-propos », *Les Amants magnifiques*, p. 645.

[5] « Avant-propos », *Ballet des Ballets*, p. 3–4.

en mettant en scène des figures dédoublées de son être, en traçant enfin dans les seuils des textes imprimés son portrait en masque d'auteur ?

Mais des *Fâcheux* à *Psyché* se dessina pourtant une évolution, un renversement plus précisément, et, à la figure omniprésente du monarque, Molière en vint peu à peu, en reprenant possession de son œuvre, à opposer sa propre représentation ambivalente de lui-même en auteur et à substituer le couple auteur-lecteur (ou public) au couple auteur-œuvre, ou du moins à faire intervenir cette figure pour justifier une telle réappropriation. A l'image d'une relation d'obligation et de dépendance, se superposait ainsi dans les comédies-ballets l'image d'une perversion, voire d'une inversion de cette relation[6]. Car il y a ici bien plus que cette forme habituelle de complicité qui transforme la relation mécénique banale en une relation « familière » où chacun, par un jeu de fausse distance, valorise, ironiquement ou paradoxalement, la qualité personnelle de l'échange[7]. La distance maintenue par Molière entre son rôle d'amuseur officiel et son autonomie d'auteur est plus qu'une distance ludique. Elle est une distance véritablement critique.

1. *Les Fâcheux*, ou le portrait en masque du roi auteur

Dès l'épître « Au Roi » des *Fâcheux*, Molière sut tirer matière à louange de la rapidité de composition exigée des artistes et des ouvriers travaillant au divertissement du roi. « Rapidité » ne rimait-elle pas en effet avec « facilité » ?

> Il faut avouer, Sire, que je n'ai jamais rien fait avec tant de facilité, ni si promptement, que cet endroit où Votre Majesté me commanda de travailler. J'avais une joie à lui obéir qui me valait bien mieux qu'Apollon et toutes les Muses.[8]

Par l'enthousiasme (au sens étymologique du terme) qu'il suscitait en celui à qui il s'adressait et qui suppléait la faculté imaginative, l'ordre du monarque produisait sa réalisation dans le moment même où il était énoncé. Tout comme sa libéralité, lourde de désirs sous-entendus, serait à l'origine des transports créateurs de la Muse du poète dans le « Remerciement au roi » de 1663 :

---

[6] Sur cette relation de l'écrivain et du monarque mécène, voir Alain Viala, « Le monarque obligé ... Figures du monarque et de l'écrivain dans l'encomiastique du XVIIe siècle français », [in] *Le Pouvoir monarchique et ses supports idéologiques aux XIVe–XVIIe siècles*, éd. Jean Dufournet, Adelin Fiorato et Augustin Redondo, Paris, Presses de la Sorbonne Nouvelle, 1995, p. 245–56.

[7] Je renvoie ici aux travaux de Wolfgang Leiner sur l'épître dédicatoire, *Der Widmungsbrief in der französischen Literatur, 1580–1715*, Heidelberg, 1965.

[8] « Au Roi », *Les Fâcheux*, p. 481.

Vous pourriez aisément l'étendre,
Et parler des transports qu'en vous font éclater
Les surprenants bienfaits que, sans les mériter,
Sa libérale main sur vous daigne répandre,
Et des nouveaux efforts où s'en va vous porter
L'excès de cet honneur où vous n'osiez prétendre.[9]

Mais, en substituant sa volonté à l'inspiration des Muses, en choisissant lui-même un nouveau caractère de fâcheux qu'il ordonnait à Molière, après la première représentation, d'ajouter à la galerie de portraits de la pièce[10], le roi faisait de celle-ci autant sa propre création que celle du poète. L'impulsion créatrice de l'œuvre provenait de sa volonté-plaisir. Comme l'explique Roger Chartier, la rhétorique dédicative de l'épître «Au Roi» des *Fâcheux* transformait un simple geste conventionnel d'hommage en remerciement énonciateur de l'absolue puissance et souveraineté du prince, premier «auteur» de l'œuvre qu'il command(it)ait et qui lui était ici présentée[11]:

> Mais, bien que je suive l'exemple des autres, et me mette moi-même au rang de ceux que j'ai joués, j'ose dire toutefois à Votre Majesté que ce que j'en fais n'est pas tant pour lui présenter un livre que pour avoir lieu de lui rendre grâces du succès de cette comédie. Je le dois, Sire, ce succès qui a passé mon attente, non seulement à cette glorieuse approbation dont Votre Majesté honora d'abord la pièce, et qui a entraîné si hautement celle de tout le monde, mais encore à l'ordre qu'Elle me donna d'y ajouter un caractère de fâcheux, dont elle eut la bonté de m'ouvrir les idées Elle-même, et qui a été trouvé partout le plus beau morceau de l'ouvrage.[12]

Seul le roi était auteur en ce sens qu'il était la source, le fondement et, en définitive, le garant du spectacle.

Nul n'ignorait en fait que le commanditaire et premier inspirateur des *Fâcheux* avait été non pas Louis XIV, mais Foucquet, son fastueux surintendant des finances, arrêté et emprisonné peu après la première représentation de la comédie-ballet de Molière dans son château de Vaux-le-Vicomte. Mais il était de bonne politique, en février 1662, de passer sous silence ce patronage gênant. Aussi Molière n'y fit-il qu'une allusion détournée dans l'avis de la pièce imprimée[13], pour célébrer en revanche l'intervention créatrice du monarque, qui, en signe d'appropriation d'un spectacle destiné originellement à un autre, avait fait aussitôt reprendre la comédie ainsi adaptée à Fontainebleau.

---

9   «Remerciement au roi», p. 633.
10   Voir *supra*, seconde partie, chapitre 4, p. 117.
11   Voir Roger Chartier, «Patronage et dédicace», [in] *Culture écrite et société*, p. 102.
12   «Au Roi», *Les Fâcheux*, p. 481.
13   «Il n'y a personne qui ne sache pour quelle réjouissance la pièce fut composée» (Avis, *Les Fâcheux*, p. 484).

Elle y fut jouée le 25 et 27 août 1661 avant d'être redonnée à Versailles en mai 1664 dans les *Plaisirs de l'île enchantée*, qui, dans leur principe, étaient en eux-mêmes une appropriation du genre de la fête galante illustrée quelques années plus tôt par la soirée de Vaux.

Les pièces liminaires des livrets des comédies-ballets redirent inlassablement l'imagination sans limites du roi poète, inspirateur primordial (ou « inventeur » comme on disait alors) du divertissement, qu'il confiait par délégation de son image au dramaturge. L'idée première du scénario des *Amants magnifiques* semble ainsi lui être revenue :

> Le Roi, qui ne veut que des choses extraordinaires dans tout ce qu'il entreprend, s'est proposé de donner à sa cour un divertissement qui fût composé de tous ceux que le théâtre peut fournir ; et, pour embrasser cette vaste idée et enchaîner ensemble tant de choses diverses, Sa Majesté a choisi pour sujet deux princes rivaux, qui, dans le champêtre séjour de la vallée de Tempé, où l'on doit célébrer la fête des jeux Pythiens, régalent à l'envi une jeune princesse et sa mère de toutes les galanteries dont ils se peuvent aviser.[14]

De même, *La Comtesse d'Escarbagnas* ne paraît avoir été composée que pour lier ensemble, sur son ordre, les plus beaux morceaux des divertissements donnés à la cour les années précédentes :

> Le Roy qui ne veut que des choses extraordinaires dans tout ce qu'il entreprend, s'est proposé de donner un Divertissement à MADAME à son arrivée à la Cour, qui fust composé de tout ce que le Theatre peut avoir de plus beau ; Et pour répondre à cette idée, Sa Majesté a choisi tous les plus beaux Endroits des Divertissemens qui se sont representez devant Elle depuis plusieurs années ; & ordonné à Molière de faire une Comedie qui enchassast tous ces beaux morceaux de Musique & de Dance, afin que ce Pompeux & Magnifique assemblage de tant de choses differentes, puisse fournir le plus beau Spectacle qui ce soit encore veu [...].[15]

Quant au *Bourgeois Gentilhomme*, il n'aurait été conçu, selon le chevalier d'Arvieux, que pour accommoder la mascarade turque voulue par Louis XIV :

> Le Roi ayant voulu faire un voyage à Chambort pour y prendre le divertissement de la chasse, voulut donner à sa Cour celui d'un ballet ; & comme l'idée des Turcs qu'on venoit de voir à Paris étoit encore toute récente, il crût qu'il seroit bon de les faire paroître sur la scène. Sa Majesté m'ordonna de me joindre à Messieurs Moliere & de Lulli, pour composer une piece de Théâtre où l'on pût faire entrer quelque chose des habillemens & des manieres des Turcs.[16]

---

[14]   « Avant-propos », *Les Amants magnifiques*, p. 645.
[15]   « Avant-propos », *Ballet des Ballets*, p. 3–4.
[16]   *Mémoires du Chevalier d'Arvieux*, IV, p. 252.

Dans certains cas ce ne fut même pas à Molière que revint cette tâche seconde, mais à un gentilhomme délégué du monarque dans son œuvre de
création. N'est-ce pas au duc de Saint-Aignan qu'il incomba pour *Les Plaisirs
de l'île enchantée* de «faire un dessein où elles [les parties de la fête] fussent
toutes comprises avec liaison et avec ordre»[17]? Et Félibien révèle dans sa *Relation de la fête de Versailles* de 1668 que «pour l'exécution de cette fête, le duc
de Créquy, comme premier gentilhomme de la Chambre, fut chargé de ce qui
regardait la comédie [...]»[18]. Ce rôle délégué qui est celui du gentilhomme
dans l'invention ou du moins l'exécution de la fête occultait encore un peu
plus la part prise par le dramaturge, de plus en plus réduite, semble-t-il, à
l'*elocutio*, dès lors même que la *dispositio* lui échappait en partie. Qui plus
est, dans une mise en abyme de la délégation, le détail des divers moments
des trois journées des *Plaisirs* semble être revenu à une tierce personne,
interposée entre le monarque et l'intendant de ses plaisirs, à savoir Carlo
Vigarani, l'architecte décorateur de la fête. D'après la relation officielle, ce fut
lui en effet qui, «fort savant en toutes ces choses, inventa et proposa»[19] les
divertissements que Saint-Aignan n'eut plus qu'à envelopper d'une agréable
fable, celle des enchantements d'Alcine, tirée du poème de l'Arioste. Dans
une lettre adressée à la duchesse de Modène, Vigarani pouvait à bon droit
affirmer que

> tutte queste feste sono tutte tanto nell'*inventione* che nell'*esecutione* trovate
> bellissime, con tanto maggior mia gloria, che l'una e l'altra sono stati miei
> parti [...].[20]

L'«architecte» Inigo Jones n'avait-il pas, à la cour des Stuarts, lui aussi revendiqué l'honneur de l'invention des masques auxquels il avait collaboré aux
côtés du poète[21]?

---

[17] *Les Plaisirs de l'île enchantée*, p. 752.
[18] Félibien, *Relation de la fête de Versailles*, p. 32.
[19] *Les Plaisirs de l'Isle enchantée*, p. 752.
[20] Lettre du 16 mai 1664, [in] *Inventaire des lettres et papiers*, p. 92. C'est moi qui souligne.
[21] Alors que, sous le règne de Jacques Ier, le nom du poète Ben Jonson avait été le
seul à apparaître en page de titre du livret imprimé, sous celui de son fils, le nom
d'Inigo Jones y figura à la suite de celui du poète, sous l'indication «The Inventors»
(comme pour les masques de *Love's Triumph through Callipolis* (1631) et de *Chloridia*
(1631)), avant d'être finalement cité en premier, et avant même celui du poète, une
fois Jonson disparu. Pour le masque de *Tempe Restored* (1632), qu'il réalisa avec le
poète Aurelian Townshend, Jones revendiqua même la totalité de l'*inventio* («The
subject and allegory [...], with the descriptions and apparatus»), ne laissant que
l'*elocutio* («All the verses») à son collaborateur ([in] *Inigo Jones, The Theatre of the
Stuart Court*, éd. Stephen Orgel et Roy Strong, Sotheby Parke Bernet, University of
California Press, 1973, II, p. 479).

Mais comme Louis XIV n'en restait pas moins le premier destinateur comme le premier destinataire de l'œuvre, la page de titre des livrets et des relations de la fête, publiés par Robert et Christophe Ballard, effaçait systématiquement toute référence au nom de Molière (comme à celui de ses collaborateurs) au profit de la présence multiple de celui du monarque. Le plus souvent ramené à un titre générique, le divertissement y était donné comme celui «du Roy» (*Le Mariage forcé*), celui «fait par le Roy» (*Les Plaisirs de l'île enchantée*) ou «donné par le Roy» (*Le Bourgeois gentilhomme*), celui «dansé par Sa Majesté» (*Ballet des Muses*), voire «dansé devant Sa Majesté» (*Ballet des Ballets, Psyché*). A moins qu'il ne fût dit «royal» (*George Dandin, Les Amants magnifiques*). Le nom du roi y figurait à nouveau, une première fois à la suite de la mention du nom et prénom de l'imprimeur (qualifié du titre de «seul imprimeur du Roi pour la musique»), et une seconde fois dans le rappel du privilège obtenu «de sa Majesté», qui autorisait et protégeait la publication de l'œuvre.

Il n'est jusqu'aux ordres de paiement qui n'effacent aussi la part créatrice prise par Molière aux fêtes et aux divertissements ordonnés par Louis XIV, pour ne mentionner en général que «les representations qu'ils [les comédiens] ont faites devant [lui]»[22], voire même «le voyage et sejour» faits sur son ordre et pour son «divertissement»[23]. En outre, ces paiements, qui, après l'adoption de la troupe du Palais-Royal par le roi en août 1665, furent plus souvent des dédommagements pour les frais encourus que de véritables gratifications, s'adressaient aux comédiens sans distinction de personnes. Ce n'est, semble-t-il, qu'en 1664 pour *Les Plaisirs de l'île enchantée* qu'une somme spécifique fut allouée à Molière comme auteur. Aux 4.000 livres accordées à la troupe s'ajoutèrent en effet 2.000 livres ordonnées

> audit Jean-Baptiste Pocquelin de Moliere, comedien de Monsieur frere unicque du roy, pour une nouvelle comedie qu'il a faicte et qui a esté représentée par sa trouppe à Versailles [...].[24]

On remarquera de plus que, bien que *La Princesse d'Elide* eût fait l'objet d'une commande spécifique de la part du roi, la formule utilisée pour le versement des 2.000 livres ne faisait nullement référence à une commande. Comme si

---

[22] Ordre de paiement du 29 février 1670 pour *Les Amants magnifiques* (février 1670), Archives nationales, 0¹ 2817, n° 58, reproduit [in] *Cent ans de recherches*, p. 453.
[23] Ordre de paiement du 25 janvier 1670 pour *Monsieur de Pourceaugnac* (septembre–octobre 1669), Archives nationales, 0¹ 2817, n° 49, reproduit [in] *Cent ans de recherches*, p. 452.
[24] Archives nationales, KK 213, comptes des menus plaisirs de la chambre du roi, 25 v°, reproduit [in] *Cent ans de recherches*, p. 390.

l'initiative de la comédie-ballet était en fait revenue au poète seul, vu offrir spontanément au monarque le fruit de son travail en un geste qui semblait montrer que l'excellence de celui-ci suffisait à susciter les entreprises artistiques[25].

2. Prospéro, ou le monarque démiurge

C'était aussi dans la fiction même des *Fâcheux* que le monarque était montré comme source absolue de la représentation. Le prologue composé par Pellisson pour la pièce rendait hommage au «roi machiniste»[26], et plus encore au «roi magicien»[27], capable par sa compréhension des lois naturelles (et par l'entremise de Torelli, le véritable machiniste) de transformer l'espace de la fête, de le métamorphoser littéralement, en lui imposant un ordre essentiellement humain,

> – Ces Termes marcheront, et si Louis l'ordonne,
> Ces arbres parleront mieux que ceux de Dodone.
> Hôtesses de leurs troncs, moindres divinités,
> C'est Louis qui le veut, sortez, Nymphes, sortez[28] –

et d'assumer un rôle de maître des cérémonies, de meneur de jeu :

> Quittez pour quelque temps votre forme ordinaire,
> Et paraissons ensemble aux yeux des spectacteurs
> Pour ce nouveau théâtre, autant de vrais acteurs.[29]

De spectateur principal du divertissement qu'il était en droit d'attendre, le roi devenait principe animateur de la comédie-ballet qu'il faisait exister au moment même où elle était donnée. D'où sa double position, à la fois spatiale et temporelle, par rapport à la représentation. En effet, en tant que spectateur de la pièce qui se déroulait sous ses yeux et que lui-même avait produite en

---

[25] Remarque faite par Florence Sorkine, «Propagande et mécénat royal», p. 359.

[26] C'est ainsi que l'appela dans sa douleur une femme dont le fils avait fait une chute mortelle pendant qu'il travaillait aux machines de Versailles : «en mesme temps elle dit des injures au roy, l'appelant putassier, roy machiniste, tyran, et mille autres sottises et extravagances, dont le roy, surpris, demanda sy elle parloit à luy» (Lefèvre d'Ormesson, *Journal*, juillet 1668, éd. M. Chéruel, Paris, Imprimerie impériale, 1860, IV, p. 552). Cet incident est mentionné par Jean-Marie Apostolidès, *Le Roi-machine*, p. 10.

[27] Louis Marin, *Le Portrait du roi*, p. 236.

[28] «Prologue», *Les Fâcheux*, v. 17–20, p. 485.

[29] *Ibid.*, v. 22–4.

animant la nature, il était bien devant la pièce, tout en étant avant la pièce, que Molière disait ne pas avoir eu le temps d'arranger. Décalage qui faisait, bien entendu, partie de la fiction[30]. En ce sens il n'existait pas de pièce antérieure au spectacle. La comédie-ballet des *Fâcheux* était tout entière dans le moment même de sa représentation. Aussi n'était-ce que son impuissance que Molière pouvait représenter, à la fois comme auteur, car il était sans texte à mettre en scène, et comme acteur, mais «en habit de ville», sans personnage à interpréter :

> D'abord que la toile fut levée, un des acteurs, comme vous pourriez dire moi, parut sur le théâtre en habit de ville, et, s'adressant au Roi avec le visage d'un homme surpris, fit des excuses en désordre sur ce qu'il se trouvait là seul, et manquait de temps et d'acteurs pour donner à Sa Majesté le divertissement qu'elle semblait attendre.[31]

Et c'est justement cette impuissance à remplir la fonction-auteur qu'on attendait de lui qui permettait au miracle royal de s'accomplir.

L'autorité politique absolue du monarque trouvait ainsi une correspondance et une expression dans les possibilités infinies d'une mise en scène influencée par la scénographie à l'italienne et sa technique illusionniste ; et sa personne même se projetait dans celle du machiniste chargé d'extérioriser la volonté de son royal patron, de transposer visuellement ses principes absolutistes de gouvernement[32]. Car ce que les scènes de transformation à vue exprimaient, c'était le pouvoir du prince capable de ramener à l'ordre et de contenir la nature humaine et élémentaire, et de participer par là même du divin. Et la source de ce pouvoir était l'imagination, la faculté de former des images, de donner aux créations de l'esprit une forme corporelle et dynamique. Trouvant à s'exprimer par le biais de la perspective et des lois mécaniques, elle cherchait à recréer sur la scène théâtrale un modèle de l'univers et à le contrôler rationnellement. Miroir de l'esprit du prince, le divertissement de cour avec tout ce qu'il pouvait comporter de spectaculaire apparaissait dès lors comme non seulement l'expression, mais aussi l'extension de sa volonté, la réalisation ludique des idées qui régissaient son royaume.

---

[30] Cette analyse s'inspire des remarques de Marc Fumaroli dans « Microcosme comique et macrocosme solaire : Molière, Louis XIV, et *L'Impromptu de Versailles* », *Revue des Sciences Humaines*, n° 145, 1972, p. 95–114, et de celles de Marco Baschera, *La Théâtralité dans l'œuvre de Molière*, p. 193 *et sq.*, qui, bien que portant essentiellement sur *L'Impromptu de Versailles*, peuvent être appliquées au prologue des *Fâcheux*.

[31] Avis, *Les Fâcheux*, p. 484.

[32] Pour un exposé plus détaillé de cette conception du roi et du spectacle royal, voir Stephen Orgel, *The Illusion of Power : Political Theater in the Renaissance*, Berkeley, University of California Press, 1975.

En d'autres termes, c'était «le pouvoir du magicien royal conçu comme art»[33].

Pour le lecteur moderne, la figure de ce monarque démiurge, présidant au développement des effets scéniques, à juste titre qualifiés de «magiques» et de «merveilleux», des grands divertissements versaillais des années 1660–1670, évoque aussitôt celle de Prospéro, le duc magicien de *La Tempête*, dont la carrière marqua les destinées du masque de cour anglais pendant tout le premier XVIIe siècle. En effet, de même que Prospéro se voyait secondé d'Ariel et de ces

> Spirits, which by mine art
> I have from their confines call'd to enact
> My present fancies [...][34]

Torelli (comme plus tard Vigarani) permettait au pouvoir magique de Louis XIV de s'accomplir par le secours de son art illusionniste:

> Faut-il en sa faveur que la Terre ou que l'Eau
> Produisent à vos yeux un spectacle nouveau?
> Qu'il parle ou qu'il souhaite, il n'est rien d'impossible.[35]

Tout comme le *wedding masque* suscité devant les yeux émerveillés de Ferdinand et de Miranda à l'acte IV de la comédie de Shakespeare, la transformation magique du décor réalisée dans le prologue des *Fâcheux* témoignait de cette maîtrise royale des quatre éléments naturels tant vantée par la suite par Félibien. L'art illusionniste aidait bien le monarque à se redéfinir comme dieu de pouvoir.

La figure du monarque magicien ne fut pas la seule à être convoquée dans la comédie-ballet des années 1660 pour représenter le pouvoir du roi, doté du contrôle des forces naturelles comme de la connaissance du secret des âmes. Le premier et le dernier intermèdes des *Amants magnifiques* mirent en scène deux autres figures dédoublées symboliques de ses facultés, à savoir les dieux antiques Neptune et Apollon, dont Louis XIV devait incarner le personnage sur scène[36]. Ce choix de Neptune pour symboliser le pouvoir

---

33 *Ibid.*, p. 47. C'est moi qui traduis.

34 Shakespeare, *The Tempest*, IV, 1, v. 120–2, [in] *The Comedies of Shakespeare*, éd. W.J. Graig et *al.*, London-New York-Toronto, Oxford University Press, 1975, p. 54.

35 «Prologue», *Les Fâcheux*, p. 485.

36 En effet, alors que les comptes rendus du 8 et 15 février de la *Gazette* semblaient pourtant indiquer que le roi avait dansé ces deux rôles pour la première représentation des *Amants magnifiques* le 4 février 1670, Robinet laissa entendre, lui, que, contrairement au livret qui annonçait la participation du roi, celui-ci n'avait point dansé ce jour-là: «notre *Auguste Sire* / Fait danser, & n'y danse point, / M'étant

royal, l'étendue de son contrôle ou de sa puissance, ne saurait surprendre. En effet, Neptune était, par sa maîtrise de l'Océan, le plus incertain des éléments naturels, et par celle du cheval[37], qui incarnait l'énergie et l'impétuosité des flots, le symbole de l'imposition de la raison à l'indiscipline de la nature et à la violence des passions. Si cet assujettissement des énergies destructrices de la nature en soi et autour de soi était le premier des buts que s'était fixés l'homme de la Renaissance, il traduisait aussi à un niveau supérieur les rapports existant ou censés exister entre le souverain et son royaume, le souverain ramenant à la raison les forces obscures qui menaçaient d'en bouleverser l'ordre. Comme l'avait déjà affirmé la naïade des *Fâcheux* et confirmé le personnage de l'exempt dans *Tartuffe*[38], Louis XIV savait « [r]égler et ses Etats et ses propres desirs »[39], selon une rhétorique conventionnelle qui fondait la souveraineté sur autrui sur la maîtrise de soi dont elle était la manifestation visible.

Plus significatif encore paraît le choix d'Apollon dans le dernier intermède des *Amants magnifiques*. Egalement jeune, beau, galant, le dieu constituait le prolongement visuel de la figure du monarque, dont il fut sans doute l'une des identités préférées[40]. Mais il était tout autant le support de son corps symbolique, la métaphore de son pouvoir, en ce sens qu'il était le signe de la victoire du bien sur le mal, le symbole de ses bienfaits et de son gouvernement :

---

trompé, dessus ce point, / Quand, sur un Livre, j'allay mettre / Le contraire, en mon autre lettre » (lettre du 15 février 1670, [in] *Le Théâtre et l'opéra*, p. 29). Ces deux rôles furent en fait tenus dès la première représentation par les marquis de Villeroy et de Rassan. Comme le révèlent les lettres du résident florentin, Paolo dell'Ara, et de l'ambassadeur vénitien, Giovanni Morosini, datées respectivement des 7 et 12 février 1670 (Florence, Archivio di Stato, Mediceo del Principato 4668 ; Paris, BnF, Manuscrits, Italiens 1868, *fol.* 277), son état de santé et la fatigue des répétitions auraient empêché le roi d'incarner ces deux rôles (voir Jérôme de La Gorce, *Jean-Baptiste Lully*, p. 156–7). Ce que confirme le compte rendu du 21 février suivant de la *Gazette ordinaire d'Amsterdam*, selon lequel Louis XIV fut « un peu indisposé durant quelque temps ».

[37] Dans le mythe antique, c'est en effet Poséidon qui crée et dompte le cheval. L'une des épithètes du dieu dans la Grèce classique était d'ailleurs *Hippios* (ou *seigneur des chevaux*).

[38] « Chez elle jamais rien ne surprend trop d'accès, / Et sa ferme raison ne tombe en nul excès » (*Tartuffe*, V, 7, v. 1911–2, p. 983).

[39] « Prologue », *Les Fâcheux*, p. 485.

[40] « Quelle grâce extrême ! / Quel port glorieux ! / Où voit-on des dieux / Qui soient faits de même ? » (*Les Amants magnifiques*, sixième intermède, p. 691).

Et le monde n'a son espoir
Qu'aux seuls bienfaits de ma lumière.

Bienheureuses de toutes parts
Et pleines d'exquises richesses,
Les terres où de mes regards
J'arrête les douces caresses![41]

Tout comme il était aussi l'emblème de la vérité révélée[42], marque de sa faculté de pénétrer les secrets de la nature et de l'âme humaine, souvent donnée
pour constitutive d'un état de justice. Au dire de l'exempt de *Tartuffe*,

Nous vivons sous un prince ennemi de la fraude,
Un prince dont les yeux se font jour dans les cœurs,
Et que ne peut tromper tout l'art des imposteurs.
D'un fin discernement sa grande âme pourvue
Sur les choses toujours jette une droite vue.[43]

«Source des clartés»[44], Louis XIV était celui qui peut «tout voir et tout
entendre»[45] et dont l'intelligence et la perspicacité furent inlassablement
glorifiées par les thuriféraires du règne.

Cette prévoyance providentielle, que l'on assimilera à la double-vue d'un
Prospéro maître non seulement des éléments, mais plus encore de l'action
dramatique, ne s'apparentait-elle pas à celle du dramaturge lui-même, dont
le monarque était vu, une nouvelle fois, assumer, sinon usurper la fonction
en lui imposant un sujet pour *Les Amants magnifiques*, comme il lui avait,
pour ainsi dire, dicté la nouvelle conclusion du *Tartuffe* en 1669? Alors que
la version en trois actes de la pièce, jouée pour *Les Plaisirs de l'île enchantée* le
12 mai 1664, s'était vraisemblablement achevée sur le triomphe de l'hypo-

---

[41] *Ibid.*, p. 692.

[42] La représentation de *Verità* dans l'*Iconologie* de Cesare Ripa la montre tenant un
soleil rayonnant de la main droite, avec cette explication: «Tiene il sole, per signifi-
care, che la Verità è amica della luce, anzi ella e luce chiarissima, che dimostra quel
che è» (*Iconologia*, Padoue, P.P. Tozzi, 1611).

[43] *Tartuffe*, IV, 5, v. 1906–10, [in] *Œuvres complètes*, I, p. 983. Dans *L'Art de régner* du
père Le Moyne, le Soleil s'était adressé au roi en des termes fort semblables: «A
ma Justice en tout, ma Prudence s'egale, / Et ma conduite est sage, autant qu'elle
est legale. / Je porte l'œil à tout, mais un œil éclairant, / Qui jamais pour le vray ne
prendra l'apparent. / De mes propres regards je me fais des lumieres, / Qui percent les
broüillas des plus sombres matieres: / Aussi present de loin, que je le suis de prés, /
J'écarte l'embaras, j'entre dans les secrets: / Et quelque obscurité qui les choses
noircisse, / Il n'est rien de si noir, que mon œil n'eclaircisse» («Le Soleil au Roy», *De
l'art de régner*, Paris, Sébastien Cramoisy, 1665, p. îr°–v°).

[44] *Les Amants magnifiques*, sixième intermède, p. 692.

[45] «Prologue», *Les Fâcheux*, p. 485.

crisie, le rideau tombait maintenant sur le rétablissement d'un ordre à la fois social et divin dont le monarque semblait avoir seul l'initiative. En le rendant possible le roi inventait en un sens le dénouement de la comédie, même si son portrait en garant de l'ordre était en un autre sens une construction du dramaturge[46]. Molière inventait le roi autant que celui-ci pouvait avoir inventé sujet ou dénouement[47].

3. Le vrai «couple de double» d'*Amphitryon*[48]

La fiction construite par le prologue des *Fâcheux*, qui faisait du monarque la source absolue de la représentation et effaçait du même coup la présence de l'auteur réel, devait sous-tendre à des degrés divers l'ensemble de la production dramatique de Molière pour la cour. On sait qu'elle déterminerait le choix et, en partie, le traitement du sujet des *Amants magnifiques*[49]. Mais elle nous éclaire également sur la ou plutôt les lectures contextuelles de la fable d'*Amphitryon*, implicites dans le prologue de la pièce représentée au Palais-Royal en janvier 1668. Sans que l'œuvre eût été spécifiquement conçue pour une représentation à la cour[50], Molière s'y autorisa de l'ambivalence permise par la duplication réelle ou réaliste des personnages et le jeu sur les couples de double pour redire la volonté créatrice du monarque et son propre statut d'exécutant, en même temps qu'il se posait pour la première fois en égal de son maître.

Si l'admet sinon un rapport entre la fable d'*Amphitryon* et les amours de Louis XIV et de Mme de Montespan[51], du moins un parallélisme entre la figure du dieu maître de l'Olympe et le roi, dont Jupiter était l'une des repré-

---

[46]   Je renvoie ici à l'article d'Henry Philips, «Authority and Order in Molière Comedy», *Nottingham French Studies*, n° 23 (1), printemps 1994, p. 12–9.

[47]   Voir *infra*, p. 316–9.

[48]   Les remarques qui suivent sont inspirées de l'article d'Anne Ubersfeld sur «Le Double dans l'*Amphitryon* de Molière», [in] *Mélanges pour Jacques Schérer. Dramaturgies. Langages dramatiques*, Paris, Nizet, 1986, p. 235–44.

[49]   Voir *infra*, p. 310 *et sq.*

[50]   Louis XIV et la cour assistèrent toutefois à une représentation aux Tuileries le 16 janvier 1668, soit trois jours après la première de la pièce au Palais-Royal.

[51]   Rapport établi pour la première fois par le comte Pierre Louis Roederer dans ses *Mémoires pour servir l'histoire de la société polie en France* (Paris, F. Didot frères, 1835, p. 230–1), sur le témoignage des vers «Un partage avec Jupiter/N'a rien du tout qui déshonore» (*Amphitryon*, III, 10, v. 1898–9, [in] *Œuvres complètes*, II, p. 440). En fait il semble peu probable que Molière eût à cette date connaissance des nouvelles amours du roi, car ce n'est qu'en septembre 1668, à la suite des incidents provoqués par le marquis de Montespan, que l'infortune de celui-ci fut de notoriété publique.

sentations, symbolique du «grand art de régner»[52], dans le divertissement de cour[53], le prologue d'*Amphitryon* suscitait une figure du dieu fabulisateur qui venait redoubler celle du poète fabulateur:

> Ses pratiques, je crois, ne vous sont pas nouvelles:
> Bien souvent pour la terre il néglige les cieux;
> Et vous n'ignorez pas que ce maître des Dieux
> Aime à s'humaniser pour des beautés mortelles,
> 　　Et sait cent tours ingénieux,
> Pour mettre à bout les plus cruelles.[54]

Parce qu'ils énonçaient un univers créé par la volonté (fabulatrice) de Jupiter (et par extension de Louis XIV, dont le pouvoir était également question de représentation), dans lequel le dieu s'arrogeait le droit de prendre toute apparence qu'il lui plaisait et celui de séduire qui lui plaisait, les vers du prologue renouvelaient le geste créateur du dramaturge construisant la fable théâtrale dans laquelle venait s'insérer la fable seconde fabriquée par le dieu. De cette fable seconde qualifiée d'«artifice» et de «stratagème», Mercure apparaissait comme l'organisateur et le servant, celui dont la «commission»[55] était de donner en quelque sorte corps aux inventions du dieu, dans un rôle de délégué de son maitre dans son œuvre de fabulation.

Or si l'on considère que, plus d'une fois, Molière se présenta non comme l'auteur de l'œuvre, mais comme l'exécutant des ordres et des suggestions de son souverain, et que, d'autre part, il tint le rôle de Mercure/Sosie dans *Am-*

---

[52]　Corneille, «Au Roi. La Conquête de Hollande (1672)», [in] *Œuvres complètes*, III (1987), p. 1157.

[53]　Comme, d'ailleurs, d'une propension à la galanterie et à la séduction encouragée par les poètes. Les vers pour le personnage de Jupiter dans le *Ballet de l'Impatience* faisaient ainsi dire au dieu: «Apres avoir tonné quand il estoit besoin/D'abatre les Geans que j'ay reduis en poudre,/Et fait voler mon nom plus loin/Que l'Aigle qui porte ma Foudre./Je descends vers l'Objet qui seul peut me charmer,/Et mesme j'y descens non sans quelque surprise/Qu'à dessein de me faire aimer/Il faille que je me déguise./Les mortels ne sçauroient quand je traite auec eux/Souffrir de ma splendeur qu'une legere trace,/Et mon éclat trop lumineux/Les éblouït & m'embarasse./Devant une beauté je cache finement/Cette pompe divine ou mon estre se fonde,/Et l'on me prendroit seulement/Pour le premier Homme du monde./Le monde cependant m'adore & connoist bien/Qu'à son utilité je dispose les Astres,/Et suis la source de son bien,/Sans estre autheur de ses desastres./Et la gresle & la pluye & les vents inconstans/Furent des fiers Destins l'ouvrage necessaire;/Nous n'aurons plus que du beau temps,/Et c'est ce qui me reste à faire» (*Ballet de l'Impatience*, seconde partie, quatrième entrée, [in] *Benserade. Ballets pour Louis XIV*, II, p. 509–10).

[54]　«Prologue», *Amphitryon*, v. 53–8, p. 363.

[55]　*Ibid.*, v. 69, v. 71, v. 148.

phitryon lors de sa création en janvier 1668, c'est un autre couple de double que remarquèrent sans doute alors les spectateurs de la pièce. Plus encore que le parallélisme Louis XIV–Molière par la figure interposée de Jupiter, signalé par Anne Ubersfeld et peut-être voulu par Molière dans une première tentative pour affirmer son statut d'auteur en faisant de sa volonté créatrice l'égale imaginaire de celle de Jupiter, c'est l'association Mercure/Sosie-Molière, dans son rapport à la fois de dépendance et de distance critique vis-à-vis du couple Jupiter-Louis XIV, qui avait surtout des chances d'être perçue. D'autant plus qu'elle reproduisait la démarche créatrice à l'origine du divertissement de cour qu'allaient mettre en avant l'avant-propos du livret des *Amants magnifiques* et celui du *Ballet des Ballets*.

4. Figures de la création dans *Les Amants magnifiques*

Cette reconnaissance liminaire de la volonté créatrice du monarque trouva un prolongement dans la présence d'un double royal ou princier comme ordonnateur des plaisirs de cour dans la fiction dramatique de certaines comédies-ballets. Les deux princes rivaux qui, dans *Les Amants magnifiques*, régalent sur scène la princesse Eriphile et sa mère de « toutes les galanteries dont ils se peuvent aviser »[56], n'étaient-ils pas en effet des projections fictionnalisées du souverain, dispensateur en réalité des divertissements représentés devant les courtisans, au même titre que le prince « d'humeur galante et magnifique »[57] qui, dans *La Princesse d'Elide*, était dit organiser courses et réjouissances en l'honneur des prétendants de sa fille ? En choisissant ce sujet pour la seconde comédie-ballet de Molière, où il plaçait pour ainsi dire « un double double » de lui-même en la personne des deux princes Iphicrate et Timoclès, Louis XIV non seulement se posait en « inventeur » et donc en auteur de l'œuvre, il se mettait littéralement en scène dans son rôle de metteur en scène et d'impresario royal[58]. En outre, quoique, contrairement à lui, dans le projet initial du moins, Iphicrate et Timoclès ne soient pas eux-mêmes acteurs des divertissements qu'ils offrent à la princesse Aristione et à sa fille, rien n'interdit toutefois de penser que, dans un prolongement des effets de correspondance avec le monarque réel, ils aient pu en choisir le sujet.

Or si, dans *Les Amants magnifiques*, le roi ou son *alter ego* étaient bien présents sur scène dans cette double fonction de metteur en scène et de dramaturge, ceux à qui il la déléguait effectivement dans la réalité l'étaient également. Pour le dire autrement, c'étaient les trois termes du processus de créa-

---

[56]   « Avant-propos », *Les Amants magnifiques*, p. 645.

[57]   « Argument », *La Princesse d'Elide*, p. 775.

[58]   Voir Philippe Beaussant, *Lully*, p. 377.

tion esthétique impliqués dans le divertissement de cour qui étaient représentés dans la comédie, car sous les traits des personnages fictifs inventés pour la circonstance, étaient reconnaissables les figures typifiantes de Louis XIV, de Molière et de Vigarani, à savoir le roi, le poète et le machiniste. Dès lors l'œuvre tout entière pouvait se lire comme une allégorie de la création. Mais parce que ces personnages fictifs n'étaient de toute évidence que des copies imparfaites, sinon dégradées de leurs modèles vivants, la pièce faisait ressortir en même temps toute l'ambiguïté et la perversion de cette création.

Anaxarque, ou l'apprenti roi magicien

Dans un approfondissement des plans, Molière chercha tout d'abord à reproduire au niveau de la fiction dramatique le mécanisme de délégation dont s'était accompagné le processus créateur qui avait donné naissance au divertissement royal lui-même. De même que le roi avait laissé carte blanche à Vigarani pour les machines et les décors des intermèdes, les princes Iphicrate et Timoclès confient le soin matériel des régales à un machiniste, sans doute «l'admirable ingénieur» mentionné par Anaxarque, qui, jouant les apprentis rois magiciens, en détourne l'art à des fins personnelles[59]. Personnage absent de la liste des *dramatis personae*, cet ingénieur n'était, bien entendu, autre que Vigarani lui-même, le propre machiniste de Louis XIV, dans une fusion totale de l'un et de son double. Ici aussi la réaction de l'assistance est un cri d'émerveillement devant le spectacle qualifié hyperboliquement d'«admirable»[60], ou une expression d'étonnement naïf à la prétendue intervention de la déesse Vénus dans les affaires humaines[61].

Mais alors que le pouvoir du roi était magie véritable, transformation effective de la réalité, l'art de l'ingénieur n'est en définitive qu'un «artifice», au sens vieilli d'«habile et industrieuse combinaison de moyens»[62], une «adresse» technique[63] recouvrant un «stratagème»[64], une «tromperie» théâ-

---

[59] *Les Amants magnifiques*, IV, 3, p. 682.

[60] «Voilà qui est admirable, il ne se peut rien de plus beau, cela passe tout ce qu'on a jamais vu» (*ibid.*, III, 1, p. 675). On aura noté le parallélisme avec les témoignages de Montigny et de Félibien sur le divertissement royal lui-même (voir *supra*, première partie, chapitre 1, p. 49–51).

[61] *Les Amants magnifiques*, IV, 2, p. 682. On lit aussi à la scène suivante: «Et comme la princesse Aristione est fort superstitieuse, il ne faut point douter qu'elle ne donne à pleine tête dans cette tromperie» (*ibid.*, IV, 3, p. 682–3).

[62] Littré, *Dictionnaire de la langue française*, Paris, Editions Jean-Jacques Pauvert, 1956.

[63] *Les Amants magnifiques*, IV, 3, p. 682. «Adresse» est en effet l'un des sens, avec «art» et «métier», du latin «artificium», dont dérive le français «artifice» (*Le Grand Robert de la langue française*, 2e édition, Paris, Le Robert, 1985).

[64] *Les Amants magnifiques*, loc. cit.

trale[65] indissociable d'une imposture morale. Car c'est à cela que se ramène le prétendu « art » de l'astrologue acheté par les princes, à une simple maîtrise des lois de l'illusion par l'entremise d'un admirable ingénieur. Comme il échoue dans cette tentative pour influer sur le cours des événements, c'est-à-dire pour précipiter le mariage d'Eriphile avec Iphicrate, qui le paie plus que l'autre prince, Anaxarque ne réalise qu'un trompe-l'oeil, et non une transformation. Son art reste du domaine de l'apparence. En effet, avant qu'Iphicrate n'ait eu le temps de jouer les sauveurs de la princesse Aristione, attirée dans un faux guet-apens, et d'obtenir en récompense la main de sa fille, ainsi que l'a annoncé la fausse déesse Vénus au début de l'acte IV, survient le général Sostrate, soupirant obscur de la jeune princesse, qui sauve Aristione d'un danger cette fois réel et épouse Eriphile.

A cette supercherie s'ajoute une autre tentative de la part d'Anaxarque pour faire ce mariage d'Eriphile et d'Iphicrate, à l'aide cette fois de « prédictions » astrologiques. En effet, fort de la pratique d'une « science » encore en vogue dans les cours européennes, Anaxarque se targue de pouvoir « jeter pour cela [le mariage] les figures mystérieuses que notre art nous enseigne »[66]. Mais de même que sa machine céleste n'est qu'un processus de création avorté, « les grandes promesses de ces connoissances sublimes »[67] dont il se glorifie sont une fausse science dont Eriphile fait ressortir la contradiction interne :

> Mais comme il est impossible que je les épouse tous deux, il faut donc qu'on trouve écrit dans le Ciel non-seulement ce qui doit arriver, mais aussi ce qui ne doit pas arriver.[68]

Illusionniste et charlatan, Anaxarque ne sait ni lire le secret des étoiles, le dessein des dieux, ni modifier par son intervention magique le cours du destin des hommes. En cela, il s'oppose doublement au roi, capable, lui, de faire descendre sur terre ces « impressions de bonheur »[69] revendiquées par l'astrologue, et de « produi[re] sans cesse de tous côtés la vie, la joie et l'action »[70]. Monarque absolu et vrai magicien, Louis XIV était véritablement à même de faire et de défaire les hommes, ses sujets, et tout particulièrement les courtisans qui gravitaient autour de lui. Les vers pour le personnage d'Apollon qu'il devait représenter dans le dernier intermède lui faisaient ainsi dire :

---

[65] *Ibid.*, IV, 3, p. 683.
[66] *Ibid.*, III, 1, p. 677.
[67] *Ibid.*, p. 679.
[68] *Ibid.*, p. 678.
[69] *Ibid.*, p. 679.
[70] Louis XIV, *Mémoires pour l'instruction du Dauphin*, p. 137.

Je suis la source des clartés
Et les astres les plus vantés,
Dont le beau cercle m'environne,
Ne sont brillants et respectés
Que par l'éclat que je leur donne.[71]

D'autre part, à en croire l'exempt de *Tartuffe*[72], le roi, sans être devin, n'en possédait pas moins aussi la science de lire dans les cœurs. Aveuglement, mensonge et illusionnisme sont en revanche le partage d'Anaxarque, qui, en voulant jouer les Prospéro, se rend coupable d'une usurpation et d'une subversion de l'autorité royale.

À travers ce personnage, Molière s'en prenait, dit-on, à Jean-Baptiste Morin, mathématicien faiseur d'horoscopes, qui avait su exploiter la crédulité des grands et obtenir une chaire de professeur de mathématiques au collège de France. Son *Astrologia gallica* venait d'être publiée à titre posthume (il était mort en 1656) par Marie-Louise de Gonzague, à qui il avait prédit en des termes fort vagues et fleurant l'imposture qu'un jour elle serait reine[73]. Gui Patin en avait conclu laconiquement dans une lettre du 18 février 1661 à Falconet:

Voilà comment les princes sont trompés; si c'étoit un bon livre qui pût être utile au public, on ne trouverait point d'imprimeur ni personne qui s'en voulût charger.[74]

« Le métier de plaisant »[75]

Sur le plan de la fiction, Anaxarque s'oppose tout autant à celui dont la présence irritante à ses côtés dans la pièce[76] contribue à évoquer l'image d'un double positif de l'astrologue, celle d'un être défini à la fois par une science plus terre-à-terre et par un franc-parler volontiers narquois. Dans ce personnage on aura reconnu Clitidas, le « plaisant de cour », dont le discours critique fait également contrepoint à la voix galante des princes et des amoureux[77]. Assurant à la cour d'Aristione des fonctions naguère dévolues au rustique Moron dans *La Princesse d'Elide*, mais devenu honnête homme, car le droit de cité concédé au rire avait subi dans les années 1660 un certain nombre

---

[71] *Les Amants magnifiques*, sixième intermède, p. 692.
[72] *Tartuffe*, IV, 5, v. 1906–10, p. 983.
[73] Rapprochement fait par Roger Duchêne, *Molière*, p. 571.
[74] Gui Patin, *Lettres de Gui Patin*, III, p. 324.
[75] *Les Amants magnifiques*, I, 2, p. 655.
[76] Voir en particulier I, 2 et III, 1.
[77] Voir *supra*, première partie, chapitre 2, p. 73–4.

de modifications[78], Clitidas se fait dès le début de la pièce le défenseur de la
« liberté de parler »[79]. Comme il s'en explique à Sostrate :

> Vous savez que je suis auprès d'elle [Eriphile] en quelque espèce de faveur,
> que j'y ai les accès ouverts, et qu'à force de me tourmenter, je me suis
> acquis le privilège de me mêler à la conversation et parler à tort et à travers
> de toutes choses. Quelquefois cela ne me réussit pas, mais quelquefois
> aussi cela me réussit.[80]

Avatar réformé du bouffon de cour, Clitidas porte sur la réalité un regard détaché et perspicace qui était celui même du dramaturge, cherchant à éclairer
les replis du cœur humain et à dénoncer certaines formes du mal social. Que
celui-ci lui eût prêté ses traits pour la création de la pièce ne put évidemment
qu'aider au rapprochement des deux figures.

Irrévérencieuse et critique de toute forme d'autoritarisme et d'autorité[81],
cette liberté de parler est aussi porteuse de vérité (l'image du fou détenteur de
la sagesse n'était-elle pas d'ailleurs traditionnelle ?), car elle est le fruit d'une
authenticité du cœur et de l'esprit que Clitidas oppose aux constructions
mensongères d'Anaxarque. Décent, le rire est également instructif. Aussi, une
fois établie l'équation plaisanter-dire la vérité sous l'égide du précepte horatien du *ridendo dicere verum*[82], qui fait la légitimité comique de cette forme
raffinée du rire qu'est la plaisanterie, est-il possible à Clitidas d'affirmer que

> le métier de plaisant n'est pas comme celui d'astrologue. Bien mentir et
> bien plaisanter sont deux choses fort différentes, et il est bien plus facile de
> tromper les gens que de les faire rire.[83]

---

[78]   En effet, dernier des bouffons en titre des rois de France, L'Angély avait dû, renon-
çant aux attributs symboliques de ses prédécesseurs (la marotte notamment), se
mettre au service d'une normalisation morale et sociale. Comme seul était désormais admis à la cour un enjouement exempt de vulgarité, une forme décente de rire
et de raillerie, qui trouvait dans la « plaisanterie » de l'esthétique de la galanterie sa
plus parfaite expression, il se borna dorénavant à se mêler à la conversation, à la
relever par le « sel » de sa plaisanterie, tout en restant bien entendu dans les limites
de la bienséance. Comme Clitidas en quelque sorte. Sur ce point, voir Dominique
Bertrand, *Dire le rire à l'âge classique. Représenter pour mieux contrôler*, Aix-en-Provence, Publications de l'Université de Provence, 1995, p. 132–3.

[79]   *Les Amants magnifiques*, I, 2, p. 654.

[80]   *Ibid.*, I, 1, p. 652.

[81]   Voir Nicholas Cronk, « The Celebration of Carnival in Molière-Lully's *Les Amants
magnifiques* », [in] *The Seventeenth Century. Directions old and new*, éd. E. Moles et
Noël Peacock, University of Glasgow Publications, 1992, p. 84–5.

[82]   Horace, *Satires*, livre I.

[83]   *Les Amants magnifiques*, I, 2, p. 655.

Affirmation à rapprocher de la repartie du personnage de Molière dans *La Critique de l'Ecole des Femmes* en 1663, qui faisait elle aussi du rire l'instrument d'une révélation :

> Car enfin, je trouve qu'il est bien plus aisé de se guinder sur de grands sentiments, de braver en vers la Fortune, accuser les Destins, et dire des injures aux Dieux, que d'entrer comme il faut dans le ridicule des hommes, et de rendre agréablement sur le théâtre les défauts de tout le monde. [...] dans les autres [les comédies], il y faut plaisanter ; et c'est une étrange entreprise que celle de faire rire les honnêtes gens.[84]

Cette première différence ou plutôt cette supériorité que le plaisant de cour revendique sur l'astrologue se prolonge dans une opposition de leurs talents respectifs, d'un côté fin discernement psychologique, de l'autre don – prétendu – de divination par les astres :

> J'ai mes secrets aussi bien que notre astrologue, dont la princesse Aristione est entêtée ; et, s'il a la science de lire dans les astres la fortune des hommes, j'ai celle de lire dans les yeux le nom des personnes qu'on aime.[85]

C'est ce que reconnaît la princesse Eriphile à l'acte II des *Amants magnifiques* :

> Vous êtes un insolent de venir ainsi surprendre mes sentiments. [...] vous vous mêlez de vouloir lire dans les âmes, de vouloir pénétrer dans les secrets du cœur d'une princesse.[86]

Clitidas ne vient-il pas de surprendre ses sentiments réels pour Sostrate, après avoir également contraint celui-ci à confesser son propre amour pour la princesse ? C'est que, jouant le rôle des serviteurs de Marivaux, des Frontin des *Serments indiscrets* ou des Dubois des *Fausses Confidences*, Clitidas a pris sur lui d'accoucher la vérité de deux cœurs épris, de faire sortir l'amour d'une de ces niches où le retiennent l'amour-propre, la timidité, l'embarras de s'expliquer ou l'inégalité des conditions[87]. Simple catalyseur, il ne fait pas naître cet amour, dont la naissance se situe dans le temps pré-dramatique de la comédie-ballet, mais se charge de le révéler à lui-même et à l'autre, de le mener à l'aveu, préparant en quelque sorte l'union des amoureux, une fois ôté l'obstacle extérieur au mariage. Aux thèmes de la surprise de l'amour et de

---

[84] *La Critique de l'Ecole des femmes*, III, 6, p. 660–1.

[85] *Les Amants magnifiques*, I, 1, p. 651.

[86] *Ibid.*, II, 2, p. 662.

[87] Selon d'Alembert, Marivaux aurait déclaré : « J'ai guetté dans le cœur humain toutes les niches différentes où se peut cacher l'amour lorsqu'il craint de se montrer, et chacune de mes comédies a pour objet de le faire sortir d'une de ses niches » (*Eloge de Marivaux* (1785), [in] Marivaux, *Théâtre complet*, éd. Bernard Dort, Paris, Seuil, 1964, p. 33).

l'invention, de l'apprentissage de soi par le biais de l'expérience sentimentale, Molière ajoutait ici l'analyse de la conscience démasquante de ce personnage témoin, délégué indirect du dramaturge dont il partageait jusqu'à un certain point la double-vue anticipatrice[88].

C'est cette perspicacité de Clitidas, et non le charlatanisme dont fait profession Anaxarque, qui est en définitive l'unique vraie science. Mais cette science se révèle toutefois insuffisante à elle seule à assurer le mariage socialement hardi d'Eriphile et de Sostrate. Contrairement à ses pareils de la comédie moliéresque, qui se mêlent de travailler au bonheur de leurs jeunes maîtres, multipliant pour ce faire ruses et subterfuges, et contrairement à Anaxarque, qui s'efforce d'imposer un scénario prétendument lu dans les étoiles, mais de son invention, Clitidas, semblable en cela à Moron, n'a aucun pouvoir de dramaturge ni de metteur en scène[89]. Il n'invente rien, ne crée rien. Tout au plus personnage témoin, il ne peut qu'attendre l'échec de la machination d'Anaxarque et en apporter la nouvelle à Eriphile à l'acte V en messager classique. En effet c'est indépendamment de sa volonté, quoique sous ses yeux – ou presque –, que Sostrate a, en lieu et place du prince Iphicrate, sauvé la vie d'Aristione, mère de la jeune princesse. Clitidas se fait le porte-parole d'une Providence extérieure à la pièce, qui déjoue bien sûr le stratagème de ce faux Prospéro qu'est Anaxarque, mais qui subvertit également le sujet du scénario conçu par le roi. Comme il l'annonce à Eriphile, « le Ciel vient de vous donner l'époux qu'il vous destinait »[90].

Un sanglier providentiel

Or cette Providence n'est autre que le poète lui-même. En effet Molière, à qui le roi avait délégué sa fonction de dramaturge, de même qu'il avait confié son pouvoir de machiniste à Vigarani, modifia, lui, de toute évidence, à l'inverse de l'Italien, exécuteur fidèle des directives du prince, le schéma dicté par Louis XIV. Aux deux princes rivaux, il ajouta de son propre chef le personnage de Sostrate, le général de basse extraction, mais de grand mérite, que la princesse Eriphile finit par préférer à ses nobles soupirants et à leur magnificence, après lui avoir avoué à l'acte IV que

---

[88] D'où l'insistance du discours sur deux isotopies lexicales à la fois contradictoires et complémentaires, «secret», «caché» faisant pendant à «révéler», «deviner», «tirer par surprise», et dont on aura remarqué qu'elles informent aussi le discours trompeur de l'astrologue.

[89] Voir sur ce point Judd D. Hubert, «Theoretical Aspects of Fête and Theatricality in Seventeenth-Century France», [in] *Sun King: the Ascendancy of French Culture during the Reign of Louis XIV*, éd. David Lee Rubin, Washington, the Folger Shakespeare Library, 1992, p. 43.

[90] *Les Amants magnifiques*, V, 1, p. 686.

ce n'est pas Sostrate, que le mérite seul n'ait à mes yeux tout le prix qu'il doit avoir, et que dans mon cœur je ne préfère les vertus qui sont en vous à tous les titres magnifiques dont les autres sont revêtus.[91]

Sous la plume du dramaturge, la comédie sentimentale se doublait d'une comédie sociale à connotations politiques. Car cet ajout était plus qu'une modification du thème original, il en était véritablement une subversion, même si, selon Roger Duchêne[92], il n'avait sans doute pas déplu à Louis XIV d'entendre rappeler à sa noblesse que les privilèges comportaient des devoirs et que les gens de mérite ne manquaient pas en France[93]. D'autre part, c'est à un élément du scénario écrit par Molière, à l'intervention de ce sanglier providentiel que tue Sostrate pour défendre Aristione, que l'on doit le dénouement de l'intrigue galante des *Amants magnifiques*, et non à un aboutissement logique de la rivalité des princes Iphicrate et Timoclès. Ce faisant, le poète subvertissait pour se l'approprier la paternité littéraire du roi, son image de dramaturge, et publiait cette subversion dans une œuvre conçue pour être une célébration des pouvoirs de monarque magicien de Louis XIV au moment même où celui-ci choisissait d'abandonner la scène.

Loin de contrôler le poète, qui, comme Ariel dans les tours qu'il joue aux personnages naufragés de *La Tempête* ou encore dans le *wedding masque* qu'il évoque devant eux, n'aurait fait que donner corps aux fantasmes de l'imagination de son maître, le Prospéro royal n'était-il pas en définitive contrôlé par le poète? Le portrait en masque du roi auteur tracé dans les seuils de l'œuvre ne se retournait-il pas en celui du poète auteur de son roi, en ce sens que l'image du prince dans sa toute-puissance, dont Louis XIV avait pu contempler, satisfait, les transformations pendant près de six heures, n'était autre que celle que lui offrait le dramaturge, se réappropriant, dans le retournement final de l'action dramatique de la pièce, un statut et des prérogatives dont il pouvait s'estimer avoir été jusque là dépouillé? En contribuant ainsi à dessiner le corps symbolique et divinisé du monarque, en

> [...] employ[ant] à sa gloire, ainsi qu'à ses plaisirs,
> Tout [son] art et toutes [ses] veilles,[94]

comme il le lui avait promis dans le «Remerciement» de 1663, Molière retournait en sa faveur la relation de dépendance réelle où il se trouvait dans la réalité vis-à-vis de Louis XIV. Obligé lui-même du monarque, puisque c'était

---

[91] *Ibid.*, IV, 4, p. 684.
[92] Roger Duchêne, *Molière*, p. 570.
[93] C'est ce que montreraient également les personnages de Dorante et de Cléonte dans *Le Bourgeois gentilhomme*.
[94] «Remerciement au roi», v. 83–4.

à sa protection qu'il devait son statut dans le monde de créateur hors pair[95],
il cherchait dans la fiction des *Amants magnifiques*, par une sorte de compensation fantasmée, à faire du monarque son obligé en célébrant sa grandeur
comme souverain[96].

Par ailleurs, dans le triomphe de la comédie sentimentale et du principe
d'authenticité sur la comédie spectaculaire et la galanterie magnifique mais
creuse des princes, ne pouvait-on pas également lire la victoire du poète sur
l'autre *alter ego* du roi, le machiniste, victoire symbolique d'une affirmation
de la supériorité de l'âme du divertissement de cour sur son corps ? Ainsi
que l'avait proclamé, un demi-siècle plus tôt, le poète Ben Jonson, qu'une
querelle publique[97] opposa à Inigo Jones, l'«architecte» du masque de cour
anglais, pour qui « these shows are nothing else but pictures with light and
motion »[98],

> It is a noble and just advantage, that the things subjected to u*nderstanding*
> have of those which are objected to *sense*, that the one sort are but mo-
> mentarie, and meerely taking ; the other impressing, and lasting : Else the
> glorie of all these *solemnities* had perish'd like a blaze, and gone out, in the
> *beholders* eyes. So short-liv'd are the *bodies* of all things, in comparison of
> their *soules*.[99]

A l'instar de son prédécesseur, Molière s'affirmait comme le maître d'œuvre
suprême du divertissement royal, un Ariel qui, dans le service de son maître,
acquérait la liberté et sa propre maîtrise supérieure. Plus que Vigarani[100], plus

---

[95]   C'était ce statut, récusé paradoxalement par les seuils des livrets, que venait concré-
       tiser la pension annuelle de 1.000 livres que Molière recevait du roi depuis 1663
       en qualité de «bel esprit» («En ce mesme tems, Mr de Moliere a receu Pansion du
       Roy en qualité de bel esprit, et a esté couché sur l'Estat p^r la somme de 1000^#», La
       Grange, *Registre*, p. 53). Quoiqu'en des termes moins élogieux, il avait été porté sur
       la «Liste des gens de Lettres françois vivans en 1662» établie par Chapelain pour
       Colbert à la fin de l'année 1662 (BnF, ms fr 23.045, *fol.* 104–13, reproduite dans
       Chapelain, *Opuscules critiques*, p. 341–64).

[96]   Pour une analyse de la relation d'obligation mutuelle entre mécène et écrivain, voir
       le chapitre d'Alain Viala sur «Les ambivalences du clientélisme et du mécénat»,
       Naissance de l'écrivain, p. 51–84.

[97]   Sur cette querelle, voir D.J. Gordon, «Poet and Architect», *Journal of the Warburg
       and Courtauld Institute*, n° 12, 1949, p. 152–78.

[98]   Townsend, *Tempe Restored*, l. 49–50, [in] *Inigo Jones*, II, p. 480.

[99]   Jonson, *Hymenaei, or The solemnities of Masque and Barriers at a Marriage*, [in] *Ben
       Jonson*, éd. par C.H. Herford, Percy et Evelyn Simpson, Oxford, Clarendon Press,
       1925–1952, VII (1941), p. 209.

[100] Contrairement à Ben Jonson, qui se moqua à la fois d'Inigo Jones et de sa concep-
       tion du masque («O Showes ! Showes ! Mighty Showes ! /[...]/Oh, to make Boardes
       to speake ! There is a taske/Painting & Carpentry are ye Soule of Masque» («An

que le roi même, il était le véritable auteur des *Amants magnifiques*. Et il le disait à qui voulait l'entendre.

5. Des *Fâcheux* à *Psyché*, ou le portrait du poète en auteur

En fait c'est aussi, et plus encore peut-être, dans le simple fait de publier, peu après leur reprise à la ville, des éditions séparées de ses comédies-ballets, qui avaient fait, rappelons-le, l'objet de livrets publiés par Ballard, que Molière manifesta ouvertement son intention de s'assurer la paternité de ces pièces. Comme si, conscient de son statut d'auteur, le dramaturge profitait de cette marque d'indulgence et de faveur que constituait, de la part de Louis XIV, l'autorisation tacite de publier l'un de ses divertissements, non seulement pour afficher cette faveur, mais aussi pour affirmer la propriété intellectuelle de son œuvre. La valeur symbolique de l'opération s'ajoutait aux éventuels avantages financiers, d'ailleurs relativement modestes, qu'il pouvait espérer en retirer[101]. Or cette publication du texte des comédies-ballets était une entreprise périlleuse, car seuls Robert Ballard et son fils Christophe, en tant qu'«imprimeurs du Roi pour la musique», étaient en principe autorisés à publier les livrets et les partitions des divertissements royaux. Aussi imprimèrent-ils parfois des ouvrages de Molière sans être obligés d'obtenir son autorisation ou de lui verser de quelconques droits. Le texte de *La Princesse d'Elide* fut inclus dans la relation officielle des *Plaisirs de l'île enchantée*, pour laquelle Robert Ballard avait obtenu en 1665 un privilège de sept ans. Comme le rappelle C.E.J. Caldicott, «ce n'était pas un abus de leur part, c'était la prérogative du roi et la coutume»[102].

Reprendre aux autres son bien

Dans ce qu'il faut bien voir comme un geste d'indépendance, Molière fit déposer des demandes de privilège à son nom pour *Les Fâcheux* (en 1662), *L'Amour médecin* (en 1665), *Le Mariage forcé* et *Le Sicilien* (en 1668), *George Dandin* (en 1668), *Monsieur de Pourceaugnac* (en 1670), *Le Bourgeois gentilhomme* et *Psyché* (en 1670). Publiées dans un premier temps par les membres du cartel des imprimeurs-libraires parisiens (comme *Les Fâcheux* et *L'Amour*

Expostulacion wth Inigo Jones» [in] *Ben Jonson*, VIII (1947), p. 403–4), Molière ne semble pas avoir manifesté la moindre animosité ni la moindre envie à l'égard de Vigarani, dont il admirait les réalisations. Si ressentiment il y eut par la suite, ce fut bien plutôt à l'égard de Lully.

[101] Voir C.E.J. Caldicott, *La Carrière de Molière*, p. 121–49.
[102] *Ibid.*, p. 116.

médecin)[103], puis par Jean Ribou, à qui Molière confia l'édition de ses œuvres de 1666 à 1670, et enfin par Pierre Le Monnier et Pierre Promé[104], les comédies-ballets semblent s'être dans l'ensemble bien vendues. Certaines même eurent droit à une seconde édition, les unes, telles *Les Fâcheux* et *L'Amour médecin*, de son vivant, les autres, telles *Monsieur de Pourceaugnac* et *Psyché*, dans les semaines qui suivirent sa mort, en mars 1673. Pour A.-J. Guibert, ce court délai laisserait d'ailleurs supposer que Molière eût eu le temps d'en revoir l'impression. D'autres, à l'exemple des *Fâcheux* et de *Monsieur de Pourceaugnac*, connurent plusieurs tirages. Toutes firent l'objet de contrefaçons tant en province qu'à l'étranger. Mais rien toutefois ne permet d'affirmer que les comédies-ballets furent de plus gros succès de librairie que les autres pièces du dramaturge, dont les éditions furent également retirées, pillées, contrefaites. *Les Précieuses*, *L'Ecole des maris* et *Le Tartuffe* furent aussi réédités, parfois l'année même de leur parution[105].

Seules quatre des comédies-ballets que Molière avait composées pour la cour ne furent pas éditées par lui. Ce sont, outre *La Pastorale comique*, *La Princesse d'Elide*, *Les Amants magnifiques* et *La Comtesse d'Escarbagnas*. Certes, le texte même de *La Princesse d'Elide* figurait dans la relation officielle des *Plaisirs de l'île enchantée* et, d'autre part, avec l'accord vraisemblablement de Ballard, en tant que détenteur du privilège pour cette relation, les éditeurs de Molière avaient incorporé *La Princesse* dans l'édition collective de ses huit premières comédies qu'ils avaient frauduleusement publiée en 1666. Sous prétexte en effet de faire transformer des privilèges individuels en privilège collectif, ils avaient réussi à prolonger de six ans leur droit sur ces pièces, ce qui interdisait à Molière jusqu'en 1672 de les faire paraître lui-même[106]. Mais *La Princesse d'Elide* et *Les Amants magnifiques* avaient aussi été témoins du rapport privilégié entre le roi et son dramaturge. C'étaient même celles des pièces de Molière qui mettaient précisément le plus en avant la volonté créatrice de Louis XIV. En ne les faisant pas publier, Molière maintenait en quelque sorte

---

[103]   Le risque couru expliquerait, selon C.E.J. Caldicott, que le dramaturge eût préféré, initialement du moins, confier à autrui la responsabilité de cette publication (*ibid.*, p. 116–7).

[104]   Avec les années les comédies-ballets furent même, comme ses autres ouvrages, de plus en plus souvent publiées aux frais du dramaturge, leur distribution étant alors assurée par des libraires indépendants. Ce fut notamment le cas en 1671 d'un nouveau tirage de *Monsieur de Pourceaugnac*, comme de l'édition originale de *Psyché*, dont la page de titre portait l'indication « Et se vend pour l'Autheur ».

[105]   Pour le détail de ces diverses éditions des œuvres de Molière, on se reportera à l'ouvrage de Albert-Jean Guibert, *Bibliographie des œuvres de Molière publiées au XVIIe siècle*, Paris, Editions du C.N.R.S., 1961.

[106]   Voir C.E.J. Caldicott, *La Carrière de Molière*, p. 130.

la fiction du roi auteur. A moins que, comme le crut Voltaire, il n'eût tout simplement pas jugé bon de faire paraître des pièces qui n'avaient réussi à la cour que «par le mérite du Divertissement & par celui de l'Apropros»[107].

Afin, à la fois, de contourner le monopole des Ballard et de contrecarrer les agissements du cartel des éditeurs dans le but de récupérer la propriété de ses pièces, Molière prit la décision, d'une part, d'obtenir un privilège pour la publication de *Psyché* avant même que la pièce ne fût représentée devant la cour[108] et, d'autre part, de demander en mars 1671 un privilège général pour

> faire imprimer, vendre & debiter en tous les Lieux de nostre Royaume, & Terres de nostre obeïssance toutes les Pieces de Theatre par luy composées jusques à present, lesquelles ont esté representées, & ce conjointement ou separément, en un ou plusieurs Volumes, en telle marge ou caractere, & autant de fois qu'il voudra, durant le temps & espace de neuf années, à compter du jour que chaque Piece ou Volume sera achevé d'imprimer pour la premiere fois en vertu des Presentes.[109]

Ce privilège heurtait de toute évidence les intérêts du cartel, aussi celui-ci refusa-t-il de l'enregistrer du vivant de Molière. Ce n'est qu'en avril 1673, au lendemain de la mort du dramaturge, qu'il serait finalement enregistré ... au bénéfice de Claude Barbin. Les efforts de Molière pour affirmer son droit à la propriété littéraire de son œuvre, comédies et comédies-ballets confondues, s'étaient soldés par un échec.

Le seul nom de J.-B.P. Molière

Si, aux yeux de Molière, les comédies-ballets étaient bien «*à* lui», elles étaient encore plus «*de* lui»[110]. Aussi, alors que les avant-propos des livrets répétaient

---

[107] Voltaire, *Vie de Molière, avec des Jugemens sur ses Ouvrages*, Amsterdam, Jean Catuffe, 1739, p. 89. *Les Amants magnifiques* n'avaient du reste pas été repris au Palais-Royal après leur création à la cour.

[108] Le privilège pour *Psyché* fut accordé à Molière le 31 décembre 1670. Il ne fut cependant registré que le 13 mars 1671, près de deux mois donc après la parution du livret imprimé par Ballard pour les représentations aux Tuileries. L'achevé d'imprimer est, lui, du 6 octobre 1671, la tragédie-ballet n'étant effectivement parue, selon la coutume, qu'à la fin de la première série de représentations au Palais-Royal (le 25 octobre). Molière cherchait ainsi à sauvegarder ses droits à la fois comme auteur et comme producteur. Il est intéressant de constater que le même Ballard fit paraître un nouveau livret en juillet 1671 pour les représentations au Palais-Royal, ce qu'il n'avait encore jamais fait.

[109] *Les Fourberies de Scapin*, Paris, Pierre Le Monnier, 1671.

[110] Sur cette distinction, faite par P. Recht (*Le Droit d'auteur*, Gembloux, Duculot, 1969, p. 235), voir les pages consacrées aux «Droits contre les lois» par Alain Viala dans *Naissance de l'écrivain*, p. 85–122.

le geste d'hommage au roi inspirateur et dès lors premier auteur de l'œuvre, et que les pages de titre de ces mêmes livrets ne portaient que le nom du monarque, commanditaire et destinataire du divertissement, celles des éditions séparées des comédies-ballets publiées par les soins du dramaturge, ne firent, elles, apparaître que son seul nom. Le nom du monarque ne fut d'ailleurs pas le seul à ne pas figurer sur ces pages de titre. Ceux des collaborateurs de Molière en furent également absents. On n'y trouvait ainsi ni le nom du musicien Lully (ni, du reste, celui de Charpentier), ni celui du maître à danser Beauchamps, responsable de certains des airs, ni celui encore du décorateur-machiniste Vigarani. On n'y trouva pas davantage en 1671 ceux de Quinault et de Corneille, qui composèrent à eux deux la plus grande partie des second, troisième, quatrième et cinquième actes de la tragédie-ballet de *Psyché*, ainsi que les paroles chantées des intermèdes[111]. Dans le passage de la représentation à l'impression, Molière effaçait le nom de ses collaborateurs pour établir un rapport de possession à un texte qu'il publiait à ses frais et dont l'appropriation s'avérait en quelque sorte facilitée par le fait que ce ne fut pas exactement la même *Psyché* qui fut représentée au théâtre du Palais-Royal en juillet 1671. L'élément spectaculaire ayant été diminué[112], le texte dramatique en ressortait d'autant, ce qui ne pouvait que légitimer les implications d'une impression de l'œuvre sous le seul nom de Molière.

Celui-ci en profitait pour affirmer aussi la prééminence de l'invention, qui lui était revenue, par rapport au travail mécanique de la versification, dévolu à d'autres, même s'il avait été le fait de poètes chevronnés. L'*inventio* l'emportait nécessairement sur l'*elocutio*. Dès lors lui seul était auteur car lui seul avait fait œuvre créatrice, originale. Et au moment où se jouait, avec le succès que l'on sait, la *Pomone* de Perrin et de Cambert, qui passa pour le premier opéra en français, le dramaturge affirmait en outre la suprématie du texte sur la musique en passant sous silence la part considérable prise par Lully au spectacle et en reléguant de fait le musicien au rang de simple exécutant. L'admettre comme collaborateur, c'eût été à long terme s'exposer

---

[111] « Cet ouvrage n'est pas tout d'une main. M. Quinault a fait les paroles qui s'y chantent en musique, à la réserve de la plainte italienne. M. de Molière a dressé le plan de la pièce, et réglé la disposition, où il s'est plus attaché aux beautés et à la pompe du spectacle qu'à l'exacte régularité. Quant à la versification, il n'a pas eu le loisir de la faire entière. Le carnaval approchait, et les ordres pressants du Roi, qui se voulait donner ce magnifique divertissement plusieurs fois avant le carême, l'ont mis dans la nécessité de souffrir un peu de secours » (« Le Libraire au lecteur », *Psyché*, p. 821).

[112] Je rappelle que, pour des raisons financières évidentes, les intermèdes furent moins fastueux qu'aux Tuileries, les décors ayant été modifiés et le nombre des danseurs, chanteurs et instrumentistes réduit (voir *supra*, première partie, chapitre 3, p. 80–1).

à être subordonné en tant qu'auteur des paroles à celui qui avait composé la musique. Les temps étaient loin où, dans l'avis «Au lecteur» de *L'Amour médecin*[113], Molière rendait hommage à «l'incomparable M. Lully»! Il semblait bien plutôt partager les sentiments de Bauderon de Sénécé, qui, en 1688, dans un libelle dirigé contre Lully, fit dire à Anacréon, qui s'opposait pour le corps des poètes à la place de premier plan que revendiquaient les musiciens dans la composition des ouvrages en musique,

> que c'étoit une injustice criante de considerer comme le principal moteur de ces grands spectacles celui qui n'y avoit droit tout au plus que pour une cinquiéme partie, que le peintre qui ordonnoit les decorations, le maître de danse qui disposoit les balets, & même le Machiniste si vous voulés, aussi bien que celui qui dessigne les habits, entroient pour leur part, dans la composition totale d'un Opera aussi bien que le Musicien, qui en faisoit les chants [...]. Que le veritable Auteur d'un Opera étoit le Poëte, qu'il étoit le nœud qui assembloit toutes ces parties, & l'ame qui les faisoit mouvoir [...]. Qu'à la verité la Poësie recevoit quelques agrémens de la Musique par un secours mutuel mais qu'il ne s'ensuivoit pas qu'elle lui dût être preferée?[114]

Quelle ne dut pas être alors l'inquiétude du dramaturge devant les implications du privilège octroyé à Lully en septembre 1672, qui autorisait celui-ci à

> faire imprimer par tel Libraire ou Imprimeur, en tel volume, marge, caractere, & autant de fois qu'il voudra, avec Planches & Figures, tous & chacuns les Airs de musique qui seront par luy faits; comme aussi les Vers, Paroles, Sujets, Desseins & Ouvrages sur lesquels lesdits Airs de Musiques auront esté composez sans en rien excepter, et ce pendant le tems de trente années consécutives, à commencer du jour que chacun desdits Ouvrages seront achevez d'imprimer [...].[115]

En ce qu'il accordait au musicien des droits exclusifs non seulement pour l'impression de sa musique, mais aussi pour le texte qui l'accompagnait, ce privilège reposait le problème de la propriété des œuvres mixtes, et donc des comédies-ballets, fruit de sa collaboration avec Molière. Il le reposait en fait d'une façon qui allait à l'encontre des tentatives répétées de ce dernier pour s'assurer un droit de regard sur la publication de ces pièces face, d'une part, au monopole des Ballard et, d'autre part, aux menées frauduleuses de la Communauté des Libraires. Il remettait aussi indirectement en question toute une

---

[113] «Au lecteur», *L'Amour médecin*, p. 95.

[114] Bauderon de Sénécé, *Lettre de Clement Marot, à Monsieur de ***. Touchant ce qui s'est passé à l'arrivée de Jean Baptiste de Lulli, aux Champs-Elysées*, Cologne, Pierre Marteau, 1688, p. 41–3.

[115] BnF, Arsenal, ms 10.295.

réflexion sur le statut de la musique au théâtre. En effet, le statut mineur, secondaire, qui avait été celui de la musique, était en passe de devenir celui du texte. Seule la collaboration avec Charpentier ou avec tout autre musicien pouvait encore sauvegarder les droits du dramaturge en ce qui concernait la partie ornée de son théâtre.

Entre les Lettres et le public

On mesure, à ces prises de position, le chemin parcouru par Molière depuis *Les Fâcheux* et l'obligation où il s'était vu de reconnaître dans l'avis au lecteur de la pièce imprimée une collaboration imposée, où il n'avait sans doute pas eu le premier rôle et où, comme il le déplorait, « tout cela ne fut pas réglé entièrement par une même tête »[116]. Encore que cette reconnaissance ne l'eût pas empêché de revendiquer la pleine paternité de la comédie proprement dite (sans toutefois occulter sa dette à l'égard de Pellisson, qui avait composé les vers du prologue) et de se faire gloire de ce qu'il l'avait conçue, écrite et fait représenter en un temps record. Même s'il n'avait pas été l'inventeur au sens premier du spectacle, il en avait été l'unificateur et lui avait ainsi donné sens, de même qu'il avait été seul responsable du discours comique, *inventio*, *dispositio* et *elocutio* confondues. D'où cette répétition insistante et satisfaite de la première personne du pronom et de l'adjectif dans le compte rendu qu'il donna de la composition de sa pièce et dont il fit précéder le texte de la première édition[117].

D'autre part, si l'épître « Au Roi » des *Fâcheux* louait bien le monarque comme premier auteur de l'œuvre, l'avis au lecteur témoignait en fait de la position ambiguë du dramaturge, qui tentait aussi en même temps d'effectuer sa transformation d'acteur et de directeur de troupe en véritable « auteur », nécessaire à sa légitimité. Et cela, par l'acceptation ironique des règles propres à la publication imprimée, et notamment par l'insertion de cette épître dédicatoire et de cet avis au lecteur, dont la nécessité avait été simplement évoquée dans la préface de la première édition des *Précieuses ridicules* en 1660 :

---

[116] Avis, *Les Fâcheux*, p. 484.

[117] « Mais, dans le peu de temps qui *me* fut donné, il *m'*était impossible de faire un grand dessein, et de rêver beaucoup sur le choix de *mes* personnages et sur la disposition de *mon* sujet. Je *me* réduisis donc à ne toucher qu'un petit nombre d'importuns, et *je* pris ceux qui s'offrirent d'abord à *mon* esprit, et que *je* crus les plus propres à réjouir les augustes personnes devant qui *j'*avais à paraître ; et, pour lier promptement toutes ces choses ensemble, *je me* servis du premier nœud que *je* pus trouver » (*ibid.*, p. 483). C'est moi qui souligne.

Encore si l'on m'avait donné du temps, j'aurais pu mieux songer à moi, et j'aurais pris toutes les précautions que Messieurs les auteurs, à présent mes confrères, ont coutume de prendre en semblables occasions. Outre quelque grand seigneur que j'aurais dû prendre malgré lui pour protecteur de mon ouvrage, et dont j'aurais tenté la libéralité par une épître dédicatoire bien fleurie, j'aurais tâché de faire une belle et docte préface.[118]

L'auteur n'est-il pas en effet celui qu'on imprime[119]? Et Molière d'affirmer alors, mettant lui aussi en évidence le lien entre statut autorial et publication:

Mon Dieu, l'étrange embarras qu'un livre à mettre au jour, et qu'un auteur est neuf la première fois qu'on l'imprime.[120]

Il allait de soi que cette dédicace des *Fâcheux* prétendait n'en être pas une:

[...] et c'est une espèce de fâcheux assez insupportable qu'un homme qui dédie un livre. Votre Majesté en sait des nouvelles plus que personne de son royaume, et ce n'est pas d'aujourd'hui qu'Elle se voit en butte à la furie des épîtres dédicatoires. Mais, bien que je suive l'exemple des autres, et me mette moi-même au rang de ceux que j'ai joués, j'ose dire toutefois à Votre Majesté que ce que j'en fais n'est pas tant pour lui présenter un livre que pour avoir lieu de lui rendre grâces du succès de cette comédie.[121]

Tout comme l'avis au lecteur ressemblait fort à cette préface qu'il avait dit remettre à plus tard dans *Les Précieuses ridicules*:

Ce n'est pas mon dessein d'examiner maintenant si tout cela pouvait être mieux, et si tous ceux qui s'y sont divertis ont ri selon les règles: le temps viendra de faire imprimer mes remarques sur les pièces que j'aurais faites, et je ne désespère pas de faire voir un jour, en grand auteur, que je puis citer Aristote et Horace.[122]

Or, en se moquant du commentaire ou «examen» qu'avait coutume de composer l'auteur imprimé dans son souci de reconnaissance, Molière non seulement visait Corneille et ses *Examens* de 1660, il affirmait aussi son indé-

---

[118] «Préface», *Les Précieuses ridicules*, p. 264.

[119] Furetière donnerait en fait comme une de ses définitions du mot «auteur»: «en fait de Litterature, se dit de tous ceux qui ont mis en lumiere quelque livre. Maintenant on ne le dit que de ceux qui en ont fait imprimer. [...] cet homme s'est enfin erigé en *Auteur*, s'est fait imprimer» (*Dictionnaire Universel*).

[120] «Préface», *Les Précieuses ridicules*, p. 263–4.

[121] «Au Roi», *Les Fâcheux*, p. 481.

[122] Avis, *Les Fâcheux*, p. 483.

pendance par rapport à ses confrères de la République des Lettres et au savoir docte qu'ils incarnaient. Rejetant la nécessité de passer par eux pour obtenir sa légitimité d'auteur, il choisissait d'en appeler au public de spectateurs et à son approbation, à son plaisir. C'est que, dépositaire de la puissance, seul le public pouvait confirmer l'auteur dans sa volonté créatrice :

> En attendant cet examen, qui peut-être ne viendra point, je m'en remets assez aux décisions de la multitude, et je tiens aussi difficile de combattre un ouvrage que le public approuve, que d'en défendre un qu'il condamne.[123]

Un ouvrage applaudi du public avait une qualité formelle que ne pouvaient lui dénier de quelconques institutions. Comme, de toute évidence, cette qualité ne résidait pas dans l'application de « ces règles de l'art » que Molière écartait au profit de la seule grande règle de plaire[124], elle ne pouvait se fonder que sur l'originalité élevée au rang de valeur. Originalité qui était, entre autres, celle de ces alliages esthétiques recherchés par le dramaturge, au premier rang desquels figuraient la comédie-ballet et ses multiples avatars.

Comment ne pas voir alors l'ironie involontaire du frontispice gravé par Chauveau pour le premier volume des *Œuvres complètes* de Molière que publia, à son insu, le cartel des imprimeurs-libraires parisiens en 1666 (voir **Fig. 13**) ? En effet, comme pour mieux récompenser sa créativité et élever l'acteur qu'il n'avait pas cessé d'être au rang d'auteur respecté en lui offrant un modèle (dont son succès auprès du public le dispensait à ses propres yeux), la gravure montrait Molière sous ses deux incarnations scéniques de Mascarille et de Sganarelle, entourant un buste classicisant de Térence[125]. La Fontaine n'avait-il pas aussi déclaré dans une lettre adressée à Maucroix au lendemain de la fête de Vaux :

---

[123]   *Ibid.*

[124]   « Vous êtes de plaisantes gens avec vos règles, dont vous embarrassez les ignorants et nous étourdissez tous les jours. Il semble, à vous ouïr parler, que ces règles de l'art soient les plus grands mystères du monde ; et cependant ce ne sont que quelques observations aisées, que le bon sens a faites sur ce qui peut ôter le plaisir que l'on prend à ces sortes de poèmes ; et le même bon sens qui a fait autrefois ces observations les fait aisément tous les jours sans le secours d'Horace et d'Aristote. Je voudrais bien savoir si la grande règle de toutes les règles n'est pas de plaire, et si une pièce de théâtre qui a attrapé son but n'a pas suivi un bon chemin » (*La Critique de l'Ecole des femmes*, scène 6, p. 662–3).

[125]   Voir Abby Zanger, « On the Threshold of Print and Performance : how Prints Mattered to Bodies of/at Work in Molière's Published Corpus », *Word and Image*, n° 17, 2001, p. 25–41.

Te souvient-il bien qu'autrefois
Nous avons conclu d'une voix
Qu'il allait ramener en France
Le bon goût et l'air de Térence?
Plaute n'est plus qu'un plat bouffon;
Et jamais il ne fit si bon
Se trouver à la comédie.[126]

L'auteur ne pouvait finalement devenir grand auteur qu'en convoquant les Anciens pour se légitimer. Ce que Molière refusait justement de faire. Comme tous les auteurs de son temps qui relevaient de la stratégie du succès, il bousculait les usages pour trouver dans le succès de ses innovations auprès d'un public élargi une notoriété et une forme de légitimation, consacrée par la reconnaissance et le service du pouvoir, qui justifiaient l'affirmation orgueilleuse de son moi à l'écrit[127].

Plusieurs propositions contradictoires semblaient ainsi coexister dans les comédies-ballets de Molière. D'un côté celle du roi comme premier auteur d'œuvres qu'il avait commanditées et conçues, du moins en partie, et qui lui renvoyaient son image d'auteur. En même temps, ces textes construisaient une représentation du dramaturge comme «sujet» de ce patron royal, inscrit dans une dépendance sociale qui limitait d'autant son autonomie. Son effacement comme auteur confirmait alors le monarque dans son désir de création. De l'autre celle du roi comme création même d'un dramaturge se posant en auteur et trouvant, dans son élection par un public volontariste, une confirmation de lui-même dans sa volonté créatrice. Il y trouvait aussi son autonomie en tant que sujet, qu'il concrétisait désormais par la volonté d'assumer le contrôle de son œuvre imprimée. Les pièces liminaires, qui semblaient fournir une démonstration ostensible de la puissance du roi comme source absolue de la création dramatique, démonstration accréditée au reste par la fiction des pièces, n'en constituaient pas moins en même temps un démasquage de cette prétention et signalaient le retour de l'auteur.

Il peut paraître paradoxal que les comédies-ballets, qui contribuèrent tant à assurer à Molière notoriété et consécration par le pouvoir, eussent précisément été, au même titre que ses farces et autres ouvrages qualifiés de «frivoles»[128], ce qui nuisit avant tout de son vivant à sa reconnaissance par l'espace académique, dominé, comme l'a montré Alain Viala, par de nouveaux doctes engagés dans un purisme extrémiste[129]. Après sa mort, alors même que le dra-

---

[126]   La Fontaine, lettre à M. de Maucroix, p. 525.
[127]   Voir Alain Viala, *Naissance de l'écrivain*, «De l'audace», p. 217–38.
[128]   Voltaire, *Vie de Molière*, p. 77.
[129]   Alain Viala, *loc. cit.*

maturge avait été élevé au rang des plus grands par les instances littéraires[130], les comédies-ballets continuèrent d'être soit passées sous silence[131], soit ravalées au rang de « petites choses » auxquelles il avait dû, par nécessité, sacrifier sa gloire et son génie, et qui n'étaient certes pas « dignes » de lui. Et La Harpe, comme tant d'autres, d'en conclure que

> [les comédies-ballets] ne sont pas des comédies ; ce sont des ouvrages de commande, des fêtes pour la cour, où l'on ne retrouve rien de Moliere. Un écrivain supérieur est quelquefois obligé de descendre à ces sortes d'ouvrage, qui ont pour objet de faire valoir d'autres talens que les siens, en amenant des danses, des chants et des spectacles. On ferait peut-être mieux de ne pas lui demander ce que tout le monde peut faire, et ce qui ne peut compromettre que lui ; mais en ce genre comme dans tout autre, il n'est pas rare d'employer les grands-hommes aux petites choses, et les petits hommes aux grandes [...].[132]

Parce qu'il estimait avoir fait œuvre créatrice, originale, Molière s'était voulu « auteur » – au sens strict – de ses comédies-ballets. Pour Sorel, en effet, seuls ceux qui n'ont rien « copié » ou « desrobé » « sont veritablement des Autheurs, estant Createurs de leurs Ouvrages, comme on a dit d'un de nos plus fameux Escrivains »[133]. La postérité, en revanche, ne vit dans la composition des comédies-ballets que le résultat d'un assemblage dénué d'originalité et de valeur littéraire. Molière ne s'y était pas montré grand auteur, tout au plus un producteur, l'un de ces « chetifs ouvriers »[134] que méprisait Sorel. Seules ses grandes comédies avaient fait de lui un « écrivain »[135].

---

[130] D'où la place de premier plan accordée à Molière dans divers palmarès du XVIIIᵉ siècle. Il figurait notamment, encadré de Corneille et de Racine, au sommet du monument élevé à la gloire des modèles de la belle poésie et de la musique françaises dans la *Description du Parnasse François* publiée par Titon du Tillet en 1727. On le retrouvait aussi dans le lieu le plus reculé du sanctuaire réservé aux grands hommes dans *Le Temple du goût* de Voltaire en 1733.

[131] Un siècle après Boileau, l'abbé Batteux choisit lui aussi de se taire sur la comédie-ballet et n'envisagea en Molière que l'auteur de comédies, de caractère ou d'intrigue, qui, « guidé d'ailleurs par l'exemple des Anciens & par leur maniere de mettre en œuvre, [...] a peint la cour & la ville, la nature & les mœurs, les vices & les ridicules, avec toutes les graces de Térence & tout le feu de Plaute » (*Principes de la littérature*, nᵉˡˡᵉ édition, Paris, Desaint & Saillant, 1764, III, p. 228).

[132] La Harpe, *Lycée, ou Cours de littérature ancienne et moderne*, Paris, H. Agasse, 1798, IV, 2ᵉ partie, p. 393.

[133] Sorel, *De la connoissance des bons livres, ou Examen de plusieurs Autheurs*, Paris, André Pralard, 1671, p. 17–8.

[134] *Ibid.*, p. 14.

[135] Sur la distinction entre « auteur » et « écrivain », voir Alain Viala, *Naissance de l'écrivain*, p. 276–80.

Illustrations

Fig. 1: *Les Fêtes de l'Amour et de Bacchus* pour *La Fête de Versailles* du 18 juillet 1668. Londres, British Library (562* g. 25). Reproduit avec permission.

Fig. 2: Plan ms du parc de Versailles avec élévation du château de Louis XIII (v. 1668). Paris, BnF Estampes (Va 222 Fᵗ 4). Reproduit avec permission.

Fig. 3: *La Princesse d'Elide*, seconde journée des *Plaisirs de l'île enchantée* (1664). Londres, British Library. (562* g. 25). Reproduit avec permission.

Fig. 4: Vue du château royal de Versailles.
Paris, BnF Estampes (Va 78e, fol., t. II). Reproduit avec permission.

VEVE ET PERSPECTIVE DES PETITES CASCADES DE VAVX.

Fig. 5: Vue et perspective des petites cascades de Vaux-le-Vicomte. Paris, BnF Estampes (Va 420 Fᵗ 4). Reproduit avec permission.

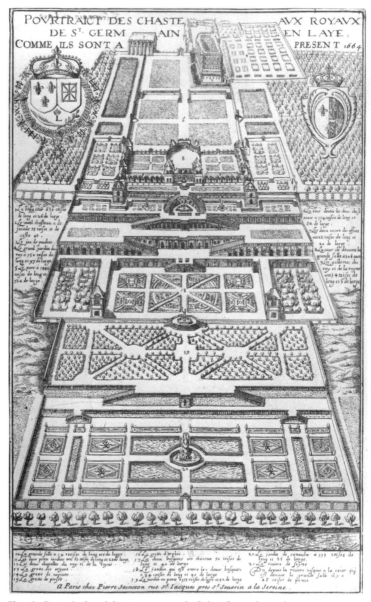

Fig. 6: Portrait des châteaux royaux de Saint-Germain-en-Laye.
Paris, BnF Estampes (Va 78c, fol., t. III). Reproduit avec permission.

Fig. 7: *Le Malade imaginaire*, troisième journée des *Divertissements de Versailles* (1674). Londres, British Library (562* g. 25). Reproduit avec permission.

Fig. 8: Frontispice, *Le Malade imaginaire*, *Les Œuvres de Mr de Molière* (1682). Paris, BnF Imprimés (Rés. YF. 3155–3162). Reproduit avec permission.

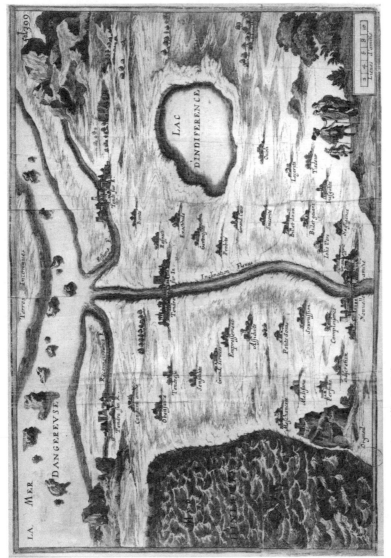

Fig. 9: La Carte de Tendre, *Clélie* (1654).
Paris, BnF Imprimés (Rés. YF. 1496). Reproduit avec permission.

Fig. 10: Frontispice, *Psyché, Les Œuvres de Mr de Molière* (1682).
Paris, BnF Imprimés (Rés. YF. 3155-3162). Reproduit avec permission.

Fig. 11: Vue en perspective de Trianon. Paris, BnF Estampes (Va 78g, fol., t. I). Reproduit avec permission.

Fig. 12: *Ballet du Palais d'Alcine*, troisième journée des *Plaisirs de l'Île enchantée* (1664). Londres, British Library (562* g. 25). Reproduit avec permission.

Fig. 13: Frontispice, t. I, *Les Œuvres de Mr de Molière* (1682).
Londres, British Library (C. 107 aa. 3). Reproduit avec permission.

Appendice

Chronologie des comédies-ballets (1661–1674)

Comédies-ballets	Premières à la cour	Reprises à la cour	Premières au Palais-Royal
Les Fâcheux	17 août 1661 (Vaux-le-Vicomte)	25, 27 août 1661 (Fontainebleau) 14 mai 1662 (Saint-Germain-en-Laye) 11–23 octobre 1663 (1 ? fois) (Versailles) 11 mai 1664 (Versailles) 13–25 octobre 1664 (1 fois) (Versailles)	4 novembre 1661
Le Mariage forcé	29 janvier 1664 (Louvre)	31 janvier 1664 (Louvre) 13 mai 1664 (Versailles) 25–29 avril 1668 (1 ? fois) (Versailles)	15 février 1664
La Princesse d'Elide	8 mai 1664 (Versailles)	29 juillet-6 août 1664 (4 fois dont le 30 juillet) (Fontainebleau) 25, 29, 30, 31 août 1669 (Saint-Germain-en-Laye)	9 novembre 1664
L'Amour médecin	14 septembre 1665 (Versailles)	15, 16 septembre 1665 (Versailles)	22 septembre 1665

La Pastorale comique	5 janvier 1667 (Saint-Germain-en-Laye)	8, 10, 25, 31 janvier 1667, 5, 12, 14, 16, 19 février 1667 (Saint-Germain-en-Laye)	
Le Sicilien ou l'Amour-peintre	14 février 1667 (Saint-Germain-en-Laye)	16, 19 février 1667 (Saint-Germain-en-Laye)	10 juin 1667
George Dandin	18 juillet 1668 (Versailles)	3, 4, 6 novembre 1668* (Saint-Germain-en-Laye)	9 novembre 1668
Monsieur de Pourceaugnac	6 octobre 1669 (Chambord)	4 novembre 1669 (Saint-Germain-en-Laye) 6 mars 1670 (Saint-Germain-en-Laye)	15 novembre 1669
Les Amants magnifiques	4 février 1670 (Saint-Germain-en-Laye)	13, 17 février 1670 (Saint-Germain-en-Laye) 4, 8 mars 1670 (Saint-Germain-en-Laye)	
Le Bourgeois gentilhomme	14 octobre 1670** (Chambord)	16, 20, 21 octobre 1670 (Chambord) 9, 11, 13 novembre 1670 (Saint-Germain-en-Laye)	23 novembre 1670

---

*   Selon la *Gazette*, il y aurait également eu une représentation le 5 novembre, ce qui porterait alors à 4 le nombre des reprises de *George Dandin* à l'automne 1668 (La Grange n'en mentionne que 3).
** Selon la *Gazette*, la première représentation du *Bourgeois gentilhomme* à la cour aurait eu lieu le 13 octobre. La date du 14 octobre, communément admise, est celle donnée par Robinet.

Psyché	17 janvier 1671 (Tuileries)	24–31 janvier 1671 (plusieurs fois dont le 24), 3, 4 ?, 5, 9 février 1671*** (Tuileries) 8 août 1671 (Fontainebleau)	24 juillet 1671
La Comtesse d'Escarbagnas	2 décembre 1671 (Saint-Germain-en-Laye	3–7 décembre 1671 (3 fois) (Saint-Germain-en-Laye) 10, 14, 17 fév.1672 (Saint-Germain-en-Laye)	8 juillet 1672
Le Malade imaginaire	[19 juillet 1674] (Versailles)****		10 février 1673

*** On remarquera que le roi et la cour n'assistèrent pas à toutes les représentations de *Psyché* aux Tuileries.

**** Selon la *Gazette*, c'est le 18 juillet que *Le Malade imaginaire* aurait été joué à la cour. Pour Félibien, en revanche, la représentation eut lieu le 19 juillet.

Bibliographie

1. Sources

1.1. Sources manuscrites

1.1.1. Archives de la Comédie-Française
La Grange, Registre (1659–1685).
La Thorillière, *Registre (6 avril 1663–4 janvier 1665)*, 2 vol.
Hubert, *Registre (29 avril 1672–21 mars 1673)*.
Théâtre Guénégaud, *Registres (9 juillet 1673–12 avril 1680)*, 8 vol.

1.1.2. Bibliothèque Nationale de France

a) Manuscrits
– Italiens
Ms 1838 à 1890 (correspondance des ambassadeurs vénitiens).
– Français
Ms 7834, dit manuscrit de Bizincourt (Les Plaisirs de l'Isle enchantée ordonnez
   par Louis XIV, Roy de France et de Navarre, à Versailles, le 6 may 1664 et
   à luy dédiés par de B.[izincourt], in-folio, 9 planches (exemplaire de Louis
   XIV)).
– Mélanges Colbert
Ms 79 (*Memoire du traitement fait par la maison du Roy a monsieur le Cardinal Chigi
   Légat a Latere en France*).

b) Estampes
Fonds Robert de Cotte, Va 432, 2728 (plan du château de Chambord, attribué à
   François d'Orbay, 1682).
Seine et Oise, Va 422 F^t 4 (plan ms du parc de Versailles avec élévation du château
   de Louis XIII, vers 1668).
Yvelines, Va 78F, fol., t. I, B. 9259 (plan du parc de Versailles vers 1664 par La
   Pointe).

1.1.3. Bibliothèque de l'Arsenal
Ms 10.295 (texte des ordonnances royales relatives au privilège de l'opéra octroyé
   à Lully).

1.1.4. The Rothschild Foundation, Waddesdon Manor
*Les Plaisirs de l'Isle Enchantée ordonnez par Louis XIV roy de France, Et de Navarre. A
   Versailles le 6. May 1664*, in-folio, 13 planches (exemplaire destiné à Anne
   d'Autriche, puis remis à Henriette-Marie, reine d'Angleterre).

1.1.5. Public Record Office, Kew
S.P. 78–115 à 78–137 (State Papers Foreign, France).

1.2. Sources imprimées

Atys, Tragedie en musique Ornée d'Entrées de Ballet, de Machines, & de Changements de Theatre, Paris, Christophe Ballard, 1676, in-4°.

Ballet des Ballets, Dansé devant Sa Majesté en son Chasteau de S. Germain en Laye au mois de Decembre 1671, Paris, Robert Ballard, 1671, in-4°.

Ballet des Ballets, dansé devant Sa Majesté en 1671, meslé de la Comédie de la Comtesse d'Escarbagnas, par J.B. Pocquelin de Molière, Paris, Robert Ballard, 1671, in-4°.

Ballet des Muses. Dansé par sa Majesté à son Chasteau de S. Germain en Laye le 2. Decembre 1666, Paris, Robert Ballard, 1666, in-4° [5ᵉ éd. (E) comprenant 14 entrées et *Le Sicilien*].

Le Bourgeois Gentil-homme, Comedie-Ballet. Donné par le Roy à toute sa Cour dans le Chasteau de Chambort, au mois d'Octobre 1670, Paris, Robert Ballard, 1670, in-4°.

Le Bourgeois Gentil-homme. Comedie-Ballet, s.l.n.d, in-folio.

Le Bourgeois Gentil-homme, Comedie-Ballet, Donné par le Roy à toute sa Cour dans le Chasteau de S. Germain en Laye, au mois de Decembre 1681, Paris, Christophe Ballard, 1681, in-4°.

Le Bourgeois Gentil-homme, Comedie-Ballet. Donné par le Roy à toute sa Cour dans le Chasteau de Marly, au mois de Decembre 1687, Paris, Christophe Ballard, 1687, in-4°.

Le Bourgeois Gentilhomme, Comedie-Ballet. Dansé devant le Roy par l'Académie Royalle de Musique. Le 21. Février 1691, Paris, Christophe Ballard, 1691, in-4°.

Le Carnaval Mascarade. Representé par l'Academie Royale de Musique, Paris, René Baudry, 1675, in-4°.

Le Divertissement de Chambord. Meslé de Comedie, de Musique & d'Entrées de Balet, Blois, Jules Hotot, 1669, in-4°.

Le Divertissement de Chambord. Meslé de Comedie, de Musique & d'Entrées de Balet, Paris, Robert Ballard, 1669, in-4°.

Le Divertissement de Chambord Meslé de Comedie, de Musique, & d'Entrée de Ballet, Paris, Robert Ballard, 1670, in-4°.

Le Divertissement de Chambord. Meslé de Comedie, de Musique & d'Entrées de Ballet, Paris, Christophe Ballard, 1671, in-4°.

Le Divertissement de Chambord. Meslé de Comedie, de Musique, & d'Entrées de Ballet, Dancé à S. Germain en Laye au mois de Decembre 1681, Paris, Christophe Ballard, 1681, in-4°.

Le Divertissement Royal, Meslé de Comedie, de Musique, & d'Entrée de Ballet, Paris, Robert Ballard, 1670, in-4°.

Le Divertissement Royal, Meslé de Comédie, de Musique, & d'Entrée de Ballet, Paris, Robert Ballard, 1670, in-4°.

L'Europe galante, Paris, Christophe Ballard, 1697, in-4°.

Les Festes de l'Amour et de Bacchus. Pastorale representée par l'Academie Royale de Musique, Paris, François Muguet, 1672, in-4°.

La Gazette de France.

La Gazette ordinaire d'Amsterdam.

Le Grand Ballet de Psiché Dansé devant Sa Majesté au mois de Janvier 1671. Et Dansé sur le Theatre du Palais Royal, avec la Tragi-Comedie representée par la Trouppe du Roy, au mois de Juillet 1671, Paris, Robert Ballard, 1671, in-4°.

Le Grand Divertissement Royal de Versailles, Paris, Robert Ballard, 1668, in-4°.

The London Gazette.

Le Malade imaginaire Comedie, Meslée de Musique, & de Danςe. Representée sur le Theatre du Palais Royal, Paris, Christophe Ballard, 1673, in-4°.

Le Mariage Forcé Ballet du Roy. Dansé par sa Majesté, le 29. jour de Janvier 1664, Paris, Robert Ballard, 1664, in-4°.

Le Mercure galant.

Les Plaisirs de l'Isle Enchantée. Course de Bague faite par le Roy à Versailles, le 6 May. 1664, Paris, Robert Ballard, 1664, in-4°.

- *Seconde Iournée des Plaisirs de l'Isle enchantée*, s.l.n.d, in-4°.

- *Ballet du Palais d'Alcine. Troisiesme Iournée*, s.l.n.d, in-4°.

- *Liste du Divertissement de Versailles, et les noms de ceux qui y sont employez*, s.l.n.d, in-4°.

Les Plaisirs de l'Isle Enchantée. Course de Bague, Collation ornée de Machines, Comedie meslée de Danse & de Musique, Ballet du Palais d'Alcine, Feu d'Artifice: Et autres Festes galantes & magnifiques; faites par le Roy à Versailles, le 7. May 1664. Et continuées plusieurs autres Jours, Paris, Robert Ballard, 1664, in-folio, 9 planches gravées par Israel Silvestre.

Les Plaisirs de l'Isle Enchantée. Course de Bague, Collation ornée de Machines, Comedie de Moliere de la Princesse d'Elide, meslée de Danse & de Musique, Ballet du Palais d'Alcine, Feu d'Artifice: Et autres Festes galantes & magnifiques; faites par le Roy à Versailles, le 7. May 1664. Et continuées plusieurs autres Jours, Paris, Robert Ballard (& Thomas Jolly, Guillaume de Luynes, Louis Billaine), 1665, in-8, non illustrée.

Les Plaisirs de l'Isle Enchantée, ou la Princesse DElide, Comedie de Mr.Moliere, Paris, Jean Guignard fils, 1668, in-12, non illustrée.

Les Plaisirs de l'Isle Enchantée. Course de Bague; Collation ornée de Machines; Comedie meslée de Danse et de Musique; Ballet du Palais d'Alcine; Feu d'Artifice: Et autres Festes galantes et magnifiques, faites par le Roy à Versailles, le VII. May M.DC.LXIV. Et continuées plusieurs autres Jours, Paris, Imprimerie Royale, par Sébastien Marbre-Cramoisy, 1673, in-folio, 9 planches gravées par Israel Silvestre.

La Princesse d'Elide Comedie du sieur Molliere. Ensemble Les Plaisirs de l'Isle Enchantée. Course de Bague, Collation ornée de Machines, meslée de Danse & de Musique, Ballet du Palais d'Alcine, Feu d'Artifice: Et autres Festes galantes de Versailles, Paris, Estienne Loyson, 1665, in-8, non illustrée.

La Princesse DElide, comedie heroïque meslée de Musique, & d'Entrée de Ballet, Paris, Robert Ballard, 1669, in-4°.

La Princesse d'Elide, Comedie heroïque mêlée de Musique, & d'Entrées de Ballet, Paris, Christophe Ballard, 1692, in-4°.

Psiché Tragi-Comedie, et Ballet. Dansé devant sa Majesté au mois de Janvier 1671, Paris, Robert Ballard, 1671, in-4°.

Relation de la Feste galante & Magnifique que son Excellence M^r Le Marquis de Balbasez, ambassadeur Extraordinaire de Sa Majesté Catholique, a donné à la Reyne d'Espagne Lors qu'Elle fut le voir dans le Palais où il est logé à Paris, Tolose, Jean Boude, 1679, in-4°.

Thésée. Tragedie en musique. Ornée d'Entrées de Ballet, de Machines, & de Changements de Theatre, Paris, Christophe Ballard, 1675.

Aristote, *Problemata*, éd. Pierre Louis, Paris, Les Belles Lettres, 1991–1994, 3 vol.

Arvieux, Laurent, chevalier d', *Mémoires du chevalier d'Arvieux*, éd. le R.P. Jean-Baptiste Labat, Paris, C.-J.-B. Delespine, 1735, 6 vol.

Assoucy, Charles Coypeau, sieur d', *Rimes redoublées* (1671), 2e éd., s.l., 1672.

Aubignac, François Hédelin, abbé d', *Histoire du Temps, ou Relation du Royaume de Coqueterie. Extraitte du dernier Voyage des Holandois aux Indes du Levant*, Paris, Charles de Sercy, 1654.

– *La Pratique du théâtre*, Paris, Antoine de Sommaville, 1657.

Aumale, Henri Eugène Philippe Louis d'Orléans, duc d', *Histoire des princes de Condé, pendant les XVIe et XVIIe siècles*, Paris, Calmann Lévy frères, 1863–1896, 8 vol.

Baillet, Adrien, *Jugemens des sçavans sur les principaux ouvrages des auteurs*, Paris, A. Dezallier, 1685–1686, 4 vol.

Batteux, abbé Charles, *Principes de littérature* (1747–1748), n^{elle} édition, Paris, Desaint & Saillant, 1764, 5 vol.

Bellegarde, Jean-Baptiste Morvan de, *Réflexions sur ce qui plaire ou déplaire dans le commerce du monde*, Paris, A. Seneuze, 1688.

– *Réflexions sur le ridicule, et sur les moyens de l'éviter*, Paris, Jean Guignard, 1696.

Beys, Charles de, *L'Hospital des Fous. Tragi-comedie*, Paris, Toussainct Quinet, 1636.

Bodin, Jean, *Les Six Livres de la République*, Paris, Jacques du Puys, 1576.

Boileau-Despréaux, Nicolas, *Œuvres complètes*, éd. Françoise Escal, Paris, Gallimard, 1966.

Bouhours, le P. Dominique, *Les Entretiens d'Ariste et d'Eugène*, Paris, Sébastien Marbre-Cramoisy, 1671.

– *La Maniere de bien penser dans les Ouvrages de l'esprit*, Paris, Vve Sébastien Marbre-Cramoisy, 1687.

Boursault, Edme, *Le Portrait du Peintre, ou la Contre-Critique de L'Ecole des Femmes*, Paris, Charles de Sercy, 1664.

Boyer, Claude, *Les Amours de Jupiter et de Semelé. Tragedie*, Paris, Guillaume de Luyne, 1666, reproduit en fac-similé dans le *Recueil de tragédies à machines sous Louis XIV (1657–1672)*, éd. Christian Delmas, Université de Toulouse-Le-Mirail, 1985.

Brice, Germain, *Description nouvelle de ce qu'il y a de plus remarquable dans la ville de Paris* (1684), La Haye, Arondeus, 1685.

Brooks, William, éd., *Le Théâtre et l'opéra vus par les gazetiers Robinet et Laurent (1670–1678)*, Paris-Seattle-Tübingen, Biblio 17, 1993.

Bussières, le P. Jean de, *Les Descriptions poëtiques* (1649), éd. Geoffrey R. Hope, Tübingen, Biblio 17, 1990.

Bussy-Rabutin, Roger, comte de, *Carte du pays de Braquerie* (1654), publiée en 1668 sous le titre de *Carte géografique de la Cour*, [in] tome I de *L'Histoire amoureuse des Gaules de Bussy-Rabutin*, éd. P. Boiteau et Ch.-L. Livet, Paris, P. Jannet, 1876, p. 399–416.

– *Histoire amoureuse des Gaules*, Liège, 1665.

– *Les Mémoires de Messire Roger de Rabutin, comte de Bussy*, Paris, Jean Anisson, 1696, 2 vol.

– *Les Lettres de Messire Roger de Rabutin, comte de Bussy* (1697), n^{elle} éd., Paris, Vve Delaulne, 1737, 4 vol.

Callières, François de, *Histoire poëtique de la Guerre nouvellement declarée entre les Anciens et les Modernes*, Paris, P. Auboüin, P. Emery, Ch. Clousier, 1688.

– *Du bon, et du mauvais Usage dans les manières de s'exprimer. Des façons de parler bourgeoises. Et en quoy elles sont differentes de celles de la Cour*, Paris, Claude Barbin, 1693.

Campardon, Émile, *Documents inédits sur J.-B. Poquelin Molière*, Paris, Librairie Plon, 1871.

– *Nouvelles pièces sur Molière et sur quelques comédiens de sa troupe*, Paris, Berger-Levrault & Cie, 1876.

La Carte du Royaume d'Amour, [in] tome I du *Recueil de pieces en prose les plus agreables de ce temps. Composées par divers auteurs*, dit *Recueil de Sercy*, Paris, 1658, p. 324–31.

Chapelain, Jean, *Les Sentimens de l'Académie françoise sur la tragi-comédie du Cid* (1638), repris dans *Opuscules critiques*, éd. Alfred C. Hunter, Paris, STFM/Droz, 1936.

– *De la Lecture des vieux romans* (1646), repris dans *Opuscules critiques*, éd. Alfred C. Hunter, Paris, STFM/Droz, 1936.

Chappuzeau, Samuel, *Le Théâtre françois*, Lyon, M. Mayer, 1674.

Choisy, François-Timoléon, abbé de, *Mémoires pour servir à l'histoire de Louis XIV*, Utrecht, Wan-de-Vater, 1727, 2 vol.

Cizeron-Rival, *Recréations Littéraires, ou anecdotes et remarques sur différents sujets, Recueillies, par M.C.R.*, Lyon, Jacques-Marie Dessiat, 1765.

Clément, Jean Marie Bernard, et abbé J. de La Porte, éd., *Anecdotes dramatiques*, Paris, Vve Duchesne, 1775, 3 vol.

Corneille, Pierre, *Œuvres complètes*, Georges Couton, Paris, Gallimard, 1980–1987, 3 vol.

Corneille, Thomas, et Jean Donneau de Visé, *L'Inconnu. Comedie meslée d'ornemens & de Musique* (1675), Paris, Jean Ribou, 1676.

Cotgrave, *A Dictionarie of the French and English Tongues*, Londres, 1650.

Courtin, Antoine de, *Nouveau traité de la civilité qui se pratique en France parmi les honnestes gens* (1671), 2e éd., Amsterdam, Jacques le Jeune, 1672.

–   *Traité de la Jalousie, ou moyens d'entretenir la paix dans le mariage* (1674), Paris, Helie Josset, 1675.

Cureau de La Chambre, Marin, *Les Charactères des passions*, Paris, Pierre Rocolet, 1640.

–   *L'Art de Connoistre les Hommes* (1659), 2e éd., Paris, Jacques d'Allin, 1663.

Dangeau, Philippe de Courcillon, marquis de, *Journal de la cour de Louis XIV*, éd. P. Soulié et *al.*, Paris, Firmin Didot frères, 1854–1860, 19 vol.

De la Rosa, Pedro, *Descripcion breve del esplendido banquete que su Magesdad Christianissima el rey Lvis XIV. dio alas señoras de su corte en el real sitio de Versalla*, Paris, Juan Diego Bertrand, 1668.

Descartes, René, *Œuvres et lettres*, éd. André Bridoux, Paris, Gallimard, 1953.

Desmarest de Saint-Sorlin, Jean, *Les Visionnaires. Comedie* (1638), Paris, Henry le Gras, 1640.

Donneau de Visé, Jean, *Nouvelles nouvelles*, Paris, P. Bienfaict, 1663, 3 vol.

–   *Les Diversitez galantes*, Paris, Jean Ribou, 1664.

–   *La Feste de Chantilly*, Paris, M. Guérout, 1688.

Du Refuge, Eustache, *Le Nouveau Traitté de la Cour, ou instruction des courtisans, enseignant aux gentilshommes l'Art de vivre à la Cour, & de s'y maintenir*, Paris, Claude Barbin, 1664.

Esprit, Jacques, *La Fausseté des Vertus Humaines*, Paris, André Pralard, 1693.

Faret, Nicolas, *L'Honneste homme, ou l'art de plaire à la court*, Paris, Toussainct du Bray, 1630.

Félibien, André, *Relation des Magnificences faites par Monsieur Fouquet à Vaux-le-Vicomte lorsque le roi y alla, le 17 août 1661, et de la somptuosité de ce lieu*, [in] *Recueil Thoisy*, reproduit dans *Vaux-le-Vicomte*, éd. Jean Cordey, Paris, Albert Morancé, 1924.

–   *Relation de la Feste de Versailles. Du dix-huitieme Juillet mil six cens soixante-huit*, Paris, Pierre Le Petit, 1668, in-4°, non illustrée.

–   *Description de la Grotte de Versailles* (1672), repris dans *Description de divers Ouvrages de peinture faits pour le Roy*, Paris, Denys Mariette, 1696.

–   *Description sommaire du Chasteau de Versailles*, Paris, Guillaume Desprez, 1674.

–   *Les Divertissemens de Versailles, donnez par le Roy à Toute sa Cour, au retour de la Conqueste de la Franche-Comté, en l'année 1674*, Paris, Jean-Baptiste Coignard, 1674, in-12, non illustré.

–   *Les Divertissements de Versailles, donnez par le Roy [...] au retour de la conqueste de la Franche-Comté, en l'année MDCLXXIV*, Paris, Imprimerie Royale par Sébastien Marbre-Cramoisy, 1676, in-folio, 6 planches gravées par Le Pautre et Chauveau, reproduit dans *Les Fêtes de Versailles. Chroniques de 1668 & 1674*, éd. Martin Meade, Paris, Editions Dédale, Maisonneuve et Larose, 1994.

– *Relation de la Feste de Versailles. Du 18. Juillet mil six cens soixante-huit*, Paris, Imprimerie Royale, 1679, in-folio, 5 planches gravées par Le Pautre, reproduit dans *Les Fêtes de Versailles. Chroniques de 1668 & 1674*, éd. Martin Meade, Paris, Editions Dédale, Maisonneuve et Larose, 1994.

Furetière, Antoine, *Dictionnaire universel*, La Haye – Rotterdam, Arnout & Reiner Leers, 1690, 3 vol., reproduit en *fac-similé*, Paris, S.N.L.-Le Robert, 1978.

Galien, *Œuvres anatomiques, physiologiques et médicales de Galien*, éd. D^r Ch. Daremberg, Paris, J.-B. Bailliere, 1854, 3 vol.

Gomberville, Marin Le Roy, seigneur de, *La Premiere partie de Polexandre* (1629), n^{elle} éd., Paris, Augustin Courbé, 1638, 5 vol.

Grimarest, Jean Léonor Le Gallois, sieur de, *La Vie de M. de Moliere*, Paris, Jacques Le Febvre, 1705.

Guéret, Gabriel, *Le Parnasse réformé*, Paris, Thomas Jolly, 1668.

– *La Promenade de Saint-Cloud. Dialogue sur les auteurs* (1669), repris dans *Mémoires historiques, critiques, et littéraires*, éd. François Bruys, Paris, Jean-Thomas Hérissant, 1751, 2 vol.

– *La Guerre des Auteurs anciens et modernes*, Paris, Théodore Girard, 1671.

Huarte, Juan, *Examen des Esprits propres et naiz aux sciences* (1598), tr. Gabriel Chappuys, éd. dernière, Paris, Rolet Boutonné, 1619.

Hitchcock, W.H., éd., *Les Œuvres de/The Works of Marc-Antoine Charpentier. catalogue raisonné*, Paris, A. & J. Picard, 1982.

Hubert, André, *Le Registre d'Hubert, 1672–1673*, éd. Sylvie Chevalley, *R.H.T.*, 25e année, n° 1, 1973, p. 1–132, et n° 2, 1973, p. 145–95.

Huyggens, Christiaan, *Correspondance*, tome IV (1895) des *Œuvres complètes*, éd. D. Bierens de Haan et J. Bosscha, La Haye, Martinus Nijhoff, 1888–1910, 12 vol.

Jurgens, Madeleine et Elizabeth Maxfield-Miller, éd., *Cent ans de recherches sur Molière, sur sa famille et sur les comédiens de sa troupe*, Paris, Imprimerie Nationale, 1963.

La Borde, Espiard de, *L'Esprit des Nations*, La Haye, Isaac Beauregard, Pierre Gosse, Nicolas Van Daalen, 1752.

La Bruyère, Jean de, *Œuvres complètes*, éd. Julien Benda, Paris, Gallimard, 1951.

Lacroix, Paul, éd., *Ballets et mascarades de cour de Henri III à Louis XIV (1581–1652)* (1868–1870), Genève, Slatkine rpts, 1968, 6 vol.

La Fare, Charles-Auguste, marquis de, *Mémoires et réflexions sur les principaux événements du règne de Louis XIV*, éd. A Petitot, Paris, 1828.

La Fayette, Madeleine Pioche de La Vergne, comtesse de, *Histoire de Mme Henriette d'Angleterre*, Amsterdam, M.C. Le Cène, 1720.

La Fontaine, Jean de, *Œuvres diverses*, éd. Pierre Clarac, Paris, Gallimard, 1958.

– *Fables, contes et nouvelles*, éd. René Groos et Jacques Schiffrin, Paris, Gallimard, 1954.

La Framboisière, Nicolas-Abraham, sieur de, *Les Œuvres de N.A. Sr de la Framboisiere* (1613), Paris, 1624.

La Grange, Charles Varlet de, *Charles Varlet de La Grange et son Registre*, éd. Edouard Thierry, Archives de la Comédie-Française, Paris, J. Claye, 1874.

– *Le Registre de La Grange (1659–1685)*, éd. Bert Edouard Young et Grace Philputt Young, reproduit en *fac-similé*, Paris, Droz, 1947, 2 vol.

La Harpe, Jean-François, *Lycée, ou Cours de littérature ancienne et moderne*, Paris, H. Agasse, 1798, 19 vol.

La Mesnardière, Hippolyte-Jules Pilet de, *La Poëtique*, Paris, Antoine de Sommaville, 1639.

La Mothe Le Vayer, François de, *De la vertu des Payens* (1642), 2e éd., Paris, Augustin Courbé, 1647.

La Rochefoucauld, François de, *Œuvres complètes*, éd. Martin-Chauffier et Jean Marchand, Paris, Gallimard, 1957.

La Thorillière, François Le Noir, sieur de, *Premier Registre de La Thorillière (1663–1664)*, éd. Georges Monval, Paris, Librairie des Bibliophiles, 1890.

Le Laboureur, *La Promenade de S. Germain*, Paris, Guillaume de Luyne, 1669.

Le Moyne, le P. Pierre, *Les Peintures morales* (1640–1643), 2e éd., Paris, Sébastien Cramoisy, 1643–1645, 2 vol.

– *De l'Art de Regner*, Paris, Sébastien Cramoisy, 1665.

Loret, Jean, *La Muze historique, ou Recueil de Lettres en Vers contenant les nouvelles du temps Ecrites à S.A. Mademoiselle de Longueville, depuis Duchesse de Nemours (1650–1665)*, éd. J. Ravenel, Ed. V. de La Pelouze, et Ch.-L. Livet, Paris, P. Daffis, 1857–1878, 4 vol.

Louis XIV, *Mémoires pour l'instruction du Dauphin* (1806), éd. Pierre Goubert, Paris, Imprimerie Nationale, 1992.

– *Mémoires et lettres de Louis XIV*, Paris, Librairie Plon, 1942.

Magne, Emile, éd., *Le Grand Condé et le duc d'Enghien; Lettres inédites à Marie-Louise de Gonzague, reine de Pologne, sur la cour de Louis XIV (1660–1667)*, Paris, Emile Paul frères, 1920.

Mahelot, *Le Mémoire de Mahelot, Laurent et d'autres décorateurs de l'Hôtel de Bourgogne et de la Comédie-Française*, éd. H.C. Lancaster, Paris, Honoré Champion, 1920.

Malebranche, le P. Nicolas, *Traité de morale* (1683), Rotterdam, Reinier Leers, 1684.

Marigny, Jean de, *Relation des divertissemens que le Roy a donnés aux Reines dans le parc de Versaille écrite à un gentil-homme qui est presentement hors de France* (1664), repris dans tome IV (1878) des *Œuvres de Molière*, éd. Eugène Despois, Paris, Hachette, 1873–1900, 13 vol.

Maulévrier, marquis de, *La Carte du Royaume des Précieuses*, [in] tome I du *Recueil de Sercy*, Paris, 1658, p. 322–3.

Ménage, Gilles, *[Suite du] Menagiana, ou les bons mots, les pensées critiques, Historiques, Morales & d'Erudition, de M. Menage, recueillies par ses amis* (1693), 2e éd., Paris, Florentin & Pierre Delaulne, 1694, 2 vol.

– *Dictionnaire étymologique, ou Origines de la langue françoise*, n[elle] éd., Paris, chez J. Anisson, 1694.

Ménestrier, le P. Claude-François, *Des représentations en musique anciennes et modernes*, Paris, René Guignard, 1681.
– *Des ballets anciens et modernes selon les règles du théâtre*, Paris, René Guignard, 1682.
Méré, Antoine Gombaud, chevalier de, *Les Agremens. Discours de Monsieur le Chevalier de Meré à Madame****, Paris, Denys Thierry & Claude Barbin, 1677.
– *Œuvres posthumes de M. le chevalier de Méré*, Paris, Jean & Michel Guignard, 1700.
– *Œuvres complètes*, éd. Charles-H. Boudhors, Paris, Editions Fernand Roches, 1930, 3 vol.
Mervesin, Dom Joseph, *Histoire de la Poësie Françoise*, Paris, Pierre Giffart, 1706.
Molière, *Les Fâcheux Comedie, De J.B.P. Moliere. Representée sur le Theatre du Palais royal*, Paris, Jean Guignard, 1662, in-12.
– *L'Amour Medecin. Comedie. Par J.B.P. Moliere*, Paris, Théodore Girard, 1666, in-12.
– *Le Sicilien, ou l'Amour Peintre, Comedie. Par J.B.P. Moliere*, Paris, Jean Ribou, 1668, in-12.
– *Le Mariage Forcé. Comedie. Par J.B.P. de Moliere*, Paris, Jean Ribou, 1668, in-12.
– *George Dandin, ou le Mary Confondu. Comedie. Par J.B.P. de Moliere*, Paris, Jean Ribou, 1669, in-12.
– *Monsieur de Pourceaugnac, Comedie. Faite à Chambord, pour le Divertissement du Roy. Par J.B.P. Moliere*, Paris, Jean Ribou, 1670, in-12.
– *Le Bourgeois Gentilhomme, Comedie-Balet, Faite à Chambort, pour le Divertissement du Roy, Par J.B.P. Moliere*, Paris, Pierre Le Monnier, 1671, in-12.
– *Psiché, Tragedie-Ballet. Par J.B.P. Moliere. Et se vend pour l'Autheur*, Paris, Pierre Le Monnier, 1671, in-12.
– *Le Malade Imaginaire, Comedie, Meslée de Musique, et de Dance Par Mr. de Moliere*, Paris, Estienne Loyson, 1674, in-8.
– *Le Malade Imaginaire, Comedie en trois actes, Meslés de Danses & de Musique*, Suivant la copie imprimée à Paris, 1674, in-12 [1ère éd. elzévirienne].
– *Les Œuvres de Monsieur de Molière*, éd. La Grange et Vivot, Paris, Denys Thierry, Claude Barbin, Pierre Trabouillet, 1682, 8 vol.
– *Œuvres de Molière*, éd. Marc Antoine Joly, Paris, impr. par P. Prault pour la Compagnie des Libraires, 1734, 6 vol.
– *Œuvres de Molière*, éd. Eugène Despois et Paul Mesnard, Paris, Hachette, 1873–1900, 13 vol.
– *Œuvres complètes*, éd. Georges Couton, Paris, Gallimard, 1971, 2 vol.
Mongrédien, Georges, *Recueil des textes et des documents du XVIIe siècle relatifs à Molière* (1965), 2e éd., Paris, Editions du C.N.R.S., 1973, 2 vol.
Montaigne, Michel de, *Œuvres complètes*, éd. Maurice Rat, Paris, Gallimard, 1962.
Montigny, *La Feste de Versailles. Du 18 juillet 1668. A Monsieur le Marquis de la Füente*, [in] *Recueil de diverses pièces faites par plusieurs personnages*, La Haye, J. & D. Stencker, 1669.

Montpensier, Anne-Marie-Louise d'Orléans, duchesse de, *Mémoires de Mademoiselle de Montpensier* (1728), Amsterdam, J.-F. Bernard, 1730, 3 vol.

Moreri, Louis, *Le Pays d'Amour. Nouvelle allégorique*, Lyon, B. Rivière, 1665.

Motteville, Françoise Bertault, dame Langlois de, *Mémoires pour servir à l'Histoire d'Anne d'Autriche*, Amsterdam, François Changuion, 1723, 5 vol.

Muralt, Béat de, *Lettres sur les Anglois et les François et sur les voiages*, s.l., 1725.

Nicole, Pierre, *La Logique ou l'Art de penser* (1662), 4ᵉ éd., Lyon, Antoine Laurens, 1671.

–   *Essais de morale*, 3ᵉ éd., Paris, Guillaume Desprez, 1672–1680, 4 vol.

Orgel, Stephen et Roy Strong, éd., *Inigo Jones. The Theatre of the Stuart Court*, Sotheby Parke Bernet, The University of California Press, 1973, 2 vol.

Ormesson, Olivier Lefèvre de, *Journal d'Olivier Lefèvre d'Ormesson et extraits des mémoires d'André Lefèvre d'Ormesson*, éd. M. Chéruel, Paris, Imprimerie Impériale, 1860–1861, 2 vol.

Parfaict, Claude et François, *Histoire du Théâtre François, depuis son origine jusqu'à présent*, Paris, P.G. Le Mercier, 1745–1749, 15 vol.

Pascal, Blaise, *Pensées*, [in] *Œuvres complètes*, éd. Jacques Chevalier, Paris, Gallimard, 1954.

Patin, Guy, *Lettres de Guy Patin*, éd. J.H. Reveillé-Parise, Paris, J.-H. Baillière, 1846, 3 vol.

Pellisson-Fontanier, Paul, *Discours sur les Œuvres de Monsieur Sarasin*, [in] *L'Esthétique galante*, éd. Alain Viala, Emmanuelle Mortgat et Claudine Nédelec, Toulouse, S.L.C., 1989.

Perrault, Charles, *Parallele des Anciens et des Modernes en ce qui concerne la poésie*, Paris, J.-B. Coignard, 1688–1697, 4 vol.

–   *Des Hommes illustres qui ont paru en France pendant ce Siècle*, Paris, A. Dezallier, 1696–1700, 2 vol.

–   *Mémoires de ma vie*, éd. P. Bonnefon, Paris, H. Laurens, 1909.

Poisson, Raymond, *Les Œuvres de Mʳ. Poisson*, Paris, Jean Ribou, 1679.

Perwich, William, *The Despatches of William Perwich, English Agent in Paris. 1669–1677*, éd. B. Curran, Londres, 1903.

Primi Visconti, J.B., *Mémoires sur la Cour de Louis XIV, 1673–1681* (1909), éd. J.F. Solnon, Paris, Perrin, 1988.

Pure, abbé Michel de, *Idée des spectacles anciens et nouveaux*, Paris, M. Brunet, 1668.

[Preschac, sieur de,] *Contes moins contes que les autres. Sans Parangon et la Reine des fées* (1698), Paris, Cⁿⁱᵉ des Libraires associés, 1724.

Rabelais, *Œuvres complètes*, éd. Mireille Huchon, avec la collaboration de François Moreau, Paris, Gallimard, 1994.

Rapin, le P. René, *Reflexions sur la Poetique de ce temps, et sur les ouvrages des Poétes anciens & modernes* (1674), 2ᵉ éd., Paris, impr. de François Muguet, 1675.

Richelet, Pierre, *Dictionnaire françois*, Genève, Jean Herman Widerhold, 1680.

Richelieu, Armand-Jean du Plessis, cardinal de, *Mémoires du Cardinal de Richelieu*, éd. Cᵗᵉ Horric de Beaucaire et *al.*, Paris, H. Laurens, 1907–1931, 10 vol.

Riccoboni, Luigi, *Observations sur la Comédie, et sur le génie de Moliere*, Paris, Vve Pissot, 1736.

Rothschild, James de, éd., *Les Continuateurs de Loret*, Paris, D. Morgand & C. Fatout, 1881–1899, 3 vol.

Rotrou, Jean de, *Le Véritable St Genest. Tragedie de M. de Rotrou*, Paris, Toussainct Quinet, 1647.

Rouchès, Gabriel, éd., *Inventaire des lettres et papiers manuscrits de Gaspare, Carlo et Lodovico Vigarani, conservés aux archives d'Etat de Modène (1634–1684)*, Paris, Honoré Champion, 1913.

Saint-Evremond, Charles Marguetel de Saint-Denis, seigneur de, *Œuvres en prose*, éd. René Ternois, Paris, S.T.F.M./Marcel Didier, 1962–1969, 4 vol.

Saint-Maurice, Thomas-François Chabod, marquis de, *Lettres sur la cour de Louis XIV, 1667–1670 (1671–1673)*, éd. J. Lemoine, Paris, Calmann Lévy, 1910–1911, 2 vol.

Saint-Simon, duc de, *Mémoires (1691–1723)*, éd. Yves Coirault, Paris, Gallimard, 1983–1988, 8 vol.

Sarrasin, Jean-François, *Les Œuvres de Monsieur Sarasin*, Paris, Estienne Loyson, 1673.

Scudéry, Madeleine de, *Clelie, Histoire romaine*, Paris, Augustin Courbé, 1654–1660, 10 vol.

– *La Promenade de Versailles*, Paris, Claude Barbin, 1669.

Segrais, Jean Regnault de, *Diverses Poesies de Jean Regnault de Segrais gentil-homme normand*, Paris, Antoine de Sommaville, 1658.

– *Segraisiana ou melange d'histoire et de litterature. Recueilli des Entretiens de monsieur de Segrais de l'Academie françoise [par A. Gulland]* (1721), La Haye, Pierre Gosse, 1722, 2 vol.

Sénécé, Antoine Bauderon de, *Lettre de Clememt Marot, à Monsieur de ***. Touchant ce qui s'est passé à l'arrivée de Jean: Baptiste de Lulli, aux Champs-Elisées*, Cologne, Pierre Marteau, 1688.

Sévigné, Marie de Rabutin, marquise de, *Correspondance*, éd. Roger Duchêne, Paris, Gallimard, 1972–1978, 3 vol.

Somaize, Antoine Baudeau, sieur de, *Le Voyageur fortuné dans les Indes du Couchant, ou l'Amant heureux. Contenant la découuerte des Terres inconnuës qui sont au delà des trois villes de Tendre*, [in] tome II du *Recueil de Sercy*, Paris, 1659, p. 1–31.

Sorel, Charles, *Les Loix de la galanterie* (1644), Paris, Auguste Aubry, 1855.

– *Description de l'Isle de Portraiture et de la Ville des Portraits* (1659), repris dans tome XXVI (1788) de *Voyages imaginaires, songes, visions et romans cabalistiques*, éd. Charles-Georges-Thomas Garnier, Amsterdam, 1787–1789, 39 vol.

– *Œuvres diverses, ou Discours meslez*, Paris, Cie des Libraires, 1663.

– *De la connoissance des bons livres, ou Examen de plusieurs Autheurs*, Paris, André Pralard, 1671.

Sourches, Louis-François de Bourbon, marquis de, *Mémoires du marquis de Sourches sur le règne de Louis XIV*, éd. G.J. de Cosnac et A. Bertrand, Paris, Hachette, 1882–1893, 13 vol.

Spanheim, Ezéchiel, *Relation de la Cour de France*, éd. E. Bourgeois, Mercure de France, 1973.

Streicher, Jeanne, éd., *Commentaires sur les* Remarques *de Vaugelas par La Mothe Le Vayer, Scipion Dupleix, Ménage, Bouhours, Conrart, Chapelain, Patru, Thomas Corneille, Cassagne, Andry de Boisregard et l'Académie française*, Paris, Droz, 1936, 2 vol.

Tallemant, abbé Paul, *Le Premier Voyage de l'Isle d'Amour* (1663), repris dans *Recueil de quelques pieces nouvelles et galantes, tant en Prose qu'en Vers*, Cologne, Pierre du Marteau, 1667.

–   *Le Second Voyage de l'Isle d'Amour* (1664), repris dans *Recueil de quelques pieces nouvelles et galantes, tant en Prose qu'en Vers*, Cologne, Pierre du Marteau, 1667.

Tallemant des Réaux, Gédéon, *Historiettes*, éd. Antoine Adam, Paris, Gallimard, 1960–1961, 2 vol.

Thierry, Edouard, éd., *Documents sur* Le Malade imaginaire, Archives de la Comédie Française, Paris, Berger-Levrault, 1880.

Titon du Tillet, Evrard, *Description du Parnasse françois exécuté en bronze, suivie d'une Liste Alphabetique des Poëtes, & des Musiciens rassemblés sur ce Monument*, Paris, Vve Ribou, Pierre Praut, Vve Pissot, 1727.

Travenol Duchesne, Louis et Jacques-Bernard Durey de Noinville, *Histoire du Théatre de l'Académie Royale de Musique en France, depuis son établissement jusqu'à présent* (1753), 2e éd., Paris, Duchesne, 1757.

Villedieu, Marie-Catherine Desjardins, dite madame de, *Description d'une des Fêtes que le Roi a faite à Versailles*, [in] tome I des *Œuvres de Mme de Villedieu*, Paris, Vve Claude Barbin, 1702, 10 vol.

Voltaire, *Le Temple du Goût*, Amsterdam, Etienne Ledet, 1733.

–   *Vie de Molière, avec des Jugemens sur ses Ouvrages*, Amsterdam, Jean Catuffe, 1739.

–   *Le Siècle de Louis XIV*, Berlin, chez C.-F. Henning, 1751.

2. Textes critiques consultés

2.1. Ouvrages

Abraham, Claude, *On the Structure of Molière's Comedy-Ballets*, Paris-Seattle-Tübingen, Biblio 17, 1984.

Akiyama, Nobuko, *Les Comédies-ballets de Molière : genre ludique par excellence*, thèse pour le doctorat, Paris IV, 1994.

Apostolidès, Jean-Marie, *Le Roi-machine. Spectacle et politique au temps de Louis XIV*, Paris, Editions de Minuit, 1981.

Auld, Louis E., *The Unity of Molière's Comédies-Ballets : a Study of their Structure, Meanings and Values*, Ann Arbor, Univ. Microfilms, 1968.

Baschera, Marco, *La Théâtralité dans l'œuvre de Molière*, Tübingen, Biblio 17, 1998.

Beaussant, Philippe, *Lully ou le musicien du Soleil*, Paris, Gallimard/Théâtre des Champs Elysées, 1992.

– Les Plaisirs de Versailles : théâtre et musique, Paris, Fayard, 1996.

Benoit, Marcelle, Versailles et les Musiciens du Roi. Etude institutionnelle et sociale, 1661–1733, Paris, A. & J. Picard, 1971.

Bertrand, Dominique, Dire le rire à l'âge classique. Représenter pour mieux contrôler, Aix-en-Provence, Publications de l'Université de Provence, 1995.

Beugnot, Bertrand, Le Discours de la retraite, Paris, PUF, 1996.

Bourqui, Claude, Les Sources de Molière. Répertoire critique des sources littéraires et dramatiques, Paris, SEDES, 1999.

Bray, René, Molière homme de théâtre, Paris, Mercure de France, 1954.

Busson, Henri, La Religion des classiques, 1660–1685, Paris, P.U.F., 1948.

Bury, Emmanuel, Littérature et politesse. L'invention de l'honnête homme, 1580–1750, Paris, P.U.F., 1996.

Cahiers de l'Association internationale des Etudes françaises, n° 9, juin 1957 (numéro consacré aux « Divertissements de cour au XVIIᵉ siècle »).

Cahiers du dix-septième siècle, n° 2 (1), printemps 1988.

Cairncross, John, Molière, bourgeois et libertin, Paris, Nizet, 1963.

Caldicott, C.E.J., La Carrière de Molière entre protecteurs et éditeurs, Amsterdam-Atlanta, G.A., Rodopi, 1998.

Canova-Green, Marie-Claude, La Politique-spectacle au Grand Siècle, Tübingen, Biblio 17, 1993.

– éd., Benserade. Ballets pour Louis XIV, Toulouse, S.L.C./Klincksieck, 1997, 2 vol.

Cessac, Catherine, éd., Molière et la musique : Des Etats du Languedoc à la cour du Roi-Soleil, Montpellier, Presses du Languedoc, 2004.

Chartier, Roger et Henri-Jean Martin, éd., Histoire de l'édition française, Paris, Promodis, 1982–1986, 4 vol.

– Lectures et lecteurs dans la France de l'Ancien Régime, Paris, Editions du Seuil, 1987.

– éd., Les Usages de l'imprimé (XVᵉ–XIXᵉ siècle), Paris, Fayard, 1987.

– Culture écrite et société. L'Ordre des livres (XIVᵉ–XVIIIᵉ siècle), Paris, Albin Michel, 1996.

– Publishing Drama in Early Modern Europe, The Panizzi Lectures, 1998, London, The British Library, 1999.

Chevalley, Sylvie, Album Théâtre Classique. La Vie théâtrale sous Louis XIII et Louis XIV, Paris, Gallimard, 1970.

Christian, Lynda G., Theatrum mundi. The History of an Idea, New York – London, Garland Publishing, 1987.

Christout, Marie-Françoise, Le Ballet de cour de Louis XIV (1643–1672). Mises en scène, Paris, A. & J. Picard, 1967.

Clarke, Jan, The Guénégaud Theatre in Paris (1673–1680, Lewiston – New York – Lampeter, Edwin Mellen Press, 1998–2000, 2 vol.

Collinet, Jean-Pierre, Lectures de Molière, Paris, A. Colin, 1974.

Constant, Charles, Molière à Fontainebleau (1661–1664), Meaux, J. Carro, 1873.

Couprie, Alain, *De Corneille à La Bruyère: images de la cour*, Atelier national de reproduction des thèses, Université de Lille III, Lille, & Aux Amateurs de livres, 1984, 2 vol.

Dandrey, Patrick, *Molière ou l'esthétique du ridicule*, Paris, Klincksieck, 1992.

–   *Le «Cas» Argan. Molière ou la maladie imaginaire*, Paris, Klincksieck, 1993.

–   *La Médecine et la maladie dans le théâtre de Molière*, Paris, Klincksieck, 1998.

Defaux, Gérard, *Molière ou les métamorphoses du comique. De la comédie morale au triomphe de la folie* (1980), Paris, Klincksieck, 1992.

Delmas, Christian, *Mythologie et mythe dans le théâtre français (1650–1676)*, Genève, Droz, 1985.

Denis, Delphine, éd., *«De l'Air galant» et autres conversations (1653–1684). Pour une étude de l'archive galante*, Paris, Honoré Champion, 1998.

–   *Le Parnasse galant. Institution d'une catégorie littéraire au XVIIe siècle*, Paris, Honoré Champion, 2001.

Descotes, Maurice, *Molière et sa fortune littéraire*, Saint-Médard-en-Jalles, Guy Ducros, 1970.

Dix-septième siècle (XVIIe siècle), no 98–99, 1973 (numéro consacré à *Molière-Lully*).

Dix-septième siècle (XVIIe siècle), no 122, 1979 (numéro consacré à *La Mobilité sociale*).

Dock, Stephen V., *Costume and Fashion in the Plays of Jean-Baptiste Poquelin Molière: a Seventeenth-Century Perspective*, Genève, Editions Slatkine, 1992.

Donné, Boris, *La Fontaine et la poétique du songe. Récit, rêverie et allégorie dans* Les Amours de Psyché, Paris, Honoré Champion, 1995.

Duchêne, Roger, *Molière*, Paris, Fayard, 1998.

Du Crest, Sabine, *Des fêtes à Versailles. Les Divertissements de Louis XIV*, Paris, Aux Amateurs de livres, 1990.

Durand, Yves et Jean-Pierre Labatut, *Problèmes de stratification sociale*, Paris, P.U.F., 1965.

Duvignaud, Françoise, *Terre mythique, terre fantasmée. L'Arcadie*, Paris, L'Harmattan, 1994.

Ferrier-Caverivière, Nicole, *L'Image de Louis XIV dans la littérature française de 1660 à 1715*, Paris, P.U.F., 1981.

Fleck, Stephen H., *Music, Dance, and Laughter: Comic Creation in Molière's Comedy-Ballets*, Paris-Seattle-Tübingen, Biblio 17, 1995.

Force, Pierre, *Molière ou le prix des choses*, Paris, Nathan, 1994.

Forestier, Georges, *Le Théâtre dans le théâtre sur la scène française du XVIIe siècle*, Genève, Droz, 1981.

–   *Esthétique de l'identité dans le théâtre français (1550–1680). Le déguisement et ses avatars*, Genève, Droz, 1988.

–   *Molière*, Paris, Bordas, 1990.

Gaines, James F., *Social Structures in Molière's Theater*, Columbus, Ohio State University Press, 1984.

Garapon, Robert, *Le Dernier Molière. Des* Fourberies de Scapin *au* Malade imaginaire, Paris, SEDES-CDU, 1977.

Génétiot, Alain, *Poétique du loisir mondain, de Voiture à La Fontaine*, Paris, Honoré Champion, 1997.

Gil, José, *Métamorphoses du corps*, Paris, Editions de la Différence, 1985.

Gossman, Lionel, *Men and Masks. A Study of Molière*, Baltimore, The John Hopkins Press, 1963.

Grimm, Jürgen, *Molière en son temps* (1984), Tübingen, Biblio 17, 1993.

Gross, Nathan, *From Gesture to Idea: Esthetics and Ethics in Molière's Comedy*, New York – Guilford, Columbia University Press, 1982.

Guibert, Albert-Jean, *Bibliographie des œuvres de Molière publiées au XVIIe siècle*, Paris, Editions du C.N.R.S., 1961, 2 vol.

Gutwirth, *Molière ou l'invention comique*, Paris, Minard, 1966.

Hall, H. Gaston, *Molière's «Le Bourgeois gentilhomme». Context and Stagecraft*, Durham, University of Durham, 1990.

Hourcade, Philippe, *Mascarades et ballets du grand siècle*, Paris, Desjonquères, 2002.

Howarth, W.D., et Merlin Thomas, éd., *Molière : Stage and Studies. Essays in honour of W.G. Moore*, Oxford, Clarendon Press, 1973.

Hubert, Judd D., *Molière and the Comedy of Intellect*, Berkeley, University of California Press, 1962.

Huppert, George, *Les Bourgeois Gentilshommes, an Essay on the Definition of Elites in Renaissance France*, Chicago – London, Chicago University Press, 1977.

Isherwood, Robert M., *Music in the Service of the King: France in the Seventeenth Century*, Ithaca – London, Cornell University Press, 1973.

Jouhaud, Christian, *Les Pouvoirs de la littérature. Histoire d'un paradoxe*, Paris, Gallimard, 2000.

Kapp, V., éd., «*Le Bourgeois gentilhomme*». *Problèmes de la comédie-ballet*, Paris-Seattle-Tübingen, Biblio 17, 1991.

Kintzler, Catherine, *Poétique de l'opéra français de Corneille à Rousseau*, Paris, Minerve, 1991.

La Gorce, Jérôme de, *Berain, dessinateur du Roi soleil*, Paris, Herscher, 1986.

– *De la naissance à la gloire. Louis XIV à Saint-Germain. 1638–1682*, catalogue de l'exposition pour le 350ème anniversaire de la naissance de Louis XIV à Saint-Germain-en-Laye, sept.–nov. 1988.

– *Féeries d'opéra, décors, machines et costumes en France (1645–1765)*, Paris, Editions du patrimoine, 1997.

– *Jean-Baptiste Lully*, Paris, Fayard, 2002.

– *Carlo Vigarani, Intendant des Plaisirs de Louis XIV*, Paris, Perrin, 2005.

Lancaster, H.C., *The Comédie-Française, 1680–1701, Plays, Actors, Spectators, Finances*, John Hopkins Studies in Romance Languages and Literatures, vol. 17 suppl., Baltimore, The John Hopkins Press, 1941.

– *The Comédie-Française, 1701–1774, Plays, Actors, Spectators, Finances*, Transactions of the American Philosophical Society, n^{elle} série, vol. 41, partie 4, Philadelphie, 1951.

Larue, Anne, *Théâtralité et genres littéraires*, publications de *La Licorne*, Poitiers, 1996.

La Laurencie, Lionel de, *Les Créateurs de l'opéra français*, Paris, Félix Alacan, 1921.

Le Maître, Henry, Essai sur le mythe de Psyché dans la littérature française des origines à 1890, Paris, Boivin & Cie, 1946.

Littératures classiques, n° 21, 1994 (numéro consacré à *Théâtre et Musique au XVIIe siècle*).

Louvat-Molozay, Bénédicte, *Théâtre et musique. Dramaturgie de l'insertion musicale dans le théâtre français (1550–1680)*, Paris, Honoré Champion, 1982.

McBride, Robert, *The Triumph of Ballet in Molière's Theatre*, Lewinston-Queenston-Lampeter, The Edwin Mellen Press, 1992.

McKenna, Antony, *Molière dramaturge libertin*, Paris, Champion, 2005.

Magendie, Maurice, *La Politesse mondaine et les théories de l'honnêteté en France au XVIIème siècle de 1600 à 1660*, Paris, P.U.F., 1925.

Marie, Alfred, *La Naissance de Versailles : le château, les jardins*, Paris, Vincent Fréal, 1968, 2 vol.

Marin, Louis, *La Critique du discours*, Paris, Editions de Minuit, 1975.

– *Le portrait du roi*, Paris, Editions de Minuit, 1981.

– *Des pouvoirs de l'image*, Paris, Seuil, 1993.

– *De la représentation*, Paris, Gallimard/Le Seuil. 1994.

Mazouer, Charles, *Molière et ses comédies-ballets*, Paris, Klincksieck, 1993.

Méchoulan, Eric, *Le Corps imprimé. Essai sur le silence en littérature*, Montréal, Editions Balzac, 1999.

Mélèse, Pierre, *Le Théâtre et le public à Paris sous Louis XIV. 1659–1715*, Paris, Droz, 1934.

– *Répertoire analytique des documents contemporains d'information et de critique concernant le théâtre à Paris sous Louis XIV, 1659–1715*, Paris, Droz, 1934.

Mishriky, Salwa, *Le Costume de déguisement et la théâtralité de l'apparence dans* Le Bourgeois gentilhomme, Paris, La Pensée universelle, 1982.

Moine, Marie-Christine, *Les Fêtes à la cour du roi Soleil. 1653–1715*, Paris, Editions F. Lanore, 1984.

Morel, Jacques, *Agréables mensonges. Essais sur le théâtre français du XVIIe siècle*, éd. Georges Forestier, Christian Biet, Patrick Dandrey et Alain Viala, Paris, Klincksieck, 1991.

Mortimer, Ruth, *A Portrait of the Author in Sixteenth-Century France*, [Chapel Hill], Hanes Foundation, Rare Books Collection, Academic Affairs Library, University of North Carolina at Chapel Hill, 1980.

Mousnier, Roland, *Les Hiérarchies sociales de 1450 à nos jours*, Paris, P.U.F., 1969.

Nolhac, Pierre de, *La Création de Versailles. Etude sur les origines et les premières transformations du château et des jardins*, Versailles, Librairie L. Bernard, 1901.

Néraudau, Jean-Pierre, *L'Olympe du Roi-Soleil. Mythologie et idéologie royale au Grand Siècle*, Paris, Les Belles Lettres, 1986.

Norman, Larry F., *Molière and the Social Commerce of Depiction*, Chicago – London, University of Chicago Press, 1999.

Nuitter, Charles-Louis-Etienne Truinet, dit, et Ernest Thoinan, *Les Origines de l'opéra français d'après les minutes des notaires, les registres de la Conciergerie et les documents originaux conservés aux Archives nationales, à la Comédie-Française et dans les collections publiques et particulières*, Paris, Librairie Plon, 1886.

Orgel, Stephen, *The Illusion of Power: Political Theater in the Renaissance*, Berkeley, University of California Press, 1975.

Papàsogli, Benedetta, *Le «Fond du cœur». Figures de l'espace intérieur au XVIIe siècle*, Paris, Honoré Champion, 2000.

P.F.S.C.L., vol XVII, n° 32, 1990 (série d'études sur «*Le Bourgeois gentilhomme: Text and Context*»).

Paquot, Marcel, *Les Etrangers dans les divertissements de la cour de Beaujoyeulx à Molière (1581–1673). Contribution à l'étude de l'opinion publique et du théâtre en France*, Bruxelles-Liège, Palais des Académies-H. Vaillant-Carmanne, 1932.

Pellisson, Maurice, *Les Comédies-ballets de Molière*, Paris, Hachette, 1914.

Pelous, Jean-Marie, *Amour précieux, amour galant (1654–1675). Essai sur la représentation de l'amour dans la littérature et la société mondaine*, Paris, Klincksieck, 1980.

Pintard, René, *Le Libertinage érudit dans la première moitié du XVIIème siècle*, Paris, Boivin, 1943, 2 vol.

Plantié, Jacqueline, *La Mode du portrait littéraire en France dans la société mondaine (1641–1681)*, Paris, Honoré Champion, 1994.

Powell, John Scott, *Music and Theater in France 1600–1680*, Oxford, Oxford University Press, 2000.

Rey-Flaud, Bernadette, *Molière et la farce*, Genève, Droz, 1996.

Richard, Pierre, *La Bruyère et ses «Caractères»*, Paris, Nizet, 1965.

Roederer, comte Pierre-Louis, *Mémoires pour servir à l'histoire de la société polie en France*, Paris, 1835.

Ronzeaud, Pierre, *Peuple et représentations sous le règne de Louis XIV*, Aix, Publications de l'Université de Provence, 1988.

Rousset Jean, *La Littérature de l'âge baroque en France. Circé et le paon*, Paris, José Corti, 1953.

– *Forme et signification. Essais sur les structures littéraires de Corneille à Claudel*, Paris, José Corti, 1962.

– *L'Intérieur et l'extérieur*, Paris, José Corti, 1968.

Sabatier, Gérard, *Versailles ou la figure du roi*, Paris, Albin Michel, 1999.

Sainte-Beuve, *Portraits littéraires*, [in] *Œuvres*, éd. Maxine Leroy, Paris, Gallimard, 1960.

Segalen, A.P., *Un divertissement de cour sous Louis XIV: étude sur la tragédie-ballet de Psyché (1671), avec une édition nouvelle du livret du ballet et du texte de la pièce*, thèse pour le doctorat, Paris IV, 1972.

Snyders, Georges, *Le Goût musical en France aux XVIIe et XVIIIe siècles*, Paris, J. Vrin, 1968.

Sorkine, Florence, *Propagande et mécénat royal: les fêtes louis-quatorziennes à Versailles et leurs représentations (1661–1682)*, thèse pour le doctorat, Paris III, 1993.

Tiersot, Julien, *La Musique dans la comédie de Molière*, Paris, La Renaissance du livre, s.d. [1922].

Tocanne, Bernard, *L'Idée de nature en France dans la seconde moitié du XVIIe siècle*, Paris, Klincksieck, 1978.

Ubersfeld, Anne, *Lire le théâtre* (1977), 4e éd., Paris, Messidor/Editions sociales, 1982.

Van Delft, Louis, *Le Moraliste classique. Essai de définition et de typologie*, Genève, Droz, 1982.

–   *Littérature et anthropologie. Nature humaine et caractère à l'âge classique*, Paris, P.U.F., 1993.

Les Spectateurs de la vie. Généalogie du regard moraliste, Les Presses de l'Université Laval, 2005.

Vève, Agnès, *Le Théâtre et ses ornements sur la scène française aux XVIIe et XVIIIe siècles*, mémoire de DEA, Paris III, 2006.

Viala, Alain, *Naissance de l'écrivain. Sociologie de la littérature à l'âge classique*, Paris, Editions de Minuit, 1985.

2.2. Articles

Abraham, Claude, «Theatrical Illusion as Theme in *Les Amants magnifiques*», *Romance Notes*, n° 16 (1), automne 1974, p. 144–55.

–   «Illusion and Reality in *Monsieur de Pourceaugnac*», *Romance Notes*, n° 16 (2), hiver 1975, p. 641–6.

–   «*Le Malade imaginaire* at the Court of Versailles», [in] actes de Bâton Rouge, éd. S.A. Zebouni, Paris-Seattle-Tübingen, Biblio 17, 1986, p. 81–96.

–   «Farce and ballet. The *Bourgeois* revised», *Cahiers du dix-septième siècle*, n° 2 (1), printemps 1988, p. 171–9.

Albanese Jr, Ralph, «Solipsisme et parole dans *George Dandin*», *Kentucky Romance Quarterly*, n° 27, 1980, p. 421–34.

–   «*Le Malade imaginaire, ou le jeu de la mort et du hasard*», *XVIIe siècle*, n° 154, 1987, p. 3–15.

Apostolidès, Jean-Marie, «Le Diable à Paris: l'ignoble entrée de Pourceaugnac», *L'Esprit et la Lettre. Mélanges offerts à Jules Brody*, éd. Louis Van Delft, Tübingen, Gunter Narr, 1991, p. 69–84.

Auld, Louis Eugène, «The Music of the Spheres in the Comedy-Ballets», *L'Esprit créateur*, n° 6 (3), automne 1966, p. 176–87.

–   «Theatrical Illusion as Theme in *Les Amants magnifiques*», *Romance Notes*, n° 16 (1), automne 1974, p. 144–55.

Beugnot, Bernard, «L'Idée de retraite dans l'œuvre de La Fontaine», *C.A.I.E.F.*, n° 26, 1974, p. 131–42.

–   «De la curiosité dans l'anthropologie classique», [in] *Ouverture et dialogue. Mélanges offerts à W. Leiner*, éd. U. Döring, A. Lyroudias et R. Zaiser, Tübingen, Gunter Narr, 1988, p. 17–30.

– « Œdipe et le Sphinx : essai de mise au point sur le problème des clés au XVIIᵉ siècle », [in] *Le Statut de la littérature. Mélanges offerts à Paul Bénichou*, éd. Marc Fumaroli, Genève, Droz, 1982, p. 71–85, repris sous le titre « Œdipe et le Sphinx. Des clés » dans *La Mémoire du texte. Essais de poétique classique*, Paris, Honoré Champion, 1994, p. 227–42.

– « Entre nature et culture : la rêverie classique », *Saggi e ricerche di letteratura francese*, n° 24, 1985, p. 87–111, repris sous le titre « Poétique de la rêverie », dans *La Mémoire du texte. Essais de poétique classique*, Paris, Honoré Champion, 1994, p. 371–400.

Bonassies, Jules, « La Musique à la Comédie-Française », série de sept articles parus dans *La Chronique musicale*, du 15 décembre 1873 au 15 juin 1874.

Brody, Jules, « Esthétique et société chez Molière », [in] *Dramaturgie et société. Rapports entre l'œuvre théâtrale, son interprétation et son public aux XVIᵉ et XVIIᵉ siècles*, éd. Jean Jacquot, Paris, Editions du C.N.R.S., 1968, p. 307–26.

Canova-Green, Marie-Claude, « Ballet et comédie-ballet sous Louis XIV ou l'illusion de la fête », *P.F.S.C.L.*, n° 32, 1990, p. 253–62.

– « Présentation et représentation dans *Le Bourgeois gentilhomme* », *Littératures classiques*, n° 21, 1994, p. 79–90.

– « Dance and Ritual : the *Ballet des Nations at the Court of Louis XIII* », *Renaissance Studies*, n° 9 (4), 1995, p. 395–403.

– « Le Roi, l'astrologue, le bouffon et le poète, figures de la création dans *Les Amants magnifiques* », *Seventeenth-Century French Studies*, n° 18, 1996, p. 121–31.

– « Spectacle et images du moi dans *Monsieur de Pourceaugnac* », *Le Nouveau Moliériste*, n° 3, 1996, p. 45–55.

– « Feinte et comédie dans *La Comtesse d'Escarbagnas* », [in] *Essays on French Comic Drama from the 1640s to the 1780s*, éd. D.C. Connon et George Evans, Bern, Peter Lang, 2000, p. 71–86.

– « Je, tu, il … ou le dédoublement du moi dans le *George Dandin* de Molière », *Littératures classiques*, n° 38, 2000, p. 91–101.

– « Espace et pouvoir dans *Les Plaisirs de l'île enchantée* », *Seventeenth-Century French Studies*, n° 23, 2001, p. 121–38.

– « Stratégies princières, stratégies moliéresques », [in] tome VIII (2001) de Molière, *Œuvres complètes*, éd. Nobuko Akiyama, Kyoto, Editions Rinsen, 1999–2003, 10 vol.

– « Figures de l'auteur dans les comédies-ballets de Molière », [in] *Molière et la fête*, actes du colloque de Pézenas, juin 2001, éd. Jean Emelina, Pézenas, 2003, p. 157–72.

– « Marginale ou marginalisée ? la comédie-ballet moliéresque », *Littératures classiques*, n° 51, 2004, p. 317–34.

– « Jeux d'espace, jeux d'amour dans *La Princesse d'Elide* », *Le Nouveau Moliériste*, à paraître.

– « La Comédie-ballet, ou L'impossible fusion de la comédie et du ballet », *P.F.S.C.L.*, XXXII, n° 63, 2005, p. 539–51.

–   «Molière, ou le moi en représentation. Etude des comédies-ballets», [in]
      Molière et le jeu, actes du colloque de Pézenas, juin 2003, éd. Jean Emelina
      et Gabriel Conesa, Pézenas, Dolmens, 2005, p. 13–33.
–   «La Symbolique du décor dans la tragédie-ballet de 1671», [in] *Les
      Métamorphoses de Psyché* (actes du colloque de Valenciennes, décembre
      2003), éd. Carine Barbafieri et Chris Rauseo, *Lez Valenciennes*, n° 35, 2005,
      p. 127–41.
–   «Figures de la galanterie dans *Le Sicilien* de Molière», [in] *Le Salon et la
      Scène. Comédie et mondanité au XVIIe siècle*, actes du colloque de Valen-
      ciennes, juin 2002, *Littératures classiques*, n° 58, 2006, p. 89–103.
Chartier, Roger, «*George Dandin* ou la leçon de civilité», *R.H.L.F.*, 96e année, n° 3,
      mai-juin 1996, p. 475–82.
Chevalley, Sylvie, «*Les Plaisirs de l'Ile Enchantée*», *Europe*, janv.–fév. 1966, p. 34–42,
      repris dans *Tout sur Molière, Europe*, 1976.
–   «Mais où sont les fastes d'antan …», *Europe*, nov.-déc. 1972, p. 144–54,
      repris dans *Tout sur Molière, Europe*, 1976.
Christout, Marie-Françoise, «Molière en fête. Les Comédies-ballets», *Médecine de
      France*, n° 244, oct. 1973, p. 43–50.
–   «Les Plaisirs de l'île enchantée. Fête hier, portrait aujourd'hui», *Comédie
      Française*, n° 113, janv. 1981, p. 9–14.
Clarke, Jan, «Molière at the Guénégaud Theatre 1673–1680», *Seventeenth-Century
      French Studies*, n° 8, 1986, p. 177–84.
–   «Music at the Guénégaud Theatre 1673–1680», *Seventeenth-Century French
      Studies*, n° 12, 1990, p. 89–110.
–   «Molière's double bills», *Seventeenth-Century French Studies*, n° 20, 1998,
      p. 29–40.
Coe, Ada, «Ballets en comédie or comédie en ballet? *La Princesse d'Elide* and *Les
      Amants magnifiques*», *Cahiers du dix-septième siècle*, n° 2 (1), printemps
      1988, p. 109–21.
Collinet, Jean-Pierre, «La Fontaine et la pastorale», [in] *Le Genre pastoral en Europe
      du XVe au XVIIIe siècle*, Publications de L'Université de Saint-Etienne, 1980,
      p. 349–62.
Cronk, Nicholas, «The Celebration of Carnaval in Molière-Lully's *Les Amants ma-
      gnifiques*», [in] *The Seventeenth Century. Directions old and new*, éd. E. Moles
      et Noel Peacock, University of Glasgow Publications, 1992, p. 74–87.
Crow, Joan, «Réflexions sur *George Dandin*», [in] *Molière: Stage and Studies. Essays
      in honour of W.G. Moore*, éd. William D. Howarth et Merlin Thomas, Ox-
      ford, Clarendon Press, 1973, p. 3–12.
Curtius, E.M., «The Ideal Landscape», [in] *European Literature and the Latin Middle
      Ages*, tr. par W.R. Trask, Princeton, N.J., Princeton University Press, 1990,
      p. 183–202.
Dandrey, Patrick, «Molière lecteur de Pellission: une source nouvelle pour *La
      Comtesse d'Escarbagnas*», *R.H.L.F.*, 88e année, n° 1, 1988, p. 97–101.
–   «Molière et ses "miroirs publics"», *Prospéro*, n° 2, 1992, p. 37–40.

Bibliographie 367

Delmas, Christian, «Molière et la comédie fantasmatique», *Littératures classiques*, supplément annuel, janvier 1993, p. 61–7.
– «Le Théâtre musical et *Psyché* de Molière», *Littératures classiques*, n° 21, 1994, p. 221–36.
Denis, Delphine, «Du *Parterre* aux *Promenades*: une scène pour la littérature au XVIIe siècle», *XVIIe siècle*, 52e année, n° 209 (4), 2000, p. 655–9.
Dock, S.V. «Unpublished Costume Drawings by Henry Gissey for Molière's *Psyché*», *Theatre History Studies*, n° 13, 1993, p. 161–207.
Duchêne, Roger, «Précieuses ou Galantes ridicules?», [in] *Thèmes et genres littéraires aux XVIIe et XVIIIe siècles. Mélanges en l'honneur de Jacques Truchet*, éd. Nicole Ferrier-Caverivière, Paris, P.U.F., 1992, p. 357–65.
– «Bourgeois gentilhomme ou bourgeois galant», [in] *Création et recréation. Un dialogue entre Littérature et Histoire. Mélanges offerts à Marie-Odile Sweetzer*, éd. Claire Gaudiani, Tübingen, Gunter Narr, 1993, p. 105–10.
Foucault, Michel, «qu'est-ce qu'un auteur?», *Bulletin de la Société française de philosophie*, 63e année, n° 3, juill.–sept. 1969, p. 73–104, repris dans tome I de *Dits et écrits (1954–1988)*, Paris, Seuil, 1994, p. 789–820.
Forman, Edward R.B., «Music at the Comédie-Française. The Opening Season», *Newsletter for the Society of Seventeenth Century French Studies*, n° 3, 1981, p. 14–20.
Fumaroli, Marc, «Microcosme comique et macrocosme solaire: Molière, Louis XIV et *L'Impromptu de Versailles*», *Revue des Sciences Humaines*, n° 145, janv.–mars 1972, p. 95–114.
– «Aveuglement et désabusement dans *Le Malade imaginaire*», [in] *Vérité et illusion dans le théâtre au temps de la Renaissance*, éd. Marie-Thérèse Jones-Davies, Paris, Jean Touzot, 1983, p. 105–14.
– «Au miroir du *Misanthrope*: "le commerce des honnestes gens"», *Comédie Française*, n° 131–132, sept.–oct. 1984, p. 42–49.
Gayrard, Paul, «*Monsieur de Pourceaugnac*, un charivari à la cour de Louis XIV», [in] *Le Charivari*, éd. Jacques Le Goff et Jean-Claude Schmitt, Paris, La Haye – New York, Mouton, 1981, p. 309–11.
Génétiot, Alain, «Un art poétique galant: *Adonis, Le Songe de Vaux, Les Amours de Psyché*», *Littératures classiques*, n° 29, 1997, p. 47–66.
Giraud, Yves, «Un mythe lafontainien: *Psyché*», *Studi di leteratura francese*, vol. 230–XVI, Florence, Olschi, 1990, p. 48–63.
Gordon, D.J., «Poet and Architect», *Journal of the Warburg and Courtauld Institute*, n° 12, 1949, p. 152–78.
Guicharnaud, Jacques, «Les trois niveaux critiques des *Amants magnifiques*», [in] *Molière: Stage and Study. Essays in honour of W.G. Moore*, éd. William D. Howarth et Merlin Thomas, Oxford, Clarendon Press, 1973, p. 21–42.
Gutwirth, Marcel, «Dandin ou les égarements de la pastorale», *Romance Notes*, n° 15, supplément n° 1, 1973, p. 121–33.
Hubert, Judd D., «Theoretical Aspects of Fête and Theatricality in Seventeenth-Century France», [in] *Sun King: the Ascendancy of French Culture during the*

Reign of Louis XIV, éd. David Lee Rubin, Washington, The Folger Shakespeare Library, 1992, p. 35–44.

La Gorce, Jérôme de, « Les Costumes d'Henry Gissey pour les représentations de *Psyché* », *Revue de l'Art*, n° 66, 1984, p. 39–52.

–   « Jardins et décors d'opéras français sous Louis XIV », [in] *Jardins d'opéra*, Bibliothèque-Musée de l'opéra, 1995, p. 4–21.

Lagrave, Henri, « Molière à la Comédie-Française », *R.H.L.F.*, 72e année, n° 5–6, sept.-déc. 1972, p. 1052–65.

Lapp, John, « Magic and Metamorphosis in Corneille's Machine Plays », [in] *The Brazen Tower*, Saratoga, Anma Libri, 1977, p. 167–76.

Lawrence, Francis, L., « Artist, Audience and Structure in *L'Impromptu de Versailles* », *Œuvres et Critiques*, n° 6, 1981, p. 125–32.

Lionnet, Jean, « Les Evénements musicaux de la légation du Cardinal Flavio Chigi en France, été 1664 », *Studi Musicali*, n° 25 (1–2), 1996, p. 127–53.

McBride, Robert, « Le Provincial dans la comédie de Molière », [in] *Les Provinciaux sous Louis XIV, Marseille*, n° 101, 2e trimestre 1975, p. 149–52.

Marin, Louis, « Le Jardin de Julie », [in] *Lectures traversières*, Paris, Albin Michel, 1992, p. 63–87.

Mazouer, Charles, « *Le Mariage forcé* de Molière, Lully et Beauchamp : esthétique de la comédie-ballet », [in] *Mélanges pour Jacques Schérer. Dramaturgies. Langages dramatiques*, Paris, Nizet, 1986, p. 91–8.

–   « Il faut jouer les intermèdes des comédies-ballets de Molière », *XVIIe siècle*, n° 165, 1989, p. 375–81.

–   « Molière et Marc-Antoine Charpentier », *C.A.I.E.F.*, n° 41, mai 1989, p. 145–60.

–   « Les Comédies-ballets de Molière », [in] *Le Rôle des formes primitives et composites dans la dramaturgie européenne*, éd. Irène Mamczarz, Paris, Klincksieck, 1992, p. 153–62.

–   « *La Comtesse d'Escarbagnas* et *Le Malade imaginaire* : deux comédies-ballets », *Littératures classiques*, supplément annuel, janv. 1993, p. 25–37.

–   « *George Dandin* dans le *Grand Divertissement royal de Versailles* », [in] « *Diversité c'est ma devise* ».*Festschrift für Jürgen Grimm*, éd. F.R. Haussmann, C. Miething et M. Zimmermann, Paris-Seattle-Tübingen, *Biblio 17*, 1994, p. 315–29.

–   « Les Relations des fêtes données à Versailles », *Texte*, n° 33/34, 2003, p. 207–30.

Montjean, C., « La Troupe de Molière à Saint-Germain-en-Laye », *Revue de l'histoire de Versailles et de Seine-et-Oise*, 38e année, n° 2, avril–juin 1936, p. 146–61.

Moore, Will G., « Le Goût de la Cour », *C.A.I.E.F.*, n° 9, juin 1957, p. 172–82.

Mourgues, Odette de, « *Le Bourgeois gentilhomme* as a Criticism of Civilization », [in] *Molière : Stage and Study. Essays in honour of W.G. Moore*, éd. William D. Howarth et Merlin Thomas, Oxford, Clarendon Press, 1973, p. 170–84.

Népote-Desmarres, Fanny, « Molière, auteur pastoral ? Aperçu sur quelques rapports avec la politique de Louis XIV », *Littératures classiques*, n° 11, 1989, p. 245–57.

Nies, Fritz, «Les Silences de Boileau», *Cahiers de Littérature du XVIIe siècle*, n° 8, 1986, p. 35–53.

Nurse, P.H., «Rire et morale dans Molière», *XVIIe siècle*, n° 52, 1961, p. 20–35.

Peacock, Noël, «The Comic Ending of *George Dandin*», *French Studies*, n° 36 (2), avril 1982, p. 144–53.

Pizzorusso, Arnaldo, «L'Idée d'auteur au XVIIe siècle», [in] *Le Statut de la littérature. Mélanges offerts à Paul Bénichou*, éd. Marc Fumaroli, Genève, Droz, 1982, p. 55–69.

Pommier, René, «Argan et le "danger de contrefaire le mort"», *R.H.L.F.*, 1991–6, p. 927–31.

Prunières, Henry, «Les Comédies-ballets de Molière et Lully», *La Revue de France*, n° 5, sept.–oct. 1931, p. 297–319.

Purkis, Helen, M.C., «Les Intermèdes musicaux de *George Dandin*», *Baroque*, n° 5, 1972, p. 63–9.

– «Le Chant pastoral chez Molière», *C.A.I.E.F.*, n° 28, mai 1976, p. 133–44.

– «L'Illusion théâtrale», *Studi francesi*, n° 63, sept.–déc. 1977, p. 407–24.

«Monsieur Jourdain, Dorante et le *Ballet des Nations*», *Studi francesi*, n° 71, mai-août 1980, p. 224–33.

Racevskis, Roland, «Connaissance de soi et des autres dans *George Dandin*», *P.F.S.C.L.*, XXVII, n° 53, 2000, p. 375–84.

Razgonnikoff, Jacqueline, «Le Prix des divertissements: le poids du ballet dans le budget de la Comédie-Française au XVIIIe siècle», [in] *Art et argent en France au temps des premiers modernes (XVIIe–XVIIIe siècles)*, Oxford, Voltaire Foundation, SVEC, octobre 2004, p. 131–56.

– «Les Jeux de rôle chez Molière», [in] *Molière et le jeu*, actes du colloque de Pézenas, juin 2003, éd. Jean Emelina et Gabriel Conesa, Pézenas, Dolmens, 2005, p. 236–62.

Rollin, Sophie, «Jeux de l'amour dans *La Princesse d'Elide* et *Les Amants magnifiques*», [in] *Molière et le jeu*, actes du colloque de Pézenas, juin 2003, éd. Jean Emelina et Gabriel Conesa, Pézenas, Dolmens, 2005, p. 263–84.

Pierre Ronzeaud, «Pour une lecture non galante des comédies de Molière», [in] *Mythe et Histoire dans le Théâtre classique. Hommage à Christian Delmas*, éd. Fanny Népote-Desmarres, avec la collaboration de J.-Ph. Grosperrin, Paris, Honoré Champion, 2002, p. 323–35.

Rousset, Jean, «*Psyché* ou le génie de l'artificiel», [in] *Renaissance, Maniérisme, Baroque*, Paris, J. Vrin, 1972, p. 179–86.

Schwartz, William Leonard, «Light on Molière in 1664 from *Le Second Registre de La Thorillière*», *P.M.L.A.*, n° 53 (4), déc. 1938, p. 1054–75.

– «Molière's Theater in 1672–1673: Light from *Le Registre d'Hubert*», *P.M.L.A.*, n° 56 (2), juin 1941, p. 395–427.

Serroy, Jean, «Aux sources de la comédie-ballet moliéresque. Structures des *Fâcheux*», *Recherches et Travaux*, n° 39, 1990, p. 45–52.

– «Argan et la mort. Autopsie du malade imaginaire», [in] *L'Art du théâtre. Mélanges en hommage à Robert Garapon*, Paris, P.U.F., 1992, p. 239–46.

Tobin, Ronald W., «Le Chasseur enchâssé: la mise en abyme dans *Les Fâcheux*», [in] *Hommage à René Fromilhague, Cahiers de Littérature du XVIIe siècle*, n° 6, 1984, p. 407–17.

– «Fusion and Diffusion in *Le Bourgeois gentilhomme*», *The French Review*, n° 59 (2), déc. 1985, p. 234–45.

Ubersfeld, Anne, «Le Double dans l'*Amphitryon* de Molière», [in] *Mélanges pour Jacques Schérer. Dramaturgies. Languages dramatiques*, Paris, Nizet, 1986, p. 235–44.

Van Delft, Louis, «Littérature et anthropologie: le "caractère" à l'âge classique», [in] *Le Statut de la littérature. Mélanges offerts à Paul Bénichou*, éd. Marc Fumaroli, Genève, Droz, 1982, p. 97–115.

– «*Caractères* et *Lieux*: la représentation de l'homme dans l'anthropologie classique», *Revue de littérature comparée*, n° 57 (2), 1983, p. 149–72.

– «La Cartographie morale au XVIIe siècle», *Etudes françaises*, n° 21 (2), automne 1985, p. 91–115.

– «Le Concept de théâtre dans la culture classique», *Cahiers d'Histoire de Littératures Romanes*, n° 25 (1/2), 2001, p. 73–85.

– «L'Idée de théâtre (XVIe–XVIIIe siècle», *R.H.L.F.*, 101e année, n° 5, 2001, p. 1349–65.

Van Eslande, Jean-Pierre, «Molière ou le moraliste à la fête», *P.F.S.C.L.*, XXVII, n° 53, 2000, p. 363–74.

Vanuxem, Jacques, «La scénographie des fêtes de Louis XIV auxquelles Molière a participé», *XVIIe siècle*, n° 98–99, 1973, p. 77–90.

Viala, Alain, «D'une poétique des formes: la galanterie», *XVIIe siècle*, n° 182, 1994, p. 143–51.

– «Le monarque obligé … Figures du monarque et de l'écrivain dans l'encomiastique du XVIIe siècle français», [in] *Le Pouvoir monarchique et ses supports idéologiques aux XIVe–XVIIe siècles*, éd. Jean Dufournet, Adelin Fiorato et Augustin Redondo, Paris, Presses de la Sorbonne Nouvelle, 1995, p. 245–56.

– «L'Esprit galant», [in] *L'Esprit en France au XVIIe siècle*, actes du 28e congrès de la NASSCFL, éd. François Lagarde, Tübingen, Biblio 17, 1997, p. 53–74.

– «Qui t'a fait *minor*? Galanterie et classicisme», *Littératures classiques*, n° 32, 1997, p. 115–34.

– «*Les Signes galants*: A Historical Reevaluation of *Galanterie*», *Yale French Studies*, n° 92, 1997, p. 11–29.

– «Molière et le langage galant», [in] *Car demeure l'amitié. Mélanges offerts à Claude Abraham*, éd. Francis Assaf, Paris-Seattle-Tübingen, Biblio 17, 1997, p. 99–109.

– «Le Naturel galant», [in] *Nature et culture à l'âge classique (XVIe–XVIIIe siècles)*, actes de la journée d'étude du Centre de recherches «Idées, thèmes et formes 1580–1789, 25 mars 1996», éd. Christian Delmas et Françoise Gevrey, Toulouse, Presses du Mirail, 1997, p. 61–76.

- «Galanterie française», [in] *Problèmes interculturels en Europe (15ᵉ–17ᵉ siècles)*, éd. E. Baumgartner, Adelin Fiorato et Augustin Redondo, Paris, Presses de la Sorbonne Nouvelle, 1999, p. 115–27.
- «Un défaut [...] qui ne cause ni douleur ni destruction», [in] *Mythe et Histoire dans le Théâtre classique. Hommage à Christian Delmas*, éd. Fanny Népote-Desmarres, avec la collaboration de J.-Ph. Grosperrin, Paris, Honoré Champion, 2002, p. 337–48.

Vialleton, Jean-Yves, «Une catégorie "mineure" de l'esthétique théâtrale au XVIIᵉ siècle: la magnificence», *Littératures classiques*, n° 51, 2004, p. 233–51.

Zanger, Abby, «Paralizing Performance: Sacrificing Theater on the Altar of Publication», *Stanford French Review*, automne-hiver 1988, p. 69–185.
- «The Spectacular gift: Rewriting the Royal Scenario in Molière's *Les Amants magnifiques*», *Romanic Review*, n° 81 (2), mars 1990, p. 173–88.
- «On the Threshold of Print and Performance: how Prints Mattered to Bodies of/at Work in Molière's Published Corpus», *Word and Image*, n° 17, 2001, p. 25–41.

Index des pièces de Molière

Table des illustrations